名镇名村 长沙市名镇志名村志文化工程

凌冲村志

长沙市望城区地方志编纂室
长沙市望城区靖港镇凌冲村
编

方志出版社
Publishing House of Local Records

图书在版编目（CIP）数据

凌冲村志 / 长沙市望城区地方志编纂室，长沙市望城区靖港镇凌冲村编.—北京：方志出版社，2022.12
ISBN 978-7-5144-5615-8

Ⅰ.①凌… Ⅱ.①长… ②长… Ⅲ.①村史－望城 Ⅳ.①K296.45

中国版本图书馆CIP数据核字(2022)第252742号

责任编辑：齐笑
责任校对：刘玉霞
责任印制：梅中英
出 版 者：方志出版社
地　　址：北京市朝阳区潘家园东里9号（国家方志馆4层）
邮　　编：100021
网　　址：http://www.zgfzcb.cn
发　　行：方志出版社图书营销中心（010-67110500）
印　　刷：湖南省日大彩色印务有限公司
开　　本：787毫米×1092毫米　1/16
印　　张：30.5
字　　数：450千字
版　　次：2022年12月第1版
印　　次：2022年12月第1次印刷
定　　价：168.00元

长沙市名镇志名村志文化工程办公室

主　任　王习加　李德胜

副主任　姚　兰　张列群　贺国成　肖清平

　　　　曾牧野

委　员　高　路　刘　般　周建文　姚宇琳

长沙市望城区靖港镇凌冲村志编纂委员会

主　　任　苏景文　陈茂林

副 主 任　龙　宇　邓　恺

委　　员　李富强　张姣美　董志勇　曹建武

肖　艳　谭扩军　李海霞　邓宇林

尹兴旺

工作策划　邓宇鹏

长沙市望城区靖港镇凌冲村志编纂人员

主　　编　陈茂林

执行主编　钟铁球

编　　辑　吴汉林　徐振祥　邓宇鹏　谭铁安

编　　务　程国利　任秀兰　李银波　沈祥民

谢建清　刘　敏

摄　　影　刘湘东

凌冲村在湖南省区位图

审图号湘S（2022）034号 湖南省自然资源厅 监制 湖南省第三测绘院 编制 二〇二二年三月

凌冲村行政区划示意图

仙人墩遗址
螺坨晒衣遗址
石巴嘴遗址
高塘组
桃园组
新峰村
至新峰村
下横塘组
东塘组
窑塘组
东风组
金盘组
新塘组
柏叶村
凌冲组
蛇形组
五一组
代家组
戴家美丽宜居村庄
黄凤组
樟树组
樟树美丽宜居村庄
树山组
新建组
大园美丽宜居村庄
农科组
麻园美丽宜居村庄
云游湾美丽宜居村庄
麻园组
至柏叶村
雅鹊塘组
茶厂
农村集体
老屋组
北横线
竹塘组
上横塘组
团上组
横塘湾美丽宜居村庄
茅镰塘美丽宜居村庄
茅镰塘组
艺胆农业
大塘组
马坡组
良子塘组
何家湾组
安子塘组
华林塘美丽宜居村庄
令旗塘组
众兴社区
旺旺西路
毛山坡组
桃花坡组
马鞍塘组
宁乡市

院士指导

2018 年 5 月 16 日，“中国工程院院士”袁隆平到凌冲蛟麟合作社调研

（蛟麟合作社提供）

2021 年 3 月 19 日，中国工程院院士刘仲华到凌冲云游茶业指导茶叶生产

（云游茶业提供）

凌冲新貌

凌冲村西围子美景（凌冲村提供）

凌冲鸟瞰

团湖秀水（刘湘东 2022 年摄）

凌冲新貌

凌冲绿茶产业带（刘湘东 2022 年摄）

团头湖环湖大道（刘湘东 2021 年摄）

凌冲新貌

云游湾美丽屋场（凌冲村委会 2022 年提供）

茶园胜景（云游茶业 2021 年提供）

凌冲新貌

凌冲村稻海（刘湘东 2022 年摄）

美丽宜居村庄——凌冲村

序一

中国是历史悠久的农业文明古国，农耕文化是中华传统文化的重要组成部分。农耕文化的地域多样性、民族多元性、历史传承性和乡土民间性，不仅赋予中华文化重要特征，也是中华文化之所以绵延不断、长盛不衰的重要原因。

2017年，长沙市启动名镇名村志文化工程，全面翔实记载域内历史文化名镇名村、经济强镇强村、全国重点镇村、特色镇村的自然、政治、经济、文化、社会、生态建设的历史与现状，调查基本镇情村情，记录长沙新型城镇化进程，总结农村改革发展建设经验，具有重要的现实意义和深远的历史意义。

一是记载独特地域历史文化。梁漱溟曾说："中国文化是以乡村为本，以乡村为重；所以中国文化的根就是乡村。"镇村志是记载一镇一村范围内的事物，它能具体而微地记载和反映本土的地域文化，从各具特色的宅院村落，到巧夺天工的农业景观；从乡土气息的节庆活动，到丰富多彩的民间艺术；从耕读传家、父慈子孝的祖传家训，到邻里守望、诚信重礼的乡风民俗，推而广之到地理环境、风景名胜、传统产业、生产工具、生产技艺、土特产品、民俗风情、风俗习惯、方言土语、村规民约、歌谣谚语、传统艺术等。同时，将关于乡村的形成和演变、历朝历代先民的生产生活、家族的兴旺衰败、乡村名人及逸闻趣事等，用文字记载下来，传之后世，为地域文化及中华传统文化研究，积累丰富资料。

二是承载乡情乡思乡愁。一个人出生在一个村庄，在这里生活，在这里成长，久而久之，对故乡产生了深深的热爱和依恋。故乡的山山水水、道路街巷、庭院老屋，甚至连村庄的空气气息，都深深地印在脑海里。在改革开放的大背景下，越来越多的农村人背井离乡，到大城市寻找新天地。那种对故乡的思念之情魂牵梦萦，且愈久愈烈。家乡的一草一木、一砖一瓦、一句方言、一道菜肴，是支撑他们奋力拼搏的动力。镇村志将家乡的一切记录下来，"望得见山，看得见水，记得住乡愁"，手捧志书，看到志书记载的那些熟悉的事物，就像回到故乡一样，对思乡情绪是莫大的慰藉。

三是抢救保护濒危文化。近些年来，城镇化迅速推进，随之而来的是许多乡镇和村庄的消失。有数据统计，2000年的时候我国的自然村有360万个，现在有200多万个，意思是20年来我国的自然村不知不觉就少了100万个。许多村落连名称都没有留下来。经过数百年甚至几千年漫长岁月的发展而积淀起来的丰厚的历史文化受到严重冲击，也许会随着村落的消失而消亡。有形文化方面，那些古老的具有地方特色的故事，具有朝代风格或地域特点的院落建筑，承载着宗族历史的宗祠，寄托着村民信拜的庙宇，陪伴了一代代村民的古碾老井，以及街边村旁的老槐古柏，都随着村庄拆迁消失得无影无踪。非物质文化方面，随着居住环境、生活方式、谋生手段等的改变，农耕时代长期延续下来的民风民俗、村规民约、生活习惯、乡土文化逐渐消亡。在这大变革的时代，许多村落及其承载的历史文化的消失是不可逆转的，留住乡村历史文化的方法只能是用文字和图照等将其记载下来，编写志书就是最好的形式。抢救乡村历史文化刻不容缓，趁其未消失之前将其记入志书，是方志工作者义不容辞的责任。

四是推动乡村振兴战略。党的十九大提出实施乡村振兴战略，作为七大战略之一写入党章。过去十年，脱贫攻坚全面胜利，全面小康顺利实现，乡村振兴开局良好；农村改革全面深化，乡村发展释放新动能。农业强了，农村美了，农民富了。镇志村志是一镇一村的百科全书，全面记载了本地的发展历史和现状。青年人能从中了解前辈创业的艰辛和现在幸福生活的来之不易，广大群众从志书记载的“站起来”“富起来”“强起来”的发展变化，能更深切体会到“没有共产党就没有新中国”“只有社会主义才能救中国”的真理。同时，系统挖掘和整理乡村资源，树立乡土品牌，对于进一步推动文旅结合，促进地域经济社会发展有着重要功效。

漫步在长沙的乡村间，入眼的是“绿树村边合，青山郭外斜”的清新；听到的是“明月松间照，清泉石上流”的静谧；感受到的是“稻花香里说丰年，听取蛙声一片”的富足。乡间处处是景、步步皆画。长沙方志人坚守“存史、育人、资政”初心，不负新时代，勇毅向前行，奋笔疾书，为民修志，将以乡村方志一域之精彩，为乡村振兴之全域添彩。

是为序。

长沙市地方志编纂室原党组书记、主任

二级巡视员 王习加

2022年11月

序二

——一颗耀眼的乡村明珠

收到史志专家钟铁球老师发来的《凌冲村志》电子稿有些时日了，并认真拜读学习，但读后感迟迟没有动笔。不是懒惰，而是不安，内心深处的诚惶诚恐。望城是生我养我的地方，不仅历史文化底蕴深厚，人杰地灵，也是一个充满勃勃生机和朝气的地方，我只是一名普通的文学工作者，没有资格对这部浓缩了望城风土人情、奋斗历程的村志品头论足。但望城有我无法割舍的乡情，这片土地上的一草一木、一针一线都时刻滋润着我的心田，更何况参与村志编纂的钟铁球、吴汉林、程国利、谭铁安、邓宇鹏、徐振祥等人，一直怀揣对望城文化的责任，秉笔直书，记录时代图章，令人敬重。同时，《凌冲村志》给了我一种莫名的感动，它以地方志的方式，全面系统地而又原汁原味地记述了凌冲村的自然、政治、经济、文化、社会的历史变迁和发展现状，不仅功在当代、利在千秋，更让人深受触动，所赋予人的真实、感动、温暖和力量，绝不逊色于文学作品。

民族要复兴，乡村必振兴。习近平总书记在党的二十大报告中指出，全面建设社会主义现代化国家，最艰巨最繁重的任务仍然在农村。村是基层行政单位，是最小的行政细胞，但麻雀虽小、五脏俱全，它在一定意义上浓缩了当代中国村庄的真实状况与复杂形态。靖港镇凌冲村地处长沙市望城区西北角，烟波浩渺的团头湖畔。这里有悠久的历史，有如诗如画的山水，有淳厚的民俗、淳朴的民风，更充满生机和希望。近年来，凌冲村全面实施村庄绿化、美化、亮化工程，建设美丽庭院，打造宜居村庄，不仅通过了两型村庄认证，还被评为长沙市“美丽乡村特色村”“长沙市卫生村”“长沙市实施乡村振兴战略示范镇村”“长沙市文明村”，实现了环境绿化、村庄靓化、家园美化目标。面对未来发展机遇，他们更是立足自身优势，定位文旅融合、农旅融合、康养休闲为主要发展方向的经济模式，继续做大做强茶叶产业、规模农业，突出发展有机蔬菜、特色水果产业，重度规划旅游康养产业。凌冲村不仅是湖南乡村的缩影，也是中国乡村的缩影，是湖湘大地一颗耀眼的乡村明珠。

《凌冲村志》映照着中国乡村的变迁。作为地方志的一种，村志可谓“一村之全史”。相比省志、县志、乡镇志，村志包含大量历史细节，生动真实地映照出时代变迁，具有特殊价值。首先，《凌冲村志》系统记录了凌冲的历史变迁，包括新中国成立之前的历史沿革和之后的发展变化，尤其是改革开放、全面建成小康社会、乡村振兴等的演变轨迹和时代进程，这些内容在“凌冲概览”“基本村情”“基础建设”“村域经济”“社会民生”等章节都有具体体现。其次，全面梳理了凌冲的文化变迁，包括文化设施和活动、民间艺术、方言俚语、族谱文化、地名典故、村落遗址、风土人情、艺文杂记、人物轶事等。特别是凌冲文艺创作的繁荣与发展，更是令人称道，小小村落竟孕育出邓建华、佘汉武、何雪苗、谭鸿亮、曹灿辉等一批在省市有影响力的作家、诗人、书画家。特别是邓建华，20 世纪 80 年代初高中毕业后，牵头发起创办“无名星文学社”，点燃了文学的火炬，不仅引发长沙地区文学社团热，更是把群众性的文学创作活动推向高潮。随后四十年来，邓建华坚守文学本真、不忘初心，创作了如《乡村候鸟》《床前明月》《打拼》等一批影响较大的优秀作品，他的作品不仅频频亮相大刊名刊，还被多个省市选作高考冲刺试卷阅读题、中考试题、教材教辅读物和编入多种年选。

《凌冲村志》承载着乡愁乡恋，构筑起精神家园。它不仅把凌冲的人文、历史、地理、动物、植物、现状介绍得清清楚楚，甚至连数代人的名录都在村志中，能找到自己的根脉。乡愁在哪里？在凌冲的山山水水、庭院老屋、一草一木，甚至清新的空气中，在花鼓戏、地花鼓、游春、采莲船、赛龙舟等民间艺术中，在团头湖、仙泥墩、凌冲、华林塘、陈碧照、彭家油坊、斗笠岭、黄家大山、谭家大围、众姓义渡、洪山庙等熟悉的地名中，也在刘何氏、陈徐氏、刘定清、彭秀珍、曾东艮、邹孟林等百岁寿星的传说中。这些，是凌冲人的情感寄托、乡风的积淀传承、乡愁的有形记忆，是一笔宝贵的精神财富。可以想象，当凌冲人离开故乡后，思念之情，魂牵梦绕，愈久愈烈。《凌冲村志》把这些记录下来，是对思乡情绪的最大慰藉，是留住乡愁的最佳方式。它留下了凌冲的历史，也留下了美丽的乡愁，这对于培养凌冲人对家乡的自豪感，凝聚民众力量，推动乡村建设，提高乡村知名度，打造乡村品牌，无疑大有益处。我相信，丰厚的历史文化底蕴和接续奋斗精神，正浸润着乡风文明，激励着凌冲百姓在乡村振兴大道上健步前行。

《凌冲村志》是一部凌冲人的奋斗史，也是一部中国当代农民的生存史和奋斗史。在一串串变化的数字背后，是凌冲人齐心协力的辛勤付出。风光秀丽的环境，勤劳朴实的民风，湖湘文化的熏陶，使凌冲人从小“吃得苦、霸得蛮、舍得死”“心忧天下、敢为人先”。近代以来，在社会历史大潮中，凌冲人才辈出，名人荟萃，如刘启玟、陈锡纯、何海山、朱叔文、汤新伏、陈玉林、杨新民、陈茂生、陈礼贵、彭新贵、侯晋义、范义和、陈佑亭、邓学先等。他们或舍生忘死，驰骋沙场，抗击侵略，为国捐躯；或带领民众，艰苦奋斗，改天换地，建设家乡；或立足专长，锲而不舍，勇攀高峰，成为各行各业的佼佼者……他们为凌冲的发展，为祖国的建设贡献了青春、洒下了热血。凌冲孕育了他们，他们也给凌冲带来了荣耀，为凌冲、为望城、为国家增添了物质和精神财富。《凌冲村志》向世人展示了凌冲发展的历史，记载了凌冲村民辛勤耕作、生息繁衍，从贫困落后走向富裕文明的脚印，是凌冲的村史，还是父老乡亲的奋斗史，更是凌冲今后奋斗的镜子和动力源泉，还是扎根在土地的无数中国农民的缩影。

当然，《凌冲村志》的历史价值和现实意义远不止于此，它还具有传承历史文明、记录乡土文化、激发桑梓情怀等重要作用。透过《凌冲村志》我们可以看到，它不仅记录和传承了传统农耕文化，也必将润物细无声地规范着村民的行为，改变村民的认知，在增强村民的自豪感、凝聚村民的认同感、塑造文明乡风等方面发挥重要作用。乡村是熟人社会，村志中记载的人物都是村民认识或熟悉的。凌冲先进人物的事迹在村志中被正式地记载下来，可以使村民受到更加深刻的触动。一部村志让村民看到了家风、家教的重要性，这正是《凌冲村志》教化、育人作用在乡村里的生动体现，是村志促进乡风文明的鲜活教材。

《凌冲村志》向我们打开了一扇了解当代乡土中国的窗口，让我们看到了新农村建设的壮丽画卷。

纪红建

2023 年 4 月

（作者系中国报告文学学会副会长、湖南省文联主席团委员，鲁迅文学奖获得者）

凡例

一、指导思想

以马克思列宁主义、毛泽东思想、邓小平理论、“三个代表”重要思想、科学发展观、习近平新时代中国特色社会主义思想为指导，坚持辩证唯物主义和历史唯物主义的立场、观点和方法，全面、客观、系统记述中国新型城镇化进程和社会主义新农村建设取得的伟大成就，传承历史乡土文化，为探索新型城镇化和社会主义新农村建设的发展经验、发展模式、前进道路提供历史智慧和现实借鉴。

二、时间断限

本志为凌冲村有史以来第一部志书，详今略古，其上限为事物发端，下限断至2021年。

三、记述范围

以下限年份的行政辖区为主，以及其他历史上属于该镇（村）的行政区域，适当增加横向对比、联系等内容。

四、总体结构

采用纲目体，设类目、分目、条目三个层次。横排门类，纵述史实，述而不论。篇目设置不求面面俱到，一般意义上的乡镇级内容略去不载。

五、体裁形式

综合运用述、记、志、传、图、表、录，以志为主。

六、语言文体

使用规范汉字及现代语体文记述，行文力求朴实、严谨、简洁、流畅、优美。

七、人物

本志坚持“生不立传”原则，对境内各界影响较大的已故人物立“传记”，入传人物按卒年排序；对在世和在本域影响较大的人物作“简介”，包括劳动模范（县级以上）、副教授（相当于）以上的专家、学者和知名企业家、领导干部（副县级以上）等，按生年排序；为退伍军人、大学生、在党50年老党员和2021年年满80岁以上老者列名录。

八、数据

数据采用政府统计部门数据，无政府统计部门数据时，采用主管部门数据。

九、纪年

清代之前（含清代）使用帝王纪年，其后括注公元纪年；1912年至1949年9月使用民国纪年，其后括注公元纪年；1949年10月起，使用公元纪年。

十、称谓

记述各个历史时期的党派、团体、组织、机构、职务、地名等，均使用当时名称。对频繁使用、文字较多的名称，首次使用全称并括注简称，之后使用简称。

十一、数字、标点、计量单位

遵循国家标准和出版规定，以《出版物上数字用法》（GB/T15835—2011）、《标点符号用法》（GB/T15834—2011）、《国际单位制及其应用》（GB/3100—1993）和《有关量、单位、符号的一般原则》（GB/3101—1993）为准。历史上使用的计量单位，如斗、石、里、尺、磅、华氏度等，在引文时可照录。考虑到社会使用习惯，全书中“亩”不统一换算，1公顷＝15亩。

十二、其他

全书资料，档案类均直接引用，采访类均有二个以上受访者相互佐证。图片未署名者均为凌冲村村委会提供和编辑现场拍摄。

目录

凌冲概览

古韵凌冲 …… 3
诗画凌冲 …… 5
益寿凌冲 …… 9
希望凌冲 …… 12

基本村情

建置沿革 …… 17
村名由来 …… 17
沿革 …… 17
建置 …… 19
区位　交通 …… 21
位置面积 …… 21
交通 …… 21
环境　资源 …… 22
地形地貌 …… 22
气候 …… 22
水资源 …… 23
动物资源 …… 23
植物资源 …… 24
自然灾害 …… 25
人口姓氏 …… 25
人口总量 …… 25
人口构成 …… 26
人口迁徙 …… 27
姓氏源流 …… 28
村级组织 …… 33
中共凌冲村总支 …… 33
附　凌冲荣誉榜 …… 41
村民委员会 …… 43
共青团组织 …… 46
妇女联合会 …… 47
专记：知识青年下凌冲 …… 48

基础建设

乡村建设规划 …… 61
《凌冲村 2011—2013 年新农村建设发展规划》 …… 61
《凌冲村 2013 年打造城乡一体化示范村规划》 …… 61
《凌冲村生态建设规划（2016—2025 年）》 …… 62
《凌冲村乡村振兴战略示范村（2019—2021 年）规划》 …… 63
《凌冲村村庄规划（2019—2025 年）》 …… 65
农田水利建设 …… 66

农田建设 …………………………… 66
水利建设 …………………………… 66
公路建设 …………………………… 74
县乡公路 …………………………… 74
连村公路 …………………………… 75
通组入户公路 ……………………… 75
电力建设 …………………………… 79
电网建设 …………………………… 79
光伏发电 …………………………… 80
公共服务设施建设 ………………… 80
村务服务设施 ……………………… 80
农村安全饮水设施 ………………… 81
旅游景点设施 ……………………… 82
乡村提质改造 ……………………… 82
新农村建设 ………………………… 82
美丽乡村建设 ……………………… 83
“两型”示范村建设 ……………… 85
美丽乡村特色村建设 ……………… 85
乡村振兴示范村建设 ……………… 86
美丽宜居村庄建设 ………………… 88

村域经济

水稻种植 …………………………… 93
面积产量 …………………………… 93
品种 ………………………………… 98
栽培管理 …………………………… 99
耕作机具 …………………………… 101
茶叶生产 …………………………… 103
茶叶种植 …………………………… 103
茶叶加工 …………………………… 108
茶叶经销 …………………………… 113
水果　蔬菜 ………………………… 118
水果 ………………………………… 118
蔬菜 ………………………………… 119
养殖业 ……………………………… 121
生猪养殖 …………………………… 121
养牛 ………………………………… 126
家禽养殖 …………………………… 129
林业 ………………………………… 134
林业生产 …………………………… 134
名贵林木 …………………………… 136
工商业 ……………………………… 138
经商 ………………………………… 138
制砖 ………………………………… 141

长寿之村

长寿状况 …………………………… 145
历史状况 …………………………… 145
长寿现状 …………………………… 145
人居环境 …………………………… 146
特殊纬度 …………………………… 146
自然环境 …………………………… 146
环境保护 …………………………… 152
长寿之道 …………………………… 155
养身之道 …………………………… 155
孝行凌冲 …………………………… 155
百岁健康村建设 …………………… 156
百岁寿星传 ………………………… 159
刘何氏 ……………………………… 159
陈徐氏 ……………………………… 159

刘定清 …… 160
彭秀珍 …… 161
曾东艮 …… 161
邹孟林 …… 162
耄耋榜 …… 163

社会民生

教育 …… 167
私塾 …… 167
幼儿教育 …… 167
小学教育 …… 168
初中教育 …… 171
其他教育 …… 172
医疗卫生 …… 172
乡村郎中 …… 172
接生婆 …… 174
乡村医疗卫生组织 …… 175
私人诊所 …… 176
民间验方 …… 177
村民生活 …… 178
村民收入 …… 178
消费支出 …… 180
饮食 …… 182
服饰 …… 183
住房 …… 184
出行 …… 185
社会保障 …… 186
农村五保 …… 186
医疗保险 …… 186
养老保险 …… 187
精准扶贫 …… 187
社会救助 …… 189

村域文化

文化设施和活动 …… 193
文化设施 …… 193
文艺活动 …… 195
民间艺术 …… 196
泥塑·木雕 …… 196
花鼓戏 …… 198
地花鼓 …… 199
游春 …… 201
龙舞 …… 201
狮舞 …… 202
蚌舞 …… 203
采莲船 …… 203
赛龙舟 …… 203
方言 …… 205
方言特点 …… 205
方言口头语 …… 205
方言俗语 …… 206
方言歇后语 …… 207
族谱文化 …… 208
族谱编修 …… 208
家训选录 …… 209
姓氏派语选录 …… 214
地名典故 …… 221
团头湖 …… 221
仙泥墩 …… 221
凌冲 …… 223

华林塘 …… 223
陈碧照 …… 224
彭家油坊 …… 224
斗笠岭 …… 224
黄家大山 …… 224
谭家大围子 …… 225
众姓义渡 …… 225
洪山庙 …… 225
范家铁铺 …… 226
牌楼屋场 …… 226
马道子 …… 227
黄驿马 …… 228
烈马回头 …… 228
篮盘岭 …… 228
何家湾 …… 228
桃花塘 …… 228
鸦鹊塘 …… 228
茅镰塘 …… 228
茯林塘 …… 228
蛇形山 …… 229
瑶塘 …… 229
藕塘 …… 229
西围子 …… 229
令旗塘 …… 229
马鞍塘 …… 229
桃花坡 …… 229
侧船行 …… 230

古遗之村

遗址发掘和保护 …… 233
遗址发掘 …… 233
遗址保护 …… 235
遗址介绍 …… 238
庙嘴山遗址 …… 238
橘园遗址 …… 238
火头山遗址 …… 239
螺坨晒衣遗址 …… 239
仙泥墩遗址 …… 240
石巴咀遗址 …… 240

风土民情

节日习俗 …… 243
春节 …… 243
元宵 …… 244
三月三 …… 244
清明 …… 244
端午 …… 245
中元 …… 245
中秋 …… 246
重阳 …… 246
二十四节气谚语 …… 246
婚嫁习俗 …… 249
说媒 …… 249
订婚 …… 251
报日 …… 251
迎亲 …… 252
拜堂 …… 253
闹洞房 …… 253
三朝回门 …… 254
旧时丧葬习俗 …… 254

坐夜 …………………………… 254
烧倒头纸 ……………………… 255
净身换衣 ……………………… 255
入殓 …………………………… 255
做道场 ………………………… 255
哭灵 …………………………… 256
出殡 …………………………… 256
下葬 …………………………… 257
其他习俗 ……………………… 258
生日 …………………………… 258
称谓 …………………………… 259
行旅 …………………………… 260
祭祀 …………………………… 260
禁忌 …………………………… 260
美食小吃 ……………………… 261
红薯片子 ……………………… 261
炒米子 ………………………… 262
甜酒冲蛋 ……………………… 262
煎粑粑 ………………………… 263
腌菜 …………………………… 263
黄藤烟茶 ……………………… 264
芝麻豆子茶 …………………… 264

艺文杂记

文艺创作 ……………………… 267
文学作品 ……………………… 267
书画作品 ……………………… 268
诗联作品 ……………………… 272
民间传说 ……………………… 273
吕洞宾传茶经 ………………… 273
二巧劝夫 ……………………… 274
民间歌谣 ……………………… 275
放牛山歌 ……………………… 275
情歌 …………………………… 277
童谣 …………………………… 278

人物

人物传记 ……………………… 281
刘启玟 ………………………… 281
陈锡纯 ………………………… 281
何海山 ………………………… 283
朱叔文 ………………………… 283
汤新伏 ………………………… 283
陈玉林 ………………………… 284
杨新民 ………………………… 285
陈茂生 ………………………… 285
陈礼贵 ………………………… 286
彭新贵 ………………………… 287
侯晋义 ………………………… 289
范义和 ………………………… 289
陈佑亭 ………………………… 290
邓学先 ………………………… 291
刘正斌 ………………………… 292
刘宗山 ………………………… 293
陈先役 ………………………… 294
程文彪 ………………………… 295
人物简介 ……………………… 296
任中雄 ………………………… 296
朱桂香 ………………………… 297
周正辉 ………………………… 297

程德明 …………………… 298
侯正凡 …………………… 298
邓宇鹏 …………………… 299
高国良 …………………… 300
程新国 …………………… 300
杨正武 …………………… 301
谭建祥 …………………… 302
陈战武 …………………… 303
邓中秀 …………………… 303
程新富 …………………… 304
陈光乐 …………………… 305
范颖 …………………… 305
谭鸿亮 …………………… 306
邓鹏宇 …………………… 306
何雪苗 …………………… 307
邓建华 …………………… 308
陈文光 …………………… 309
佘汉武 …………………… 309
周爱国 …………………… 310
陈文兵 …………………… 311
罗玉环 …………………… 311
王建辉 …………………… 312
陈明大 …………………… 312
谢新辉 …………………… 313
彭劲 …………………… 313
傅新球 …………………… 314
范新国 …………………… 315
陈明武 …………………… 316
刘荣华 …………………… 316
杨应龙 …………………… 317
周宏 …………………… 317
杨应辉 …………………… 318
陈科 …………………… 318
陈木哲亚 …………………… 319
邓男子 …………………… 320

大事纪略

文明创建 …………………… 323
学雷锋活动 …………………… 324
凌冲获“两型”村庄认证 … 326
查田定产 …………………… 326
生产救助 …………………… 326
实行联产承包责任制 ……… 326

附　录

文件辑录 …………………… 329
凌冲村村规民约（2021 年） …… 329
作品选录 …………………… 331
凌冲村党员名录 …………………… 339
凌冲村 80 岁及以上老人名录 …… 351
1977—2021 年凌冲村考取大学生名录 …………………… 358
凌冲村村民名录 …………………… 373

编纂始末 …………………… 459

凌冲概览

诗画凌冲，古遗之村，长寿之村。凌冲之美，如诗如画，远近闻名，云游湾终年绿意流淌，团头湖四季景色宜人，很多人都已领略；古遗之村，历史悠久，也在石器陶片上刻下了深深的印痕。唯长寿之村，本地人习以为常，外地人未窥其容，翻开来仔细观察揣摩，这才是真实的凌冲！

古韵凌冲

靖港镇凌冲村位于靖港镇西北部，总面积 10.04 平方千米，2004 年由凌冲、华林、茯林三个村合并而成，全村处于典型的丘陵、湖区结合地带，北靠团头湖，南接千龙湖，位于国家级湿地公园——千龙湖国家湿地公园核心区。境内无高山，地势西高东低，西北低丘陵，往东南部分属湖区，丘陵与湖区各半。拥有耕地 2930 亩、森林 3820 亩、水面 1200 亩，团头湖作为长沙最大的湖泊，四分之一的水面、4 千米岸线在凌冲村。

团头湖遗址出土的石器

团头湖遗址群出土的陶片

凌冲有悠久的历史。在旧石器时代，凌冲肥沃的土地上就已经有了古人类活动的遗迹。境内团头湖遗址群的考古发掘，发现大量的古人生活痕迹与文化遗存，新石器时代的橘园遗址、仙泥墩遗址、火头山遗址、庙嘴山遗址发现了大量石器，包括石斧、砺石和石箭镞等，商周时期的螺坨晒衣遗址、石巴咀遗址则发现大量鼎、豆、罐、盆、渔坠、鼎足等陶片和陶纺轮等器物，陶器器表多饰方格纹，石器有段状石锛和石球等，证明早在5000多年前就有先民在此生产生活，并且已经进化到原始农业社会，生产工具已有较大的改进，住房多为干栏式建筑，氏族仍保留有密集成片的墓地。男性随葬的生产工具有石斧、石锛、石铲等，女性随葬品多为陶纺轮，反映当时的男耕女织的原始生活。先民们在此春耕夏种，秋收冬藏，亦农亦渔，鱼米并重，创造了灿烂的文明，并为凌冲成为“鱼米之乡”的一部分奠定了基础，是迄今为止历史记载“长沙郡”最早有人类活动的地方之一，其6处文化遗址和火头山东周时期窑址等无不铭刻着先人的足迹和智慧，到了21世纪的今天，每遇干旱时节，湖水水位下降，仍然能不时发现散落在岸边的石器和陶片。

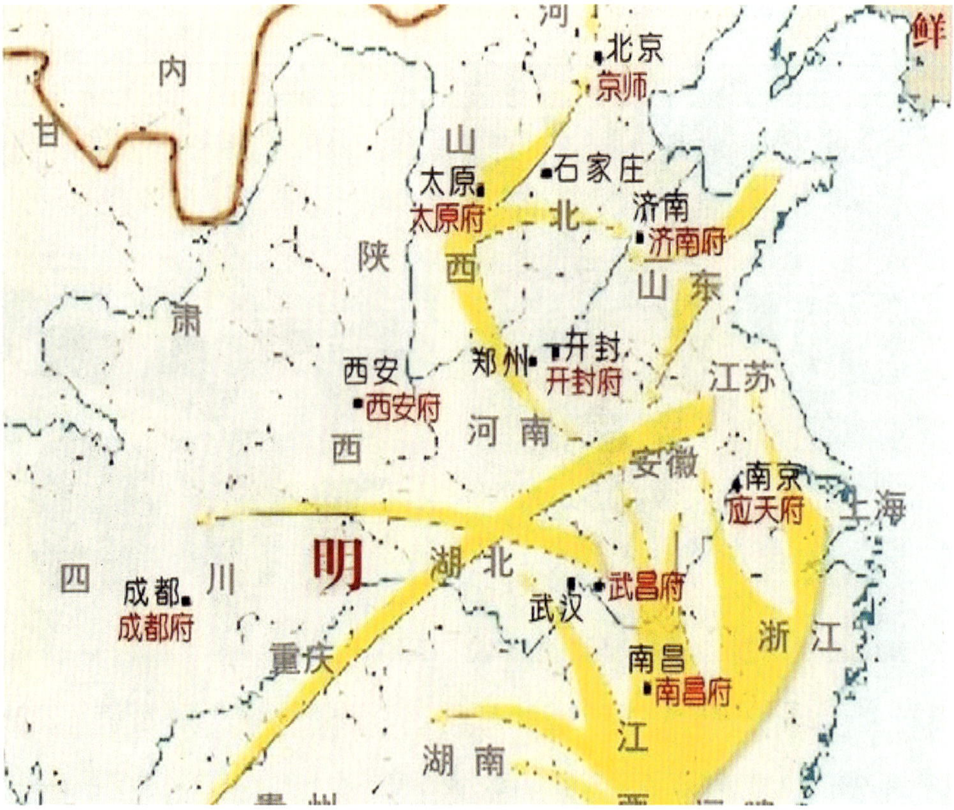

“江西填湖广”示意图（资料图片）

本土文明在慢慢成长中也遇到了历史的机遇和挑战。随着商人南来、楚人入湘、衣冠南渡、江西填湖广，经过漫长的迁徙与融合，这块以越人为居民主体的蛮荒之地，逐渐成为以汉民族为主的地区。最早进入湖南的是舜帝南巡队伍，《史记·五帝本纪》载，舜“代尧践帝位三十九年，南巡狩，崩于苍梧之野，葬于江南九疑，是为零陵”，跟舜帝同来的族人，不少留在湖南。春秋中叶，楚国在南方崛起，并在长沙经营250多年，楚人陆续入湘，形成了独特的本地文化。秦朝戍五岭，汉代大一统，晋时衣冠南渡，唐末、北宋战乱的北人南迁，中原和北方汉族人逐渐进入湖南，形成了最初以北方汉族人为主的格局，凌冲概莫能外。于境内居民格局影响最大的，无疑是元末明初的“江西填湖广”。

对于这次大迁徙，民间流传最广的说法是，朱元璋血洗湖南，致人丁稀薄，所以把江西的人迁到湖南。不过，这只能说明在元末的战争中，作为主战场的湖南，人口损失巨大。“血洗湖南”的说法并不可信，真实的原因是江西人口与耕地矛盾加剧，人口向湖南自然转移。同时，元末明初的战争让湖南人口流失严重，明朝实行鼓励江西向湖南移民的政策，使得江西移民人口数在此时达到一个高峰期。翻阅凌冲境内的典籍和族谱，无一例原住民的记载，所载绝大多数先祖来自江西，只有少数来自福建、山东等地，而本地的原住民要么因战争而死亡或外逃，要么在“江西填湖广”过程中假借江西移民，摆脱少数民族身份而成为本地汉民族中的一员，其详细过程已无从考究。

诗画凌冲

凌冲之美，美在如诗如画般的山水。凌冲的水是一首灵动的诗。相对湖区而言，凌冲的水面不算宽，山塘大多比较小巧，但很精致，茅镰塘、横塘、竹塘、长塘、东塘、良子塘、华林塘等大大小小80多口山塘像一颗颗绿宝石镶嵌在青山阡陌中，处处透射出少女般的妩媚和灵动。但凌冲也有在长沙较为有名的水面，那就是团头湖。

乡村小景

团头湖渡船

团头湖是长沙最大的一个天然湖泊，也是最原生态、水质最纯净的湖泊之一，湖岸曲折多弯，总水面 1 万余亩，环堤长 16.6 千米。团头湖水系发达，直通湘江，古时为南洞庭湖重要汊口，其时无堤岸阻隔，水上交通十分方便，先民逐水而居，也是凌冲及周围先人依水而居、顺水而商、发家致富的重要基点。湖区附近无任何工业污染，位于凌冲的南部群山绵延，层峦叠翠，湖、洲、岛、岸和谐相依。团头湖风光秀美，最美不过团头湖的咀子，所谓咀子，就是湖岸凸向湖面的半岛。湖内有仙泥墩、塔山咀、樟木咀、黑公咀等 48 咀，凌冲村境内就有青山咀、虾公咀、蛇形咀、玉米咀、罗家洲咀、火头山咀、熊家咀、石巴咀、仙泥墩咀、烈马回头咀 10 个咀，民间流传着“团头湖四十八咀，如果葬得起，代代有人在朝里”的说法。湖周还有美女晒羞、河螺晒孔、兔子望月等自然景观，相传八仙之一的吕洞宾，飞渡洞庭湖时，发现团头湖山清水秀，环境优美，便停下来歇息，从其木屐上掉下一块泥土到团头湖中，便形成了仙泥墩。湖内碧波荡漾，白鹭飞翔，水天一色，自然人文景观交相辉映。尤其是春暖时分，金黄色油菜花，摇曳多姿，招蜂引蝶，满湖飘香，轻风握住岸边的垂柳，一遍遍在空气中蘸着淡墨，构成让人百看不厌的水墨画。一群群鸭子在水边寻觅，忘情地探知春天的秘密。此时的水变成了杨柳水，风也变成了杨柳风。树木的叶子在微风的轻抚下羞涩地舒展开来，嫩嫩地开始涌动；青菜不再抱紧身子，而是伸开绿掌，尽情地接受阳光雨露的祝福。

团头湖一角（西围子）

及至秋天，湖岸橘红点点，果香四溢，偶尔白鹭成群飞过，留下一组欢歌。咀子上的“冬毛”（芦苇穗）和衰草倍添秋情，黄牛悠闲地在咀子上追寻青绿，间或几对诗情男女或依偎在秋日的霞光中，或嬉闹于落日的余辉里，“蒹葭苍苍，白露为霜”，诗情跃然眼前。也常有野钓爱好者，沐浴秋日暖阳，独自坐在广袤的湖边，静观鱼漂起落，天上白云朵朵，远处水鸟翩翩，起竿时金鳞映日，满满“一人独钓一江秋”的韵味和诗意。

团头湖秋韵

团头湖水鸟

凌冲的山是一幅丹青画。凌冲的山不高，只是丘陵区一些突起的小山包，海拔最高处只有60多米，但自从20世纪60年代开始大规模种植茶叶，凌冲的山变成了金山银山，绘就了一幅崭新的丹青画。

谭家大围子茶园　　云游湾茶园一角

河西种茶素有传统，自唐宋开始，河西园茶就一直为人称颂。河西园茶是长沙的传统名茶，内含营养物质丰富，饮后齿颊留香，别具风味。凌冲一带一直有屋旁种园茶传统，1969年开始，华林村率先连续三年开荒500亩辟为茶园，此后，茯林、凌冲相继种茶200多亩，至1979年，茶园面积扩展至近3000亩，茶叶成为村级重要经济来源和村民创收重要渠道。2015年2月，村企联手全力打造美丽乡村示范片——云游湾，“云路来仙客，游人聚四方，茶山依碧水，好作大文章”，云游湾因此而得名。示范片从云游茶业公司入口处经茅镰塘组、良子塘组、华林塘组至格凌线共2千米。至2020年，“云游湾”全部实现水泥公路直接到户，公路两旁用草皮、花木、茶树进行绿化和美化，整个云游湾绿意环绕，春闻茶香，夏伴蛙鸣，秋观稻海，冬赏原野，四季如画，美不胜收。此地的茶园，茶树种在山坡上，房舍建在山脚下，房屋外墙统一涂抹为橘黄色，一片翠绿中一点橘黄，构成一幅幅别致风景。春天的云游茶园，春风和煦。清晨，山上云雾缭绕，茶树被雾气笼罩。到了傍晚时分，晚霞蔚红了整个云游湾，袅袅炊烟缓缓腾起，宛如世外桃源。难怪欧阳修早就说过："纵情山水间，茶亦能醉人。"伴着沁人心脾的茶香，进入茶园的怀抱，绿色的茶叶犹如小孩的肌肤，光洁无瑕，让人忍不住想轻轻地抚摸！沿着山坡上的曲折小路前行，感觉到入肺的空气都是那么的清凉，让人神清气爽，犹如身处仙境，又宛如一幅"人在画中行"的山水丹青。及至登上最高处的凌云阁，放眼望去，远处，茶园四周绿树环抱，郁郁葱葱，林荫溪流，生机盎然；近处，茶叶修剪齐整，层层叠叠，线条优美，青翠碧绿，一行行青翠欲滴的茶蓬，像一道道绿色的屏风，成块成梯，错落有致，韵自天成，绚丽多姿的美景宛如一幅大气磅礴的油画徐徐展开，可谓景中有茶，茶中有景，是自然生态与风景的完美结合。

茶园春色

益寿凌冲

凌冲寿星云集。明清时期凌冲区域的族谱记载，在"人生七十古来稀"的封建社会，超过七十而终者为数众多。典型的要数牌楼屋场的刘何氏，1830 年出生的她品行端庄，乐善好施，性情开朗，家庭、邻里和睦，持家有方，家庭富足，一直身康体健，百岁牌坊竣工暨百岁寿诞盛宴之际，欣然举杯接受后辈祝贺，心情舒畅，饮罢大笑，于笑声中驾鹤西归，一直传为佳话。中华人民共和国成立之后，特别是改革开放后，凌冲的人居环境进一步改善，人口平均寿命进一步提高，长寿者云集。树山组的彭新贵习武强身，医者仁心，年逾 90 岁仍能将一手滚地拳舞得生龙活虎，一对流星锤更是玩得出神入化。1995 年 98 岁时在乡村独自跑步赶乘客车，不慎摔伤，2 天后黯然离世。麻园组陈徐氏，为人和善，90 多岁仍耳聪目明，一生从未吃药打针，日常爱饮小酒，从不过量，唯好酒中加入白糖，2002 年 102 岁生日后不久于睡梦中仙游；谭家大围子刘定清，女生男相，平易近人，乐善好施，在家纺纱织布，出门插田扮禾，里外都是一把好手，是当时本地的接生员，是家中的顶梁柱，是远近闻名的巾帼英豪，日常早睡早起，不沾烟酒，以吃青菜为主，很少食荤腥，2005 年百岁之年安然离世；杨梅冲组的彭秀珍，百岁高龄，尚能穿针引线，生活自理，一生健康无病，2008 年 103 岁时无疾而终；最高寿的要数仙泥墩的彭冬仁，为人豁达，一生勤劳，性格温和，以德传家，虽烟酒不断，却控制有度，2009 年离世时已近 108 岁；安子塘的抗战老兵陈先役年轻时被抽丁入伍，进入国民政府空军服役，凭着过硬的技术为抗战立下汗马功劳，尽管较长时期内遭受了不公正待遇，仍心胸豁达，坦然面对，及至晚年，对社会的关怀心存感激，2016 年去世时已是准百岁寿星；2020 年刘必云 98 岁，依然眼明手快，每天必打一场麻将消遣，并在娱乐中不时催促 50 岁左右的牌友快出牌；2021 年百岁老人邹孟林，除了小腿骨折需坐轮椅外，基本生活能自理。在不到百年的时间里，凌冲这个不见经传的古遗之地百岁寿星多达 6 人，98 岁、99 岁的准百岁寿星则有 20 多人。2021 年 8 月，凌冲村总人口 4285 人，60 岁以上 815 人，70 岁以上的老人有 405 人，80 岁以上的有 133 人，占总人口的 3.1%，占 70 岁以上人数的 32%；90 岁以上的有 16 人，其中在世百岁老人 1 人，占 80 岁以上人数的 12%，占总人数的万分之三十七，远超联合国制定长寿乡万分之七的标准。

凌冲人长寿，除了每个长寿老人都具备的勤劳朴实、性格温和、饮食随性、作息规律、早睡早起等个体因素之外，主要还得益于特殊的地理位置和良好的生态环境。凌冲位于地球北纬28°附近，正是全球的长寿带。凌冲山水相依，地处洞庭湖尾间，半为丘陵半为湖洲。团头湖岸周边土质疏松，自然资源丰富，加以气候适中，雨量充沛，远古时期就为人类早期生息繁衍提供了理想的场所。20世纪50年代初，小山包树高林密，“谭家大围子”历有原始森林之美誉，每平方厘米负氧离子含量8000多个，是天然的“长寿素”。尽管一段时期森林植被遭到破坏，但改革开放之后，被破坏的植被迅速得到了恢复，尤其是茶园附近，负氧离子含量一直保持较高水平。凌冲山虽不高，却连绵起伏，加上北有团头湖、南有千龙湖的广阔水面，东望湘江，南眺沩水，空气湿润，云雾缭绕，气候温和，土壤肥沃，土质含有较多的钾、镁，使茶叶中富含多种对身体有益的矿物质，儿茶素和生物碱含量高，具有防治心血管疾病、预防癌症等多种功能，有利尿、提神醒脑、消除疲劳、增强耐力等药理效果。凌冲有茶园3000多亩，房前屋后是茶，漫山遍野皆绿，鲜嫩欲滴，生机勃勃。长居茶乡不觉老，久饮香茗赛神仙，身处茶乡的凌冲人，自然因茶获益。

进入21世纪，凌冲老百姓越来越富有，村集体的经济实力也越来越厚实。支村“两委”进一步改善人居环境，加强公园式村庄建设，在全村范围内开展“三清”（清垃圾、清乱堆乱放、清闲杂房屋）、“三改”（改水、改厕、改路）、“三化”（环境绿化、村庄靓化、家园美化）工程，重点落实清洁家园行动。启动美丽庭院建设，投入几百万元在茅镰塘、良子塘、华林塘、云游湾、横塘湾等组打造连片美丽庭院和宜居村庄建设，重点以绿化、美化、亮化、净化、产业化、文化提质为主要内容，环境质量进一步改善，村容村貌全面提升、基础设施日趋完善。

2017年，凌冲开展百岁健康村创建工作，村支“两委”抓住这一契机，在交通要道设立文化墙，大力弘扬礼、孝、廉、义等传统价值观和社会主义核心价值观，陆续建设5个小憩园和老年活动室，配备了健身器械，组织群众开展广场舞、军鼓、快板、象棋等多项文体健身活动，提高老人身体素质。村级卫生室对全村60岁以上老人进行免费体检，检查血糖、血脂、心电图等，对老人身体进行综合评估，每人建立一份健康档案，根据档案和老年人的具体情况制定适合其本人的健康方案。定期举办健康知识讲座，提供健康咨询平台，深化村民自我保健意识，为老人的身心健康提供更有力的保障。村民生活更加安康，民生幸福指数不断提高，2017年顺利获评“百岁健康村”，2018年又顺利通过湖南省第一批“两型”村庄认证，全村人口平均寿命女性达到79.4岁，男性达到78.02岁。

岁月悠悠、古村依旧。山是好山，水是好水，人也是好人——勤劳、乐观、大度，吃粗粮，沐山风，自得其乐。2021年凌冲村大幅度启动美丽村庄建设，如今的凌冲村，柏油马路延伸到家家户户，到处白墙红瓦，绿树成荫，村容整洁、水质洁净、空气清新，农舍前的鲜花装点着乡村小道。远处青山含黛，身边田野芬芳，竹篱围菜土，鹅鸭水中游，处处呈现美丽宜居、和谐共生的乡村新画卷，艳惊城里客，羡煞陶渊明！生活在这样的环境中想不长寿也不行！

希望凌冲

翻开凌冲的地图，活脱脱一个足月待产的婴孩，骨架丰满，棱角分明，华林片区是她的头部，绵延的群山是她挺拔的脊梁，北部伸出的部分正是她健硕的大腿，而浩淼的团头湖又是供给她生命的营养之液、保护之液。日益完美的孕育环境催生凌冲快速成长。

2004年新的凌冲村成立时，村级经济底子不强，基础设施也比较落后，全村仅有一条过境的县级公路是硬化路面，其他仅有的几条通村公路都是砂石路或泥土路，公路里程短，运载能力有限。要想富，先修路。从2006年开始，凌冲加大公路建设力度，当年就硬化了4条村级主要干道，60%的组修建了通组公路。基础设施改善之后，2010年，凌冲开始发展特色产业，增加农民收入。通过进一步整合土地资源，调整村内产业布局，先后做大做强了云游茶产业、蛟麟农业，引进培植了东风花木基地、团头湖农业公司、金盛油茶合作社、印象团湖绿色生态

凌冲村植被图

农庄等，推进绿色生态农业、休闲旅游业向标准化、规模化快速发展。2013 年，凌冲村集体收入达到 45 万元，村民人均收入达 10800 元。2014 年国家林业局正式批准千龙湖湿地公园为国家级湿地公园，团头湖作为湿地公园核心景区，加大了基础设施建设力度，一个更加生态、靓丽的休闲旅游胜地日益以崭新的英姿展现在人们面前，呈现岸芷汀兰、沙鸥翔集、鸟飞鱼跃、生机勃勃的和谐景象，成为人们休闲娱乐、放松心情、与大自然亲密接触的好去处。配合湿地公园建设，凌冲全面实施村庄绿化、美化、亮化工程，建设美丽庭院，打造宜居村庄，2017 年通过“两型”村庄认证，并获评市“美丽乡村特色村”，初步实现了环境绿化、村庄靓化、家园美化目标。

2017 年，连接长沙地区东西向的北横线项目启动建设，北横线横跨凌冲，建

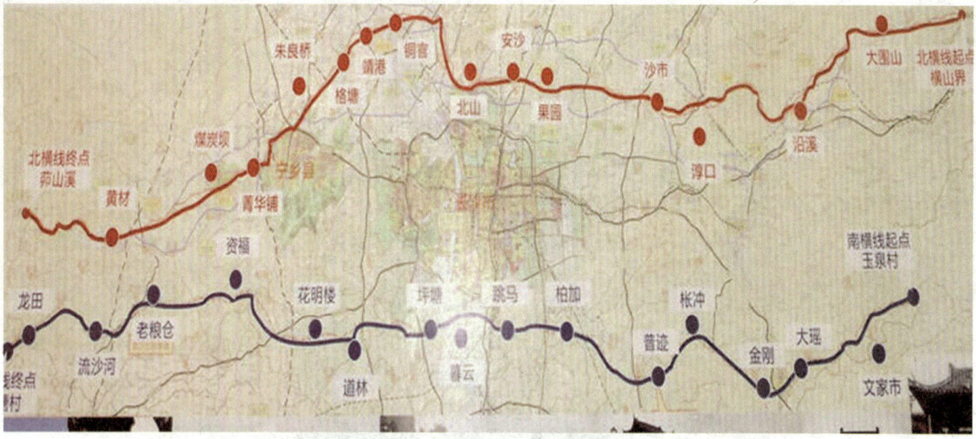

长沙市北横线示意图

成之后将使凌冲融入长沙市互联互通、四通八达的快速公路网，并与湘潭市、株洲市、娄底市及江西省等邻近省市建立快速交通联系，有效提升凌冲对外辐射能力，带动产业发展壮大，助推经济互融互通。2021 年，凌冲村基础设施建设投入 1400 万元，农民人均纯收入 38500 元，初步实现三年规划目标。为迎接即将到来的发展机遇，凌冲立足自身优势，定位文旅融合、农旅融合、康养休闲为主要发展方向的经济模式，继续做大做强茶叶产业、规模农业，突出发展有机蔬菜、特色水果产业，重度规划旅游康养产业。良好的基础和机遇，加上勤劳、朴实、肯干的 4000 多名凌冲人的共同努力，明天的凌冲一定能脱颖而出，成长为一个人见人爱、充满生机与活力的健康“婴孩”，呈现凌冲新的荣光！

基本村情

凌冲由华林、茯林、凌冲合并而成。地处宁乡、湘阴、益阳、望城四县（区）交界处，古有驿道贯穿西东；亦为洞庭湖南岸，水上便捷于湘鄂，丘陵湖区各半，人口稳中有增，土地肥沃，物产丰富，是长沙最早有人类活动的地方之一。元末明初始，更有众先人以军功、致仕、访学、商贾等来此插标落业，繁衍生息。中华人民共和国成立之后，凌冲村民在中国共产党的领导下，艰苦创业，共同奋斗。为凌冲发展打下了坚实基础。本章展示了凌冲的历史沿革、区位、环境、资源及村级组织的发展概况。

建置沿革

村名由来

凌冲地名何时出现已无详考，但凌冲刘姓、邓姓、曹姓等四修或五修族谱中均有凌头冲、菱藤冲记载。地名具体由来，一说是早年凌冲境内刘姓居多，刘姓中有一富户，名叫刘凌，住在冲之上首，拥有大片田山，人们便称那里为凌头冲，此后，凌头冲便作为这一区域的地名，并逐渐简称为凌冲沿用至今。一说是旧时此处盛产菱藤，为苦难中的百姓提供了难得的食物来源和治病良药，久而久之人们已不记得此处的原有地名，而将之称为菱藤冲并沿用下来，后逐渐演变简称为凌冲。1953 年建立凌冲乡，凌冲的地名便得到正式使用。2004 年华林村、凌冲村、茯林村合并后仍采用凌冲作村名。

沿革

凌冲境域古为荆楚地，战国时期，楚置黔中郡。

秦始皇二十六年（前 221）分黔中地置长沙郡，境属长沙郡。其附廓之县名湘，亦称湘县，境属湘县。

西汉高祖五年（前 202），吴芮被封为长沙王，长沙郡改为长沙国，都临湘县，境属临湘。

新莽始建国元年（9）改长沙国为填蛮郡，改临湘县为抚睦县，境属抚睦。

东汉建武元年（25），废抚睦，仍置临湘县，境属临湘。

隋朝采州、县两级制，隋开皇九年（589），废长沙郡置潭州，改临湘县为长沙县，长沙正式置“县”。境属长沙县。隋大业三年（607）改州为郡，潭州改名长沙郡，辖长沙、衡山、益阳、邵阳 4 县，境属长沙县。

唐朝改长沙郡为潭州，辖长沙、醴陵、浏阳、益阳、湘乡、湘潭 6 县，境属长沙县。

五代时期，马殷割据湖南，以长沙为国都，改潭州为长沙府。但很快又改回潭州。

两宋在地方设置路，境属荆湖南路长沙县。

元至元十四年（1277），元朝攻下潭州不久，把潭州升格为潭州路。元天历二年（1329），元文宗因为登基前曾在长沙停留的缘故，取“天子临幸”之意，把潭州路改名为天临路。境属天临路长沙县。

元至正二十四年（1364），朱元璋攻克长沙后，把天临路改为潭州府，明洪武五年（1372）潭州府更名为长沙府。明初曾沿袭元朝的行省制，明洪武九年（1376）改行省为承宣布政使司。境属湖广布政使司长沙府长沙县新康都7保。

清承明制仍设长沙府，境属长沙府长沙县。清嘉庆年间将长沙县12都合并为10都，每都下设10甲，甲下设10区、1坊、1厢。境属新康都7甲。

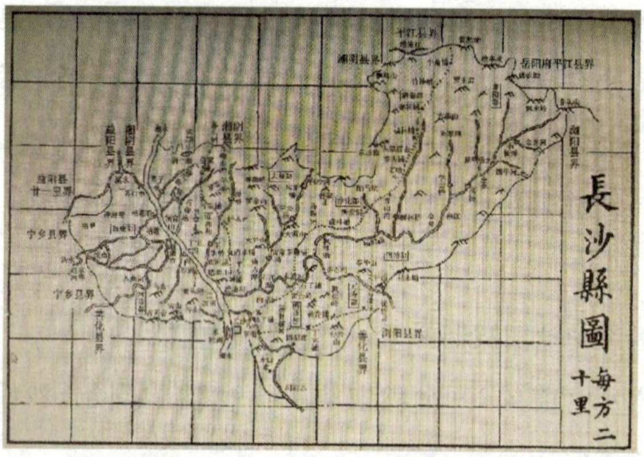

明嘉靖十二年《长沙府志》载长沙县地图

民国元年（1912）4月，裁长沙、善化县称长沙府行政厅，境属长沙府。

民国2年（1913）9月，裁长沙府，复置长沙县，隶长宝道，境属长沙县。民国3年（1914）9月，长沙改隶湘江道，废都甲，设镇乡，镇乡下设都、团、甲，境属新康镇。民国11年（1922），撤湘江道，长沙县直隶湖南省。民国19年（1930）长沙县划为10区，境属第八区新康镇。

民国22年（1933）9月，置长沙市，市与县分治，长沙县隶湖南省第一行政督察区。民国24年（1935）长沙县36个区并为10个区，改18个镇乡为64个镇乡，废都团，实行保甲制度，下设1087个保，境属第八区新康镇第八保。

民国37年（1948）撤区并乡，长沙县调整为34乡、1镇，境属新焕乡第

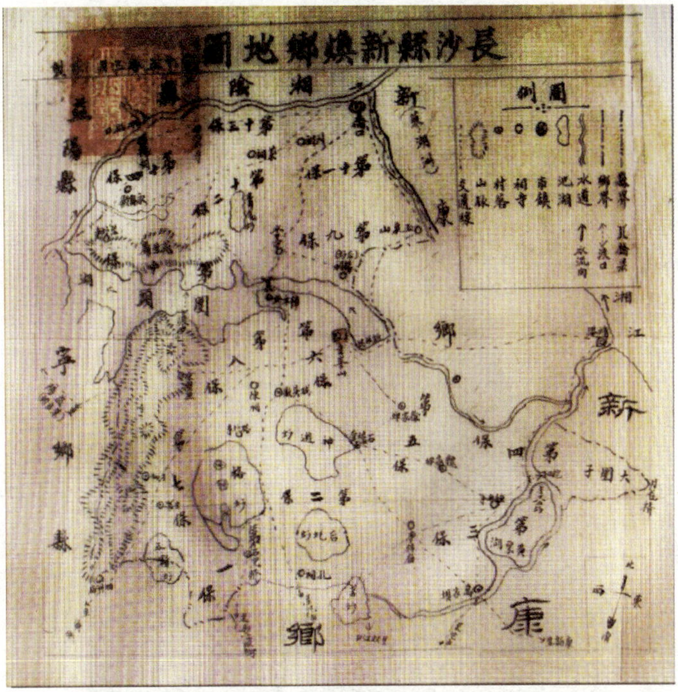

1946 年新焕乡地图

八保。

1949 年 8 月，长沙县全境解放，分为 6 个行政管理区，原乡、保、甲未变，境属第四区新焕乡第八保。

1950 年 3 月，废除保甲制度，全县划为 15 个区、181 个乡、1 个镇，境属第十一区青峰乡、柏叶乡。

1951 年 5 月，划出县境内湘江以西的第十、十一、十二、十三、十四区及湘江以东第九区的青驿、鹅隐、治安 3 个乡设望城县。境属望城县第九区柏叶乡。

1952 年各乡规模化小，全县划为 15 区、315 乡、2 镇，境属第九区柏叶乡。

建置

1953 年 5 月，全县划为 179 乡、7 镇，境属第二区凌冲乡、柏叶乡（原华林村属柏叶乡）。凌冲正式作为行政区划地名使用。

1955 年 6 月，各区按所在地命名，境属大众区凌冲乡、柏叶乡。

1956 年，全县撤区并乡，境属青峰乡。

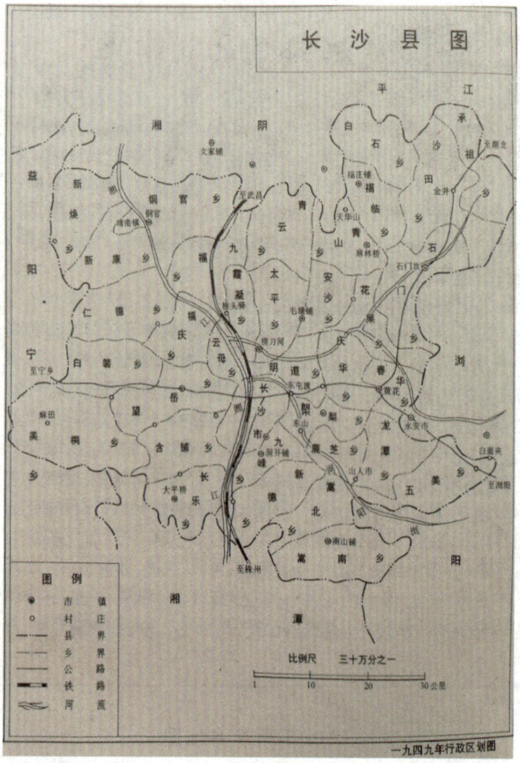

1949 年行政区划图（长沙县档案馆提供）

1958 年 10 月，全县撤乡镇，成立 9 个人民公社，境属红旗人民公社（后正式定名为靖港人民公社）。

1959 年 3 月，望城县并入长沙县，境属长沙县靖港人民公社。

1961 年 7 月，调整人民公社体制，恢复区级建制，境属长沙县靖港区格塘公社，分别成立凌冲大队、茯林大队、华林大队。

1977 年 12 月恢复望城县建置，境属望城县靖港区格塘人民公社，仍分别为凌冲大队、茯林大队、华林大队。

1984 年 3 月，改人民公社、镇管理委员会为乡、镇人民政府，境属格塘乡人民政府凌冲村、茯林村、华林村。

2004 年 10 月，凌冲、茯林、华林合并为凌冲村。

2021 年底，凌冲村共有 38 个村民小组。即团上组、老屋组、大园组、麻园组、上横塘组、农科组、树山组、新建组、蛇形组、新塘组、窑塘组、王凤组、长塘组、凌冲组、樟树组、金盘组、桃园组、东塘组、王一组、下横塘组、戴家组、东风组、高塘组、毛山坡组、大塘组、良子塘组、马鞍塘组、华林塘组、竹塘组、令旗塘组、毛镰塘组、桃花坡组、何家湾组、鸦鹊塘组、马坡组、马肚子组、安子塘组、山塘组。

区位　交通

位置面积

靖港镇凌冲村为2004年行政区划调整中原华林村、茯林村、凌冲村合并而成，位于望城区西北角。全村位于北纬27°58′28″～28°33′45″，东经112°35′48″～113°02′30″。东至团上组的土地长丘、下四方丘和上四方丘与靖港镇新峰村接壤；西至六汉湖中与宁乡的左家山交界；南至谭家大围子与宁乡朱良桥乡槎梓桥村相连；最北边是长沙市内最大的天然湖团头湖与对岸的乔口镇花山村相望。最高处为云游茶场，海拔61米，最低点为团头湖螺坨晒衣遗址，海拔仅24米。全境为不规则长方形，总面积10.04平方千米。

清朝时期凌冲古道岔路口的“将军箭”（指路牌）

交通

凌冲村地处望城、宁乡交界处，紧邻团头湖，交通相对便利。历史上团头湖是洞庭湖一汊口，湖水相连，走水路可直通湘江达洞庭，是重要的水上经商通道。陆路有古道通宁益等地，是靖港经凌冲通宁乡朱良桥、欧江岔和益阳牌口的重要陆上枢纽。进入21世纪，凌冲有南新线

（三岔路至万虎岭）、格凌线（桃花坡至南新线）；凌茯公路（千家山至渡口）、070县道与外相通。距望城区行政中心12千米，经雷锋大道、潇湘北大道到达长沙市中心只有38千米。2014年规划中的长沙市北横线纵穿凌冲，至2021年已完成拆迁腾地工作，北横公路建成后将为凌冲带来新的发展机遇。

环境　资源

地形地貌

凌冲为典型的半丘陵、半湖区地貌。南岳衡山经岳麓山脉延绵百余千米逐步平缓，在凌冲村渐入团头湖，山脉逐渐消失地带呈现多条低矮的山梁，两梁之间的低地形成了多条垅田。山梁是南高北低，而垅田是北高南低。垅田的水向南流入管家河，经黑公咀流入团头湖。丘陵部分地面坡度起伏，丘顶浑圆无脊，坡度不大，高度小于海拔60米，相对高差小于20米。属于丘陵与洞庭湖平原的过渡地带，土壤属于第四纪红色黏土。旱土为可耕型红土红壤，两山之间的垅田多为红黄泥土。湖区部分地表平坦，为历史上洞庭湖尾间多次围湖造田而形成，海拔在40米以下，水田为河沙泥，潮沙泥土属，土壤质地黏重，含盐基物质少。

气候

凌冲属于亚热带季风湿润气候区，受季风影响明显，四季分明。一年中春季雨水集中，常伴寒潮。夏热期长，秋季少雨，无霜期长，冬季寒冷期短，偶有严寒和冰冻。

年均气温在15.9℃至17.0℃。由于北有洞庭湖，东有湘江形成的河谷效应，凌冲的气温比望城区其他地区略低0.1℃至0.7℃。冬季平均气温在6.2℃～6.8℃，1972年2月9日出现的最低气温为－12℃。夏季平均气温在27.4℃～27.7℃，1978年8月20日出现最高温38.4℃。

年均降水量在1410.8毫米。1973年降水量为1646.6毫米，1978年只有963毫米。雪期平均62.8天。年均日照1610.5小时。7月和8月都在220小时以上，

2月历年平均71.2小时。

由于气候温和，雨量充沛，生物生长繁殖快，有利于有机质的积累，适合各种农作物生长。

水资源

凌冲淡水资源丰富，但分布不均匀，北部的团头湖水位海拔30米时，水深约4米，可调蓄水量2500多万立方米。全境80余口山塘分布于东北部及中部丘陵区，总蓄水量约259万立方米，东南部湖区则蓄水量不多。

动物资源

凌冲境域内动物资源丰富，常见的鸟类有麻雀、乌鸦、喜鹊，还有画眉、八哥、老鹰（鸢）、翠鸟（鹬）、啄木鸟、野鸡、红腹锦鸡、竹鸡（山鹧鸪）、鹌鹑、凫（野鸭）、水鸡、秧鸡、鹞子、斑鸠、黄雀、白头翁。夏季候鸟有白鹭、布谷鸟（大杜鹃）、燕子、黄莺、黑卷尾。冬季候鸟有灰雁、白额雁、绿头鸭（对鸭、大麻鸭）等。野生动物兽类有野兔、田鼠、黄鼠狼、箭猫、蝙蝠等。蛙类主要有青蛙、泥蛙、蟾蜍等。软体动物主要为田螺、螺蛳、蚌、蜗牛等，常见的鱼种有青鱼、草鱼、鳊鱼、鲢鱼、鳙鱼、鲤鱼、鲫鱼、柴鱼、鲌鱼、鳜鱼、鲇鱼、游鱼、泥鳅、沙鳅、青皮嫩、麻嫩等。家畜家禽有狗、猪、牛、鸡、鸭、鹅、兔等，其中以猪、牛、狗、鸡、鸭最多。20世纪50年代，凌冲林中常有野猪等大型野生动物出没。后植被被破坏，动物资源也随之遭到破坏。21世纪以后，植被逐步恢复，动物资源也得到恢复，2008年，团头湖湿地公园建设前期调查，发现域内拥有各种动物资源372种。其中有脊椎动物29目、72科、209种。包括鱼类4目、14科、46种；两栖动物2目、5科、12种；爬行动物2目、5科、13种；鸟类15目、40科、126种；哺乳动物6目、8科、12种。2021年，团头湖湿地保护区有国家二级保护动物白额雁、鸢、雀鹰、松雀鹰、红隼、白鹇、红角鸮、领角鸮、领鸺鹠、天鹅、红腹角雉、虎纹蛙12种。白鹭、池鹭、牛背鹭、苍鹭、夜鹭、普通翠鸟、八哥、山斑鸠等各种传统鸟类重回团头湖及凌冲湖边山林，并有中国特有珍稀动物白喉林鹟、白头鹎在此生息，就连难得一见的栗苇鳽、普通秧鸡、黑水鸡也频频亮相团头湖。

团头湖候鸟保护站（2022年刘湘东摄）

植物资源

凌冲属亚热带常绿阔叶林地带，土层深厚，土地肥沃，自古山上林木茂密，平地野花草类丛生。由于1958年“大跃进”、大办食堂，大量砍伐树木，开荒造地，原来茂密的山林遭到毁坏。1981年以后，全村实行家庭联产承包责任制，农民开始在责任山上种树，合理利用田土。加上农民家庭做饭的燃料以煤和液化气为主，不再烧薪柴。植被逐步得到恢复，有各种植物资源328种。到2000年，山上乔木、灌木丛生，森林覆盖率64%。在团头湖湿地保护区，有国家一级保护植物水杉、中华水韭，国家二级保护植物银杏、花榈木、胡桃、喜树、野大豆、野菱、香樟。至2021年全村常见的乔木有香樟、杉树、水杉树、马尾松（枞树）、锥栗、栲槠、苦槠、青桐栎、石栎、麻栎、白栎、枫树、泡桐、飞蛾楠、璎珞柏、椿树、桂花树、栾树、苦楝、酸枣、拐枣、刺楸、冬青、合欢（夜关门）、乌柏、乌饭树（洋蒸饭）、山杜英、红豆杉、小叶栎、画香子、皂角树、蚃囊树、栋

（心）树、黑皮树、鸭公树、檀树、凿树、蜡树、无患子（肥皂树）、谷皮叶树、野柿子树、柞桑、盐肤木（枯樱箕）、小叶朴（棒棒木）、垂柳、旱柳、小叶柳、大叶柳等。常见的灌木有杜鹃、桎木、黄刷箕、毛栗树、红杆子柴、小叶女贞、香叶子树、蛇白蔹、冷皂木、黄立木、黎罗根、猫奶子、铜箍散、乌泡刺、白檀（碎米树）、紫荆（宝冠花、山木通）、小木通、见风消、乌药、黄栀子、刺黄柏、野山楂、地榆、金樱子（糖罐子）、野花椒、臭胡椒、野漆树、羊角刺、野鸦椿子、杨木苞、牛皮冻、大青叶、臭牡丹、枸杞、檀树贯众、野南瓜、老鼠刺、千里光（九里光）、苍术、牛口刺、玉竹、山药、射干、小叶石楠（牛奶子）、大伸筋（马蹄伸筋）、水桂枝。常见的竹类有：楠竹、斑竹、水竹、石竹、小白竹、紫竹。至于活血藤、南蛇藤、络石藤、野葡萄、鸡屎藤、金银花藤、矢瓜蒌、山苦瓜、土茯苓、黄藤、葛麻藤、猪婆藤等藤类则更是到处生长，四季常青。

自然灾害

凌冲村湖区面积不大，受洪灾影响年份不多，但丘陵部分为大众垸最高处，山塘蓄水有限，抗御干旱能力不强。1954 年，茯林遭遇水灾，被淹农田 200 余亩，仅有 18 亩水田没有受灾。1962 年，百日大旱，华林村早稻歉收，晚稻绝收。1972 年 9 月，大旱，团头湖唯一一次干涸见底。1998 年 6 月至 8 月，遭遇百年不遇特大洪水，茯林、凌冲遭遇严重内渍水灾。2006 年 4 月 11 日，因连续暴雨致灾。2018 年 7—8 月，凌冲境域因持续晴热少雨，干旱成灾，晚稻生产遭受严重影响。

人口姓氏

人口总量

中华人民共和国成立前，凌冲村属于长沙县新焕乡第八保。1947 年，凌冲村户数约为 300 户，人口约 2000 人。

1962 年，凌冲村范围内的原华林、凌冲、茯林 3 个大队共有 668 户，2543 人。此后，由于生活条件改善，人口迅速增长，1970 年 3 个大队共有 737 户，人口3352人，1979年总人口达到3606人；随着计划生育政策的全面落实，人口实现平稳增长，1990年之后人口维持在4000人左右。2000年，3个村总户数965户，总人口3972人；2010年，凌冲村总户数1126户，总人口4072人；2020年年底，凌冲村总户数1264户，总人口4562人。

表1　1961—2021年部分年份凌冲村人口变化一览表

年份	总户数（户）	总人口（人）	年份	总户数（户）	总人口（人）
1961	672	2650	1990	1073	4067
1970	737	3352	1991	1087	4078
1971	747	3364	1992	1080	4072
1975	849	3565	2000	965	3972
1976	879	3608	2005	857	3469
1977	894	3573	2006	986	3846
1979	858	3606	2007	972	3843
1982	815	3717	2010	1126	4072
1983	1038	4615	2011	1125	4113
1985	847	3774	2012	1124	4123
1986	879	3788	2017	1168	4285
1987	999	3844	2019	1231	4532
1988	999	3844	2020	1264	4562
1989	1078	3996	2021	1085	4285

人口构成

性别构成：1970年，凌冲村男性人口1690人，女性1662人，男女性别比例为101.7∶100；1979年男性人口1818人，女性1788人，性别比例为101.7∶100；1990年男性人口2095人，女性1972人，性别比例为106.3∶100；2020年男性人口2338，女性人口2224人，性别比例：105.2∶100。年龄构成：2017年凌冲村常住人口4285人中，60周岁以上老人764人（男376人，女388人），占比17.83%，其中：60～69周岁446人（男238人，女208人）；70～79周岁222人（男105人，女117人）；80～89周岁92人（男33人，女59人）；90周岁以上老人4人（女4人）；2021年8月，凌冲村总人口4285人，其中60～69周岁老人815人；

70～79 周岁老人 405 人，80～89 周岁 133 人，90～99 周岁 16 人，百岁老人 1 人。

民族构成：2011 年开始，凌冲村因为嫁娶，有少数民族村民嫁入，到 2021 年底，凌冲村有苗族、回族、土家族等少数民族 6 人，其他均为汉族。

从业构成：2010 年底，凌冲村有劳动力 2540 人，其中从事第一产业 1530 人，第二产业 850 人，第三产业 160 人；2021 年底，凌冲村有劳动力 2296 人，其中从事第一产业 1189 人，第二产业 880 人，第三产业 227 人。

人口迁徙

凌冲村地处长沙望城区、宁乡市、岳阳湘阴县、益阳赫山区等三地四县区交界处，临长沙地区最大的内陆湖团头湖。《望城县志》载："团头湖，相传古为南洞庭湖的汊口之一。"从考古发掘出来的文化遗迹看，团头湖在新石器时代就有人类活动。在漫长的人类社会发展过程中，团头湖畔的凌冲一带生存繁衍条件不断完备和成熟。

良好的自然条件、便利的水上交通、丰富的物产，既是凌冲本土民众赖以生存的美好家园，也是外出经商、求学、从军者不能忘却的乡恋乡愁，还是外来宦游、商贸、军旅及迁徙的佳处，逐渐形成了人口聚集、众姓繁多的共建共生局面。

元末明初，明太祖朱元璋推行人口迁移政策，形成奉旨播迁的移民浪潮、官宦湖湘形成的子孙落籍、军功授职而形成的解组屯居、中原鼎沸而形成的避乱迁湘、慕其山水而形成的欣然归隐、行医经商等。《刘氏族谱》记载：明洪武二年(1369)，"我祖心宝公由豫章托籍星沙凌冲"，从江西南昌新建县梓溪来湖南承办"西平霸卫军务"，"建业于星沙之新阳二都"，地方包括"七甲凌冲团头湖、大山殿、仙人墩、七塘坡、刘家垸"等处。凌冲谭氏族谱记载："（谭氏五派组）涟公博览山水，自前明弘治五年（1492）卜宅于斯……"明代，凌冲域内村民主要来源是江西，只有少数来自山东、河南、福建等地。

中华人民共和国成立后，大兴水利建设，凌冲有水库移民落户。1958 年，水府庙水库建设移民 1 户到凌冲村。1967 年，陆续又有黄材水库等其他水库建设移民落户。到 2021 年底，凌冲村有水府庙水库、黄材水库和格塘水库移民共 7 户 9 人。

在大量的众姓迁往凌冲时，也有部分姓氏因为外出经商、自然灾害投亲靠友或遵祖命返回原籍等。1969 年之前，华林大队因经济落后而主动迁往湖北等地有

11 户 58 人，有外迁意向的 22 户 126 人，后因集体经济改善而不再外迁，并有 4 户外迁户重新迁回华林落户。

姓氏源流

2021 年凌冲有姓氏 137 个。

陈姓 凌冲陈姓，迁湘始祖莹公，字魁父，号绳斋，江西吉安府吉水县人。明代初期到湖南当官，后归隐益阳上矶。传四代至睿、亶、显三公，落籍长沙；睿、显两公居河西新康镇官山，开枝散叶于凌冲一带。

刘姓 凌冲刘氏迁湘始祖心宝公，字仁亲，原系江西南昌新建县梓溪郡人氏。明洪武二年（1369），因承办西平霸卫军务来到了长沙。在长沙生活了 12 年之后，开始在长沙立业，在新阳镇的一、二、六、七、八甲等处落业。曾建刘家祠堂于凌冲。

邓姓 凌冲邓姓，有南阳堂邓氏石八族。南阳邓氏授姓始祖曼季公，递传到曼公第 47 代孙禹公，禹公下传 36 派至开国公，字元勋，石八族六十派语字号从此开始。下传 45 代至拜派巍公，明永乐辛丑年进士，官至御史，寿终葬回龙嘴，墓前有石雕八人拱立，石八族由此来。

凌冲有长沙格塘邓氏，始迁祖均祥公，明进士，任湖南邵阳县知县，敕授文林郎，世居长沙新康都格塘，开枝散叶于凌冲一带。1930 年，宁乡、长沙、浏阳等 21 个县合修联谱。

李姓 凌冲李姓，鼻祖琼公，字显怀，号月亭，原居江西南昌县。传 3 代至廷禄公，字在中，号辉阁，明朝初年迁居到湖南长沙楚塘。再 6 世繁衍为寿、义、秀、和四房，建宗祠于格塘，开枝散叶于凌冲一带。

周姓 凌冲周姓，尊始迁祖周辛甫，字振宗（1381—1445）。周辛甫在明永乐年间随谷王朱橞到长沙任卫指挥佥事，其子孙后来分散居住到了凌冲。清乾隆二十四年（1759），在左家山村铁炉冲（与凌冲村接壤）修宗祠一座。

程姓 凌冲程姓，尊庭春公为始迁祖，庭春公明朝中叶来到蛟湖，开枝散叶于凌冲一带。

何姓 凌冲何姓，始迁祖德明公（又称念祖），元时自新化迁居沩宁，子孙开枝散叶于凌冲一带。

曹姓 凌冲曹氏，始祖子明公，号玉溪，元时建家于长沙玉溪。玉溪公六世孙崇政公落业于长沙新康镇凌冲。

谭姓 凌冲谭姓，始祖敬祥公，明洪武初年徙迁至湖南攸县二十七都，长子宗文入赘地方官员谭茂轩。明永乐五年（1407），宗文公携家眷徙迁至宁乡一都（今双江口）赵家河落业，开“贵、广、亮、政”四房，子孙居住到了凌冲。清乾隆年间，有子孙改谭复彭。其中“贵、广、政”三房全部及“亮”房一部分姓彭，“亮”房另外一部分仍姓谭。该族虽已分彭谭，但仍同祀一宗（敬祥公），共用派语，尤其当时统一堂号，取彭氏陇西郡末字“西”和谭氏弘农郡末字“农”合二为一：西农堂。故凌冲有彭谭二姓是一家之说。

黄姓 凌冲黄姓，以香公为始祖。香公传42世至益先公，又作奕宣公，明洪武四年（1371）自江西丰城县瓦子坪徙居湖南长沙，子孙落业于凌冲一带。清乾隆二十四年（1759）在锦绣都大河港建立祠庙。清同治九年（1870），湖南黄氏各支建总祠于长沙。

彭姓 凌冲彭氏，迁湘始祖濙公，五代后唐时自江西吉安府庐陵县山口老杠树下迁居长沙青山大田铺，濙公生了6个儿子，三子鄫公传十五世孙国玉公，字林宝，明永乐间居坳上，为始迁凌冲等地支祖，后裔居住在凌冲等地。

杨姓 凌冲杨姓迁湘始祖克明公，字思伯，明洪武二年（1369）由江西抚州府金溪县大塘迁长沙新康都水矶口，清康熙年间创建宗祠于水矶口，子孙落业于凌冲一带。

王姓 凌冲王氏，始祖霸公，字与权，居江西吉安府泰和县大江壁。宋元符二年（1099）与契友谭元亮、陈一继、贺真行同携眷避乱于湖南攸县之大坪紫云峰。十一世凯公生10子，第9子福房迁居到凌冲。

尹姓 凌冲尹氏，始迁祖铉公，北宋大儒程颐门人尹焞之孙，南宋中叶由河南迁楚南，落籍善化（望城），子孙散居凌冲等处。

胡姓 凌冲胡姓，迁湘始祖登一公，南宋末年自江西泰和县儒衡乡迁至长沙，子孙落业于凌冲一带。

萧姓 凌冲萧氏，始祖定恭，明永乐八年（1410）由江西庐陵县迁长沙西乡沱市，子孙后居凌冲等地。

熊姓 凌冲熊氏，始祖图南公，自泰州徙居江西丰城。长子廷学之子珷，明嘉靖年间迁湖南靖州红牌楼；珷五世孙国相、国隆于清康熙三十七年（1698）迁宁乡大金山川门湾，后世子孙散居凌冲等处。

徐姓 凌冲徐氏，始迁祖志洪公，字无垠，号广亭，江西丰城县大顺乡人。明洪武时与兄弟志德、志高、志海、志道、汉高、仲贤、志锦、美玉八公迁湖南。后裔分布于长沙、善化等地，后世子孙散居凌冲等处。

高姓 凌冲高氏，始迁祖子政公，明洪武初由江南因任湖南粮道迁湘，开基于长沙县新焕乡，子孙散居凌冲一带。

虢姓 凌冲虢氏，始迁祖含育公明成化年间由豫章迁湘省，落业于长沙新都六甲，后裔繁居凌冲等地。

郭姓 凌冲郭姓，始祖汝材公，字天培，明洪武二十二年（1389）自江西丰城因垦殖迁湘，开基于善化龙头铺，子孙散居凌冲一带。

张姓 凌冲张氏，迁湘始祖大晟公，字泳清，号仰斋，明嘉靖三年（1524）由江西省丰城县北竹山迁居益阳桃花港。其三子楚宝公明末迁居长沙河西新康都格塘，子孙散居凌冲一带。

范姓 凌冲范姓，迁湘始祖士前公，南宋咸淳九年（1273）因父殉节葬楚，不思归苏，南下入湘。钟和公为其八世孙，落户沩江，子孙散居凌冲一带。

任姓 凌冲任氏，始迁祖彦升公，明初迁居丰城乌溪湾。生玉鉴、玉铎，二公子孙相继迁湘，子孙散居凌冲等处。

侯姓 凌冲侯姓，传至二十一世祖齐贤，字志道，号斋之，明景泰七年（1456）由湘潭横头徙居长沙靖港。齐贤公又历八传至之风，字荣仲，于清顺治二年（1645）由靖港分居善化等其他地方，包括凌冲。

汤姓 凌冲汤姓，长沙始迁祖千一公，字钧镇，号衍檀，明朝初年由浏阳迁长沙，子孙散居凌冲等地。

沈姓 凌冲沈氏，始迁祖梅公，字雪友，清乾隆五十六年（1791）自浙江绍兴宦湘，开基于长沙县福庆乡（现乌山街道）黄家园沈家湾，因其宅后有鎏山，故称鎏山沈氏。子孙散居凌冲等地。

姚姓 凌冲姚氏，始迁祖亹禄公，字在中，号六亭，原籍江西吉安府泰和县圳上，致仕侨寓益阳，卜居十九里缺头岭东标公嘴，后世子孙散居凌冲等地。

董姓 凌冲董姓迁湘始祖尹忠公，字敷奏。明永乐年间由江西南昌府南昌县来湖广，落籍潭州。子孙析居凌冲等地。

樊姓 凌冲樊姓，始迁祖才惠，原籍江西南昌县，宋祥兴间迁居资江二里渡口武潭。才惠公六世孙德懋公，明洪武十九年（1386）定居十三里樊家庙，后世子孙散居凌冲等地。

曾姓 凌冲曾姓，始迁祖芝公，字光显，号著翁，行六郎，明初落业于宁乡西南四十里二都六区麻田，子孙散至凌冲等地。

潘姓 凌冲潘姓，系出荥阳，派衍楚南。始迁祖兆璜公南宋中叶由长沙府城迁田心，后开枝散叶于凌冲等地。

表 2 2021 年凌冲村人口姓氏统计表

单位：人

姓氏	人口	姓氏	人口	姓氏	人口
陈	858	刘	640	邓	374
李	240	周	192	程	177
何	169	曹	146	谭	109
黄	105	彭	96	杨	89
王	72	尹	67	胡	67
萧（肖）	64	熊	63	徐	56
高	48	虢	48	郭	47
张	45	范	44	任	42
侯	41	汤	35	沈	34
姚	31	董	31	樊	26
赵	24	曾	23	潘	22
钟	20	向	20	唐	18
谢	18	龙	18	舒	17
易	16	孙	15	盛	14
廖	14	罗	13	吴	13
赖	13	宋	13	苏	12
朱	12	余	11	贺	10
蒋	9	龚	9	甘	8

续表2

姓氏	人口	姓氏	人口	姓氏	人口
汪	8	严	8	丁	7
袁	7	邹	7	郑	7
方	6	蔡	6	冯	6
宇	6	万	5	梁	5
鲁	4	梅	4	田	4
黎	4	康	4	戴	4
段	4	夏	4	秦	3
皮	3	管	3	孔	3
符	3	颜	3	喻	3
佘	3	付	3	成	2
毛	2	文	2	覃	2
寇	2	金	2	晏	2
马	2	谷	2	叶	2
许	2	蓟	2	宁	2
白	2	雷	2	宫	1
杜	1	韩	1	崔	1
洪	1	薛	1	桂	1
吉	1	蓝	1	卢	1
江	1	傅	1	阳	1
冷	1	娄	1	闵	1
吕	1	孟	1	明	1
聂	1	庞	1	邱	1
欧	1	欧阳	1	谈	1
施	1	陶	1	阎	1
倘	1	兰	1	姜	1
滕	1	游	1	萝	1

续表 3

姓氏	人口	姓氏	人口	姓氏	人口
宿	1	鲍	1	童	1
佐	1	涂	1		

说明：由于数据来源渠道不同，部分姓氏人口数存在少量差异

村级组织

中共凌冲村总支

中华人民共和国成立前，凌冲人士陈德清、凌冲学校校长孙善长系中共地下党员，陈德清在安乡、湘阴等地从事地下活动，凌冲境域没有党的基层组织。

中华人民共和国成立后，1950 年，县委决定，凡正式党员 3 人的支部，不设支部委员会，配书记 1 名；5 人以上的支部，设支部委员会，配支委 3～5 人。正式党员不足 3 人的可与邻近单位的党员联合成立支部。1953 年，境属第二区凌冲乡，乡设党支部，陈礼贵担任凌冲乡党支部书记。1956 年 7 月，境属青峰乡，设党总支，农业社设支部。境内茯林、团湖、和平、凌冲 4 个农业生产合作社均成立党支部，由萧富生、刘长庚、刘基桂、杨新民分别任党支部书记。其间，根据“积极慎重”的建党方针，从农村中吸收贫雇农出身的土改积极分子入党，先后有王爱仁（女）、李爱华、陈茂生等被吸收入党。随后，凌冲由初级农业生产合作社转为高级农业生产合作社，设党支部，陈德武任党

2006 年凌冲村组织党员组织赴韶山参观学习

支部书记。1958年，全面实行人民公社化，凌冲并入红旗（后改为靖港）人民公社，凌冲大队设党总支委员会，杨新民任党总支委员兼凌冲中队党支部书记。1959年10月撤销中队，杨新民任凌冲大队支部书记，党支部委员会成员有陈礼贵、唐志明、程汉青、李爱华等。其间，先后有陈玉林、刘福莲（女）、陈月山、熊腊生、范文章、范义和、周三元、邓学先、虢福昌等人党。1961年，境属格塘人民公社，成立凌冲、茯林、华林3个大队、分别设党支部，由杨新民、陈玉林、陈寿全分别任党支部书记。1967年，大队换届选举，华林大队选举产生范义和等7名支部委员，范义和任书记；茯林大队选举产生陈玉林等5名支部委员，陈玉林任书记；凌冲大队选举产生杨新民等6名支部委员，杨新民任书记。1969年，华林是个"荒山秀岭坟堆多，粮棉低产穷山窝，丘陵天旱田开拆，湖区渍水淹死禾"的落后大队，粮食亩产不上300千克，劳动日工价只有0.18元。有的群众埋怨："地头不好，穷无尽头。"便纷纷迁居外地另找"出路"，全大队先后有11户迁往湖北、安乡等地。是年，党支部换届选举后，新一届党支部"一班人"开展是"穷则思迁"，还是"穷则思变"的大讨论，党支部书记范义和激励大家："不怕人穷，只怕志短，过去落后，不是地方差，而是缺乏大寨人改天换地的雄心壮志。"经过大讨论，坚定了党支部"一班人"学大寨、赶先进、搬掉穷山恶水、敢叫华林换新颜的斗志。大队绘制了开荒建茶场的蓝图，实行"统一规划，合理布局，因地制宜，建立基地，连片成型，分年完成"的实施方案。党支部选择最难下手的乱坟岗作为突破口，书记范义和带头迁出自家的祖坟，感动全大队社员，坟主自发一一迁出。在劳动竞赛中，由28名老党员、老积极分子组成的"愚公队"，跟青年人比高低；许多家庭妇女锁门、出屋，把孩子的摇篮搬到山上，带着小孩参加劳动；由中青年党员、民兵组成的突击队挑重担，打硬仗。经过5年大干，让昔日坟堆密布、茅草丛生的千多亩荒山种上一垅垅的茶树，披上绿装，变成金山银山。其间，党支部还组织400余人，奋战3个月，修成2条9千米长的灌渠，架设高压线，安装电动机，基本实现全大队农田旱涝保收，粮食亩产一跃升至700多千克。华林大队由经济排名靠后，一跃成为全县的先进典型，1977年2月，省委书记毛致用还专程到此考察调研。1982年，开展以创"三优"（优质服务、优良秩序、优美环境）、创文明单位，学雷锋、学先进为主要内容的"创先争优"活动。年底，格塘公社评选出一批县委表彰的优秀共产党员，其中凌冲大队的王春生、胡应兵，茯林大队的何良生、邓学先，华林大队的虢福昌、高作云、陈介凡受到表彰。

1984 年，改公社、镇管理委员会为乡（镇）人民政府，境属格塘乡人民政府；改大队为村，凌冲、茯林、华林 3 个村党支部书记分别由王春生、陈茂生、范义和担任。1984 年 7 月，华林村党支部被评为望城县先进党支部。1988 年，县委制定“创先争优”评比条件，境内华林、茯林、凌冲 3 个村均制定“创先争优”规划，党员普遍联系一户贫困户、“五保户”，把扶贫帮困作为“创先争优”的主要内容。至 1990 年，先后涌现一批扶贫帮困的优秀共产党员，其中茯林村的曹正元，凌冲村的周正辉、何应钦、侯正凡，华林村的范义和、陈子喜、朱桂香、范大和、陈介凡受到乡党委的表彰。是年 3 月，华林村党支部书记范义和被县委授予“模范村党支部书记”荣誉称号，7 月又被县委授予“优秀共产党员”荣誉称号。1991 年，开展以“为党旗争光辉、为望城做贡献、做合格党员”为内容的“创先争优”系列活动，茯林村的陈义中、曹正元、谭进生，凌冲村的何保民、董得华，华林村的范义和、范大和、朱桂香表现突出，被评为优秀共产党员，受到格塘乡党委的表彰奖励。1992 年，开展以“学党史、忆传统、做表率、争贡献”“学理论、学业务、学先进”和“讲团结、讲廉洁、讲贡献”为主要内容的创先争优活动。年底，格塘乡党委召开总结表彰会，茯林村的何建纯、陈志国，凌冲村的周正辉、陈云杰，华林村的范义和、侯正凡，茶厂的杨正武等被评为优秀共产党员，受到乡党委的表彰奖励。1990 年 10 月，范义和被县委授予全县 10 位“模范村党支部书记”之一。1992 年，县委、县政府表彰和奖励全县 26 个村为 1991 年度农村经济各业“村级之最”，其中华林村被评为茶叶产量最多的村。1997 年，茯林村有党员 22 名，其中男性 18 名，女性 4 名；凌冲村有党员 16 名，其中男性 12 名，

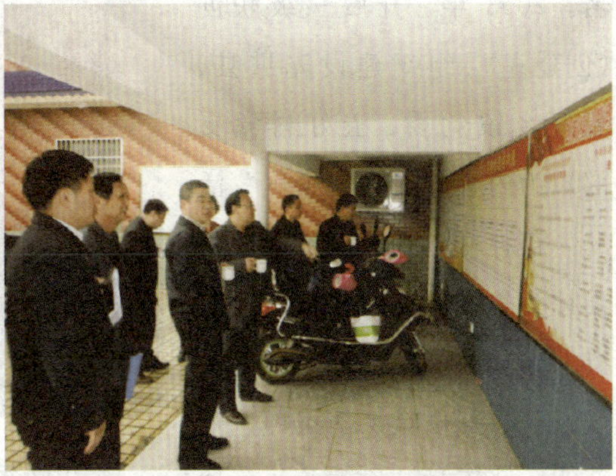

2012 年 5 月 14 日，区委常委、政法委书记秦国良到凌冲村调研“八支队伍”建设工作

女性4名；华林村有党员16名，其中男性15名，女性1名。2003年，开展三级联创（创建基层组织建设先进县、五好乡镇党委、五好村党支部）为内容的“创先争优”活动。茯林村党支部被格塘乡党委评为先进党支部；境内3村有邓水清、曾正云、刘正德、侯正凡、刘佑全、李正坤、范新明、邓正祥、任秀兰、董功福，茶厂的杨正武被评为优秀共产党员，受到乡党委表彰奖励。是年，在抗击非典型肺炎工作中，茯林村党支部委员刘正斌一直奋战在第一线，因劳累过度，不幸殉职在岗位上，被追授为全省防“非典”工作优秀共产党员。11月，被中央组织部追认为全国防“非典”工作优秀共产党员。2004年，村级区划调整，凌冲、茯林、华林3个村合并为凌冲村，设党支部，陈战武任支部书记，邓正祥、贺建波、曹建武、任秀兰、范新明为支部委员。是年，全村有党员150名，其中发展新党员3名。2007年，凌冲村党支部针对域内的云游茶业有限公司党员人数众多的特点，积极引导民营企业主加强党的组织建设，以增强公司员工的凝聚力和战斗力。经公司积极申请，乡党委研究决定，于7月批准成立云游茶业有限公司党支部，全公司有直管党员16名，杨应辉任党支部书记，熊苗、李平任党支部委员。2009年，党支部班子成员实行“公推直选”，杨正武、邓正祥、贺建波、曹建武、陈明大当选为支部委员，杨正武任党支部书记。是年，有党员149人，其

2017年，凌冲村“一推行四公开”动员会

2019年3月党员春训，请党校教授谭胜作培训讲课

中发展新党员3名。当年，围绕“构建和谐新望城，争当‘两型’排头兵”的发展战略，开展以创建先进基层党组织、争当优秀共产党员为主要内容的“创先争优”活动，党支部制定活动实施方案，对无职党员实行设岗定责，实施“党员示范户”“十星党员”创建工程。年底，凌冲村党支部获评县委表彰的先进基层党组织，陈寿明、陈战武、周润山获评格塘乡党委表彰的优秀共产党员，杨正武连续3年被县委授予“优秀共产党员”荣誉称号。

2010年起，开展以“建设基层组织坚强堡垒，争当城乡统筹发展先锋”为主题，以推进“三化三先锋”（“三化”即在基层党组织建设中，推进服务科学发展长效化、推进城乡组织建设一体化、推进基层党建工作科学化；“三先锋”即党员队伍要争做学习先锋、发展先锋、服务先锋）为重点，以“双创双联双服务”（“双创”即创建示范点、创建示范岗；“双联”即城区联农村、党员联农户；“双服务”即服务发展、服务群众）活动为载体。活动以“公开承诺、领导点评、群众评议、评选表彰”方式推进。全村上下形成“比学赶超、勇争一流”的浓厚氛围。2012年，着重考察群众基础好、有开拓精神、有经济头脑，带领群众致富能力强的中青年入党，全年培训入党积极分子7名，发展预备党员6名，3名预备党员转正。翌年，全村有党员157名。2012年，侯正凡被评为格塘镇“十佳党小组长”，翌年，侯正凡被评为望城区“十佳党小组长”。至2013年，凌冲村党支部连续4年获评格塘镇表彰的“五个好”基层党组织。2016年，凌冲村党支部打造“一体四化”新型党组织。将基层党建工作和基层社会治理有机整合为一体，着力打造网格化党小组、多元化党员志愿者服务队伍、专业化社会组织、个性化品牌服务点。以云游湾绿色生态示范片为依托，建设特色党小组活动室，通过网格管理，党员走进群众家庭、倾听诉求、回应关切，疏导心理情绪，为群众做好事、办实

凌冲村2022年党员大会

事、解难事取得实效。是年，凌冲村被确定为望城区党建示范村，并连续两年被评为望城区“五个好基层党组织”。2018 年 11 月，凌冲村设党总支，邓恺任总支书记，谭扩军、曹建武、贺建波、董志勇为总支委员，下辖 4 个支部，由任秀兰、贺建波、董志勇、曹建武分别任第一、第二、第三、第四支部书记。2019 年，凌冲村坚持党建引领，持续抓美丽村庄建设取得实效。年内，发展党员 2 名。翌年，凌冲村第一党支部被镇党委授予“十佳党支部”。至 2020 年，全村有党员 178 名，其中男性党员 133 名，女性党员 45 名。2021 年 1 月，凌冲村党总支进行换届选举，陈茂林当选为党总支书记，邓恺、谭扩军、董志勇、尹兴旺、李海霞为总支委员，李海霞、邓恺、董志勇、谭扩军分别任第一、第二、第三、第四支部书记。是年，全村有党员 174 名。全年，凌冲村在乡村振兴建设中扎实推进“一联二亮三评”（“一联”为党员联群众；“二亮”为党员亮身份、亮承诺；“三评”为每月开展一次支部考评、每季度开展一次群众测评、每半年开展一次党员互评）工作，构建党员综合考核评价体系。年内，发展党员 6 名。年底，《新湖南》以《党建引领，产业养成，打造美丽宜居村庄》为题，报道凌冲村美丽宜居村庄建设成果。

表 3　1954—1958 年凌冲域内农业社党组织负责人情况表

书记	任职时间	班子成员	备注
乡长陈振华	1954—1956 年 6 月	萧富生　陈凤庭　姚克泉　王爱云	
萧富生	1956 年 7 月—1958 年		
刘长庚	1956 年 7 月—1958 年		
刘基桂	1956 年 7 月—1958 年		
杨新民	1956 年 7 月—1958 年		
高寿亭		萧富生（等）	
王连山		萧富生　陈凤庭　刘　恺	
陈正华		萧富生　陈凤庭　刘　恺　何寅生	
陈凤庭	1958 年	刘　恺　曹正连　陈介福　陈正元　陈正华	
陈德武	1958 年	杨新民　程汉青　李爱华　王桂全　胡应兵　陈喜庭	进入高级社

表 4　1958—1984 年域内各大队历任党支部书记及支委一览表

大队名称	书记	任职时间	班子成员
凌冲大队	杨新民	1958 年	陈礼贵　唐志明　程汉青　李爱华　陈喜庭　程正兵　刘国祥　刘长根
	唐志明	1958—1959 年 9 月	程德武　胡应兵　赵佑云　廖正普　虢汉辉　刘国祥　萧富生　陈礼贵　陈玉林　高玉莲　李直君
凌冲大队	杨新民	1959 年 10 月—1975 年 9 月	何应钦　程美全　陈金生　程德明　李玉莲　尹友荣　胡应兵　程汉清　刘春生　陈云杰　曹佑云
	刘庚武	1975 年 10 月—1984 年	何应钦　程美全　程金生　王春生　刘春生　陈爱华　陈云杰
华林大队	侯进义	1958 年	陈寿全　范义和　侯进武　郭菊平　陈刚建　胡　平　李正坤　贺菊秋　谭爱连等
	陈寿全	1958—1961 年	范义和　侯进武　郭菊平　陈刚建　朱桂香　李正坤　贺菊秋　谭爱连　汤新华
	范义和	1962—1984 年	陈子喜　侯进义　陈寿全　郭菊平　陈光建　刘代华　熊腊生　陈新益　侯　建　朱桂香　樊六奇　贺建辉　李正坤
茯林大队	陈礼贵	1958—1959 年	陈茂生　陈习文　沈政桂　刘定争　曾正云
	陈玉林	1960—1962 年	邓学先　陈义孝　何寅生　刘国纯　陈茂生　沈政桂　谭劲生　李美君
	陈茂生	1963—1975 年	萧德华　陈玉林　谭劲生　李美君
	邓学先	1976—1980 年	陈茂生　萧德华　谭劲生　沈政桂　陈义孝　何建纯
	谭劲生	1980—1984 年	萧德华　陈先德　何建纯　曹正元

表 5　1984—2004 年各村历任党支部书记及支委一览表

大队名称	书记	任职时间	班子成员
凌冲村	王春生	1984—1985 年	程美全　刘庚武　程金生　陈爱华
	刘庚武	1985—1993 年 7 月	周正辉　邓正祥　刘春生　陈爱华
	周正辉	1993 年 8 月—2004 年 10 月	邓正祥　刘春生　陈爱华　刘正兵　何国军　任秀兰
华林村	范义和	1984—1989 年	陈子喜　郭菊平　陈光建　刘代华　熊腊生　陈新益　侯　建　朱桂香　樊六奇
	侯　建	1990—2004 年 10 月	陈新益　范新明　朱桂香
茯林村	谭劲生	1984—1985 年	萧德华　陈先德　何建纯　曹正元
	萧德华	1986—1990 年	谭劲生　陈先德　何建纯　曹正元
	谭劲生	1990—1998 年	萧德华　陈先德　何建纯　曹正元　陈战武　侯干祥
	陈战武	1999—2004 年 10 月	谭劲松　陈国其　陈学武　何建纯

表 6　2004—2021 年凌冲村历任党支部书记及支委一览表

书记	任职时间	班子成员	驻村第一书记
陈战武	2004 年 11 月—2009 年 2 月	邓正强　贺建波	
杨正武	2009 年 3 月—2014 年 12 月	邓正强　贺建波　曹建武　陈明大	李柏松
刘　常	2015 年 1 月—2017 年 3 月	贺建波　曹建武　邓　恺　董志勇	李柏松
贺建波	2017 年 4 月—2018 年 8 月	谭扩军　曹建武　董志勇　邓　恺	虢万全
邓　恺	2018 年 9 月—2020 年 12 月	谭扩军　曹建武　贺建波　董志勇	潘新武
陈茂林	2021 年 1 月—	邓　恺　谭扩军　董志勇　尹兴旺	陈耀辉

附

凌冲村荣誉榜

1992 年　华林村获评望城县 1991 年度“村级之最”称号，为全县“茶叶产量最多的村”。

2008 年　凌冲村获评望城县“人口与计划生育工作先进单位”称号。

2009 年　被评为望城区文明村。

2010 年　被评为望城科普示范村。

2011 年　获评“望城区人口和计划生育模范村”。

2012 年　获评“望城区人口和计划生育模范村”。

2013 年　被望城区委、区人民政府授予“农业农村工作先进示范村”“望城区城乡一体化先进示范村”称号。

2014 年　获评“望城区‘两型’创建示范单位”称号。

2015 年　凌冲村被批准为“长沙市‘两型’社会示范村”。

2016 年　获评“长沙市美丽乡村特色村”“望城区节能环保社区”。

2017 年　通过省发改委、省质监局组织的“两型”村庄认证，获评省级“‘两型’社会示范村”。

2018 年　获评望城区健康养老先进单位；被区政府授予“百岁健康村”。

2019 年　获评“长沙市卫生村”称号。

2019 年　凌冲村被确定为“长沙市实施乡村振兴战略示范镇村”。

2020 年　获评“长沙市 2019 年度文明村”。

部分村级荣誉牌匾：

文明村
中共望城县委
望城县人民政府
二〇〇九年二月

先进基层党组织
中共望城县委
二〇〇九年六月

2009年度计划生育优质服务
先进村
中共望城县委
望城县人民政府
二〇一〇年二月

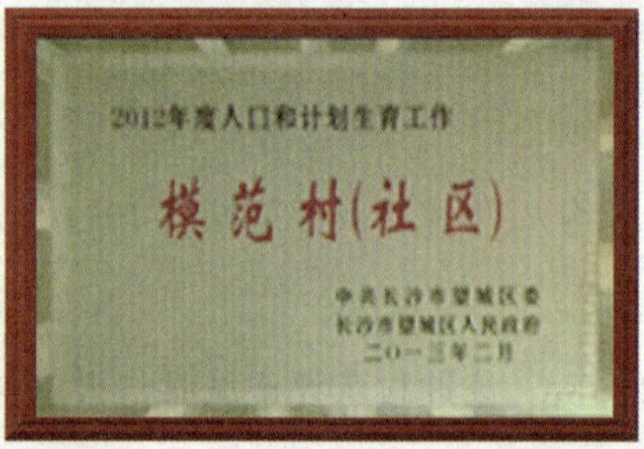
2012年度人口和计划生育工作
模范村(社区)
中共长沙市望城区委
长沙市望城区人民政府
二〇一三年二月

2013年度城乡一体化建设
先进示范村
中共长沙市望城区委
长沙市望城区人民政府
二〇一四年三月

2015年度
民主法治示范村
二〇一六年五月

靖港镇凌冲村
节能环保社区(村)
长沙市望城区环境保护局
长沙市望城区发展和改革局
长沙市望城区民政局
二〇一六年十二月

长沙市美丽乡村
特色村
长沙市美丽乡村建设工作领导小组
二〇一六年十二月

"六五"普法依法治理
先进集体

2018年度
健康养老先进单位

村民委员会

1958 年，人民公社实行“政社合一”，公社下辖生产大队，设大队长、副大队长、秘书、会计、民兵营营长、妇代会主任等职。1984 年 3 月，根据 1982 年《中华人民共和国宪法》第一百一十一条“城市和农村按居民居住地区设立的居民委员会或者村民委员会是基层群众性自治组织”的规定，生产大队改为村民委员会，生产队改为村民小组，至此，农村基层组织生产大队的体制被村民委员会所取代。是年，域内有华林、茯林、凌冲 3 个建制村。1988 年 6 月，《中华人民共和国村民委员会组织法（试行）》颁布实施。依法选举村民委员会班子，村民委员会由主任、副主任、委员 3～5 人组成，下设公共卫生、治安调解、社会福利等委员会。是年，首次举行村民委员会选举，域内华林、茯林、凌冲 3 个村的村民委员会主任分别由陈子喜、曹正元、周正辉担任。1994 年，域内 3 个村相继建立村民代表大会制度，村民代表随同村委会每届任期

20 世纪 70 年代华林大队大塘生产队印章

3 年，可连选连任。村民代表会一般每季召开一次，凡涉及村内群众利益的大事，都由村民代表决策。1996 年，在村委会换届选举工作结束后，域内 3 个村均制作村务公开栏，将国家有关政策、上级政府有关规定或下达的任务、村委会重大决策和财务收支情况定期公布，备受村民拥护，尤以村级财务公开备受关注，干群关系进一步密切。1998 年，《中华人民共和国村民委员会组织法》正式颁布实行，规定村民委员会每届任期 3 年。是年，举行第四次村委会换届选举，采取直选方式，即村干部候选人由村民直接提名，经过逐步筛选，3 次张榜公布定案后，确定正式候选人进行差额选举。经选举，茯林村陈战武以高票当选为村委会主任。2001 年，举行第五次村委会换届选举，按照“直接、平等、差额、无记名”的原则进行“海选”。经选举，华林村范新明、陈新益、郭清泉当选为村委会班子成员，范新民任村主任；茯林村曹建武、何建纯、陈国其当选为村委会班子成员，曹建武任村主任；凌冲村邓正祥、刘正斌、任秀兰当选为村委会班子成员，邓正祥任村主任。2003 年，县委、县政府下发《关于开展村民自治活动指导纲要》《关于在农村普遍建立健全村务公开制度的意见》，县政府颁布《望城县村民代表会议议事细则》等一系列指导性文件，促进村民自治工作走向制度化、规范化、科学化。域内 3 个村相继在村民代表中推选产生民主理财小组和村务公开监督小组，由村民会议或村民代表会议和党员大会推选的非村干部组成人员，民主理财小组人员 5 人，村务公开监督小组人员 3 人，其中有 2 人交叉任职，设组长 1 人。2004 年 10 月，华林、茯林、凌冲 3 个村合并为 1 个村即凌冲村。2005 年 1 月，举行第六次村委会换届选举，邓正祥当选为凌冲村委会主任，范新明、曹建武、任秀兰当选为村委会委员。当年，凌冲村在村民代表会议决策、村委会执行和村务监督小组的监督下，相继完成华林 1800 米抗旱标准渠、团上老屋水渠的铺设、戴家山公路和华林公路建设项目。2008 年，举行第七次村委会换届选举。根据乡党委的意见，支村“两委”班子成员不突破上届村“两委”换届的职数，提倡村党组织书记通过选举担任村委会主任，提倡党员通过法定程序当选村民组长、村民代表，推进村党组织、村委会和村经济组织领导班子“三位一体”，主要负责人由一人兼任，领导班子成员交叉任职模式，改善村干部队伍结构，实现优势互补，增强了村级班子治理能力和整体活力。2009 年，凌冲村按照村民自治要求，村党支部组建 8 支队伍（即党建工作先锋队、老科协智慧队、基础设施建设队、环境整治服务队、计划生育工作队、矛盾纠纷调解队、弱势群体关爱队、文化艺术宣传队），创新社会管理，以党小组为单位，实行网格化管理，明确具体职责，实行全员定责、监督定位、排查定期、落实定时、奖惩定量，将村级工作重心下移、人员下沉、资源下用。年内，老科协智慧队出谋划策，向支村“两委”提出合理化建议和工作对策9条，大部分被采纳，有效提升村民自治水平；基础设施建设队发挥业务熟，具备施工资质优势，参与各项基础设施建设的设计、施工、监理、验收等工作，确保村级道路硬化、水利设施维修、学校建设施工等多项工程的质量和进度；环境整治服务队做好垃圾清运、并宣传环保知识，引导村民绿化、美化庭院；计划生育工作队为育龄夫妇开展亲情服务送关怀；矛盾纠纷调解队先后化解各类纠纷30余起，全年无因调解不服而上访上诉，无刑事案件、治安案件；文艺宣传队先后开展军鼓、广场舞表演和文艺演出，开展乒乓球、篮球赛，丰富村民业余文化生活等，年底凌冲村获评望城区文明村。2012年，贯彻长沙市《关于建立村务监督委员会的实施意见》，规定整合村务公开监督小组、民主理财小组、党风监督员等监督力量，将其职能并入村监督委员会，形成以村党组织为领导核心，村民会议或村民代表会议为决策机构、村委会为执行机构、村务监督委员会为监督机构的村民自治组织体系。从2012年起，凌冲村推行“四议两公开”工作法［“四议”即所有村级重大事项都必须在村党组织领导下，按照党支部提议，“两委”（支委、村委）会商议、党员大会审议、村民大会或村民代表会决议；“两公开”即决议公开，实施结果公开］，有效提升村民自治科学化水平。2013年，完善民主决策机制，建立党小组长议事会、村民组长议事会、村民代表议事会、村民理财小组议事会4个议事组织，凡涉及全村经济社会发展的人、财、事、物等重大项目，重点工程、重要工作，都先提交议事会充分讨论，由村民会或村民代表会形成决议后再遵照执行。2014年，举行第九次村委会换届选举，有3718名选民参选，贺建波当选为村委会主任，任秀兰、谭扩军为村委会委员。2018年12月，第十三届全国人大常委会第七次会议表决通过《关于修改〈中华人民共和国村民委员会组织法〉的决定》，规定村民委员会每届任期5年。2020年，凌冲村在推进乡村振兴美丽屋场建设中，坚持群众主体地位，实行村事民议、村务民定、村权民管，变为民作主为群众自主，彰显各参与主体“共有、共建、共治、共享、共生”理念。全年完成渡口公路拓宽改造提质2.6千米（由3.5米拓宽至7米，并硬化、亮化），同时硬化公路1300米；打造美丽屋场52户，实现村庄绿化、水体净化、地面洁化、田园美化、空间序化、民风淳化，大幅提升人居环境。2021年，凌冲村进行村委会换届选举，实行村党总支书记、村委会主任一肩挑。经选举，陈茂林当选为村委会主任，李海霞、邓宇林当选为村委会委员。新组建的村委班子积极探索“五化五治五共”乡村治理新模式，强化党建引领，深化村民自治、固化议事机制、细化网格管理，优化科技服务。充分发挥“政治、法治、德治、自治、智治”作用，实行“共有、共建、共治、共享、共生”方针，实现“建设零违章、环境零污染、安全零事故、治安零发案、村民零上访”的“五零”目标。全年打造云游湾、横塘湾、茅镰塘、华林塘4个乡村振兴美丽宜居村庄，实施并完成水体环境治理、公路亮化、党群理事服务中心等12个建设项目，年底，一次性通过上级验收。凌冲村经济、社会协调发展，群众幸福生活指数不断攀升。

表7 2004—2021年凌冲村村民委员会班子成员一览表

村委会主任	任职时间	委　员
陈战武	2004年11月—2009年2月	曹建武　任秀兰　范新明
邓正强	2009年3月—2014年12月	任秀兰　范新明　谭扩军
贺建波	2015年1月—2017年3月	谭扩军　任秀兰
谭扩军	2017年4月—2020年12月	任秀兰　郭清泉
陈茂林	2021年1月—	李海霞　邓宇林

共青团组织

1985年凌冲马肚子组严玉平（前排左三）参加县第六次团代会

1958年域内开始建立村级团支部。1972年，团支部根据格塘公社团委发出的“争当农业学大寨的突击队员”的倡议，华林大队团支部123名团员大战筲箕坡，造田50亩、造土50亩；凌冲大队团员利用晚上时间开荒造田5亩多；茯林大队团支部开荒种茶100亩。年内，华林大队团员青年坚持学农业科技知识，培育良种茶、茶树病虫害防治和水稻育秧知识，在大搞科学种田、种茶活动中发挥了积极作用。1978年，华林大队团支部先后召开学雷锋故事会14场，出学雷锋专刊21期，团员青年写学雷锋心得783篇，涌现帮助“五保户”挑水、打米、砍柴、拾金不昧等好人好事20多人次。团支部还配合党支部开展学雷锋、存万元款活动，全大队团员青年组织闲散资金360多元，作为支援大队购买农业机械、农用化肥等资金，团支部先后获评省、市、县、社先进团支部。1984年，域内华林、茯林、凌冲村均开展"五讲四美"、争做"'五保'老人的亲生儿女"和20世纪80年代"活雷锋"活动。其中，华林村团支部组成3个学雷锋小组，有的在农忙时节对缺劳动力的困难户帮工，有的帮"五保"老人做好事，实行爱心传递。3月12日，华林大队团支部组织15名团员青年义务植树，每人植树100株，共植树1500多株。10月，华林村团支部发展团员12名。1985年，茯林村有团员23人，华林村有团员25名，凌冲村有团员25名。是年，严玉平被推选参加共青团望城县第六次代表大会。1989年，凌冲村团员、青年农民李春辉，高中毕业后钻研养鸡技术，他养的鸡成活率高、生长快，全年养螺丝鸡300只，收蛋760千克，还出售AA肉鸡200多只，获得较高的经济效益。2012年3月，凌冲村将3月定为"学雷锋活动月"，年内，先后开展学雷锋日活动、义务植树、慰问孤寡老人、出宣传刊等倡导"文明与我同行"活动，实施"弯腰工程"等。2017年6月，凌冲村召开团员代表大会进行换届选举，选举出谭扩军、董志勇、任秀兰、邓恺、李海霞5人为团支部委员，谭扩军当选为团支部书记。2021年，凌冲村团支部由尹兴旺任书记，李海霞任副书记，团支部成员为郭皓、易佳缘、彭佳星、余逸峰、刘旭、曹书豪。

妇女联合会

1951年4月，域内基层妇女组织与基层行政机构同时建立，妇女组织动员广大妇女送夫、送子、送兄弟参军和捐款捐物，支持抗美援朝，域内共有10多名中青年参加抗美援朝。1953年，域内属第二区凌冲乡，设民主妇女联合会。1954年冬，加修大众垸大堤工程，凌冲乡高玉莲率妇女突击队负责修建玉泉山涵闸，遇冰冻，清淤扫障遇到困难，她挑来开水，把冰化开一个洞，她带领妇女们不畏严寒，一个个奋不顾身，跳进冰窟窿，把污泥从冰下舀到冰面，再用板耙推到河岸上，大大加快了工程进度。1958年，域内民主妇女联合会更名为妇女联合会。1972年，华林大队曾经作出过"收回生猪饲料地，减少社员自留地"的决定。新选入党支部委员会的妇女主任深入全大队7个生产队做调查，发现这个决定不符合《农村人民公社工作条例》（简称"六十条"）的精神，使集体和社员养猪由原来600多头下降到400多头。她把自己的想法向大队党支部作了汇报，党支部积极支持她的正确意见，立即召开支委会，重新学习"六十条"和有关政策，并按规定补足社员的自留地，适当划给社员生猪饲料地，调动了社员养猪的积极性。半年时间后，全大队养猪由400多头增加到1300多头，集体生产得到发展，社员收入有所增加。2011年5月，凌冲村成立"妇女之家"。翌年，成立妇女儿童弱势群体关爱队、妇女志愿服务队。2012 年，妇联配合支村“两委”贯彻落实《公民道德建设实施纲要》，开展“五好文明家庭”“好婆婆”“好媳妇”评选。2014 年，凌冲村妇代会换届选举，大会选举产生新一届妇代会委员，任秀兰当选为妇代会主任，郭清泉为副主任，李海霞为委员。是年，妇代会为贫困妇女做好事、解难题，全村共有 9 名贫困妇女得到相关救助，救助金额为 3000 元；为 4 名贫困在读大学生争取慈善助学金 12000 元，并为下岗失业妇女建立就业档案，依托村内云游茶业有限公司为妇女培训安置基地，进行职业培训，并向域内各家企业推荐，年内有 12 名妇女实现上岗再就业。2017 年 5 月，凌冲村召开妇女代表大会，选举产生凌冲村妇女联合会第一届执行委员会，任秀兰等 15 人当选为凌冲村妇女联合会第一届执委会委员，任秀兰任执委会主席，郭清泉、李海霞、邓辉明任副主席。2021 年 3 月，凌冲村召开妇女代表大会，邓宇林等 15 人当选为凌冲村妇女联合会第二届执委会委员，邓宇林任执委会主席，李海霞、郭清泉、陈晖任副主席。

专记：知识青年下凌冲

原茶厂知青点（刘湘东 2022 年摄）

20 世纪 60 年代初期，国家经济进入空前的困难时期，加之城市人口积压，劳动就业的出路越来越窄。为减少城镇人口，缓解就业压力，支援农业生产，国家鼓励中小学毕业生下放农村就业。1964 年 10 月，靖港镇供销社职工子女李建刚、李碧军、金润福等响应党和国家号召，放弃城镇升学、就业机会，下放到凌冲、华林大队插队落户，最先开启凌冲域内的知识青年上山下乡运动。

1968 年 12 月 22 日，毛泽东主席发出“知识青年到农村去，接受贫下中农的

原华林知青点（刘湘东 2022 年摄）

知青蔡成新设计的拱子屋

（至 2022 年仍作为厂房使用）

（刘湘东 2022 年摄）

再教育，很有必要”的号召后，先后有湖南省公交公司、湖南省汽车运输公司、湖南省交通学校、湖南省交通科研所、湖南省航运公司、湖南省交通配件公司、靖港镇等处的大批知识青年落户域内的凌冲、华林、茯林 3 个大队和茶厂。1973—1977 年，为知识青年上山下乡的高峰期。1977 年底，随着湖南省水运公司的干部职工子女陈泽明等最后一批知识青年的插队落户，先后到凌冲域内的知识青年有 176 人，其中，格塘茶场 68 人。凌冲大队 24 人、华林大队 42 人、茯林大队 37 人，另有 5 人具体落户地点不详。知识青年刚落户时，除安排在茶场外，大部分分散寄居在农户家中，与社员同吃、同住、同劳动，由于城乡差别大、生活习俗各异，许多知识青年对农村的生产生活很不适应，与农户相处一时难以融洽。半年后，根据县知青办的要求，各村开始建立知青点，知青实行集中居住，便于集中管理和学习交流。华林大队的知青点建在华林副业队，茯林大队建在麻园生产队，凌冲大队建在樟树生产队。茯林大队建知青点时，知青自己动手制砖烧砖搞建设，派遣单位航运公司给予大力支持，送来砖、瓦、檩木等，在大队主建、多方协助下，建成一栋有 1 间大会议室、12 间住房、1 间厨房餐厅共 400 多平方米的知青点。凌冲大队知青点也是由大队主建，多方捐资捐物、知青共同协助、参与施工、土法上马，建成有食堂、会议室、宿舍等 16 间房子的知青点，还建有篮球场等。华林大队坚持自力更生精神，因陋就简，土法上马，知青参与施工，建成宿舍 7 间，还有会议室、食堂、厨房、杂屋约 400 平方米的知青点。安置在茶场的知青，主要工作任务是种茶、除草、中耕、施肥、防病治虫和摘茶叶等。

2020 年部分知青重游茶场

2020 年 10 月，部分知青回凌冲在拱子屋前合影

安置在各大队的知青，平时以种植茶叶、花生、蔬菜、烤烟为主，春插、“双抢”（抢收、抢种）和秋收等农忙时节，下到各生产队做农活。知青点的日常管理，大队有一名干部专门负责，雨天集中学习交流，晴阴天出集体工，集中吃饭，分队（生产队）劳动。知青在插队落户期间，得到大队、茶场的关爱和呵护。最先落户华林大队的靖港镇供销社职工子弟李建刚，被华林大队党支部书记范义和安排在大队部开广播，既照顾到他的年少情况，又发挥他的文化特长。女青年王云，虽瘦小体弱，但文化程度相对较高，加之她喜欢小孩子，被大队照顾安排在茯林小学当民办老师。大队党支部经常过问知青点的伙食，鼓励他们自己动手搞农副业生产，自给自足，还经常设法改善伙食。大队党支部除了生活上关照，还从政治上给予关心，对表现突出的知青，培养其入党，或培养为大队后备干部，优先参军。其间，先后有王淑元、曾辉、王世新等 4 名知青加入中国共产党。知青王柏栋，在大队多人踊跃报名应征入伍的背景下，被优先批准参军，之后他在对越自卫反击战中负伤、立功。女知青成放鸣是一名青年活跃分子，有组织能力，经选举并经党支部批准，在茶厂担任团支部委员。知青插队落户期间，闯过了思想关、家庭关、劳动关、艰苦生活关、经受住锻炼，增长了才干，为农村发展做出了贡献。落户在茯林横塘生产队的女知青曾利华，在参加生产队集体劳动中，不怕苦，不怕累，尤其是搞“双抢”，专拣重活干，跟男劳动力一样踩打稻机，被当地社员称为不会“吃聊消”（偷懒）的人。当民办教师的知青王云，对待学生像

对待自己的家人一样，经常交流沟通，学生中谁有小病小痛，她自己掏钱买药为其医治，受到学生家长称赞。茯林大队知青陈晓安是一个业余画家，一有空就在附近野外写生，常常画一些山水景观等画送给当地老百姓。有些老人去世前，其家人请他去画像，他有求必应，均分文未取。茶厂知青蔡成新知识面宽，有一定的机械、电工知识等，加之他平时爱钻研一些机械、电工、建筑设计等专业知识，被安排在茶厂负责茶叶加工。1977 年 1 月，茶厂为扩大生产规模，要建萎凋车间厂房，因所建厂房需密封且要求 30 米宽的跨度，故如何解决这些技术问题使厂方一时犯了难。对此，蔡成新主动请缨，设计出建拱子屋的施工图，被厂方采用。经施工，建成 100 多米长、30 米宽的萎凋厂房，房顶采用大拱梁式结构以解决跨度大的技术问题，大拱梁之间的间距采用波浪式小拱型结构连接，以解决密封的技术问题。此法既节省设计费、节省建筑材料，又加快了施工进度。厂房内配套建有双重萎凋槽 22 个 44 条。厂房及设施建成后，具有摊叶量大、萎凋均匀且不受天气影响等优势，增强了生产能力，提高了茶叶加工的机械化水平。

20 世纪 70 年代中后期，国家开始允许知青以招工、考试、病退、顶职、独生子女、父母身边无人、工农兵学员等各种名义，逐步返回城市。1978 年 10 月，全国知识青年上山下乡工作会议决定停止上山下乡运动，并妥善安置知青的回城和就业问题。1979 年后，域内绝大部分知青陆续返回城市。1981 年，在格塘茶场的知青卢维平返回长沙市，他是最后 1 名返城的知青。另有李美君、李碧军、金润福 3 名女知青与当地男青年结婚，扎根在农村。

2016 年下半年，当年知青张晓锌、周永林、王云、曾莎莎、柳湘明、阳辉等抱着怀旧情怀重返凌冲，看望慰问谭进松、沈正贵等老村干部，以及徐淑纯、沈正福、何建纯等原住户，回忆旧情，表达谢意。2020 年 12 月，凌冲域内知青为重温当年知青生活，重返第二故乡凌冲，在云游茶厂聚会，凌冲村支村“两委”领导看望和慰问了他们，对他们为凌冲做出的贡献表示衷心感谢，并希望他们常回来走走，为乡村振兴出谋划策。2021 年，华林知青点仍保留着原样。当年知青蔡成新设计的拱子厂房依旧在使用。这已成为知识青年上山下乡的历史见证。

表 8 1964—1977 年部分下放凌冲知识青年统计表

姓名	性别	下放单位	下放时间	落户地点
李碧军	女	靖港镇	1964 年 10 月	凌冲
金训（运）福	女	靖港镇	1964 年 10 月	凌冲
丁正祥	男	半边街 94 号	1975 年 4 月 27 日	凌冲
周燕陵	男	省交通学校	1974 年	凌冲
杨文斌	男	长沙市侯家塘 204 号	1974 年	凌冲
黄　奇	男	省交通学校	1974 年	凌冲
蔡成新	男	省交通学校	1974 年	凌冲
廖向阳	男	省交通学校	1974 年	凌冲
邱　敏	男	省交通学校	1974 年	凌冲
赵为政	男	省交通学校	1974 年	凌冲
王明慧	女	省交通学校	1974 年	凌冲
王彩霞	女	省交通学校	1974 年	凌冲
张利军	女	省交通学校	1974 年	凌冲
贺长陶	男	省交通学校	1974 年	凌冲
李日辉	男	靖港镇八联组三小组	1975 年 6 月 25 日	凌冲
刘建辉	女	靖港镇一居民四联组	1975 年 6 月 25 日	凌冲
马正龙	男	靖港镇一居民四联组	1975 年 6 月 25 日	凌冲
袁红球	女	靖港镇一居民四联组三小组	1975 年 6 月 25 日	凌冲
瞿再英	女	靖港镇二居民五联组	1975 年 6 月 25 日	凌冲
汤志其	男	靖港镇一居民三联组	1975 年 6 月 25 日	凌冲
阳建湘	男	靖港镇少先路 41 号	1975 年 6 月 25 日	凌冲
唐正祥	男	靖港镇半边街	1975 年 6 月 30 日	凌冲
龙寿娥	女	靖港镇一居民二联组三小组	1976 年 3 月 22 日	凌冲
袁国约	男	靖港新农堤	1976 年 12 月 28 日	凌冲
李建刚	男	靖港镇	1964 年 10 月	华林
范爱云	女	长沙水运公司	1968 年 4 月	华林
杨泽选	男		1972 年	华林

续表 2

姓名	性别	下放单位	下放时间	落户地点
李新明	男		1972 年	华林
尹景新	男		1972 年	华林
张新林	男		1972 年	华林
徐美林	女		1972 年	华林
徐爱芝	女	靖港镇	1973 年 5 月 14 日	华林
史静芳	女	靖港镇	1973 年 5 月 14 日	华林
鲁伯玮	女	靖港镇	1973 年 4 月	华林
谭觉辉	女	靖港镇半边街 44 号	1973 年 5 月 14 日	华林
李智勇	男	省汽运公司	1974 年 4 月 25 日	华林
周乃凡	男	省汽运公司	1974 年 4 月 25 日	华林
曾　辉	男	省汽运公司	1974 年 4 月 25 日	华林
鲍颖姿	女	省汽运公司	1974 年 4 月	华林
王淑元	女	省汽运公司	1974 年 4 月	华林
李玉然	男	省汽运公司	1974 年 4 月	华林
李放鸣	男	省汽运公司	1974 年 4 月 25 日	华林
罗泽荣	男	省汽运公司	1974 年 4 月 25 日	华林
刘颂平	男	省汽运公司	1974 年 4 月 25 日	华林
张国荣	男	省汽运公司	1974 年 4 月	华林
王世新	男	省汽运公司	1974 年 4 月	华林
袁建湘	男	省汽运公司潘家坪 84 号	1974 年 4 月 25 日	华林
周刃知	男		1974 年 6 月	华林
黄咏兰	女		1975 年 6 月	华林
高　皮	男		1975 年 6 月	华林
唐宏伟	男	省交通局宿舍 13 栋 1 号	1977 年 8 月 23 日	华林
曹秋林	女	长沙市东区新军路新文巷运输公司宿舍 3 栋 1 楼 3 号	1977 年 8 月	华林
张利平	女	长沙市燕山街	1975 年 1 月 21 日	华林

续表 3

姓名	性别	下放单位	下放时间	落户地点
杨新建	男	半边街 70 号	1975 年 6 月 25 日	华林
梁光辉	男	半边街 87 号	1975 年 6 月 25 日	华林
高　棵	男	靖港镇九联组	1975 年 6 月 25 日	华林
任建芳	女	靖港镇二居民八联组	1975 年 6 月 25 日	华林
柳红霞	女	长沙市第一服装厂	1975 年 9 月 14 日	华林
刘　阳	女	华林	1976 年 3 月 3 日	华林
蔡晓峰	男	保靖县百货公司	1976 年 7 月 20 日	华林
周运芝	男		1976 年 12 月	华林
丁中秋	女	长沙市荣湾镇 48 号	1977 年 8 月 16 日	华林
周　红	女	省交通局物资公司宿舍	1977 年 8 月 18 日	华林
黄英玲	女	省交通局物资公司宿舍	1977 年 8 月 20 日	华林
曹秋玲	女	省汽运公司	1977 年 8 月 20 日	华林
周晓玲	女	格塘华林	1977 年 10 月 26 日	华林
陈卫平	女	茯林龙凤	1975 年 5 月 1 日	茯林
陈小英	女	长沙市五一路 27 号军运处	1975 年 6 月 25 日	茯林
彭　静	女	长沙市泉思井 40 号	1975 年 6 月 25 日	茯林
韦　卫	女	坡子街省商职宿舍	1975 年 6 月 25 日	茯林
刘永平	女	公司机关	1975 年 6 月 25 日	茯林
周永林	男	公司机关	1975 年 6 月 25 日	茯林
曾利华	女	公司机关	1975 年 6 月 25 日	茯林
王红雨	女	长沙市西长街 19 号	1975 年 6 月 25 日	茯林
安湘龙	男	长沙市韭菜菜园军里路 45 号	1975 年 6 月 25 日	茯林
王锡君	女	长沙市西牌楼 15 号	1975 年 6 月 25 日	茯林
张晓锌	男	五一路 27 号	1975 年 6 月 25 日	茯林

续表 4

姓名	性别	下放单位	下放时间	落户地点
宋五四	男	长沙市孚家巷 41 号	1975 年 6 月 25 日	茯林
柳湘明	女	长沙市沿江大道 88 号	1975 年 6 月 25 日	茯林
陈晓安	男	长沙市沿江大道 213 号	1975 年 6 月 25 日	茯林
曾莎莎	女	长沙市岳麓区细塘坡 2 号	1975 年 6 月 25 日	茯林
阳　辉	女	省公交公司	1975 年 6 月 25 日	茯林
王柏栋	男	省公交公司	1975 年 6 月 25 日	茯林
刘跃先	男	省公交公司	1975 年 6 月 25 日	茯林
郭富强	男	省公交公司	1975 年 6 月 25 日	茯林
胡国强	男	省公交公司	1975 年 6 月 25 日	茯林
王　云	女	省公交公司	1975 年 6 月 25 日	茯林
彭勇夫	男	公司机关	1975 年 6 月 25 日	茯林
梁国英	女	长沙市西区豆子园 67 号	1975 年 8 月 20 日	茯林
史五七	男	航运公司	1975 年 8 月 30 日	茯林
彭慎平	女	长沙市西长街	1975 年 12 月 30 日	茯林
李　陵	女	长沙市民主东街二条巷 4 号	1976 年 11 月 12 日	茯林
易建平	男	荣湾镇麓山路细塘坡	1976 年 12 月 19 日	茯林
廖经建	女	长西木牌楼 6 号	1976 年 12 月 20 日	茯林
李岳进	男	省航运公司	1976 年 12 月 30 日	茯林
李以武	男	省航运公司	1976 年 12 月 25 日	茯林
唐梅芳	女		1977 年 11 月 23 日	茯林
李志广	男	省航运公司	1977 年 11 月 25 日	茯林
唐忠祺	男	省航运公司	1977 年 11 月 25 日	茯林
彭为民	男	省航运公司	1977 年 11 月 25 日	茯林
杨利辉	女	靖港正街	1977 年 11 月 27 日	茯林

续表 5

姓名	性别	下放单位	下放时间	落户地点
陈泽明	男	省航运公司	1977 年 12 月 27 日	茯林
梁菊红	女	长沙市西区豆子园 67 号	1977 年 12 月 30 日	茯林
汤会利	女	靖港镇二居民五联组四小组	1972 年 4 月 9 日	格塘茶场
徐淑明	女	靖港镇	1972 年 4 月 9 日	格塘茶场
周小如	女	靖港镇一居民四联组二小组	1972 年 4 月 9 日	格塘茶场
康玉峰	男	省交通配件公司	1974 年 4 月 9 日	格塘茶场
唐森武	男	省交通学校	1974 年 4 月 9 日	格塘茶场
陶小慈	女	省交通学校	1974 年 4 月 12 日	格塘茶场
张金春	女	省交通学校	1974 年 4 月 12 日	格塘茶场
胡　跃	女	省交通学校	1974 年 4 月 12 日	格塘茶场
郑法成	男	交通科研所	1974 年 4 月 20 日	格塘茶场
徐（许）湘捷	男	交通科研所	1975 年 4 月 20 日	格塘茶场
陈纯建	男	交通科研所	1975 年 4 月 20 日	格塘茶场
叶解华	女	省交通配件公司	1974 年 4 月 22 日	格塘茶场
吴秋玲	女	省交通配件公司	1974 年 4 月 22 日	格塘茶场
龙友焜	男	省交通学校	1974 年 4 月 22 日	格塘茶场
陈敬芳	女	省交通学校	1974 年 4 月 22 日	格塘茶场
蒋辽沙	男	省交通配件公司	1974 年 8 月 26 日	格塘茶场
陈必健	男	交通科研所	1975 年 4 月	格塘茶场
蔡成新	男	长沙市建湘中路 164 号	1975 年 6 月 27 日	格塘茶场
郑少成	男	长沙市民主后街 8 号	1975 年 6 月 27 日	格塘茶场
王　勇	男	省军区	1975 年 6 月 27 日	格塘茶场
赵　云	男	长沙市红旗巷 43 号	1975 年 6 月 27 日	格塘茶场
萧西雅	女	长沙市清水塘路 23 号	1975 年 6 月 27 日	格塘茶场
王跃武	男		1975 年 6 月 27 日	格塘茶场

续表 6

姓名	性别	下放单位	下放时间	落户地点
李中宪	男	长沙市反帝路 181 号	1975 年 9 月 7 日	格塘茶场
李湘亭	男	省交通配件公司	1975 年 11 月 22 日	格塘茶场
王岭慧	女	省交通学校	1976 年 6 月 11 日	格塘茶场
成放鸣	女		1976 年 6 月 11 日	格塘茶场
尹建湘	男	省交通配件公司	1976 年 6 月 29 日	格塘茶场
任细德	男	省交通配件公司	1976 年 6 月 29 日	格塘茶场
熊敏湘	女	长沙市新丰路 21 号	1976 年 7 月	格塘茶场
詹安其	女	靖港镇二居民五联组	1976 年 10 月 6 日	格塘茶场
张晓玲	女	靖港镇二居民五联组四小组	1976 年 10 月 16 日	格塘茶场
马健萍	女	长沙市东区肇家坪 44 号	1976 年 10 月 27 日	格塘茶场
王学明	男	长沙市沿江大道 88 号	1976 年 10 月	格塘茶场
林灿煌	女	靖港半边街 13 号	1976 年 11 月 12 日	格塘茶场
黄伟健	男	兴农堤 23 号	1976 年 11 月 12 日	格塘茶场
董伟健	女		1976 年 11 月	格塘茶场
熊国林	男	靖港镇二居民五联组	1976 年 11 月 12 日	格塘茶场
熊国进	男		1976 年 11 月 12 日	格塘茶场
侯异文	男		1976 年 11 月	格塘茶场
龙跃进	男	靖港镇一居民二联组三小组	1976 年 11 月 16 日	格塘茶场
刘利芬	女	靖港镇一居民四联组	1976 年 11 月 16 日	格塘茶场
胡艳平	女	新康集镇一居民委员会	1976 年 12 月 6 日	格塘茶场
马建元	女	靖港镇半边街道二居民七联组	1976 年 12 月 6 日	格塘茶场
樊　敢	男	半边街 26 号	1977 年 3 月 16 日	格塘茶场
李中鸣	男	反帝路 180 号	1976 年 12 月 30 日	格塘茶场
章宇鹏	男	赤岗冲宿舍	1977 年 3 月 14 日	格塘茶场
陈国建	男	省交通配件公司	1977 年 4 月 25 日	格塘茶场

续表 7

姓名	性别	下放单位	下放时间	落户地点
钱湘玲	女	省交通配件公司	1977 年 4 月 25 日	格塘茶场
吴明秋	女	长沙市清水塘	1977 年 4 月 25 日	格塘茶场
曾泽华	男	长沙市清水塘	1977 年 4 月 25 日	格塘茶场
陈来元	女	省交通配件公司	1977 年 7 月 29 日	格塘茶场
彭宇俐	女	省交通配件公司	1977 年 7 月 29 日	格塘茶场
卢维平	男	省交通配件公司	1977 年 7 月 29 日	格塘茶场
张　纲	女	省交通配件公司	1977 年 7 月 29 日	格塘茶场
罗　玲	女	省交通配件公司	1977 年 7 月 29 日	格塘茶场
李爱群	女	省交通配件公司	1977 年 7 月 29 日	格塘茶场
欧湘荣	女	省交通配件公司	1977 年 7 月 29 日	格塘茶场
李仲衡	男	省交通配件公司	1977 年 7 月 29 日	格塘茶场
聂双萍	女	省交通配件公司	1977 年 7 月 29 日	格塘茶场
刘正冬	女	省交通配件公司	1977 年 7 月 29 日	格塘茶场
苏鱼华	女	省交通配件公司	1977 年 7 月 29 日	格塘茶场
欧友花	女	省交通科学研究所	1977 年 9 月 6 日	格塘茶场
陈世祖	男	省交通科学研究所	1977 年 9 月	格塘茶场
马建兵	男		1977 年 10 月	格塘茶场
马建军	男		1077 年 11 月	格塘茶场
李再兴	男	省汽车配件公司	1977 年 11 月 19 日	格塘茶场
陈毛湘	男	省汽车配件公司	1977 年 12 月 24 日	格塘茶场
罗洋菓	男			
朱在英	女			
王明慧	男			
贺长桃	男			
李美君	女			

基础建设

凌冲的基础建设始于20世纪50年代修塘引渠建机台，70年代中期开始修公路，改善交通环境，至二〇二一年通组入户公路密如蛛网，通过连村公路、县乡公路沟通与外界的广泛联系。水利设施完备，确保实现旱涝保收。通过环境卫生整治、城乡一体化建设和『两型』示范建设等，村域环境大改善，一个产业兴旺、生态宜居、乡风文明、治理有效、生活富裕的新凌冲呈现在人们面前。出门见绿，处处皆景，村民犹如生活在公园之中。本章全面介绍了凌冲建设规划、水利建设、道路建设、电力建设、公共服务设施建设和乡村提质改造的蜕变过程。

乡村建设规划

《凌冲村 2011—2013 年新农村建设发展规划》

2011 年 4 月，凌冲制定《凌冲村 2011—2013 年新农村建设发展规划》，规划明确：以建设社会主义新农村为目标，按照“生产发展、生活宽裕、乡风文明、村容整洁、管理民主”的总要求，进一步完善全村基础设施，大力推进农业发展，推进各项事业上台阶，争创长沙市新农村示范村。目标任务为：基础设施方面，完成村域内大型水利设施的布局建设，加大塘坝扩容增蓄的力度，重点完善金凌围子综合水利配套设施建设，团头湖沿线水利设施提质建设，3 年完成 20 口山塘的扩容工作；消除“断头路”，3 年完成 10 千米的道路硬化任务，重点完成格凌线窑塘的通组公路建设；2011 年完成村部政务公开楼的改建工作。发展现代农业方面，推广高效优质稻种面积占全村耕地面积的 95％以上，扩大无公害蔬菜种植面积，发展西瓜、红薯、芝麻等，稳定茶叶面积，发展油茶种植；合理引导农民发展特种养殖业，重点扶持鸡、鸭、生猪养殖大户；引进都市休闲农业，发展农家乐和高档农家餐厅。精神文明建设方面，建设一个村民健身活动场所，完善健身器材等设施；村部设立一个综合性村民活动室，配备电脑、图书等；持续开展文明创建系列活动，开展星级文明户、科技示范户、星级卫生户等群众性评选活动。

《凌冲村 2013 年优化生态环境、建设现代农庄、打造城乡一体化示范村规划》

2012 年 12 月，凌冲制定《凌冲村 2013 年优化生态环境、建设现代农庄、打造城乡一体化示范村规划》，规划围绕全面建成小康社会的战略目标，按照推进城乡一体化建设的要求，整合资源、优化结构、完善服务，努力构建城乡规化、产业布局、基础设施建设、公共均衡服务一体化的发展新格局。规划的总体目标为：围绕“产业抓特色、基础抓配套、城乡抓统筹、村容抓整治、培训抓技能、制度抓创新、管理抓民主”的工作思路，以实现“四新三优两突破（发展新产业、建设新农庄、培育新农民、塑造新风貌，优化农村公共服务、优化农村社会管理、优化农村资源保障，城乡一体化建设和制度建设上取得新突破）为目标，通过示范点建设，把凌冲建成经济社会发展、群众生活安康、环境整洁优美、思想道德良好、公共服务配套、人与自然和谐的新农村。规划明确主要建设项目为：在居民集中居住规划区、凌冲村合格化学校和农民文化广场交接处设立 2 处高标准的小憩园；在上横塘组新增连片 56 户庭院绿化美化示范点建设；绿化美化环湖路、南新线；亮化从凌茯路口经茶厂中心位置到合格化学校 1800 米公路，安装太阳能路灯；硬化良子塘至茅镰塘公路、上横塘公路 3.5 千米；对戴家渠、东塘渠和麻园渠进行三方不见泥的 U 形槽建设工程；申办省合格化学校建设，改善办学条件；建设农民文化广场，新建篮球场 1 个，乒乓球活动室 1 个，老年人活动中心 1 个，安装健身器械 1 套，打造百姓文体资源共享平台；创新社会管理，建设 8 支队伍治村，实行“多元善治”。

《凌冲村生态建设规划（2016—2025 年）》

2016 年 12 月，凌冲制订《凌冲村生态建设规划（2016—2025 年）》，规划范围为凌冲村全境，规划面积 10.04 平方千米，涉及全村 38 个村民小组，常住人口 4532 人。规划以 2018 年为基准年，2016—2025 年分为二期，近期 2016—2020 年，中期 2021—2025 年。规划的总体目标为：在经济稳步发展的同时，把合理开发自然资源、保护区域的生态平衡和创造优美的生态环境作为同步目标，从完善基础设施建设、改善生态环境质量和建设生态文明入手，突破传统的发展模式，经过努力奋斗，逐步建立起可持续发展的生态环保型效益经济体系，充分挖掘村的内部潜力，使村的物质和能量得到最大限度的利用，在整体上获得最大的生态效益、经济效益和社会效益，将凌冲村建设成为生活富裕、生态优良、环境优美、和谐文明的富裕村、生态村、宜居村、文明村。其分项目标为：在富裕村建设方面，以提高村民收入为核心，以生态农业和生态旅游为引擎，大力发展村域经济、提高村民生活水平。深化农业结构调整，进一步扩大优质稻种植面积，积极发展茶叶等特色农业、休闲农业，优化品种结构，由传统农业逐步向“无公害农业—绿色农业—有机农业”转变。以团头湖国家湿地公园为核心，充分挖掘自身及周边旅游资源，大力发展生态旅游，年均接待游客力争 80 万人以上，旅游收入突破 1 亿元，依托周边资源优势适度发展农产品加工业，规划末期人均年纯收入 30000

元以上。在生态村建设方面，以构建天蓝、地绿、山青、水秀的生态环境为目标，加强各项生态环境保护工作。加强团头湖湿地保护，全面实施退养还湖、禁渔禁猎，保持、恢复和改善团头湖湿地生态系统和生态功能。全面推进生活污水处理，处理率95%以上。建立完善生活垃圾分类收集和转运体系，生活垃圾转动率100%。水环境质量、环境空气质量、声环境质量满足功能区划要求。在宜居村建设方面，以望城撤县设区为契机，积极稳妥推进凌冲村城乡一体化进程和新农村建设。充分对接望城区和靖港镇有关发展规划，统筹考虑凌冲村各项基础设施建设；规划村民集中居住点，积极引导和鼓励村民集中居住，集约土地利用，完善集中居住点公共服务设施；加强村庄绿化、美化，构建“村—组—户”的景观生态格局，“点（庭院空间）—线（干道、景观道路）—面（公园、茶园、果林）”相融的景观生态网络，绿化覆盖率70%以上。在文明村建设方面，以提高居民环境意识为核心，加强环境宣传教育，树立生态文明发展理念，推行生态文明生活方式，广泛开展生态文明创建活动，建设具有生态教育、生态科普、生态旅游、生态保护、生态恢复示范等功能于一体的生态教育基地，形成绿色生产、绿色消费、绿色生态的生产生活新模式，建沼气池普及率80%以上，太阳能普及率50%以上，村民对环境状况满意率97%以上。

《凌冲村乡村振兴战略示范村（2019—2021年）规划》

2019年，制定《凌冲村乡村振兴战略示范村（2019—2021年）规划》，规划把乡村振兴与产业发展、移风易俗、农民增收、民生改善和生态环境建设紧密结合起来，按照“产业兴旺、生态宜居、乡风文明、治理有效、生活富裕”的总体要求，在生态建设、环境整治、经济发展、文明和谐等方面进行系统建设，将凌冲打造成田园美、村庄美、生活美、鸟语花香、富足安康的乡村振兴战略示范村。规划明确重点工作内容为：推进农村“五治五美”（治空心房、治厕、治水、治垃圾、治风，布局美、产业美、环境美、生活美、风尚美），打造秀美凌冲。以农村人居环境“五美”为目标，全面实行全村生活垃圾日产日清、及时处置，实现垃圾分类减量全覆盖；全面消除农村旱厕，实现“卫生厕所”全普及；全面完成“空心房”整治，规范建房管理；全面推进农村生活污水处理，实现农户生活污水有效处置；全面提升村民文明素质，实现文明风气稳步形成；确保“五治”工作各项任务走在前列；推进乡村“五美”工程，让凌冲成为水更清、山更绿、田园风光更动人的美丽宜居新家园。加快集体经济发展，建设富裕凌冲，加大对现有农民专业合作社扶持力度，发挥龙头企业引领作用，带动村级经济发展，云游茶业、华林合作社、印象团湖生态农业有限公司、大匠园林有限公司、凌冲土地专业合作社、蛟鳞种植合作社等带动周边群众开发茶园1000多亩、果园500多亩、园林绿化400多亩、粮食种植800多亩，为周边群众提供更多就业机会。发挥团头湖生态资源优势，加大招商引资力度，促进村集体经济持续发展；发展电子商务，线上线下营销村企无公害绿茶、油茶、纯手工红薯粉等农特产品，培育扶持农产品电商综合服务平台。发展特色主导产业，打造绿色生态品牌产品。因地制宜发展绿茶产业、红薯产业等，充分发挥湖南省茶博会金奖知名品牌优势，大力发展无公害云游毛尖，打造集旅游、观光、休闲、体验于一体的茶博园，弘扬茶文化。加强民主管理，建设文明凌冲。开展创建新农村标准党支部活动，建立完善“一制三化”即村党支部领导下的村民自治运行机制，党支部工作规范化、村民自治法制化、民主监督程序化的工作机制，实行村务公开、民主管理，村民满意率90%以上；文化大院、幼儿园、村小学、卫生室等公益设施完善率达到100%，农村合作医疗参与率达到100%，初步实现老有所养、幼有所教、病有所医。规划期限为3年，一年有起色，二年见成效，三年上台阶。科学规划，分步实施，稳步推进。2019年度的具体任务为：加强组织建设，打造红色英烈党建阵地；加强典型示范作用，打造上横塘振兴乡村示范片；提质基础设施，改善生产生活条件；扎实推进“五治”工作，共创生态宜居家园。2020年度的具体任务为：在基础设施建设上，全面完成渡口公路全长2.6千米，宽7米混凝土路面，完成蛇形公路、桃园公路、鸦鹊塘公路的硬化建设；培养新型农民，举办农民科技培训班，提高农民专业技能，创造就业机会，千方百计增加村民收入；推进特色民宿项目建设，组织当地村民对家中空房进行内部空间设计，挖掘周围的一些传说典故，向游客展示每个家庭、每间民宿独特的信息，让游客来凌冲体验“三原”（原生态、原住民、原生活）生活。2021年度的具体任务为：完成全村危房改造，全村危房改造工作全部结束，村民住房全部实现砖瓦化；加强基础设施建设，全面完成渡口公路全长2.6千米，宽7米路面黑化、亮化、绿化建设，进一步硬化组级公路和通户公路，公路硬化通户率达90%；文化广场建设，渡口公路拓宽建设全面完成后，在原茶场中心位置建设新型农民文化广场一个；在民生工程方面，发挥红十字会作用，联合企业、知名人士、社会各界共同关爱帮扶弱势群体；重点做好医保、社保、养老保险等工作；加强文化建设，广泛开展广场健身舞、篮球赛、军鼓、群众性生态文明创建等系列活动，引导农民追求科学、健康、文明、低碳的生产生活方式和行为方式。

《凌冲村村庄规划（2019—2025年）》

2019年，制定《凌冲村村庄规划（2019—2025年）》，规划范围为凌冲村行政辖区内的全部村域空间，总面积914.27公顷。规划期限为2019—2025年。以2019年为规划基期年，2022年为规划近期目标年，2025年为规划远期目标年。规划规模：到2025年凌冲村人口为4500人，人均建设用地约147.38平方米，建设用地面积为97.36公顷。性质定位：打造为以生态农业（水稻、果蔬、茶叶）为基础，以体育休闲（团头湖、千龙湖体育小镇）为特色，形成交通便捷、配套完善、生态节约的新农村发展典范。产业发展规划：打造以“现代农业—体育休闲—观光康养”的城郊产业发展村庄。形成“一轴、四区”的产业结构，“一轴”即依托靖格线打造一条村庄综合发展轴；“四区”即结合文化遗址及团头湖资源打造生态休闲区，依托团头湖及周边储备腹地打造体育休闲产业区；依托现状良好的产业资源，打造茶文化体验区；依托生态及交通优势，打造老年人休闲康养区。住房用地布局：规划期内，拟通过建设用地整理引导退出村庄建设用地37.79公顷，为规范村内新增建设用地行为，促进村建设用地节约集约良性发展，对于村内新建住宅，部分将统一引导至规划集中居民点，规划新增住宅用地16.02公顷。规划建筑根据地形地势及景观的有利观赏面，以南向为主。住宅底层层高不宜超过3.6米，其余层高不宜超过3.3米，净高不宜低于2.6米，原则上村庄内新建住宅层数不超过3层，确保建筑体量宜人。建筑物距靖格线（南新公路）退让10米、北横线退让20米、乡村道5米；村民沿河道两侧建房的，必须按规定退让到历史最高洪水位以上。在村域公共服务设施规划方面，保留现状村部，完善其服务功能，提质改造为村综合服务平台。保留凌冲附属幼儿园，扩建凌冲小学，新增4处小型活动广场，将村卫生室逐步改建，宜结合村综合服务平台设置。新增4处生态停车场。2020年5月18日至6月18日，《凌冲村村庄规划（2019—2025年）》初步成果由靖港镇政府予以公示。年内，经镇政府批复正式实施。至2021年底，凌冲村各相关规划设置到2021年的目标任务，均相继完成，基本实现村庄绿化、水体净化、地面洁化、田园美化、空间序化、民风淳化。凌冲初步打造成为布局美、产业美、环境美、生活美、风尚美，宜居、宜业、宜游的秀美村庄。

农田水利建设

农田建设

1962 年，域内六岔湖开展围湖造田工程，每天集中 1000 多名劳动力上工地，从附近山嘴取土筑堤，仙泥墩被挖去三分之一。经过 4 个多月的艰苦奋战，修成从胡婆桥至仙泥墩 3.5 千米长、基脚 80 米宽、高程 5 米多的防洪六岔湖长堤大堤，造田面积 800 多亩。1969 年，域内华林、凌冲、茯林 3 个大队以生产队为单位，均开展开荒造田活动，每个生产队开荒造田都在 20 亩左右。1972 年，华林大队团支部 123 名团员大战筲箕坡造田 50 亩，造旱土 50 亩，至 1975 年，3 个大队开荒造田 500 多亩（开荒种茶面积除外）。2009 年，凌冲对金凌围套、东风套、东塘套、新建套 4 个套区开展涉及 600 亩的土地整理项目，修建抗旱排渍渠道约 6 千米，沟、渠、路全面畅通，加上团上、老屋组约 180 亩的土地平整项目的推动，使 780 亩耕地告别没有机耕路的历史，实现旱涝保收、机械耕种目标。2012 年，争取国土整治资金、铺排农田基本建设项目，兴修农田水利、完善机耕路网，实行水、田、路综合治理，增强抗御自然灾害能力，使原有的中低产田，变成旱涝保收的高产稳产良田。2016 年，争取 518 万元的国土整治资金，对全村 2900 亩土地进行平整，通过路网、渠网等基础设施建设，解决农机作业难、交通运输难、抗旱排渍难的问题，补齐农业基础设施薄弱的短板，使全村 70％的农田增强综合生产能力，实现增产增收。至 2021 年，凌冲村坚持专业合作社带动，把农田基本建设与生态治理、美丽乡村建设，土地整治与休闲农业、全域旅游结合起来，加强集中连片高标准农田建设，扩大农业机械化耕作规模，农业综合产能不断提升。

水利建设

1957 年，茯林高级农业社在社长陈礼贵的带领下，肩挑手挖，苦干一个冬

六岔湖长堤（刘湘东 2021 年摄）

天，将茯林湾的茯林塘、长塘、横塘 3 口山塘合并整修为茯林塘，外坡培土、内坡整修、加高塘基、增加容量，并修建茯林渠与之配套，本社及靖港、大众等地近 400 亩稻田受益，其中茯林高级农业社灌溉面积占 150 多亩。是年，修建蛇形山机台，这是域内第一个机台，由政府安装柴油机抽水，用工由相关受益的农业社派调工，由机手郑文榜、助手曹正秋操作。抗旱时灌溉面积 80 余亩。1968 年，建茯林机台，作为蛇形山机台的配套机台。蛇形山机台为一级机台，茯林机台为二级机台，安装的是苏联产的电动机，机手为沈正贵。提灌方式为：以团头湖为水源，由蛇形山机台将水提灌到茯林塘，再由茯林机台从茯林塘提水灌田，域内 3 个大队水分占比为华林占 50%，茯林、凌冲分别占 25%。翌年，蛇形山机台动力更新为电动机。1969 年冬，华林大队在党支部书记范义和带领下，修建近 10 千米长的灌溉渠道，其中要在良子塘山修穿山隧道。隧道设计宽 1.5 米、高 2 米、长近 300 米，施工采用纯人工开凿，用线定位、用镜子反光对准、用筷子和装满水的碗定高程等土法上马，两头相对开凿。翌年 3 月，隧道打通，用工 2000 余个，两头高程误差不到 20 厘米。穿山渠道的修通，使千亩靠人

土地整理之后的高标准农田（刘湘东 2021 年摄）

力车拉水的岸子田变成水旱无忧的良田。2004 年冬，凌冲村对茯林塘进行混凝土护坡，对渠道安装 U 形槽、起闭式闸等设施。是年，启动华林 1800 米标准渠建设，至 2005 年，标准渠建设项目竣工，团上老屋水渠也完成铺设。2009 年，凌冲村投入资金对王凤组大众塘、思心塘、下塘 3 口山塘进行清淤、护坡整修，扩容增蓄 3000 立方米；通过争取资金在瑶塘建设一个 40 亩的标准化鱼池；投入 3 万多元对东塘抗旱渠进行三方不见泥的标准化建设；更新桃园、高塘、瑶塘 3 个排渍抗旱机台，其中瑶塘、高塘机台均为 22 千瓦，桃园机台 10 千瓦；对华林 1800 米的标准化抗旱渠进行修缮，惠及 13 个村民组；全年共修建整理抗旱排渍渠道 6 千米。

蛇形山机台（刘湘东 2021 年摄）

整修后何家塘（2012 年）

整修后新塘（2017 年）

华林塘机台（2021 年）

鸦鹊塘清淤护坡（2021 年）

2011 年，凌冲村持续推进抗旱渠道标准化建设，整修麻园渠道、农业组东边和西边渠道、茅镰塘大坝渠道 4 千米。2012 年，筹资 140 多万元，修通引水渠 25 条，清淤、扩容、加固 10 口塘坝 270 亩，增容 13.5 万立方米，金凌围机台更新至 55 千瓦，有效解决 28 个村民组、6000 亩水田灌溉难问题。是年，凌冲村获评全国水利建设示范基地。2013 年，通过移民后期扶持项目，建设戴家组 1.2 千米渠道、农科渠带路、华林渠、戴家渠、关山坝渠等，并将东风机台更新为 22 千瓦。

何家湾机台（2021 年）

2016 年，筹资 8 万元，将位于凌冲村的引水渠进行渠道清淤、铺装 U 形槽板建设，两边护坡，长 500 米、宽 1.5 米；对代家至金凌围 6 千米渠道进行改造；清淤护坡山塘 18 处；新建东塘、金盘等 3 个机台。2017 年 11 月，凌冲村成立河长制工作小组，全面推进小微水体建设，全村有水塘 25 口，面积 291 亩，蓄水量 159 万立方米，沟渠 6 条 6.9 千米纳入小微水体建设范围。是年，利用国土整治的契机，新建和改建引水渠 12 千米。2018 年，疏通清淤六岔湖沟渠 2 千米，塘坝清淤 30 多亩。2019 年，开展乡村振兴示范片建设，对茯林塘塘基进行培土护坡硬

胡家塘渠道建设（2013 年）

化，水塘周边完善亲水长廊、添置景观设施，加入文化元素，茯林塘水体生态环境焕然一新。2021 年，整治山塘 4 口。至年底，全村共有机台 14 个，共计 668 千瓦；有大小塘坝 92 口，其中面积较大、灌溉作用明显的是茯林塘、瑶塘、鸦鹊塘、茅镰塘；有渠道总长 12 千米，标准化渠道 2 千米。其中，主要渠道有何家湾、华林等 12 条。

2016 年大塘渠道管道铺设

2019 年 6 月何家湾渠道整改

表 9　2021 年凌冲村塘坝一览表

单位：亩

序号	名称	所在位置	山塘面积	灌溉面积
1	肖家塘	东风组	4.8	30
2	樊家塘	东风组	5.7	25
3	邓家龙塘	东风组	4.1	35
4	山塘子	东风组	2.1	20
5	小塘	东风组	1.1	10
6	马肚子四方塘	桃园组	2.3	25
7	桃园上塘	桃园组	1.1	12
8	桃园下塘	桃园组	1.9	24
9	山塘	桃园组	1.2	15
10	高塘塘	高塘组	4.2	40
11	面前塘	高塘组	1.9	20
12	史家冲塘	高塘组	2.4	20
13	上塘	金盘组	1.6	20
14	新塘	金盘组	2.1	20
15	李子塘	金盘组	1.8	20
16	上塘	王一组	2.1	25
17	下塘	王一组	2.3	25
18	甘塘坡	王一组	1.8	10
19	娥公塘	王一组	5.7	20
20	东塘	东塘组	6.5	50
21	张公塘	东塘组	7.6	34
22	瑶塘子	东塘组	4.3	30
23	李子塘	东塘组	1.4	10
24	湾塘	长塘组	4.4	45
25	四方塘	瑶塘组	9.8	60
26	王凤塘	王凤组	6.7	60
27	张家塘	蛇形组	4.8	70
28	上湾塘	农科组	9.8	40
29	茯林塘	上横塘组	19.7	45

续表 2

序号	名称	所在位置	山塘面积	灌溉面积
30	横塘	上横塘组	12.1	50
31	长塘	上横塘组	11.5	56
32	干塘子	麻园组	7.6	40
33	胡家塘	麻园组	14.6	60
34	大园塘	大园组	4.8	30
35	刘公塘	大园组	3.9	28
36	干塘子	大园组	2.8	20
37	长塘	大园组	19.8	69
38	藕塘	新建组	9.7	42
39	蓑衣塘	凌冲组	5.5	40
40	新塘	凌冲组	2.6	20
41	桐昌塘	凌冲组	2.2	20
42	刘家祠塘	凌冲组	2.8	30
43	行家嘴塘	凌冲组	2.7	30
44	土地塘	戴家组	3.5	40
45	面前塘	戴家组	5.4	45
46	何家塘	大塘组	1.2	12
47	大塘	大塘组	14.6	57
48	马安塘	马安塘组	9.6	64
49	王子塘	马安塘组	2.3	30
50	下塘	马安塘组	1.5	15
51	干塘子	令旗塘组	9.6	30
52	令旗塘	令旗塘组	9.4	61
53	庙塘	令旗塘组	1.6	10
54	兰木塘	竹塘组	2.8	35
55	竹塘	竹塘组	10.1	54
56	干塘子	鸦鹊塘组	2.8	36
57	鸦鹊塘	鸦鹊塘组	15.1	62
58	螺家塘	鸦鹊塘组	1.5	28
59	上塘	良子塘组	7.1	20

续表 3

序号	名称	所在位置	山塘面积	灌溉面积
60	下塘	良子塘组	4.2	30
61	上塘	何家湾组	5.2	40
62	下塘	何家湾组	4.1	30
63	马坡塘	马坡组	2.4	26
64	安子上塘	马坡组	9.7	40
65	安子下塘	马坡组	5.1	30
66	茅镰塘	茅镰塘组	19.7	74
67	长塘	山塘组	15.1	70
68	枫树塘	山塘组	3.2	30
69	张家冲塘	马肚子组	2.2	30
70	马肚子塘	马肚子组	3.8	50
71	陈家塘	华林塘组	1.1	26
72	华林塘	华林塘组	20.1	100
73	梨树塘	毛山坡组	2.8	50
74	谭家塘	毛山坡组	2.6	30
75	郭公塘	桃花坡组	8.1	45
76	桃花塘	桃花坡组	9.8	42
77	夫子塘	樟树组	5.2	58
78	李子坡塘	下横塘组	1.08	20
79	刘家塘	下横塘组	1.95	25
80	何里塘	团上组	3.1	15
81	新塘	团上组	2.5	16
82	苏家塘	老屋组	14.6	32
83	土地塘	老屋组	1.7	10
84	老屋塘	老屋组	2.2	25
85	新塘	新塘组	6.8	72
86	邓家塘	新塘组	1.2	15
87	上塘	农业队	1.4	12
88	下塘	农业队	1.2	12
89	下安子塘	安子塘组	4.8	60

公路建设

县乡公路

1974 年，凌冲境内修建了第一条公路，即县道南新线（三岔路至万虎岭），长 3 千米，宽 5.5 米，为简易公路。20 世纪 70 年代中后期，南新线配备养路工班维护管理，整修加固路基，铺筑砂石路面，保证过往机动车辆正常行驶。1982 年修建格塘水库通往凌冲的乡道格凌公路，为砂石路面。1998 年，升级改造县乡公路，南新线砂石路面改油路。2004 年 12 月 30 日，格塘乡召开现场办公会，同意将格凌公路建设列入县乡公路建设项目。格凌公路长 2 千米、宽 6 米，为简易公路，列入县乡公路建设项目后，建设资金由政府给予相应补助，为格凌公路管养提供了保障，2006 年，南新线、格凌公路铺筑水泥路面。2013 年，完成环团头湖风光带建设，长 4 千米、宽 4.5 米。2014 年 3 月，投入资金 32 万元，对南新线提质改造，路面拓宽为 8 米，全线铺筑沥青路面，并进行亮化、绿化。依据路面宽度，设计为两侧布灯，单侧布灯间距 40 米，共布灯 100 多盏，两侧进行绿化。2021 年，对环团头湖景观大道铺筑沥青路面，同时，在南新线建起一个生态田园候车亭。

最美乡村公路——南新公路（2019 年）

环湖公路（2022 年）

连村公路

1977年，修建从茶厂到渡口的简易公路2.6千米，宽4米。1985年，为境域乡村公路大发展时期，各村均采取民工建勤的办法筹集资金和劳力修公路，华林村筹集工日1494个，茯林村筹集工日1458个，凌冲村筹集工日1563个，为村级公路建设开辟新途径。年内，各村均在县乡公路沿线分流，绕山避水、曲折延伸，修通入村的简易公路。

2010年，安杨公路修建中

2010年12月，安杨公路硬化工作启动

2001年开始，渡口公路分段进行水泥路面硬化，宽3.5米，至2005年，水泥路面分段硬化施工全部完成。2005年，凌茯公路进行水泥路面硬化，长3千米、宽4米。2012年，完成农村公路建设养护示范路改造6千米，设防护桩300根，防护墩40个，警示桩80多根。2015年8月，投资58.5万元建设云游公路，长2千米，宽3.5米，混凝土路面硬化。2016年，投入139万元硬化竹塘、树山、安杨等公路4千米。2017年5月，完成茶厂到渡口公路的亮化工程施工建设并投入使用。2019年，全长2.3千米的凌冲公路水泥路面硬化工程全面开工，2020年9月完工。2020年，渡口公路提质改造，从原来的3.5米拓宽至7米，水泥路面硬化，安装路灯，年内工程全部完工。2021年，对4.6千米的云游公路进行提质改造，由3.5米拓宽至5米，进行沥青路面铺装。至年底，全村有渡口、凌茯、云游、安杨、竹塘、树山、山塘等连村公路8条，里程为17.9千米，其中云游公路为沥青路面，其他均为水泥路面。

通组入户公路

1992年，域内各村开始进行通组公路建设，年底修通安子冲至杨梅冲机耕路

安装公路路灯（2015 年）

公路亮化（2015 年）

宽阔的渡口公路（2021 年）

2015 年，建设中的竹塘公路

山塘公路硬化完成及公示牌（2020 年）

2022 年 9 月，市人大副主任李平在凌冲村调研乡村公路建设和美丽屋场建设

1.5 千米。2006 年，全村基本修通通组的简易公路，并有 60% 的通组公路硬化。2009 年 7 月，将凌冲、东风、桃园、农科、华林塘、东塘等公路纳入提质改造计划。是年，完成蛇形路、农科路、令旗塘路、东风金盘延长线近 3 千米通组公路

的硬化；投入4万多元对东塘组通组公路进行护肩、拓宽等附属设施建设；铺设格凌线至何家湾、华林塘至马肚子组、华林茶厂至茅镰塘组3条砂石路近4千米；筹资6万多元，降低从九哥预制场到刘旺宝屋场的老路路基，降低沿线通户公路顺接的难度。2010年，根据“一事一议”财政奖补试点工作要求，筹资6.10万元，修建安子塘经华林小学至杨梅通组公路。2011年，采用“一事一议”筹资方式，完成华林塘长0.8千米、路基宽4米混凝土路面硬化的通组公路建设。2012年，争取“一事一议”财政资金60多万元，发动村知名人士、企业家及群众筹资80多万元，硬化黄狗坡到团头湖公路，华林塘、茅镰塘、安杨等公路16千米；完成华林塘1.2千米通组公路2处降坡、塘基培土加高加宽2米及全路硬化；完成全长1.6千米的瑶塘、长塘、新塘3个组的通组公路路基工程。2013年，通过移民后期扶持项目，修建长0.8千米、宽3.5米的安子塘组公路。2015年，完成樟树公路硬化；新建组公路及窑塘公路年底竣工。是年8月，投入资金对窑塘公路进行混凝土路面硬化。是年底，凌冲村通组公路硬化率达90%，通组入户公路硬化率达85.5%。2016年，对竹塘、窑塘、树山、杨梅的公路硬化，共计4千米。2017年11月，硬化王一、樟树、凌冲机台、任家屋场、华林茶场等公路2.5千米。2018年，硬化金盘、何家湾、鹅公塘、毛山坡、新建组等公路共计2千米。2019年，硬化鸦鹊塘公路，翌年9月工程完工。2000年，完成0.8千米大园公路及3条共计0.5千米的移民公路的硬化。2021年年初，全村仍有18.9千米入户公

建设中的茅镰塘公路（2021年）

2013年，黄狗坡至团头湖公路硬化

路未硬化，因入户公路没有财政补助政策，支村“两委”决定，实行入户公路硬化建设资金负担各半的原则，经农户申请筹资、村级承建，年内共完成62户、4.6千米的入户公路硬化。年底，全村通组公路39条，总里程45千米。其中云游湾、上横塘、蛇形3个组的公路铺装沥青路面，其他均为水泥路面。

蛇形公路拓宽（2018年）

建设中的毛山坡公路（2018年）

表10 2021年凌冲村主要公路基本情况表

公路名称	起止点	长度（米）	宽度（米）	路面情况
南新路	团上—竹塘	3000	5	沥青路
格凌路	高桥—竹塘	2000	6	沥青路
茶渡路	茶厂—渡口	4000	4	水泥路
凌伏路	凌伏路—新建组	1200	3	水泥路
凌冲路	凌伏路—茶厂	1200	3.5	水泥路
安杨路	格凌线—杨梅冲里	1800	3.5	水泥路
华林塘路	格凌线—山塘	1400	3	水泥路
桃花坡路	格凌线—桃花坡	2000	3	水泥路
茅镰塘路	格凌路—山塘	2200	3	水泥路+沥青路
黄狗坡路	长塘—窑塘	2000	3.5	水泥路+沥青路
山塘公路	南新线—山塘学校	1000	3.5	水泥路
长塘公路	黄狗坡—团头湖	1400	3.5	水泥路
云游公路	格凌公路—良子塘	1000	3.5	沥青路
蛇形公路	凌茯公路—流形坝	800	3.5	水泥路
流形坝公路	王凤组—流形坝	1100	3.5	水泥路
团上公路	南新线—凌伏公路	500	3	水泥路
树山公路	树山—新建	750	3	水泥路

电力建设

电网建设

电网改造（2009 年）

1970 年，域内华林、茯林、凌冲 3 个大队相继通电，茯林大队社员沈正贵因他本人系电动机手兼顾电机打米，他家距茯林知青点不远，开始牵线用电照明，并率先全大队使用电视机。1975 年，域内群众大面积普遍用电。1988 年，域内供电不足，农用季节大部分时间拉闸停电，但“双抢”（抢收、抢种）、排渍、抗旱的农业用电基本得到保障。1997 年，原凌冲村率先开展农网改造，1998 年后，农村加快输变电线路及变电站建设，一些老旧设施得到更新改造。1999 年，启动农村电网改造工程。域内 3 个大队 95％以上的农户用电户表及线路得到更新改造。农网改造后，农村与城镇用电实现同网同价，农村居民生活照明用电由原来 0.78 元/千瓦时降至 0.55 元/千瓦时。2009 年 7 月，凌冲村协同靖港供电所对 6 个村民小组进行农电整改，更新入户电线和户表，涉及 150 多户农户。2012 年，抢抓农村电网改造机遇，新上 4 台 200 伏安变压器，更新农网电线 49 千米，全村全部安装上四相电，彻底解决群众生产生活用电不稳定问题。2017 年，新安装 400 千伏安变压器 5 台，更换农网电线 11 千米。2020 年。凌冲村农电改造全面完成。至 2021 年，凌冲村域内有变压器 22 个，分别位于大塘、茅镰塘、华林塘、金盘、东风、戴家、树山、团上、大园、蛇形等组，电源均连接靖港变更站，总装机容量 40 千伏，电力线基本为架空敷设。

光伏发电

2019 年，凌冲村与中国电子科技集团公司第四十八研究所合作，实施用户 5 千瓦屋顶分布光伏电站项目建设，推进产业扶贫。全村 24 户建档立卡扶贫户屋顶光伏发电采取自愿原则，建设户用光伏电站 24 座，总规模 120 千瓦。翌年，项目投产达效，户均年增收约 3500 元。

屋顶光伏发电（2019 年）

公共服务设施建设

村务服务设施

中华人民共和国成立初期，域内基本无专用室内公共服务场所，农业社办公、开会基本上是在祠堂、寺庙、氏族公屋或学校进行。1998 年，茯林村投入资金 30 多万元，兴建村部办公大楼，占地面积 800 平方米，建筑面积 380 平方米，有办公室、会议室、图书室、广播室等功能设施。2004 年，村级区划调整，华林、凌冲、茯林 3 个村合为凌冲村。2005 年在原茯林村村部的基础上进行改扩建，修建凌冲村村部，新增建筑面积 420 平方米，完善办公室、文化活动室、多功能会议室等配套设施。2011 年，以方便群众为主旨，投资 20 多万元，对村部办公设施进行提质改造，按照“一站式”服务要求，建设村务服务中心，添置电脑 10 台等，并对办公功能设施进行重新布局定位。

村民服务中心（刘湘东 2022 年摄）

农村安全饮水设施

2020 年，争取上级资金 50 多万元，实施农村安全饮水工程，在村部旁建设机房等水厂设施，占地面积 3330 平方米，供水管网安装到 38 个村民组，设计供水规模约 800 立方米/天，可以正常供应 4500 人的生活用水量，工程于年底竣工，有效解决全村居民的饮水安全问题。

凌冲水厂（2020 年）

凌云阁（2021 年）

旅游景点设施

2014 年，区林业局投入 20 万元，在团头湖南岸修建“千龙湖国家湿地公园鸟类监测保护站”房屋一栋，建筑面积 80 平方米，一楼为架空层，二楼为执勤人员执守及休息场所，三楼为观鸟平台。2016 年，云游茶厂投入 458 万元建设成旅游、观光、休闲、体验于一体的茶博馆，建筑面积约 400 平方米，分茶文化展示厅、茶工艺展示厅、品茶厅等；另有观茶景点长廊、餐馆，作为赏茶、品茶、体验一日游的活动中心。2021 年，投入 90 多万元，按照修旧如旧的原则，对抗日英雄陈锡纯烈士旧居进行修缮，对英雄事迹展厅进行整体设计和布展，在旧居前坪打造靖港抗日事迹展览和凌冲烈士事迹展览。是年，投资 30 多万元，在域内地势最高处，用钢架结构建起一座 3 层的“凌云阁”，占地面积 800 平方米，建筑面积 160 平方米，一、二层为文化展示厅，三层为观景台。

归云茶文化馆（2021 年摄）

陈锡纯烈士旧居（2021 年）

乡村提质改造

新农村建设

2010 年，实施新农村建设。按照“建设新村镇、培育新产业、培养新农民、树立新风尚”的总体要求，推动新农村建设深入开展。在建设新村镇方面，开展以“四清四改”（清垃圾、清污泥、清路障、清柴垛，改路、改水、改灶、改厕）

为主要内容的村庄环境卫生综合整治。投入120万元，对村级道路进行硬化、绿化、亮化；全村卫生改厕率为98%；村域内主要道路、河道宜绿化地段绿化率85%，人均庭院绿化面积5平方米以上的农户占92%以上，单位庭院绿化率为62%以上；全村建垃圾池100多个，实现全天保洁、垃圾日产日清、保洁范围覆盖全村。凌冲村的村容村貌和生态环境得到显著改善，

清理卫生死角（2010年）

实现"走平坦路、喝干净水、上卫生厕、住整洁房、用洁净能源"的目标。在培育新产业方面，发挥凌冲村千龙茶业科技专业合作社和金盛茶油合作社产业优势，采取"合作社＋基地＋农户"的产、供、销、技术、信息服务为一体的生产经营模式，依托完整的产业链，发展有机茶园面积3000亩，不断引进新技术、新品种，做大做强茶业的产业链，实现企业与农民互利双赢。在培养新农民方面，加大对农民文化科技知识和就业创业能力的培训力度，年内，通过多种途径培训青壮年农民200多人。在树立新风尚方面，开展以遵纪守法、树立社会主义荣辱观、移风易俗为主要内容的思想道德教育和文明家庭创建活动，引导农民崇尚科学，抵制迷信、赌博、吸毒等不良和违法行为，倡导文明、科学、健康的生活方式。同时投入资金建立农家书屋，并配置5台电脑建立电子阅览室，促进村民既"富口袋"又"富脑袋"。2010年，凌冲村获评格塘乡乡村环境卫生综合整治先进单位。

美丽乡村建设

2012年，开展美丽乡村建设。提出建设"生态宜居村庄美、兴业富民生活美、文明和谐乡风美"的目标，以村庄建设、环境整治、产业发展为重点，科学有序地推进美丽乡村建设。年内，实施"村庄美化行动""村庄清洁行动""环保意识提升行动"，凌冲环境卫生状况全面改观，群众生活习惯逐步改变，文明之风逐步养成。全年硬化公路16千米，修通引水渠25条，清淤塘坝270多亩，增容13.5万立方米，被认定为全国水利建设示范基地；新装4台200伏安变压器，全

村全部安上四相电，彻底解决群众生产生活用电不稳问题；农民文化广场、环团头湖风光带等公共服务设施建设进展顺利。全年引进东风花木科技示范基地、华林花木种植基地、团头湖生态农业科技开发有限公司；先后组建云游茶业、龙王茶业、千龙茶业科技合作社和金盛油茶合作社，通过“企业带农户”形式，带动周边群众开发茶园1000多亩，安排农民就业450人，为村民创收1230万元，茶叶产业成为村级支柱产业。同时，开展电气焊、司机、计算机操作等专业技能培训，年培训人员近300人，全村从事非农产业人数为1641人。在美丽乡村建设中，坚持以道德讲堂为依托，加强移风易俗等精神文明建设，通过“立四榜”（功德榜、成才榜、好样榜、能力榜）、树样榜活动，倡导村民学文重教、崇尚科学、喜事新办、丧事简办、遵纪守法、移风易俗新风尚。2013年，凌冲村获评“望城区农业农村工作先进示范村”“望城区城乡一体化先进示范村”。

凌冲自然风景（2019年）

荷塘（2019年）

蓝天碧水（2019年）

“两型”示范村建设

2014 年，实施“两型”（资源节约型、环境友好型）示范村建设。坚持环保优先和生态立村战略，以资源节约、环境友好“倒逼”助推城乡统筹、助推污染减排、助推转型发展，以节能、节水、节地、节材，资源综合利用和保护环境为重点，广泛开展“两型”示范村创建活动。积极发展生态产业，全村种植茶叶 1800 多亩，打造集旅游观光、休闲体验于一体的茶博园，云游毛尖获湖南省茶博会金奖；引进团头湖生态农业科技开发有限公司，投资 5000 万元，通过合理规划，打造杨梅园等 10 个园林景区，开发集园林、水果种植、餐饮、垂钓、休闲娱乐于一体的生态农庄，引进蟠菊中药材种植基地，每亩创造经济效益 4 万多元。实施村庄洁化工程，对全村生活垃圾进行集中收集处理，保洁范围全村覆盖；调整村内畜禽养殖布局，划定畜禽养殖禁养、限养、适养区、对畜禽粪便实施无害化处理和资源化利用；推广利用再生能源，普及农村沼气，使用太阳能等新型能源；推进村庄节水节电，引导村民选择绿色消费行为，养成节水、节电、节能的生活习惯；进一步绿化、美化、净化居住环境，开展美丽村落和美丽庭院示范户创建活动，上横塘组罗顺芝、新塘组沈玉兰等 60 户申报美丽庭院示范户创建并获评格塘镇美丽庭院。年底，凌冲村顺利获评望城区“两型”创建示范单位。

凌冲处处茶园景（2019 年）

美丽乡村特色村建设

2016 年，实施美丽乡村特色村建设。按照规划科学、生产发展、生活宽裕、乡风文明、村容整洁、管理民主、宜居宜业的总体要求，制定《凌冲村美丽乡村特色村建设实施方案》，成立领导小组具体组织实施。投资126万元绿化、美化、亮化主干道南新线、格凌线、云游湾公路8.2千米，投入139万元硬化竹塘、窑塘、树山、杨梅冲公路4千米；投入92万元，在茅镰塘、良子塘、华林塘组打造连片80户美丽庭院，大力发展花园、果园、菜园式庭院经济；投资185万元，对南新线沿线80栋房屋进行立面改造，体现地方传统特色；投入175万元，改造居民危房10户；投入86万元在令旗塘、华林塘等组安装太阳能热水器120户，100%的家庭安装节能灯；按“一池五改五美化”（沼气池，改水、改厕、改路、改厨、改圈，村容优美、生态秀美、庭院净美、生活甜美、乡风和美）要求，实施生态乡村工程，全村安装垃圾桶1600个，80%的农户建沼气池，实现畜禽粪便和农户污水的无害化处理和资源化利用；开展造绿大行动，投入资金189.8万元建设云游湾、茯林2个绿化示范片项目，栽种乔木2250株，栽种茶苗62.9万株；种植草地4600平方米，地被草花12700平方米；打造景观湖、华林塘2个小憩园，添置健身设备。年内，评选出邓志军等10户为长沙市“最美庭院”。年底，凌冲村被命名为“长沙市美丽乡村特色村”“望城区节能环保社区”。

凌冲村垃圾回收分拣中心（2019年摄）

最美庭院——周智勇庭院（2016年）

最美庭院——邓宇鹏庭院（2016年）

乡村振兴示范村建设

2018年，实施乡村振兴示范村建设。按照“产业兴旺、生态宜居、乡风文

最美庭院——范新明庭院（2016 年）

最美庭院——贺建辉庭院（2016 年）

最美庭院——陈战武庭院（2016 年）

最美庭院——沈湘明庭院（2016 年）

明、治理有效、生活富裕”的总体要求，在生态建设、环境整治、经济发展、文明和谐等方面进行系统建设。大力发展生态农业、无公害农业，村内云游茶业、华林合作社、团湖印象生态农业有限公司、大匠园林有限公司、凌冲土地专业合作社、蛟麟种植合作社等农业企业带动群众开发茶园 1000 多亩、果园 500 多亩、园林绿化 400 多亩、粮食种植 800 多亩；发展电子商务，线上线下营销无公害绿茶、云游毛尖，打造集旅游、观光、休闲、体验于一体的茶博园等，有效促进产业振兴。着力从本村创业带富能手、退伍军人、本土大中专毕业生等人员中选拔一支高素质村级后备干部队伍；实施人才回引，充分利用在外工作或务工人员思路灵活，人脉广泛等优势，特别是有一技之长，热心家乡发展的人才，通过登门拜访、微信电话联系等方式，鼓励支持他们回乡创业，助推人才振兴。通过凌冲上横塘组乡村振兴示范片打造，渡口公路拓宽工程，凌冲公路、鸦鹊塘公路等硬化工程，改善村级基础设施条件；依托千亩茶园产业，突出“茶”主题文化景观，打造景观菜园＋景观茶园＋景观果园的美丽屋场 52 户，将道路沿线改造成茶文化走廊，将荒地改造成小茶园；广泛开展植树造林活动，全面实施改水、改厕、改厨，倡导使用沼气、太阳能等清洁能源。2019 年，24 户农户建设光伏电站 24 座，总规模 120 千瓦，有效推进乡村生态振兴。通过道德讲堂，推进农村思想道德教育，倡导村民崇尚科学、喜事新办、丧事从简、移风易俗新风尚，广泛开展文体活动，丰富村民文化生活；建设“好人”“敬廉”等 3 个文化广场，打造具有“真、善、美、礼、孝、廉”等优秀传统文化精髓的文化墙 10 处，大力营造新时代文明乡风、良好家风、淳朴民风，促进乡村文化振兴。2019 年，凌冲村获评长沙市实施乡村振兴战略示范村、长沙市卫生村。

云游湾美丽宜居村庄（2021 年）

横塘湾美丽宜居村庄（2021 年）

华林塘美丽宜居村庄（2021 年）

茅镰塘美丽宜居村庄（2021 年）

美丽宜居村庄建设

2021 年，实施美丽宜居村庄建设。按照“党建引领、产业带动、科技支撑、文化铸魂、全面振兴”的总体思路，实施美丽宜居村庄建设。在原有乡村提质改造示范片的基础上，充分保留原始村容村貌和自然景观，结合沿线水塘、水沟等水体景观和具有茶乡特色的茶园景观，集中连片打造“水润沃野、茶香天下”为定位的主题屋场，通过发展园林景观休闲观光，果、蔬、茶采摘体验等业态，推动茶产业等与乡村旅游深度融合。在美丽宜居村庄建设中，突出党建引领，充分发挥共产党员先锋模范作用，坚持群众主体地位，广大党员、群众建言献策，主动捐资捐物、拆除围墙、退让土地，群策群力推动项目建设，形成党员带头干、乡贤自发干，群众主动干的创建美丽宜居村庄的良好氛围。先后涌现一批拆除围墙腾地、腾鱼塘和捐款捐物的党员、群众，党员有杨正武、赖建国、贺建辉、熊友良、周超、邓宇林、梅斌等，村民有唐明辉、陈云贵、陈国民、刘新民、陈建明等，腾地在60至100平方米，捐款在1000元至10万元。年内，总投资831.7万元，先后打造云游湾、横塘湾、茅镰塘、华林塘4个美丽宜居村庄，涉及农户182户，面积5.9平方千米。片区内实施公路拓宽黑化亮化建设项目、水体环境治理项目、亲水长廊项目、观景平台项目、文化墙建设项目、生态停车坪等建设项目、绿化提质项目、陈锡纯爱国主义教育基地项目、室外活动场提质项目、庭院“三园”（菜园、花园、果园）整治项目、党群理事服务中心项目等12个项目，凌冲片区实现村庄绿化、水体净化、地面洁化、田园美化、空间序化、民风淳化，宜居、宜业、宜游。

2019年3月20日，市政府研究室领导干部深入凌冲村义务植树

湖光山色（2022年）

大园美丽宜居村庄（2022年）

麻园美丽宜居村庄（2022 年）

硕果满枝（2022 年）

横塘湾美丽宜居村庄（2021 年）

云游湾美丽宜居村庄（2021 年）

村域经济

凌冲，地处洞庭湖南岸，先民们伴水而居，入水而鱼，上山劳作，是经济发达之地。旧有古窑遗存，近为『河西园茶』『河西南橘』重点产地。借水运交通发达之便，更有商家通湖达江，富甲一方。水稻种植历史悠久，茶叶生产闻名神州。鱼跃粮丰，六畜兴旺，林竹苍翠，瓜果飘香，绿水青山，旅游业、康养业悄然兴起。本类目重点展示了凌冲主导产业水稻和茶叶的基本概况，也介绍了立足凌冲特点的其他产业的发展情况。

水稻种植

面积产量

20 世纪 70 年代中耕除草

凌冲，历为水稻种植区，系清末民初的靖港“小河谷”产区之一。其时，境内均种植一季稻。

民国 30 年（1941）5 月，长沙县政府划定新康等 8 乡（其中 5 乡为今望城境地）为推广双季稻试验区。随后，凌冲境地开始种植，因稻蟥蟓、稻瘟病等病虫危害失收而难以推广。至 20 世纪 50 年代初，仍以一季稻为主，稻谷产量不高，亩产 150～200 千克。

1952 年，试种中稻“万利籼”“胜利籼”，亩产 250～300 千克，深受民众喜欢。受水利条件的限制和寒露风的影响，晚稻产量不高，1956 年大旱，当年茯林农业社 470 亩晚稻平均亩产只有 65.5 千克。

烧制火头灰作基肥（1972 年）

打青沤凼（称重计工分）（1980 年）

1957—1958 年，随着双季稻的大面积推广，水稻种植面积和产量不断提升。1963 年，华林大队种植早稻 478.02 亩，亩产 239 千克，晚稻 98.17 亩，亩产 108.5 千克；茯林大队种植早稻 651.27 亩，亩产 187 千克，晚稻 671.28 亩，亩产 93.5 千克；凌冲大队种植早稻 707.54 亩，亩产 98 千克，晚稻 710 亩，亩产 86 千克；3 个大队早稻总产 363273.5 千克，晚稻总产 177985 千克，两季共产稻谷 541258.5 千克。

表 11　1963—2000 年部分年份凌冲水稻种植情况表

年份	单位	稻谷播种（亩）	亩产（千克）	早稻播种（亩）	亩产（千克）	晚稻播种（亩）	亩产（千克）
1963	华林	—	—	478.02	239	498.17	108.5
	茯林	—	—	651.27	187	671.28	93.5
	凌冲	—	—	707.54	198	710	86
1972	华林	947.8	549.5	918	319	947.9	223.15
	茯林	1141.4	415	1084	254.5	1141.4	171
	凌冲	1036.4	444.5	960	282	1036.4	157.5
1973	华林	967.81	564.5	916	314.75	—	—
	茯林	1067	489	1093	286.25	—	—
	凌冲	921	548.5	948	239	—	—
1974	华林	970	500	917	367	1003	145
	茯林	1122	433	1083	310	1181	127.5
	凌冲	947	480	960	307.5	1039	169.5
1976	华林	920	484.5	900	300.5	992	177.5
	茯林	1090	400	1012	255.5	1149	155
	凌冲	979	410	873	278.5	1032	143
1979	华林	828	820	856	412	1075	326.5
	茯林	1003	653.5	993.2	311.5	1155	300
	凌冲	940	625	929	343.5	1027	295

续表 2

年份	单位	稻谷播种（亩）	亩产（千克）	早稻播种（亩）	亩产（千克）	晚稻播种（亩）	亩产（千克）
1982	华林	1918	413.5	903	430	1015	400
	茯林	2187.9	367.5	1028.9	387.5	1159	349.5
	凌冲	1971	385	921	385	1050	382.5
1983	华林	1932	406	917	397	1015	414
	茯林	2184	369.5	1025	363	1159	373.5
	凌冲	1986	381.5	930	383	1050	381
1984	华林	1932	387.5	917	402	1015	392.5
	茯林	2179.9	368	1020.9	370	1159	366
	凌冲	1980	334.5	930	350	1050	321
1985	华林	1891	420	876	350	1015	480
	茯林	2090	—	960	220	1130	390
	凌冲	1965	387	930	280	1035	480
1986	华林	1925	399	910	425	1015	376
	茯林	2164	389	1013	381	1151	396
	凌冲	1992	394	942	375	1050	412
1987	华林	1915	392	900	371	1015	410
	茯林	2116	397	1003	372	1113	420
	凌冲	1982	396	932	35	1050	430
1991	华林	1915	416	900	380	1015	450
	茯林	2185	417	1030	435	1155	433
	凌冲	2000	418	950	350	1050	419
1992	华林	2010	390	845	—	1165	491
	茯林	2250	347.9	995	—	1255	460
	凌冲	2065	470	914	—	1150	489

续表 3

年份	单位	稻谷播种（亩）	亩产（千克）	早稻播种（亩）	亩产（千克）	晚稻播种（亩）	亩产（千克）
1993	华林	1473	448	701	361	1042	506
	茯林	1959	295	821	255	1138	323
	凌冲	1800	391	754	240	1046	500
1995	华林	1891	420	876	350	1015	480
	茯林	2090	387	960	220	1130	390
	凌冲	1965	387	930	280	1035	480
1996	华林	1936	501	876	460	1060	535
	茯林	2027	485	962	440	1060	530
	凌冲	2000	489	930	460	1070	530
1997	华林	2239	513	876	460	1363	548
	茯林	2030	509	930	450	1100	548
	凌冲	1969	512	919	458	1050	547
1998	华林	2241	387	876	150	1365	540
	茯林	2030	323	930	90	1100	520
	凌冲	1869	317	919	85	950	542
2000	华林	1990	413	900	450	1045	380
	茯林	2655	438	1155	470	1505	383
	凌冲	2305	387	950	428	1115	340

1965 年，中共湖南省委在靖港区种植 10 万亩“农垦 58”晚粳新品种，大面积丰收，晚稻产量超过早稻，全区产量跨纲要（亩产过 400 千克），凌冲、茯林、华林 3 个大队也大面积丰收。1970 年前后，随着蛇形山机台的建设改造、茯林机台的建立和茅镰塘隧道等水利设施的配套与完善，水稻播种面积和产量不断提高。1972 年，华林、茯林、凌冲 3 个大队共有水田 3124.4 亩，其中华林 947 亩，茯林 1141.4 亩，凌冲 1036.4 亩。是年，华林大队种早稻 918 亩，亩产 319 千克，晚稻 947.9 亩，亩产 223.75 千克；茯林大队种早稻 1084 亩，亩产 254.5 千克，晚稻 1141.4 亩，亩产 171 千克；凌冲种早稻 960 亩，亩产 282 千克，晚稻 1036.4 亩，亩产 157.5 千克；3 个大队水田 3124.9 亩，种植早稻 2962 亩，占水稻面积的

91.12%，稻田全部种上晚稻。

1981年底，凌冲地域实行家庭联产承包责任制，农民种田积极性高涨，1982年水稻大丰收，3个大队共有水田3224亩，总产稻谷235.61万千克，人均生产稻谷633.87千克。当年华林大队种早稻930亩，亩产430千克，晚稻1015亩，亩产400千克，两季亩产稻谷830千克；茯林种早稻1028.9亩，亩产387.5千克，晚稻1159亩，亩产349.5千克，两季亩产稻谷737千克；凌冲种早稻921亩，亩产385千克，晚稻1050亩，亩产382.5千克，两季亩产稻谷767.5千克。1991年3村共有水田3220亩，当年稻谷播种4300亩，总产稻谷254.60万千克。

1995年，华林、茯林、凌冲3个村水稻种植面积5946亩，总产稻谷236.35万千克。2000年，望城被定为国家级优质稻生产示范县，凌冲境域大面积种植杂交稻、优质稻。华林、茯林、凌冲3个村稻谷种植面积6950亩，杂交稻2014亩，占种植面积的28.98%，优质稻1820亩，占种植面积的26.19%。

2004年，行政区划调整，华林、茯林、凌冲3个村合并称为凌冲村。2005年，凌冲全村稻谷种植面积5955.98亩，总产稻谷245.5万千克，亩产稻谷418千克，当年早稻种植2902亩，其中杂交稻1100亩、优质稻1600亩，种植晚稻2902亩，全部为优质稻。

表12　2005—2021年部分年份凌冲村水稻种植情况表

年份	稻谷面积(亩)	亩产(千克)	总产(吨)	早稻(亩)	亩产(千克)	总产(吨)	晚稻(亩)	亩产(千克)	总产(吨)	一季面积(亩)
2005	5955.98	418	2455	2902.99	400	1161	2902.99	420	1219	150
2008	6014	480	2843	2820	445	1254	2900	492	1427	294
2009	6142	473	2908	3166	470	1491	2977	493	1460	
2010	6298	447	2815	3132	400	1253	3166	497	1572	
2011	6264	450	2809	3132	400	1253	3132	500	1566	
2012	6026	470	2832.3	2782	404	1686	2980	536	1597	
2014	6265	493	3089	3133	476	1491	3132	510	1596	
2016	6390	468.25	2992.14	3133	432.38	1354.66	3132	506.02	1584.86	
2021	6108	460.5	2812.7	3130	446.5	1374.54	2978	482.93	1438.16	

2006年，格塘乡以粮食种植业为主，采取“一村一品、一片一品”，由农业局干部进行技术培训，大面积推广优质稻。2007年，成立“望城隆平格塘种粮专业合作社”，由家居凌冲村的乡农技站长陈子喜任董事长，成员328户，其中凌冲村50多户。2008年，凌冲村水稻播种面积6014亩，总产稻谷2843吨，人平生产稻谷691.73千克，早稻种植2820亩，总产稻谷125.4万千克，亩产445千克，晚稻种植2900亩，总产稻谷142.7万千克，亩产492千克，另有一季稻294亩，单产超过500千克。尔后，全村种植水稻在6000亩左右，总产280多万千克。

2012年10月，凌冲村麻园组村民谭建祥率子谭蛟麟，吸纳凌冲、石壕、青峰、众兴4个村20个村民组部分村民成立“蛟麟农业合作社”，主要经营高档优质水稻种植、大米加工。当年，购置农业机械，签订土地流转合同，种植优质水稻。2014年进入“湖南省隆平高科种粮专业合作社”，接受隆平科技公司的科技指导。2015年流转土地500亩，2018年5月16日，“杂交稻之父”中国工程院院士袁隆平亲临合作社调研，并亲笔为谭建祥题词“雷锋故乡种田人”。2019年，合作社种植早稻1000亩，晚稻1036亩，两季亩产955千克。2020年被评为“国家示范合作社”。2021年6月被农业农村部等9单位审定为“国家农民合作社示范社”并颁发证书。

2021年，凌冲村水稻播种面积6108亩，总产稻谷281.27万千克，人均均生产稻谷661.35千克，亩产460.5千克。

品种

20世纪40年代，凌冲境内种植水稻为一季稻，主要品种为下马拖（俗称）、扫把黏、冬黏、麻黏、糯谷等。1952年望城县第四届各界人民代表大会作出推广良种、广植双季稻的决议，大力推广万利籼、胜利籼等中稻品种。随着农业互助合作化，先后引进南特号、莲塘早、红脚早、陵财号、红米冬黏、白米冬黏等早、晚稻品种。

20世纪60年代，实行水稻高秆改矮秆、籼稻改粳稻的品种改革。1965年，早稻引进矮脚南特号、团粒早、二九南1号等矮秆早稻品种。是年，中共湖南省委在靖港区种植10万亩“农垦58”晚粳新品种，用“日本的尿素，内蒙古的饼，长沙的大粪，江苏的种”，大面积丰收，使晚稻产量超过早稻，全区产量跨纲要（亩产过400千克），凌冲境内的3个大队全部种植的“农垦58”均高产丰收。

20世纪70年代，望城推广“广陆矮四号”“二九青”“湘矮早9号”“闽晚6号”“洞庭晚籼”和“余赤231－8”等早、晚稻品种。1975年冬，凌冲村农民技术员曹建卓参加长沙县水稻杂交稻不育系、恢复系的南繁制种队（海南岛）制种。1975年后，全县大面积推广杂交稻南优号，因白叶枯病、稻飞虱、黄矮病流行减产而被淘汰。“余赤231－8”和“杂交稻南优6号”“威优6号”“汕优6号”等抗性强的品种亦成为70年代后期和80年代凌冲境地的晚稻当家品种。

1987年，华林村试种杂交稻3亩，亩产460千克，凌冲村10亩，亩产460千克，晚稻3个村试种235亩，亩产468千克，比常规稻每亩增产42千克，增长9.85％。1991年晚稻种植3220亩，其中种杂交稻1956亩，占晚稻总面积的60.75％，比常规稻每亩增收53.33千克，增产12.75％。杂交稻亩产400千克左右，高产的超过千斤一亩。

进入20世纪90年代，农业部门大力推广优质稻。凌冲境地早稻当家品种为“湘早籼24号、18号、45号”与“浙辐802”等，晚稻为“湘晚籼9号、13号”等品种。尔后，推广玉针香、泰优390、湘晚籼17号、沁香1号等优质稻品种。因其米质好、产量高、价格优（优质稻比常规稻收购价高30％）被种田者所青睐。1998年，华林、茯林、凌冲3个村种优质稻1270亩，杂交稻2400亩，分别占当年水稻种植面积6140亩的20.68％与39.87％。3个村晚稻种杂交稻2400亩，亩产540千克左右，优质稻700亩，亩产525～540千克。

2012年，谭建祥成立“隆平蛟麟合作社”，主要种植优质水稻，早稻种植中早39号，晚稻为“湘晚籼12号、13号”与“黄花黏”等优质稻品种。2018年，合作社种植“再生稻内2优111”近700亩，头季亩产600千克，二季不施肥不打药，亩产150千克左右，米质优，深为民众喜爱。后又推广再生稻“晶2优1377”。2019年合作社种植早稻“湘早籼45号”1000亩，晚稻种植“华润2号”1036亩，分别亩产450千克、505千克。

21世纪20年代，凌冲村种植的水稻主要品种：早稻为湘早籼系列，晚稻为“黄花黏”、“泰优390”等品种，均为优质稻。

栽培管理

清末民国时期，境地种植水稻为一季稻，历在“清明浸种，谷雨下泥”，采用清水选种、浸种，用扮桶或箩筐催芽，育水身躯秧，秧田亩播种量在250～300千克，插“随手禾”，每亩为0.4～0.6万蔸，有“稀禾结大谷，三蔸扮一斛”的农谚，用脚踩田中耕除草2次，第二次中耕时多打石灰“踩田”。灌溉除中耕时浅水和成熟时排干水外，其余时间都是“高塞吉口，一丘水灌到头”的方法管水。全部施用人畜粪，铲草皮沤制凼肥。其时主要病虫为稻苞虫、稻蟥蠓、稻瘟病等，除虫靠手捉。

1952年，推广盐水选种、石灰水浸种与“合式秧田”“稀播育壮秧”之法，适当密植，中稻每亩0.7万蔸左右。农业合作化时期，大力推广“双季稻”，插“架子禾”，凌冲境内早、晚稻面积增加。1958年，“大跃进”中，将密植由4×8、4×6、3×6、3×3，直到挨挨寸，致使水稻严重减产。后贯彻农业“土肥水种密保管工”的“八字宪法”，水稻生产才稳步发展。

20世纪60年代中期，在推广“农垦58”新品种时，学习江浙经验，用手中耕除草，推行“三圳一吉口”和开“丰产沟”的办法管水。60—70年代，推广“煤灰催芽”“小苗带土移栽”“尼龙薄膜育秧”等法，使用碳酸氢铵、尿素等化学肥料，施用“六六六”“滴滴递”等化学农药。80—90年代，种植杂交稻时期，播种采取“粒粒摆”。早稻采用“浅水分蘖，适时晒田露田，间歇灌溉，有水抽穗，湿润壮籽，深水调温”，晚稻实行“深水活蔸，浅水分蘖，露田晒田，干湿壮籽”法管水。其间，停止使用“六六六”“混合粉”等高残毒农药，推广低毒高效农药，推广钾肥，促使水稻丰产。同期，水稻主要病虫种类、数量增加，主要为钻心虫（大螟、二化螟、三化螟）、稻纵卷叶螟、稻飞虱、水稻纹枯病、黄矮病等。

1995年开始，格塘乡进行早稻塑料软盘育秧、抛秧栽培，一改几千年弯腰驼背“面朝黄土背朝天”的插田习惯，极大地减轻劳动力的生产强度，深受农民欢迎，在域内迅速推广。

2007年，“望城隆平格塘种粮专业合作社”建立育秧大棚，进行工厂化育秧。由于长期使用化肥，不但使稻田土壤板结，而且稻谷重金属含量严重超标。2017年，为解决稻谷重金属超标的问题，在各级政府的重视支持下，合作社聘请省农科院张世辉教授和省生物机电学院副院长傅爱斌教授到合作社基地进行现场指导，合作社对稻田逐丘取样检测建档，根据不同地力和土壤，分别施用生石灰、金正大生物菌肥料和金正大有机肥料及生物农药，培育地力、改良土壤，2020年合作社生产的稻谷入库检测全部达标，稻谷含镉量最高 0.16 毫克/千克，最低 0.006 毫克/千克，为群众提供了优质大米，赢得粮食市场的竞争力。

进入 21 世纪，凌冲境地的合作社与种粮大户，进行工厂化育秧，施用复合肥、尿素，钾肥与化学剂除草，田间采用湿润管水。合作社和种田大户，按照区农业技术中心的技术指导，用无人飞机喷洒农药防治大螟、二化螟、三化螟、稻纵卷叶螟等水稻病虫；个别农户亦有用背包式喷雾器喷药防治病虫。

耕作机具

20 世纪 50 年代，凌冲境地种植水稻均采用传统的耕作农具，主要有犁、耙（铁耙、浪耙）、蒲滚、锄头、耙头、铁锹等；提水灌田为人力水车，有手摇车、脚踏车，1956 年大旱，横塘滚盘丘车水要从团头湖的藕塘—胡家塘—茯林塘，用 14 提脚踏车车水抗旱；收获工具主要为扮桶、禾镰、风车、梳耙、匀耙、钩耙、板耙、箩筐、筛子等。

传统役牛耕田（2004 年）

铁耙（2022 年摄）

1957 年，凌冲在蛇形山修建机台，政府投资安装柴油机抽水。1968 年建设茯林机台，作为蛇形山配套的二级机台，翌年蛇形山机台更换为电动机抽水。使境内改变用人力车水的传统。其间，开始推广打稻机，减轻农民的劳动强度。

20 世纪 70—80 年代，境内开始使用手扶拖拉机、机滚船、水田耕种机、拖拉机进行稻田耕种。1982 年农村生产责任制后，每个农民家庭基本上都购买了单管背包式喷雾器防治水稻病虫。进入 90 年代，随着耕整机、机耕（滚）船的推广、普及，耕牛渐被农业机械所取代。

20 世纪 70 年代，手扶拖拉机改装的耕田机

20 世纪 90 年代后，开始使用大型耕田机

2007 年，凌冲村的陈子喜组建“望城隆平格塘种粮专业合作社”，购置农业机具，进行工厂化育秧，机械耕种。2009 年，合作社被农业部评为“全国农民先进专业合作社”，望城县财政奖励 1 台收割机（价值 20 万元），使凌冲村水稻使用收割机。

2012 年，凌冲村麻园组村民谭建祥成立“隆平蛟麟合作社”。当年，购置各类农业机械 25 台（套）、建立温室育秧大棚，种植优质水稻。2021 年，合作社拥有各种机械 36 台（套），其中旋耕机 4 台、蒲滚船 4 台、插秧机 3 台、收割机 3 台、烘干机 8 台，水稻种植、收割全过程实行机械化流水线作业：机耕、机播、机运、机插与无人飞机喷药，收割、烘干均用机械。其“水稻抛秧装置”2022 年 3 月 28 日获国家知识产权局国家专利，专利号为 39200（0550—2350613）。

至 2021 年，凌冲境地的合作社与种田大户，基本上实行机械化耕种，进行工厂化育秧，用无人飞机喷洒农药防治水稻病虫，用收割机机收，烘干机烘干稻谷。只有少数个体农户仍用牛耕地和手撒种谷，请农机专业合作社进行机耕机收。

附：长沙市望城区隆平蛟麟种植专业合作社简介

长沙市望城区隆平蛟麟种植专业合作社位于望城区靖港镇凌冲村老屋组。交通便利，靖格公路西端的南新线和规划建设之中的长沙市北横线交叉穿过。农业生产环境优越，“两湖一渠”（南有千龙湖，北有团头湖，两湖之间又有千龙湖引水渠）为农业生产的丰收提供坚实的水利灌溉保障。

合作社于 2012 年 10 月创办，在党的富民政策指引下，企业不断做强做大做

21世纪初，使用大型收割机收割水稻

优。至2021年已流转土地1850亩，其中水稻种植面积1578亩、蔬菜种植面积80亩、水户养殖面积192亩。拥有280平方米的大米加工厂1栋，800平方米的烘干厂房1栋和烘干机8台，1500平方米的仓储1栋，400多平方米的农资经营门市部1个，5200平方米的工厂育秧温室大棚，全程机械化各类机械25台（套），实现年利润200余万元。合作社2014年被评为区示范合作社和市两A合作社，2015年被评为市示范合作社，2016年被评为市粮食生产示范合作社（大户），2017年被评为省示范合作社。为解决水稻重金属超标的难题，合作社在省市专家教授的指导下，反复实践，终于在2020年取得重大突破，所种植的稻谷送交靖港粮库经检测全部达标，含镉量控制在0.2毫克/千克以内，年内被评为全国示范合作社。

2020年，所研发的“麟仔贡米”系列产品获评“中国绿色健康食品”，2021年开发的“麟仔五彩紫色米”系列产品，均畅销省内外。

茶叶生产

茶叶种植

域内种茶，历史悠久，橘茶相间，或在宅旁、菜园四周种植，俗称“园茶”。《望城县农业志》载：宋代以前（1231年前），湘江之滨，麓山脚下，曾有僧侣在寺周僻地种茶，每年春末夏初之交，采制茶叶款待游客，主产河西岳麓山、三汊矶、回龙洲、白沙洲一带，故有“河西园茶”之称。

谭家大围子茶园（2021 年）

原格塘茶叶加工厂（2021 年）

中华人民共和国成立之初，县政府发出奖励垦覆茶园的指示和布告，茶叶生产得到发展。1960 年，靖港公社在凌冲大队东风生产队猫坡山开始用脚盆划印，尝试小面积种植群体茶。1963 年，格塘公社在华林谭家大围子建华林林场。1964 年，林场党支部提出“四个一百亩”的规划，即油茶 100 亩、杉树 100 亩、楠竹 100 亩、茶叶和果树合计 100 亩，茶叶种植规模开始扩大。1969 年，公社动员在丘岗山地开荒种茶，华林林场也改为格塘公社茶场，在谭家大围子种茶 400 亩。华林、茯林、凌冲积极响应种茶号召。华林大队在党支部书记范义和领导下，组织社员开荒种茶，他带头移走山上的祖坟，掘掉山墈 55 处，填满山沟 31 条，推平土堆 275 个，3 年开垦荒山 23 座，投工 24.1 万个，建立 800 亩新茶园（1969 年 220 亩、1970 年 130 亩、1971 年 450 亩）。除大队建立专场业茶场外，6 个生产队队队有茶园。格塘公社党委副书记章向千负责茶园整体规划，靖港区供销社为发展经济，指派胡碧选联点，邀请湖南省茶叶研究所专家刘继尧和宋介国进行茶园设计和种植技术指导。茶叶种植基地采取伏天初垦，深翻 35 厘米以上，冬天复垦，挖成 0.5 米宽，0.5 米深的播种沟，以人畜粪为主施足底肥，行距 1.5 米，株距 0.2 米，单行双株，加强栽培管理、病虫防治，培训技术骨干，加强技术指导，使茶叶生产顺利发展。华林大队茶场第一年播种的 107 亩茶园，因土层深厚（1 米左右），茶树生长旺盛，投产快，产量稳。1970 年，华林、茯林、凌冲 3 个大队种茶 633 亩，全部为从石门购进的群体茶种，1971 年开始摘茶，产鲜叶 500 千克，1972 年将近 1000 千克。1972 年，格塘茶场引种湘波绿新品种，种植 5 亩。1973

年凌冲、华林、茯林业 3 个大队茶叶种植面积达到 1437 亩。1973 年亩产干茶 20.5 千克，1975 年亩产 84 千克，1979 年亩产超过 250 千克。

1969 年，华林村开荒种茶

凌冲茶园（2021 年）

20 世纪 70 年代后期，茶场先后从湖南省茶叶研究所引进无性繁殖单株“福丰 20”“白毫早”“水仙 7202”等 10 多个品种 10 万余株茶苗，种植面积 32 亩。“白毫早”以其白毫多、外观美、抗病虫性强而深受欢迎。茶场将群体品种陆续更换为楮叶齐、湘波绿等新品种，鲜茶产量逐年增加。

1977 年 12 月，全国茶叶大面积丰产经验交流会在长沙县召开，格塘茶场作为现场参观点，其经验得到了与会代表的高度肯定。当年，华林、茯林、凌冲 3 个大队茶叶种植面积 1448 亩。

表 13　1970—2005 年部分年份凌冲种茶面积统计表

单位：亩

年份	面积			合计
	华林	凌冲	茯林	
1970	350	180	103	633
1973	800	300	403	1503
1974	800	300	337	1437
1975	750	300	338	1438
1976	800	300	338	1438
1977	800	300	348	1448

续表 2

年份	面积			合计
	华林	凌冲	茯林	
1979	700	320	329	1349
1986	307	142	118	577
1987	590	110	131	831
1992	650	280	231	961
1993	350	140	231	721
1995	300	140	221	661
1997	340	160	180	680
1998	350	180	180	710
2000	350	180	170	700
2005	新凌冲合计：627 亩			

随着农村实行家庭联产承包责任制，生产队的茶园均承包给农户，大队茶场也承包给个人，茶园管理欠佳，茶叶面积、产量减少。1984 年，华林村茶园减少到 354.8 亩，1985 年，3 个村茶叶种植面积仅存 568.9 亩，而后一直在 700 亩左右。

标准化有机茶示范园（2021 年）

茶园一角（2021 年）

1996 年，杨正武担任格塘茶场场长后，用 3 年时间，改造低产群体茶园 500

亩，发展良种茶园 600 亩。为了提高茶叶质量，不施化肥，而用菜枯饼等有机肥料，对茶园进行无公害管理。2004 年，华林、茯林、凌冲 3 个村合并为凌冲村，全村有茶园 627 亩。是年，格塘茶场安装太阳能杀虫灯诱蛾灭虫，不再喷洒化学农药，茶园采用打草机除草，不再施用草甘磷除草剂。2007 年 4 月，杨正武组织茶叶加工单位，发动 152 户农民，成立望城县第一家茶业科技专业合作社——长沙市望城区千龙茶业科技专业合作社，鼓励农民种茶，合作社提供茶种、技术和茶叶回收，茶叶种植面积得到扩大。当年，格塘茶场被长沙市科学技术协会授予“科技示范户”，2010 年，云游茶业成为全县第一家获农业部颁发有机产品认证的企业。

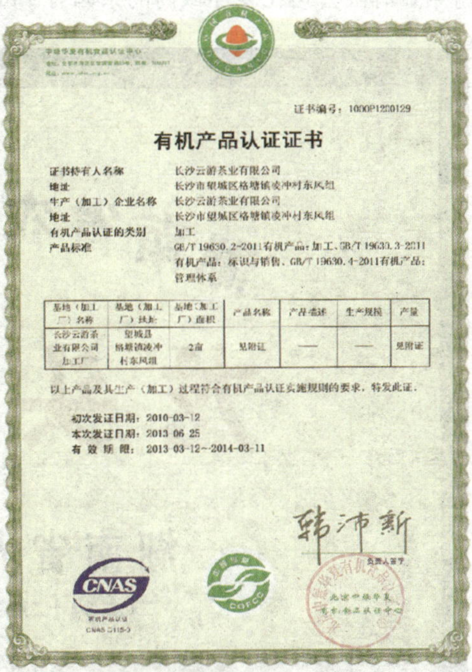
证书编号：1000P1200129

有机产品认证证书

证书持有人名称 长沙云游茶业有限公司
地址 长沙市望城区格塘镇凌冲村东风组
生产（加工）企业名称 长沙云游茶业有限公司
地址 长沙市望城区格塘镇凌冲村东风组
有机产品认证的类别 加工
产品标准 GB/T 19630.2-2011有机产品：加工、GB/T 19630.3-2011有机产品：标识与销售、GB/T 19630.4-2011有机产品：管理体系

基地（加工厂）名称	基地（加工厂）地址	基地（加工厂）面积	产品名称	产品描述	生产规模	产量
长沙云游茶业有限公司加工厂	望城县格塘镇凌冲村东风组	2亩	见附证	—	—	见附证

以上产品及其生产（加工）过程符合有机产品认证实施规则的要求，特发此证。

初次发证日期：2010-03-12
本次发证日期：2013-06-25
有效期限：2013-03-12~2014-03-11

2010 年成功收获全县第一张农业部颁发的有机产品认证书

2013 年，茶园基地被长沙市认证为“绿色土壤”，企业被授予“长沙市农业产业化龙头企业”，其产品获国家农业部颁发的有机产品认证书。2014 年获第六届湖南茶业博览会“茶祖神农杯名优茶评比金奖”。2018 年，公司在核心茶园安装喷灌，提高茶叶品质。当年，农业农村部正式批准对“长沙绿茶”实施农产品地理标志登记保护，云游包含其中。同时公司被长沙市人民政府授予“长沙市农业产业重点龙头企业”。2020 年 9 月 10 日，中国工程院院士刘仲华一行到公司调研，为茶叶质量再提升把脉。年底，公司被湖南省人民政府授予“农业产业龙头企业”称号。2021 年，长沙云

格塘茶叶获准使用地理标志

游茶业有限公司在凌冲域内的茶园有 1400 亩。

2020 年云游茶业获省政府授予的湖南省农业产业化龙头企业牌匾

茶叶加工

茶叶一般 3 月开始采摘，4 月 5 日前为明前茶，4 月 20 日左右为谷雨茶，5 月 10 日至月中旬为夏茶，6 月下旬至 8 月为秋茶。春茶占全年茶叶产量的 50%。

凌冲传统制茶以采摘嫩枝为原料，俗称“藠子茶”，置簸箕或筛子里摊青，用铁锅高温杀青，后放脚盆或簸箕内双手揉捻搓蔫，以七叶黄藤、枫球等料在土砖灶上熏烘烤干而成。茶叶嫩而不腻，味醇爽口，村民饮茶后多将嫩叶细嚼吞咽，清芳沁齿，别有一番韵味。1972 年，在华林大队部（洪山庙）临时办起茶叶加工厂。聘请省茶叶研究所专家彭继光和吴治礼指导加工红茶和绿茶。绿茶初制过程分杀青、搓捻、干燥 3 道程序，在干燥上采取火烘加烟熏，故名“烟青”或“烘青”绿茶。红碎茶制作工艺分为萎凋、揉捻、发酵和干燥 4 道工序。

为了提高茶叶生产效益，1974 年格塘公社在茯林大队磨角冲的荒山上建设格塘茶叶加工厂，占地 166750 平方米。1975 年茶厂建成投产，有揉茶机 9 台、转子机 3 台、筛分机 3 台、板链机 3 台、烘干机 5 台、平原机 2 台、风选机 2 台、杀青

风选机（2022 年）

揉茶机（2022 年）

机 3 台、复干机 3 台、解块机 1 台、发电机 2 台、拖拉机 1 台等生产设备。分鲜叶、萎凋、揉捻、烘干、精制等车间。主要加工出口红碎茶、精制绿茶、茉莉花茶，日产量 5000 千克。1981 年，产红碎茶 15 万千克，1987 年达到 15.5 万千克。1990 年，格塘茶厂生产的红碎茶 2 号获评湖南省优质产品。

1981—1985 年，格塘茶厂共收购各村茶场与农户鲜茶叶 56681 担，通过加工成为成品茶 15238 担，年平均 3047.6 担，成品率 26.9%。其中，红碎茶 13357 担，占加工总量的 87.7%；绿茶 1881 担，占加工总量的 12.3%。1985 年，格塘茶厂收购鲜茶叶 11469 担（折合成品茶 4252 担）。其中春茶 4972 担，占收购总量的 43.4%；夏茶 6044 担，占收购总量的 52.6%；秋茶 453 担，占收购总量的 4%。当年，茶厂有职工 50 人，其中生产线工人 29 人。

1984 年，华林村主任、分管茶场的陈子喜，听取茶场干部、职工的意见后，决定兴办华林茶叶加工厂。陈子喜组织 20 多人集资 4 万多元，借款 1 万元，派人到省茶科所、衡山茶叶机械厂学习考察，从衡山茶叶机械厂定购 1 台滚筒式杀青机、4 台揉茶机、2 台烘干机、4 台复干机，从岳阳购进 1 台发电机（半旧），陈子喜又提供了自家烧制的准备建房的一窑红砖 4 万块，解决了建材难题，在原来集体猪场的地基上建起了加工厂。1987 年年初，请湖南农大实习生加工良种茶，当季一共制作了几百千克绿茶，并用茶厂所在地的地名“金鸡岭”，将茶叶冠名“金鸡牌”，茶叶选材讲究，品质过硬，但新办企业面临销售等许多难题。4 月 3 日，县委书记何维琪到茶厂调研，对茶叶品质高度认可，并联系解决了企业资质等难题。当年，“金鸡牌”一炮走红，格塘诗社社长丁翕云特为《金鸡岭香茶》题诗一首：

金鸡岭上青霞绕　带露香凝红日照

仙泥未染玉枝香　海水龙塘泉澡浴

人生莫怅容颜老　频品佳茗年亦少

杨梅山水味尤醇　面似桃花人倍俏

（注：金鸡岭系厂址所在地，仙泥墩与茶区遥相辉映，海水塘、杨梅山均系茶园所在地）

是年，加工厂将华林茶场 360 亩自摘的茶叶全部自己加工，0.5 元 500 克的鲜叶经过加工，“金鸡牌”茶叶每千克售价 20 元，大路茶均价 8 元。是年，茶厂收入 33.5 万元，除去生产成本，还清集资款项，上缴村部的金额由昔日的 1 万元增加到 2.48 万元，职工年均收入由过去的 500 元，增加到 1500 元左右，年底，茶场还剩 10 多万元。1989 年，村部安排近百人进厂，职工由原来的 70 人，猛增到 150 人，由于人浮于事，管理跟不上，效益下降，1995 年承包到个人经营。

“云游牌”毛尖荣获湖南省第六届“湘茶杯”名优茶评比会金奖

2002 年，格塘茶场改制后更名为望城县格塘仙游茶厂，集种植、加工、销售于一体。

2003 年，茶厂被评为湖南望城农业科技园示范基地，“云游牌”毛尖获湖南省第六届“湘茶杯”名优茶评比会金奖。

“云游”毛尖于 2004 年、2006 年分别获中国湖南第五届、第八届（国际）农博会金奖。

2008 年，新建两栋钢架结构名优茶加工厂房，引进加工设备 22 台（套），茶厂设施全部进行更新改造，茶厂面貌焕然一新。2009 年，茶厂更名为长沙云游茶业有限公司，以生产绿茶为主，其次为红茶、黑茶。年产茶叶 10 万千克。

2014 年，“云游牌”毛尖获第六届湖南茶业博览会“茶祖神农杯名优茶评比金奖”。2016 年，“云游牌”认定为湖南省著名商标，当年获首届“潇湘杯”金

名优茶加工厂房（2022 年）

奖。是年，获湖南名优特产品认证。2017 年，获第十二届“中茶杯”全国名优茶评比特等奖。2019 年，公司购进加工机械精制绿茶、红茶生产线一条 34 台（套），包含加工机械茶叶滚筒杀青机组、网带回潮机组、揉捻机组、初脱水机组、茶叶风选机组、茶叶输送机组、茶叶烘干机组、红茶发酵机、茶叶提香机，实现加工全流程自动化生产，极大地提高茶叶加工的生产效率，减轻员工的劳动强度，加工全过程只需要 2～3 名工人进行机械操作和维护。是年，公司生产茶叶 49.75 万千克，其中绿茶 39.8 万千克，红茶 9.95 万千克。

2020 年，云游茶业完成智能化全程溯源系统，实现茶叶生产加工全过程可控追溯，在生产线各个环节设立多个数据采集点，通过各种数据采集技术的综合运用，全面采集生产过程数据，并建立实时数据库平台，将生产工艺数据实时上传到数据中心；通过借助溯源系统的大数据分析技术和全程可追溯功能，建立质量信息管理系统，切实保障生产全过程的安全可控，及时形成产品优化升级策略，及时对产品质量问题发出预警，预防严重质量问题的发生。

2021 年，公司为提高产品质量与产量，购进名优绿茶生产线一条共 26 台（套），包含茶叶输送机 11 台、茶叶风选机 1 台、茶叶烘干机 1 台、茶叶揉捻机 3

台、超高温热风滚筒杀青机 1 台、动态烘干机 1 台、冷却输送机 2 台、摊凉平台 4 台、网带回潮机 1 台、香茶炒干机 1 台。加工机械以燃气为能源，生产过程全自动化。2021 年 6 月，公司董事长杨正武被望城区人民政府确定为“望城区非遗项目，绿茶手工制茶技艺文化性传承人”。

云游茶业部分制茶设备（2022 年）

公司主要产品为“云游牌”毛尖系列、绿茶系列、红茶系列，2021 年，公司生产茶叶 55.8 万千克，其中：红茶 10.8 万千克，绿茶 45 万千克。

表 14　1985—2021 年部分年份茶叶生产情况统计表

单位：吨

年份	绿茶产量	红茶产量	合计产量
1985	202.6	21	212.6
1995	224.52	30.6	255.12

续表 2

年份	绿茶产量	红茶产量	合计产量
2015	218.32	54.58	272.9
2016	262.01	65.47	327.48
2017	283.84	70.93	354.77
2018	378	94	472
2019	398	99.5	497.5
2020	424	106	530
2021	450	108	558

茶叶经销

清末至民国期间，境内生产的“河西园茶”，自产自饮，或馈赠亲友。中华人民共和国成立后，民众响应政府号召，将茶叶送供销社收购销售，并可换回粮食、化肥指标。

有机茶园（2022 年）

20 世纪 70 年代，格塘境内大面积种植茶叶，生产的“格塘绿茶”，凭公社开条划指标，以每千克 3.7 元的价格计划供应。1973 年格塘公社茶场成立后，茶场加工生产的“红碎茶”直接由湖南省外贸进出口公司出口，由外贸公司发给木材、钢材、粮食、柴油等指标进行奖励。1976 年，格塘茶厂出口红碎茶 377 担，出口日本、苏联、蒙古等国。国内销往东北等地。1985 年度格塘茶厂产成品茶 4252 担，销售收入 54.20 万元。1987 年，华林茶场生产的“金鸡牌”茶叶，以 10 元 500 克向外销售，大路茶向乌山、桃江马迹塘、湖南农大等茶厂送出进行深加工，每千克获利 8～10 元。

中共十一届三中全会后，格塘茶厂安排营销员对茶叶进行销售，在山东、西安、长沙、武汉等处设点销售绿茶和花茶。2002 年，在望城县城高塘岭设“长沙云游茶业第一门市部”，安排 2～3 人专门销售茶叶；2003 年，在高塘岭增设“长沙云游茶业第二门市部”，安排 2 人经销茶叶。2004 年后，在长沙、河南信阳、深圳等地发展 10 家加盟店，以厂价直销。

2018 年 3 月，公司开始建立网络销售平台，由周梦霞负责建立“微商城”，通过微信、微商城进行线上销售；同时入驻“公品商城”“乡村振兴馆”“湖南省政府采购电子卖场”等销售平台进行线上销售。当年网络销售收入 100 万元。2019 年，网络销售收入翻番。2021 年，公司通过多种渠道，共销售茶叶 54.8 万千克，金额 2800 万元。其中线上营销 2.6 万千克，金额 420 万元；线下销售 52.2 万千克，金额 2380 万元。

表 15　2018—2021 年茶叶销售情况统计表

单位：万元

年份	线上销售	线下销售	合计金额
2018	100	2265.6	2365.6
2019	200	2287.5	2487.5
2020	292	2368	2660
2021	420	2380	2800

附：长沙云游茶业有限公司简介

长沙云游茶业有限公司，地处望城区靖港镇凌冲村域内。公司驻地云游湾，丘陵起伏，北临团头湖，东望湘江，南眺沩水，西连沩山余脉，山清水秀，环境优雅秀丽。茶园基地土壤肥沃、10 千米范围无工业污染，企业生产的绿茶、红茶产品，获得市场认可和行业认证，并获得多种荣誉和奖励。

公司的前身是 1969 年格塘公社成立的格塘茶场。1970 年茶园面积 3000 亩。1990 年茶厂生产的红碎茶 2 号获评湖南省优质产品。1996 年，格塘茶场场长杨正

多功能科技综合办公楼（2022年）

优质茶园

武承包了格塘茶场和凌冲村的茶园。2002年，成立望城县格塘仙游茶厂。2003年，茶厂被命名为湖南望城农业科技园示范基地，“云游牌”毛尖获中国湖南第五届（国际）农博会金奖。2004年，注册“云游牌”商标。2006年，“云游牌”毛尖获中国第八届（国际）农博会金奖。2007年，公司获得食品生产许可证，被长沙市科学技术协会命名为“科技示范户”。2009年更名为长沙云游茶业有限公司，公司法定代表人杨正武。2013年，茶园基地被长沙市认证为“绿色土壤”，企业被命名为“长沙市农业产业化龙头企业”，其产品获农业部颁发的有机产品认证书。2014年获第六届湖南茶业博览会“茶祖神农杯名优茶评比金奖”，2015年获评湖南茶叶“十佳专业合作社”。2016年“云游牌”被认定为湖南省著名商标，当年获首届“潇湘杯”金奖，并获湖南名优特产品认证。2017年，获第十二届“中茶杯”全国名优茶评比特等奖。当年获食品安全工作示范生产企业。2018年长沙市政府命名为“重点龙头企业”，获评湖南产业“千亿产业十大创新品牌”。2019年被湖南农业厅命名为“湖南绿色食品示范基地”。2020年被湖南省人民政府命名为“农业产业化龙头企业”。主要产品为“云游牌”毛尖系列、绿茶系列、红茶系列等，其“向雷锋同志学习”“湘江寻古·云游品茶”和中国工程院刘仲华题写的“好人好茶”更是其突出品牌。2021年3月19日，湖南农业大学和望城区人民政府在长沙云游茶业有限公司进行茶业产学研基地合作项目签约，通过高校、政府、企业三方产学研合作模式共建湖南农业大学茶学教学实习基地，并设立“湖南农业大学—望城区茶树种业联合创新中心”，突出产业、科技、人才，做活茶产业大文章，打造现代化农业新高地。省科技厅副厅长周建元为“湖南农业大学—望城区茶树种业联合创新中心”授牌。同时，长沙云游茶业有限公司聘请刘仲华院士为云游茶业首席顾问，并发布“好人好茶”新品牌。

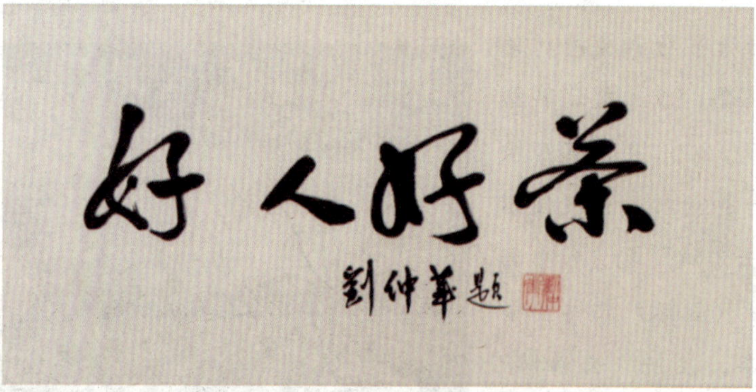

刘仲华院士题写的“好人好茶”（2021年）

2021年，公司拥有茶园基地面积5000亩，其中核心有机茶园500亩，有员工76人，其中中级技术职称以上8人。公司注册资金60万元，拥有科技综合办公楼、茶文化馆、茶叶采摘体验园、手工制茶区茶艺培训室、茶宴楼、名优茶加工车间及各种名优茶叶种植、加工机械设备85台（套），是年，生产茶叶560吨，企业产值1.88亿元。公司按照“企业＋农户＋生产基地”模式经营，坚持“党建引领新发展、企业带动新市场、科技支撑新品质、文化推动新理念”为整体思路，实行茶叶种植、加工、销售、茶文化传播、休闲游玩于一体的一、二、三产业融合发展的新模式。

公司荣誉墙一角（2022年）

归云茶文化馆，品读中华茶文化（2022年）

2021年3月19日，茶业产学研基地签约现场

湖南农业大学与望城区政府签署茶业产学研基地合作框架协议（2021年）

周建元为“湖南农业大学—望城区茶树种业联合创新中心”授牌（2021年）

云游茶业有限公司聘请刘仲华院士（右）为云游茶业首席顾问（2021年）

水果　蔬菜

水果

凌冲地处湘江之滨，境属洞庭湖南岸，肥沃的土壤，极利于果树的生长，20 世纪享誉三湘的“河西南橘”亦为域内物产之一，远销武汉等地。20 世纪 50 年代初，域内村民，一般农户房前屋后也喜欢种上橘树、桃、李、枇杷、梅子、杏子、葡萄、石榴等，少的种植几棵，多的种植一片。其时，供销社收购南橘一担 5.76 元，和一担红米等值，而甲等南橘一担价值高达 6.25 元。1954 年后的几次大冰冻，南橘受到严重损害。1963 年，格塘公社在谭家大围子建立华林林场，翌年林场规划种植果树 50 亩。1967 年，望城开始引种温州蜜橘，域内逐渐进行栽植。

1973 年，华林、茯林、凌冲 3 个大队种植西瓜 43 亩，亩产 1000～1500 千克，总产 48600 千克；翌年，3 个大队种植西瓜 47 亩，总产 46000 千克。

1974 年冬天，茯林大队党支部副书记邓学先，带领社员在蛇形山开垦出 100 多亩新耕地，次年种上棉花，俗称“棉花基地”，后一直种植西瓜。20 世纪 80 年代，国家财政投资，供销社进行扶助，发展集体专业场队种植柑橘等果树。实行家庭联产承包生产责任制后，农民群众积极栽植果树，境内果树种植品种、面积逐年增多，主要为无核蜜橘、提子、黄桃、白桃等传统品种。

1987 年，华林、茯林、凌冲村 3 个村共有橘园 291 亩，其中凌冲村 225 亩，当年新栽橘树 37 亩。1991 年年末，3 个村有果园 326 亩，其中柑橘 320 亩，当年新栽柑橘 70 亩。1992 年年末，3 个村有果园 460 亩，其中新栽柑橘 130 亩。2000 年，华林、茯林、凌冲 3 个村果树 306 亩，其中柑橘 126 亩。2005 年，凌冲村有果园 226 亩，其中柑橘 112 亩，李子 8 亩，其他 106 亩。是年，新栽柑橘 6100 株。年底实有果树 327 亩，其中柑橘 200 亩。同期，利用橘茶间隙地和山土，种植西瓜 50 亩。

2014 年 1 月，毛山坡组村民陈瑞林，创办“湖南泊悦生态农业科技有限公司”，流转土地 120 亩，种植绿化苗木，套种西瓜等水果。2015 年，开始种植加州甜橘40亩以及试种各种柑橘类果树20余亩；2016年，种植摩尔多瓦葡萄10亩、中秋酥脆枣10亩、丑橘（大雅柑）10亩、红美人橙（果冻橙）20亩，2018年从怀化洪江引进“黄金贡柚”枝条，在加州甜橘上嫁接，2年后挂果。亩产500千克，总产达到2万千克。2021年，公司新增脆蜜香柚50余亩；年底，公司种植果树200余亩，并套种西瓜50余亩。2016年，邓中秀在万宝山上栽种杨梅30余亩。

2021年，凌冲村栽植贡柚300亩，杨梅40亩，其他果树100多亩，全村共有果树500余亩，西瓜200多亩。

蔬菜

凌冲，境属农村，种植蔬菜是农户必不可少的作物。每个家庭房前屋后都有一个菜园，供自家消费或赠送亲邻。主要品种有萝卜、白菜、黄芽白、胡萝卜、红菜、花椰菜、莴笋、芹菜、苋菜、菠菜、辣椒、茄子、南瓜、冬瓜、丝瓜、黄瓜、苦瓜、菜瓜、扁豆、刀豆、豇豆、蚕豆、豌豆、芋头、凉薯、马铃薯、生姜、韭菜、大蒜、葱、藠子、紫苏等。清同治年间编修的《长沙县志》记载的50多种蔬菜域内均有。本地蔬菜分春、秋两季播种。春季播种的主要有辣椒、茄子、豆角、丝瓜、东瓜、南瓜、北瓜、黄瓜、蕹菜、苋菜等。秋季播种的主要有白萝卜、红萝卜、早白菜、迟白菜、雪里蕻、冬苋菜、香菜、茼蒿等。

其时，菜地面积因家庭而异，多少不等。多在房前屋后选择一块沃土，用竹木编织篱笆防止鸡鸭损坏。或种上几圈茶叶，既可拦鸡挡鸭，也可摘茶自用。1958年人民公社办公共食堂时，由生产队划定土地安排专门人员种植蔬菜。下放食堂后，对农户的菜地进行限制，规定每人自留地一般只有五厘。1981年推行生产责任制后，菜地面积由农户自行决定。

1984年，华林、茯林村种植蔬菜240亩，其中华林种植160亩。从1990年开始蔬菜种子商品化，越来越多的农户放弃了自己留种的传统习惯，每到蔬菜下种时节都去种子店购买种子。20世纪末到21世纪初，农村改变单一的水稻种植模式，大力发展蔬菜生产。2005年，华林、茯林、凌冲3个村合并为凌冲村后，当年全村种植蔬菜634亩，总产2511吨。其中，菠菜20亩，芹菜20亩、大白菜28亩、圆白菜17亩、黄瓜20亩、萝卜25亩、胡萝卜16亩、生姜4亩、茄子28亩、辣椒41亩、大蒜32亩、四季豆25亩、花椰菜22亩，莲藕16亩、其他蔬菜320亩。

2020年，凌冲村进行美丽屋场建设，农户的小菜园亦进行整体规划，昔日杂乱无章的各式篱笆均被竹制绿篱或木栅栏或砖栅栏所取代，园内菜土整齐一致，有的地沟还铺上砖块或水泥。同时，成立凌冲有机蔬菜协会，统一种植无公害的环保型蔬菜。既供农家自食，也利于游客和参观者食用与携带返回食用。

2021年，全村1085户，共有蔬菜地800余亩。有叶菜类、茄果类、瓜菜类、豆类四大类上百种蔬菜，四时种植应市。

附：湖南泊悦生态农业科技有限公司简介

湖南泊悦生态农业科技有限公司位于长沙市望城区靖港镇凌冲村毛山坡组的谭家大围子，公司毗邻长沙千龙湖国家级AAAA级生态旅游度假区，2014年1月注册，注册资金1000万元。公司有固定职员5人，农忙时节20余人。流转土地面积520余亩，投入资金500余万元，购置自动开沟机、履带式拖拉机、打草机、碎枝机、自动喷雾机计10台（套）。前期建设以种植黄金贡柚、橘柚、红美人橙柑橘为主，以酿酒葡萄、中秋酥脆枣、时令蔬菜和绿化苗木为辅。2021年，公司有黄金贡柚100亩，橘柚50亩，红美人橙20亩，其他果树品种试种20余亩，绿化苗木30亩，茶叶100余亩，有机蔬菜种植10亩，深耕有机农业，打造健康绿色食品。

公司重点打造“泊悦橙柚公园”、泊悦水果示范基地，果园采用生草栽培，在果园行间播种豆科或禾本科植物，定期收割，用割下的茎秆覆盖树盘，让其自然腐烂分解，从而改良土壤结构、提高土壤肥力和改善果园小生态，实现“人养草，草养地，地养树，树结果，果养人”。学习和运用国内先进的不动土栽培技术，全程采用枯饼发酵制作液体有机菌肥的方法，进行果树水肥喷灌和绿色食品生产许可的有机肥料实时补充的方式。园区采用节水效率最高的滴灌技术，既能节水节肥和减少病虫害发生，还能改善水果蔬菜品质，公司出产的贡柚保存期长、甜脆爽口，被消费者所青睐。2021年，水果开始挂果，收入20万元。

公司采用“公司＋合作社＋农户”模式，带动村民充分利用丘陵山岗，合理规划种植，发展水果采摘，农旅融合，研学体验基地。2021年筹备逐步建立公司的电商销售渠道和水果深加工工厂，提高农产品的贮存时间，为农户的收入提供保障，带动地方行业发展，促进农村集体经济发展和农民收入的双增收。

公司董事长、法人代表陈瑞林，1996年就读于湖南机械工业学校，2004年毕业于湖南工业职业技术学院，先后任江苏昆山富士康模具开发公司模具工程师，长沙建材销售、管道公司工程商务部负责人、越南海防塑料加工企业高管，具有较强的技术创新和活动策划能力。回乡创业，积极参与新农村建设，带领更多的农民致富，使广大农村真正做到既有青山绿水，又有金山银山。2021年3月，参加中国绿色食品发展中心考试，获得农业部颁发的“绿色食品企业内部检查员”证书。

养殖业

生猪养殖

域内农家养猪，积久成俗，民国时期就有人收购生猪运往武汉。1951年，望城县人民政府发动群众大力发展生猪生产，饲养的生猪多数为本地的黑花猪，偶有农户去宁乡买良种猪仔。20世纪50年代，县畜禽改良配种站引进约克夏良种公猪，开始生猪杂交改良。1956年，县委提出“大力发展社员私养，有计划发展集体养猪”的方针，号召“人人动手，户户养猪”，域内生猪生产大发展。1957年茯林农业社沈清运带领4个社员到宁乡买回21只小猪，帮助14户困难户喂上了猪，为改变家庭面貌创造了条件。是年，望城被评为“全国养猪丰产县”

1958年人民公社期间，公社、大队大办养猪场，但由于管理不善，生猪生产受挫。1961年5月，公共食堂停办后，恢复私人养猪，1962年，县委执行“公私并举，私养为主”的方针，农户养猪和集体养猪并存，生猪生产迅速发展。其时，多为煮潲喂养，也有个别家庭用生饲料直接喂养。1970年农户养猪1429头，户均2.2头，人均0.48头。1971年华林大队养猪1300头。1972年，华林、茯林、凌冲3个大队年底存栏生猪2716头，其中集体饲养847头，社员饲养1867头，能繁殖的母猪92头，全年出栏肥猪1726头。1975年3个大队有社队养猪场35个，其中华林8个、茯林14个、凌冲13个，全年生猪饲养4350头，户均养猪5.12头，人均1.22头，年内出栏肥猪2114头，年底存栏21716头，其中社员饲养

1456头，集体养殖720头。是年，向国家交售肥猪1693头，户均贡献1.84头。1975年冬到1976年春，华林兴建8栋176间集体猪场，基建面积3500平方米，可一次养生猪1400多头，大队副书记贺菊秋将自己多年积蓄准备建房、做家具的木料捐给队上建猪场。其时生猪饲养的品种为本地土猪和引进的巴克夏、杜洛克、丹麦长白猪和苏联大白猪等。

1981年底，农村实行家庭联产承包责任制后，生猪全部由社员私人养殖。1982年，华林养猪1125头，茯林养猪939头，凌冲养猪864头，3队合计饲养5292头，户均6.49头，人均1.42头。此时，推广配合饲料养猪。生猪品种也向瘦肉型转化。

表16 1972—1982年部分年份凌冲生猪饲养情况表

单位：头

年份	单位	全年生猪饲养	年末存栏	集体养猪	社员养猪	出栏现猪	国家收购	存栏肉猪
1972	华林	—	726	288	498	902	—	33
	茯林	—	715	143	572	593	—	—22
	凌冲	—	1215	416	797	418	—	—37
1973	华林	—	1000	260	740	665	—	—63
	茯林	—	699	129	570	560	—	—18
	凌冲	—	1205	396	809	550	—	37
1974	华林	—	969	214	755	735	—	—
	茯林	—	709	125	584	552	—	—
	凌冲	—	1028	275	753	592	—	—
1975	华林	1648	760	261	499	888	590	80
	茯林	1168	541	149	392	607	538	37
	凌冲	1534	875	310	565	659	565	59

续表 2

年份	单位	全年生猪饲养	年末存栏	集体养猪	社员养猪	出栏现猪	国家收购	存栏肉猪
1976	华林	2498	1375	955	420	1123	1030	108
	茯林	1084	571	68	503	513	417	30
	凌冲	1279	839	169	670	440	400	55
1977	华林	1269	710	245	465	559	480	50
	茯林	1094	546	30	516	548	411	8
	凌冲	1296	770	139	631	526	450	50
1979	华林	1854	1015	50	965	651	411	18
	茯林	1221	701	30	671	452	349	30
	凌冲	1218	690	71	619	429	381	50
1982	华林	1824	1125	—	1125	476	443	30
	茯林	1634	939	—	939	705	445	30
	凌冲	1834	864	—	864	970	410	35

改革开放后，国家外贸增加中、仔猪的收购出口。1992 年，3 个村年内出栏总数 6355 头，其中肉猪 4250 头，出口中、仔猪 2105 头。2000 年，3 个村年内出栏生猪 2840 头，出栏肉猪 2100 头，出口中、仔猪 730 头；年末存栏 1050 头，其中有繁殖能力的母猪 77 头。

凌冲养殖场（2008 年）

2007 年，猪瘟大流行，生猪生产下滑。2008 年，望城县人民政府鼓励发展生猪养殖。凌冲村李银波与董庚福、彭铁祥合伙投资 58 万元，在竹塘组建设“格塘乡凌冲养殖场”，新建 4 栋养猪场，建筑面积 1200 平方米，一次可饲养生猪 500 头，聘请湖南省大北农集团作为技术指导，采用现代化的养猪技术，猪场由邓爱连负责饲养，刘宗山（畜医）帮助疫病防治。猪场年出栏 600 余头，年底有母猪 36 头，主要饲养的是红色的杜洛克和白色的大约克两种良种猪，存栏时间短，出栏快。同年，竹塘组李建伟在政府奖励政策的鼓励下，新建一次可饲养规模生猪 300 头的“建伟猪场”，年出栏肉猪 400 头，2011 年因疫病流行而关闭。2012 年，位于竹塘组“团湖·上林生态园”启动开发建设，为保护环境，“福银生猪养殖场”停止养猪并被公司收购。同期，凌冲村有 99 户农民家庭小规模养猪，团上组的盛安辉养殖 61 头，戴家组的邓建国养殖 60 头，王凤组的卞德宏养殖 190 头。2012 年，全村出栏肉猪 7789 头，年末生猪存栏 3517 头，其中母猪 318 头。

大约克良种猪（2009 年）

标准化猪栏（2009 年）

表 17　1983—2000 年部分年份凌冲域内生猪饲养情况表

单位：头

年份	单位	年内出栏生猪			年末存栏	
		小计	肉猪	出口中、仔猪	小计	母猪
1983	华林	658	648	10	672	16
	茯林	673	673	—	994	25
	凌冲	806	754	52	840	32
1984	华林	889	889	—	510	8
	茯林	745	745	—	980	27
	凌冲	862	702	160	840	32
1986	华林	946	946	—	1400	91
	茯林	649	649	—	657	36
	凌冲	1414	1414	—	789	51

续表 2

年份	单位	年内出栏生猪			年末存栏	
		小计	肉猪	出口中、仔猪	小计	母猪
1987	华林	1114	1084	30	519	25
	茯林	658	638	20	636	23
	凌冲	1195	715	480	720	20
1991	华林	1600	1200	400	720	65
	茯林	950	850	100	720	35
	凌冲	—	—	—	—	—
1992	华林	1950	1500	450	710	97
	茯林	1505	1300	205	950	120
	凌冲	2900	1450	1450	1200	55
1993	华林	1480	740	740	780	98
	茯林	1600	800	800	950	150
	凌冲	4500	2200	2300	1800	200
1994	华林	2300	1750	550	700	110
	茯林	1420	1320	100	980	190
	凌冲	3000	1500	1500	1250	70
1995	华林	1400	1000	400	680	98
	茯林	1750	1450	300	700	120
	凌冲	4300	2400	1900	1500	160
1996	华林	1480	740	740	780	98
	茯林	1600	800	800	950	150
	凌冲	4500	2200	2300	1800	200
1997	华林	1600	960	640	786	160
	茯林	1700	1450	250	650	90
	凌冲	4600	2500	2100	1980	250

续表 3

年份	单位	年内出栏生猪			年末存栏	
		小计	肉猪	出口中、仔猪	小计	母猪
2000	华林	960	810	150	420	30
	茯林	980	700	280	350	32
	凌冲	900	600	300	280	15
2008	凌冲	7850	7850	—	4100	353
2009	凌冲	7965	7965	—	4196	363
2010	凌冲	7104	7104	—	4196	363
2011	凌冲	7719	7719	—	3517	318
2012	凌冲	7789	7789	—	3517	318
2013	凌冲	7789	7789	—	3117	318
2014	凌冲	7879	7879	—	3517	318
2016	凌冲	9160	9160	—	3257	318
2021	凌冲	300	300	—	131	10

2019—2020 年，凌冲村遇猪瘟大流行，加上因保护环境需要严控生猪养殖规模，域内生猪生产断崖式下滑，2021 年，一个村民组仅有 1～2 户饲养 1 头生猪，自养自给。是年，全村出栏肉猪 300 头，年末生猪存栏 131 头，其中母猪 10 头。

养牛

域内农户一直用牛耕田，多为水牛，少数也使用黄牛，牛是农户的大资产。

中华人民共和国成立后，农民分到田地、房屋，大部分农户都饲养或合养耕牛。牛为耕地的主要动力，历为农民的宝贝。起屋围栏，水草依时，栏干料足，冬添棉饼，春加喂糟谷、酒、蛋之类，让其膘肥体壮。1958 年人民公社化过程中，耕牛归集体所有。由于饲养不佳，致使耕牛大幅度减少。1962 年，县委执行上级《关于发展大牲畜几项规定》，把耕牛下放到生产队饲养和繁殖，耕牛数量逐步提高，1970 年，全村达到 157 头，其中水牛 18 头。1972 年，华林、茯林、凌冲三个大队共有耕牛 147 头，其中水牛 29 头，服役耕牛 119 头。1973 年增加到 159 头，水牛 37 头。后来，耕牛一直在 150 头左右徘徊。1977 年略有减少，为 132 头，但水牛增加到 58 头。1979 年达到 156 头。1982 年，推行生产责任制后，当年耕牛存栏为华林大队 53 头，茯林大队 49 头，凌冲大队 48 头，3 个队合计

150 头，其中水牛 116 头。

表 18　1972—2021 年部分年份凌冲耕牛年底存栏情况表

单位：头

年份	单位	年末耕牛存栏	水牛	能劳役牛
1972	华林	42	4	34
	茯林	53	9	44
	凌冲	52	16	41
1974	华林	49	10	—
	茯林	50	12	—
	凌冲	50	17	—
1975	华林	51	18	47
	茯林	52	18	40
	凌冲	50	25	41
1976	华林	47	8	38
	茯林	50	15	42
	凌冲	49	26	39
1977	华林	41	16	37
	茯林	44	14	38
	凌冲	47	28	39
1979	华林	61	16	—
	茯林	43	26	—
	凌冲	52	36	—
1982	华林	53	46	—
	茯林	49	33	—
	凌冲	48	37	—
1983	华林	48	—	46
	茯林	47	—	45
	凌冲	48	—	45

续表 2

年份	单位	年末耕牛存栏	水牛	能劳役牛
1986	华林	25	—	47
	茯林	45	—	40
	凌冲	58	—	44
1987	华林	52	—	46
	茯林	51	—	41
	凌冲	45	—	42
1991	华林	57	—	47
	茯林	45	—	47
	凌冲	48	—	42
1995	华林	84	—	—
	茯林	25	—	—
	凌冲	42	—	—
1997	华林	80	—	—
	茯林	18	—	—
	凌冲	45	—	—
2000	华林	8	—	—
	茯林	30	—	—
	凌冲	32	—	—
2005	凌冲	40	—	—
2008	凌冲	44	—	—
2009	凌冲	45	—	—
2010	凌冲	45	—	—
2011	凌冲	32	—	—
2012	凌冲	32	—	—
2013	凌冲	29	—	—

续表 3

年份	单位	年末耕牛存栏	水牛	能劳役牛
2014	凌冲	29	—	—
2016	凌冲	31	—	—
2021	凌冲	30	—	—

20 世纪 90 年代后期，随着耕田机的推广使用，耕牛数量逐步减少。1991 年，3 个村仍有耕牛 150 头，其中役牛 127 头。1996 年，随着机械化的推广普及和农业结构调整，耕牛渐被农业机械所取代。1997 年，3 个村共有牛 143 头，其中当年生仔牛 19 头。而后，养牛逐步转向商品化，肉用牛增多，黄牛增多，役牛减少。2000 年，全村仅剩 70 头牛。2005 年，凌冲村出栏黄牛 8 头，年末存栏牛 40 头。2021 年，除少数几户农民保留牛耕田外，其余都用机械耕作。是年，全村养牛 30 头，大部分为肉用菜牛，品种多为黄牛。

家禽养殖

域内农户一直有饲养家禽的传统，一家一户多养殖几只或几十只不等，主要为鸡、鸭、鹅。

中华人民共和国成立后，农民家禽饲养量增加。它既可改善生活，还可积攒一些禽蛋送合作社收购，增加家庭收入，买些火柴、煤油等日常用品。其时，华林、茯林、凌冲域内，鸡鸭成群。饲养的家禽品种，主要是本地鸡、麻鸭、白鸭、草鹅等。均采取母鸡“孵蛋”繁殖。砌鸡屋、织鸭笼，几乎家家养殖。近湖傍水人家，多养湖鸭，少时 20 只、30 只，名“家湖鸭”，百只以上称“棚鸭”，进行群养，俗称“放鸭”。棚鸭一个人赶一棚，外出多的还要增加助手。棚鸭要晚上围竹帘搭棚避风雨利于生蛋，家居仙泥墩的陈金生，从小放鸭，多时 800 多只。

1956 年，全县大力发展养鸭，畜牧部门推广用“谷孵”养鸭，农户多到孵化场购买乳鸭饲养。合作化时期，县委号召发展集体养禽，公养、私养并举，家禽业迅速发展。

1958 年大办食堂后，家庭基本不养家禽。1962 年食堂解散后，虽允许社员饲养家禽，但控制数量，一般家庭都只养十几只家禽。1967 年开始对家禽的饲养限制更紧，根据家庭人口多少来决定可以养禽数量，人口少的养 3 只，人口多的养 5 只，若超过标准多养，就要被当作“资本主义尾巴”予以割控。1972 年，华林、茯林、凌冲 3 个大队家禽养殖年末存栏 4179 羽，其中集体养殖 124 羽。1976 年向国家送缴蛋品 820 担，折合 4.1 万千克。1977 年，全村养家禽 4418 羽，户均 4.9 只。

同发鸭场（1990 年）

1981 年，东风组陈建辉开始规模养鸭，开始处于探索阶段，每年喂养 100 羽左右。1982 年实行生产责任制后，家禽养殖快速发展，当年家禽年末存栏 6647 羽。1984 年年末存栏 8520 羽，送缴蛋品 9950 千克。其时，出现了一些养鸡专业户。

围养土鸡（2019 年）

1985 年 5 月，华林村令旗塘组村民周德云参加县畜牧水产局举办的养鸡技术学习班后，试养 AA 鸡（拔益加肉鸡）300 只，3 个月获纯利 480 元；此后，他更加钻研养鸡技术，扩大养殖规模，逐步摸索养鸡经验，1986 年又养肉鸡 2560 羽，罗斯蛋鸡 120 只，获纯利 580 多元；1987 年春，他盖了楼房，将楼房专门用来养鸡 2210 羽，并以鸡粪养猪 22 头，全年收入在万元左右。是年，3 个村共计养禽 11985 羽，其中养鸡 10685 羽，占 89.15%；送缴蛋品 2.88 万千克。1988 年凌冲村青年李春辉，高中毕业后钻研养鸡技术，养鸡成活率高、生长快，1988 年他养螺丝蛋鸡 300 羽，收蛋 760 千克，还出售 AA 肉鸡 2000 多羽，获得较高的经济效益。1992 年，3 个村家禽出笼 7880 羽，年末存笼 5500 只。其时，凌村高塘组陈长庚、陈新良，凌冲组邓要珍，东风组的陈建辉，茯林村大园组的周德、禾塘组的邓跃进等村民，饲养棚鸭，一般喂养一百多羽到几百羽，周德喂养千多羽，陈建辉饲养 2000 多羽。借助境内的六汉湖、团头湖水草丛生、鱼虾浮游生物种类繁多，田间虫蚁杂草，为饲养鸭子提供丰富的食物资源，早上赶出放养，晚上回家，搭一个鸭棚，既遮风挡雨，又便于集中喂食，一只母鸭，一般年产蛋 300 枚左右。2008 年，陈建辉每批饲养 2800 多羽，一年套养 3～4 批，年收入 10 多万元。

表 19　1972—1982 年部分年份凌冲域内部分年份家禽养殖情况表

年份	单位	年末存笼（羽）			蛋品产量（千克）
		合计	集体养殖	社员养殖	
1972	华林	1050	—	1050	—
	茯林	1625	—	—1625	—
	凌冲	1564	124	1440	—
1973	华林	927	32	895	—
	茯林	1461	—	1461	—
	凌冲	1659	4	1655	—
1974	华林	1045	—	1645	—
	茯林	1767	—	1767	—
	凌冲	1690	—	1690	—

续表 2

年份	单位	年末存笼（羽）			蛋品产量（千克）
		合计	集体养殖	社员养殖	
1975	华林	2345	—	2345	—
	茯林	1343	—	1343	—
	凌冲	1695	—	1695	—
1976	华林	1250	—	1250	10000
	茯林	1255	—	1255	10000
	凌冲	1690	—	1690	20000
1977	华林	1560	—	1560	1300
	茯林	1668	330	1738	985
	凌冲	1520	—	1520	1700
1979	华林	1550	—	1550	—
	茯林	2148	—	2148	1500
	凌冲	3010	—	3010	4400
1982	华林	1790	—	1790	900
	茯林	1837	—	1837	2400
	凌冲	3020	—	3020	6250

表 20　1984—1987 年部分年份凌冲家禽养殖情况表

年份	单位	年末存笼（羽）			蛋品产量（千克）		
		小计	鸡	鸭	小计	鸡蛋	鸭蛋
1984	华林	2025	2025	—	2250	2250	—
	茯林	4335	3720	615	4675	3500	1175
	凌冲	2160	1375	825	2500	2000	1000
1985	华林	3020	3020	—	3265	3265	—
	茯林	4010	3430	580	6000	4000	2000
	凌冲	3800	3000	800	11000	7000	4000

续表 2

年份	单位	年末存笼（羽）			蛋品产量（千克）		
		小计	鸡	鸭	小计	鸡蛋	鸭蛋
1986	华林	3865	3765	100	3500	3400	100
	茯林	3700	3300	400	12300	8300	4000
	凌冲	4420	3620	800	13000	7800	5200
1987	华林	4100	3700	400	45000	37000	8000
	茯林	3025	2855	170	8500	7000	1500
	凌冲	2500	2300	200	8000	4200	3800

2008 年，凌冲村年末家禽出笼 18200 羽，年内禽蛋产量 125 吨。同年，凌冲村李银波与董庚福合伙投资办起“福银生猪养殖场”，在快速发展养猪事业的同时，还发展养鸡业，当年产蛋 10000 余枚。

2014 年年末，家禽出笼 28912 羽，禽蛋产量 129 吨。此后，由于饲料喂鸡生长快，市场供过于求，专业户转行，开始了农户兼养自食为主，沿湖傍水一带，仍有三两户人家饲养湖鸭。21 世纪 20 年代，鸡瘟流行，家禽饲养量急剧下降，但仍有一些农户在房前屋后或树林竹下少量饲养。2021 年年末，全村家禽出笼 3200 羽，禽蛋产量仅 8.6 吨。

表 21　2008—2021 年部分年份凌冲村家禽养殖情况表

年份	年末家禽出笼（羽）	年内禽蛋产量（吨）
2008	18200	125
2009	26689	232
2010	26685	125
2011	27109	129
2012	25189	129
2013	24012	129
2014	28912	129
2016	26305	135
2021	3200	8.6

林 业

林业生产

凌冲村总面积 10.04 平方千米，林地 4.39 平方千米（6578 亩），占总面积的 43.73%。清末民国时期，境内森林密布。位于农科组的陈必照（旅店），居凌冲通往宁益交通要道旁，旅店后方是入山要道，每当傍晚，店主都要挽留过山行人住宿，以防老虎、土匪袭扰，日本鬼子入侵时村民躲入森林就可逃生。

茅镰塘百年老腊树（2021 年摄）

中华人民共和国成立后，境内竹木苍翠，古树众多。茅镰塘的腊树历经百年沧桑依然挺拔；罗家园台子屋的枫树直径 1.5 米，需 3～4 个人才能合抱；李家垛子的乌桕树要两个人合抱。谭家大围子 3 棵柞树就连树枝也需要 2 人才能合抱。

1953年横塘湾的邓成哆早晨起来砍棕叶，与老虎相遇，幸虎未伤人。其时，谭家大围子遍植油茶，彭家榨行名播乡里。境地杉树、松树成片，竹林、香樟掩映房舍，四季常青。

1963年，格塘公社在华林谭家大围子建华林林场，翌年林场党支部提出“四个一百亩”的规划，即油茶100亩，杉树100亩，楠竹100亩，茶叶、果树与油桐合计100亩。1972年，华林、茯林、凌冲3个大队共有森林面积972亩（3个村分别为660亩、144亩、168亩）。当年，华林、凌冲两个大队抚育幼林合计75亩。1973年，为加强山林绿化，华林、茯林、凌冲、茶场合计造林241.8亩，四旁植树25.33万株，3个大队封山育林1476亩（其中，华林大队造林225亩，植树14万株，封山育林800亩）。

1976年引进池杉、水杉，在村旁、路旁、宅旁种植，茯林大队在南新线旁栽植水杉，成为凌冲一景。1981年年初，全县开展林业“三定”，即稳定山权、林权、划定自留山，林业生产稳步发展。20世纪80年代末期，凌冲境内森林覆盖率57%。

2008年，凌冲村林地7200亩，森林覆盖率64%。2010—2011年，在凌冲境内4.2千米大堤上栽植红叶石楠。2011年12月，凌冲村村民邓中秀在长沙市天心区注册成立湖南团头湖生态农业科技发展有限公司，翌年将公司迁驻望城靖港镇凌冲村戴家组，流转土地300余亩，在荒山上种植名贵珍稀林木。

2014年3月，格塘镇“开展三年造绿大行动”。2015年，凌冲绿化面积7200平方米、植树5454株。到2016年全村合计造林365亩，其中，宜林荒山造林60亩，山、水、路、宅“四旁植树”300亩。2014年，毛松坡组村民陈瑞林，创建湖南泊悦农业科技有限公司，流转土地120亩，种植茶花、桂花、紫薇等苗木。2016年，邓中秀投资2000万元，打造“团湖·上林涵养园”项目，开发“银叶乾霜、紫缨灼华、松鹤清越、暗香浮动”等13个主题庄园，种植名贵苗木14631株，518亩。2017年下半年投资3000万元，建设十大精品园林景点：桂花园、银杏园、杨梅园、百果园、荷花园、樱花园、香樟园、茶花园、杜鹃园、竹园。景点四季有花，园区常年景美如画。

2021年，开展“美丽屋场建设”，完成“云游湾屋场”“茅镰塘屋场”“华林塘屋场”“横塘湾屋场”的美丽屋场建设，种植茶花树6000多株，小苗3万余株，草皮20万平方米。2022年，继续开展对“樟树屋场”“戴家屋场”“麻园屋场”“大园屋场”的建设，凌冲更加绚丽。

2021年，凌冲村共有林地8000亩，其中茶园3000余亩，名贵树木500余亩，果树400余亩，道路旁边、庭院周围、湖塘之畔、山丘之上，竹木苍翠，绿树成荫。

名贵林木

凌冲境内树木常规品种多，如杉树、樟树、枫树、椿树、苦楝树、楮树、椆树、檀树、梓树、枞树（松树）及楠竹、斑竹、丛竹等，而名贵树种少。实行家庭联产承包责任制以后，村民积极种植观赏树木美化家园，有桂花树、玉兰树、红叶石楠、茶花树等。2012年，湖南团头湖生态农业科技发展有限公司在凌冲村流转土地，垦荒造林，从四川引进金丝楠木、从山东引进海棠、红枫、银杏、樱花，从浙江引进四照花、从云南引进红花树，从浏阳引进椤木石楠等名贵树木14631棵，共518亩，投资打造“团湖·上林涵养园”项目。2021年，桂花园、银杏园、杨梅园、百果园、荷花园、樱花园、香樟园、茶花园、杜鹃园、竹园等10个精品园林景点初具规模，景点珍贵树木生长良好。

表22　2021年“团湖·尚林涵养园”部分名贵树木统计表

树名	产地	树龄（年）	树干抱围（米）	树高（米）	备注
红花	云南	30	0.3	5	稀有
金丝楠木	四川	50	0.7	20	名贵
桂皮树	云南	40	0.3	15	稀有
银杏	山东	60	1	18	名贵
花榈木	越南	50	双秆、每秆0.6	12	稀少（长沙市仅三棵）
皂荚	浏阳	50年以上	0.5	15	稀少
椤木石楠	浏阳	325	1	20	稀有
红稠	云南	20	0.3	15	名贵
香樟	浏阳	100年以上	1.1	20	稀古树
无患子	山东	30年以上	0.77	21	稀有

续表 2

树名	产地	树龄（年）	树干抱围（米）	树高（米）	备注
合欢	浏阳	50 年以上	0.8	17	古树
红豆杉	云南	50 年以上	0.3	15	名贵
日本五针松	湘江	40～50	0.3	3	名贵树冠 5 米
火焰海棠	山东	20	0.2	10	稀少
红粉佳人樱	山东	20	0.2	3～4	稀少

附：湖南团头湖生态农业科技发展有限公司简介

湖南团头湖生态农业科技发展有限公司位于长沙市望城区靖港镇，北靠长沙最大湖泊团头湖，有格林线、424 乡道穿过，距离建设中的北横线仅 1 千米。公司 2011 年 12 月在长沙市注册成立，注册资本 2000 万元，公司董事长、法人代表邓中秀。2012 年公司迁入望城靖港镇凌冲村戴家组。

“团湖·上林涵养园”核心区初具规模（2022 年）

公司主要聚焦文旅、康养、特色农业三大功能。前期主要在种植业、苗木栽培与销售等绿色农业生产经营上发展。长远规划重点放在以“旅游＋生态＋发展”的模式，发展文旅、康养业。2012年流转土地340亩。从全国各地引进名贵树木14631株，初步改善功能区生态小环境。2016年下半年开始打造“团湖·上林涵养园”项目，规划开发银叶乾霜、紫缨灼华、松鹤清越、暗香浮动等13个主题庄园，将先进的园林技术与农业、旅游、教育、文化等产业深度结合，促进一、二、三产业深度融合。项目分两期开发，一期打造精品园艺，建设桂花园、银杏园、杨梅园、百果园、荷花园、樱花园、香樟园、茶花园、杜鹃园、竹园等十个精品园林景点；二期打造主题庄园，项目预算共需资金约2.1亿元。2017年3月12日，经湖南望城国家农业科技园区审核通过，同意“团湖·上林涵养园”项目入驻园区，享受园区建设的优惠政策。2020年一期项目投入资金7000万元，在涵养园拉通一级道路5千米，路宽5米，全部完成硬化。投资600万元，启动“竹塘改造工程”，空塘清淤、净化水质，并完成竹塘四周装饰衬砌，在水塘四周栽种名贵观赏树木，打造核心水体景观。十个精品园林景点初步成型。同时在园区新建3个深井泵房，建成园区自动喷灌系统。2020年，在柏叶村流转土地200亩，2021年，协议流转原华林茶场林地110亩，公司共有流转土地630亩。2021年公司和政府签订68亩建设用地协议，为实施第二工程打下坚实基础。2021年底，公司有正式职员12人。

工商业

经商

凌冲，滨洞庭湖南岸。清末民国时期，凌冲水路运输十分发达，近可到靖港、乔口、湘阴、益阳、宁乡，远能越洞庭湖，沿湘、资、沅、澧四水，北达武汉以上，南通长沙，西到宝庆、沅陵诸地，经商者众。据永思堂《凌冲刘氏宗谱》载，生于道光十二年（1832）、家居长邑新都七甲下五区凌冲（今靖港镇凌冲村东塘组）的刘启玟，字华国，“华国公崛起弃儒就商，善居奇，常往来鄂湘二省垣间……屡中积有余赀，置田数十顷”成为当地巨富旺族。

清嘉庆至道光年间，本地村民陈必照（1817—1881），官居从九品，归家后，将建在靖港至朱良桥的交通要道旁的房子开设旅馆、药店、屠坊，经营南食、杂货。陈家后面就是山路，常有野兽和土匪出没，一般人下午不敢进山，在他家住宿的客人，歇息费用由客人随意给付，实在困难的他还打发路费。他长期行善，名播乡里，久而久之，以人名代替地名。1946年，“陈壁照”作为地名标示在新出版的长沙县地图上。

清末民初，位于凌冲鹅公塘旁的邓氏大户邓九嗲在左边横堂屋四间屋内，开“同昌商号”经销南食、屠坊，远近闻名。蓑衣塘陈五嗲开的“陈怡泰药号”、陈锡卿的“屠房”和凌冲余家塘陈少奇经营的屠房、南食，均位于靖港通朱良桥古道旁，生意长盛不衰。

凌冲供销社旧址（2022 年摄）

中华人民共和国成立后，由村民集股成立供销合作社，负责从城市组织物资供应本地村民日常生活需要和收购农产品上缴国家作为工业原材料或供应城市居民生活消费。20 世纪 50 年代初，开始收购粮食、生猪、蛋品、南橘、茶叶、箩筐、扮折、晒垫、棕片、子篾、茶叶、羽毛、肠衣、草纸、鸡、鸭、猪鬃、烟叶、兽骨、皮张、茶籽、花生、芝麻、菜籽、桐子、草籽等，鼓励村民将农副产品卖给国家。50 年代末期，供销社组织货郎担走村串户，方便群众。60 年代中期，在万宝大山东麓建起凌冲供销社，销售村民日常生活需要的南货和百货，同时杀猪卖肉，负责收购本地农产品上缴国家。供销社实行奖售办法，即供销社根据村民交售的农副产品情况，奖售一定量的粮食、布匹和食油等产品。同时，收购废铜废铁、旧书、废报纸等。90年代初，随着农村个体商店快速发展，90年代中期凌冲供销社停办。

1982年，茶厂开办“茶厂代销点”，由茶厂职工刘新民负责经营，开业时，刘新民上交1000元、粮票350千克，经营烟、酒、南货、日杂。1984年“茶厂代销点”办理“营业执照”，改店名为“茶厂商店”，最初就在格塘、靖港批发部进货。1985年后，规模扩大，进货渠道扩大到望城、宁乡、湘阴县城等地。20世纪90年代，商店经营范围扩大到玻璃、自行配件、小百货、日杂、烟花鞭炮。随后陈战武在茶厂开设“冰厂”，经营冷饮。茶厂商店居靖港、乔口到宁乡、益阳必经之路，当时，茶厂职工、知识青年、绣花厂女工众多，不仅茶厂工人和3个村农民来店购物，而且邻近和平、大众、柏叶等地村民也前来购物，生意兴隆，一时戏称“小香港”。

1983年，家住茯林村黄狗坡的曹建武，注册资金1000元，起名“临湖商店”，经营南货、小百货、窑货、农资、屠宰等业务，从靖港进百货，到朱良桥进南食，赴益阳钱家河进篾货，越河到铜官进窑货，门类齐全，购物者众多。1986年，曹建武被评为“望城县纳税先进个人”“文明经营户”。后来，李振祥、潘子明、曹连山、萧文华相继在四周建房开起商店，农村个体商店迅速发展。1988年，华林村陈建新开有玻璃油漆店，郭新平、刘联山、刘新民、郭菊平开南杂店，茯林村潘子明、刘正斌开南杂店，凌冲村的刘得军、邓红党、黄裕红、曹建武开南杂店，经营副食烟酒日杂为主，3个村有商店11家。

2004年，行政区划调整，华林、茯林、凌冲3个村合并称为凌冲村，在县道的南新线旁修建凌冲村部办公楼，沿着村部、茶厂一带新建凌冲集镇，集镇逐渐成为商业的集中区域。2006年，凌冲有商店18处，超市2家，总建筑面积2520平方米。并有年轻人开始在家中开设网店。至2021年底，凌冲村有16家商店，其中南食烟酒店12家，餐饮门店4家。

表23　2021年凌冲村食品安全门店情况表

门店（企业名）	经营范围	负责人	紧邻的主干道
欣勇商店	南食烟酒	谭　勇	南新线
福四商店	南食烟酒	邓福四	南新线
茶厂商店	南食烟酒	刘新明	南新线

续表 2

门店（企业名）	经营范围	负责人	紧邻的主干道
德运商店	南食烟酒	刘　超	南新线
平价超市	南食烟酒	徐翠兰	南新线
志立商店	南食烟酒	张志立	南新线
一路发商店	南食烟酒	刘正华	格凌线
凌冲商店	南食烟酒	董德红	凌伏公路
建武商店	南食烟酒	杨建武	凌伏公路
伏林商店	南食烟酒	刘德新	凌伏公路
便民商店	南食烟酒	周　超	凌伏公路
湘民慈善超市	南食烟酒	李耀明	南新线
绿色一品阁	餐饮	涂胜军	
虎哥饭店	餐饮	刘　虎	
追梦发展有限公司	餐饮	钟　杰	南新线
茶厂饭庄	餐饮	徐　亮	南新线

制砖

民国至中华人民共和国成立，凌冲域内只有为生活服务的手工业。诸如木匠、篾匠、泥匠、铁匠、弹匠（弹棉花匠）、机匠（织布匠）、裁缝等。

凌冲机砖厂正门（1999 年）

中华人民共和国成立后，随着茶叶生产的发展，格塘公社茶场、大队茶场相继建起茶叶加工厂。1970年建起了格塘茶厂，1984年华林茶场办起华林茶叶加工厂，茶叶加工成为域内农业产业化龙头企业。

1992年4月，凌冲村村民董庚福开办“凌冲机砖厂”，有固定职工28人，小型制砖机一天生产红砖2万块，主要用吊窑、围窑烧制，年产红砖200万块，供周围村民建房用，年产值60万元。上缴村部管理费1万元，税金2000多元，职工工资人均一天7元，年利润3万～4万元。1994年投入20多万元，将围窑改造成福建窑，1996年投入100多万元资金，再次进行提质改造，由小型制砖机改成大型制砖机，由围窑改成轮窑，有窑门16门，烟囱高度55米，大型制砖机一天可生产红砖10万块。员工增加至40多人，年生产红砖1100多万块，总收入300多万元，上缴国家税收2万多元，职工月工资在5000元左右。

凌冲机砖厂（1999年）

1994年，茯林村村民陈战武开办“茯林砖厂”，1996年进行提质改造，由福建窑改为轮窑，年生产红砖规模达到1000万块。1996年，凌冲村村民李正泉办起“金岭机砖厂”，采用轮窑烧制红砖，年生产红砖1000万块左右。2001年“茯林砖厂”转让给沈湘民，更名为“红旺砖厂”，有固定职工40人左右。3个砖厂共有固定职工120人左右，年生产红砖3000万块，产值900万元。红砖销售市场主要在靖港、乔口、格塘、新康和高塘岭范围。2017年11月，为落实国家环保政策，3个砖厂根据望城区政府令停办。

长寿之村

凌冲村民多长寿，并不是近现代才有的现象，老旧族谱有记载，百岁牌坊是最好的证明。凌冲保护良好的森林资源，独特的自然生态环境，宜人的物候特征，特别是数千亩四季常青的绿色茶园，使凌冲成为一个天然氧吧，成为一处颐养天年的佳处。好山好水，风景如画，宜居宜业。凌冲民风淳朴，人心向善，孝亲敬老。老有所养而不奢，虽耄耋而怡然劳作；幼有所教而不纵，虽童稚而习之以礼。良好的生产生活习惯与平常心态，老年人生活其中，身心愉悦，其乐融融，秉性善良，乐善好施，不争长短，豁达泰然。良好的环境和处世态度，造就了令人羡慕的长寿之村。本类目从长寿状况、人居环境、长寿之道、百岁寿星传等几个方面展示凌冲长寿村的基本面貌。

长寿状况

历史状况

凌冲多长寿始于何时已很难考究，但初步查阅凌冲范围内古旧族谱，可窥见一二。在1925年左右所修诸姓族谱中，陈姓80岁以上者有10人，70岁以上者有30余人；刘姓80岁以上者有近20人，70岁以上者50余人；邓姓70岁以上者20余人。而最突出的要数牌楼屋场百岁牌坊主人刘何氏，生于清道光十年（1830）庚寅岁三月二十三日，至民国14年（1925）凌冲刘氏三修族谱时健康依旧，其子孙为老人建百岁牌坊以彰其懿德，老人百岁牌坊落成时才寿终正寝，留下了一段佳话。现百岁牌坊的石柱石匾等依然散落在当地，有的成了团头湖水利设施的用材，有的被遗弃在田垄磡边，成为一种历史的记忆。

长寿现状

凌冲村是长沙最早有人类活动的地方之一，留下丰富的生产生活遗址遗迹，从古至今就是一个适合人类生存繁衍休养生息的福地，长寿老人、百岁老人的逸事故事口口相传，成为美谈。凌冲村老屋组邹孟林老人，出生于1920年农历二月初三，至2021年10月去世，享年102岁，见证了凌冲百年变迁。凌冲村长寿老人、百岁和准百岁老人占比高于当地其他村的平均水平。从整体人口年龄构成看，2010年，凌冲村4113人中，60周岁以上老人608人，占总人数的14.8%，80周岁以上老人110人，约占2.7%。2017年凌冲村常住人口4285人中，60周岁以上老人764人（男376人，女388人），占比17.83%，其中：60～69周岁446人（男238人，女208人）；70～79周岁222人（男105人，女117人）；80～89周岁92人（男33人，女59人）；90周岁以上老人4人（女4人）。2018年，凌冲村80周岁以上老人119人。2021年8月，凌冲村总人口4531人，其中60～69周岁老人815人；70～79周岁老人405人，80～89周岁133人，90～99周岁16人，百岁老人1人，80周岁以上老人占比约为3.31%。长寿老人、百岁和准百岁老人占比高于周边平均水平，远远高于2%的全国平均水平，而且从长寿老人的分布情况看，凌冲长寿老人大多集中在丘陵地区，湖区鲜见90岁以上高龄老人。凌冲村的老人除长寿之外，身体状况还特别健康。从已有的百岁老人与准百岁老人的身体状况来看，都是身康体健，很少打针吃药。而那些离世的百岁老人都是寿终正寝，无疾而终。

人居环境

特殊纬度

凌冲村长寿老人多，良好的自然生态环境是一个重要的原因。凌冲村地理坐标为北纬27°58′东经112°35′，处于世界著名的长寿带，属于亚热带气候，境属洞庭湖尾闾，水系发达，团头湖为长沙最大的淡水湖，境内空气湿润，温度适宜。四季交替，节气物候特征明显。春季温凉多雨，夏季炎热湿润，秋季艳阳高照，冬季瑞雪缤纷，一年四季分明。凌冲村气象丰富，电闪、雷鸣、风雹、冰冻等自然现象依时节时有发生，是负氧离子生成的有利条件，让凌冲村自然界具有生生不息的天机，激发无穷无尽的生命力。凌冲村年平均气温16.9℃，降水量1370毫米，无霜期274天，是典型的江南气候特征，适宜于动植物繁殖生长，更适合人类居住。

自然环境

凌冲村环境幽雅。丘陵地区山峦起伏，森林覆盖率达到65%，有各种植物资源328种，满目葱翠，松、樟、杉、竹等常绿植物漫山遍野。特别是3000余亩成片茶叶，一年四季胜似碧玉，更是天然氧吧和负氧离子制造工厂。清风徐来，茶香飘逸，让人流连忘返。团头湖烟波浩渺，一望无际，湖水碧波荡漾，更有春花烂漫、夏荷点点、秋菊呈馨、冬杉放赤。到凌冲全貌稻熟椒黄时节，田野金黄一片，散发出醉人的稻香。菜畦椒红点点，瓜果飘香。山上橘橙压枝，果香四溢。凌冲村空气质量好，空气中的二氧化硫、氮氧化物、颗粒物、一氧化碳、臭氧等指标远远低于国家环境空气质量标准一级标准的最低指标，空气质量达《环境空气质量标准》（GB3095－2012）一级标准。生活在这里的老人们离开三天就浑身

凌冲森林覆盖率达65%

难受，既有故土难离的原因，同时也有多数地方特别是城市的空气质量难以比拟的原因。

凌冲俯瞰图（2022年）

表 24　2021 年 4 月 8 日凌冲村环境空气质量检测情况表

单位：毫克/立方米

采样地点	二氧化硫	氮氧化物	颗粒物	一氧化碳	臭氧
G1 茶园大门口外 5 米处	0.016	0.018	0.106	1.0	0.069
G2 茶园西侧外 5 米处	0.018	0.017	0.104	1.2	0.088
G3 茶园东侧外 5 米处	0.018	0.019	0.101	1.3	0.081
标准限值：《环境空气质量标准》（GB3095—2012）表 1 一级标准	0.150	0.200	0.120	10	0.160

凌冲村自然物产丰富多样，其地处洞庭湖南岸，为洞庭湖断陷盆地南缘，属长衡丘陵向滨湖平原过渡地带，处于较为稳定的地质环境。第四系沉积物甚为发育，构成滨湖平原与湘江及其主要支流的河谷阶地，其岩性为黏土、沙、砾石等，厚度 0～100 米。土质肥沃，适合水稻、红薯、豆类、蔬菜、水果等各种主要农作物生长，凌冲境内及周边 10 千米内无任何工业污染，生产出来的农产品品质优良，含有人类所必需的微量元素，为纯天然有机绿色产品。尤其凌冲山地土壤适合茶叶种植，自唐宋开始就一直是长沙河西园茶的重要产地，特殊的土质使茶叶中含有较高成分的儿茶素和生物碱，儿茶素是天然的油脂抗氧化剂，抗氧化活性甚至比维他命 E 还高！可以清除人体产生的自由基，以保护细胞膜，减缓衰老。同时儿茶素还可以抑制人体致病菌（如肉毒杆菌），又不伤害有益菌（如乳酸菌）的繁衍，具有整肠的功能。茶叶中的生物碱具有利尿、解毒、提神醒脑、消除疲劳、增强耐力等药理效果。凌冲村云游茶业生产的有机茶，是长沙市获得国家认证的为数不多的有机农产品之一，是凌冲村优质农产品的代表。据凌冲村云游茶叶土壤抽样检测，凌冲村土壤中的镉、汞、铅、砷、铬、铜等重金属及有毒物质含量低，土壤常规检测指标全部符合国家相关标准。良好的土壤和农产品生产条件，既彰显出凌冲自然资源的优越，又使凌冲群众更好地获得了大自然的回馈。

凌冲茶园一角（2021 年）

表 25　2020 年 4 月凌冲村云游茶业土壤检测情况表

检测项目	单位	限值	检测结果	单项结论	检测方法	样品编号
pH	—	—	4.4	—	NY/T1377－2007	E202925H8 土壤 1
镉	毫克/千克	≤0.3	0.13	符合	GB/T17141－1997	
汞	毫克/千克	≤1.3	0.132	符合	GB/T22105.1－2008	
砷	毫克/千克	≤40	15.7	符合	GB/T22105.2－2008	
铅	毫克/千克	≤70	35.1	符合	GB/T17141－1997	
铬	毫克/千克	≤150	66	符合	HJ491－2019	
铜	毫克/千克	≤50	30	符合	HJ491－2019	
镍	毫克/千克	≤60	33	符合	HJ491－2019	
锌	毫克/千克	≤200	102	符合	HJ491－2019	
pH	—	—	4.4	—	NY/T1377－2007	E202935H8 土壤 2
镉	毫克/千克	≤0.3	0.13	符合	GB/T17141－1997	
汞	毫克/千克	≤1.3	0.127	符合	GB/T22105.1－2008	
砷	毫克/千克	≤40	16.5	符合	GB/T22105.2－2008	

续表 2

检测项目	单位	限值	检测结果	单项结论	检测方法	样品编号
铅	毫克/千克	≤70	34.4	符合	GB/T17141—1997	
铬	毫克/千克	≤150	70	符合	HJ491—2019	
铜	毫克/千克	≤50	31	符合	HJ491—2019	
镍	毫克/千克	≤60	37	符合	HJ491—2019	
锌	毫克/千克	≤200	104	符合	HJ491—2019	
pH	—	—	4.3	—	NY/T1377—2007	E202945H8 土壤 3
镉	毫克/千克	≤0.3	0.12	符合	GB/T17141—1997	
汞	毫克/千克	≤1.3	0.115	符合	GB/T22105.1—2008	
砷	毫克/千克	≤40	16.1	符合	GB/T22105.2—2008	
铅	毫克/千克	≤70	33.8	符合	GB/T17141—1997	
铬	毫克/千克	≤150	71	符合	HJ491—2019	
铜	毫克/千克	≤50	29	符合	HJ491—2019	
镍	毫克/千克	≤60	37	符合	HJ491—2019	
锌	毫克/千克	≤200	105	符合	HJ491—2019	

凌冲村地下水资源丰富，品质优良，是群众生产生活饮用水的主要来源。凌冲村由于没有工业企业，没有工业污水的排放；在畜牧业生产方面，“两型”社会示范村建设开始后就实行畜禽圈养、划定限养区等政策，没有建设大型的养殖场，畜禽污染少，对地下水构不成影响；水稻等主要农产品生产在规模化生产经营的模式之下，机械化程度、标准化生产要求越来越高，农产品质量安全得到保障，农业水源污染问题有效改善，确保了地下水未受污染。凌冲地下水具有高矿化度和低钠低盐特征，人体所需的微量元素含量高，丘陵区的家用水井采集的泉水清冽甘甜，沁人心脾，口感好，可以直接饮用。据抽样测定，凌冲村地下水各项指标全部符合国家《生活饮用水卫生标准》，无论是集中供水还是分散式供水，都是优质饮用水源。

表 26　2021 年 6 月凌冲村地下水检测情况表（凌冲村村委会后厂房水龙头）

检测项目	标准值	检测结果
硫酸盐	≤300	15.6
溶解性总固体	≤1500	79
总硬度	≤550	19.0
耗氧量	≤5	0.58
氨氮	≤0.5	<0.02
挥发性酚	≤0.002	<0.002
阴离子合成洗涤剂	≤0.3	<0.050
二氧化氯	≥0.1	0.6
四氯化碳	≤0.002	<0.0001
色度	≤20	<5
浑浊度 NTU	≤3	<0.5
臭和味	无异臭、无异味	无
肉眼可见物	无	无
pH	6.5～9.5	6.9
铝	≤0.2	0.0073
硒	≤0.01	0.00033
铁	≤0.5	0.1205
锰	≤0.3	0.01661
铜	≤1.0	0.01777
锌	≤1.0	0.1291
氯化物	≤300	13.0
总大肠菌群 MPN/100 毫升	不得检出	未检出
耐热大肠菌群 MPN/100 毫升	不得检出	未检出
砷	≤0.05	0.00032
镉	≤0.005	0.00006
铬	≤0.05	0.00379
铅	≤0.01	0.00531
汞	≤0.001	0.00007

续表 2

检测项目	标准值	检测结果
氰化物	≤0.05	0.002
氟化物	≤1.2	0.09
硝酸盐	≤20	1.49
三氯甲烷	≤0.06	0.0004

检测结论：所检项目的检验结果均符合 GB5749—2006《生活饮用水卫生标准》4.1.7 小型集中式供水和分散式供水的规定要求。

表 27　2021 年 6 月凌冲村农田灌溉水检测结果表

序号	检测项目	单位	限值	检测结果	单项结论	检测方法
1	pH	—	5.5～8.5	6.2	符合	HJ1147—2020
2	水温	℃	≤35	16	符合	—
3	悬浮物	毫克/升	≤100	未检出（<4）	符合	GB/T11901—1989
4	五日生化需氧量	毫克/升	≤100	未检出（<0.5）	符合	HJ505—2009
5	化学需氧量	毫克/升	≤200	未检出（<4）	符合	HJ828—2017
6	阴离子表面活性剂	毫克/升	≤8	未检出（<0.05）	符合	GB/T7494—1987
7	氯化物	毫克/升	≤350	0.110	符合	HJ84—2016
8	硫化物	毫克/升	≤1	未检出（<0.005）	符合	GB/T16489—1996
9	全盐量	毫克/升	≤1000	未检出（<4）	符合	HJ/T—1999
10	总铅	毫克/升	≤0.2	未检出（<0.07）	符合	HJ776—2015
11	总镉	毫克/升	≤0.01	未检出（<0.005）	符合	HJ776—2015
12	铬（六价）	毫克/升	≤0.1	未检出（<0.004）	符合	GB/T7467—1987
13	总汞	毫克/升	≤0.001	未检出（<0.00004）	符合	HJ694—2014
14	总砷	毫克/升	≤0.1	未检出（<0.0003）	符合	HJ694—2014
15	粪大肠菌群数	MPN/升	≤40000	未检出	符合	HJ347.2—2018
16	蛔虫卵数	个/10L	≤20	未检出	符合	HJ775—2015

环境保护

凌冲村良好的自然环境，源于一直以来的环境保护。中华人民共和国成立前，境内生产方式较原始，对自然的破坏性较小，山林树木茂盛，人与自然共生。20 世纪 50 年代开展的“大跃进”，毁林开荒、围湖造田等对环境造成了一定破坏。

但实行家庭联产承包责任制以后，情况得到了根本性的改变，特别是进入21世纪之后通过退田还湖、退田还绿，被破坏的环境得到快速恢复。2008年，凌冲村开展生态村创建，实施以农户改厕、改水、改厨、家园绿化为主要内容的生态人居工程，实施生活垃圾处理工程，实施以户用沼气、化粪池及配套设施建设为主要内容的生活污水处理工程，实施以家居环境整治和道路环境整治为主要内容的环境整治工程，实施以饮用水源保护和个体卫生水井保护为主要内容的饮用水源保护工程。除此之外，还开展了清洁田园、清洁能源、生态产业建设、生态文化建设等工作，全面开展生态环境建设与保护。2013年，凌冲村立足本村环境建设实际，坚持以人为本、强化规划引领。由专业规划公司对全村制定整体长远规划，明确划分了居民集中居住区、学校、幼儿园、文化广场、医疗中心等区域建设，进一步整合土地资源，调整村内产业布局，积极推进畜牧业、生态农业、休闲旅游业向标准化、规模化、生态化快速发展。坚持绿色发展，强化生态导向。引进生态产业，引进东风花木科技示范基地、华林花木种植基地，种植高效经济苗木。引进团头湖生态农业科技开发有限公司，开发集园林、水果种植、餐饮、垂钓、休闲娱乐为一体的生态农庄。不断规范生猪、水鸭等传统养殖业，发展有核再生珍珠等新型养殖业。组建云游茶业、龙王茶业、千龙茶业科技合作社和金盛油茶合作社，通过“企业带农户”形式，带动周边群众开发茶园1000余亩。使茶叶产业成长为村级支柱产业。坚持项目推动，着力环境整治。重点落实清洁家园行动。制定高效可行的环卫整治方案并认真落实。环境卫生实行周检查、月讲评、季考核、年评先制度，垃圾清理无死角。致力提升群众环境保护意识，促使环境整治工作常态化。

道路环境整治（2014年）

乡村小道（2021年）

大力提倡绿色能源使用。搞好乡村清洁工程，鼓励绿色沼气能源、太阳能的使用。广泛发动绿化造林活动，将绿化造林和村庄环境整治相结合，成立专业队伍造林，并发动广大群众积极参与。突出绿化、美化、亮化工程建设，南新线、格凌线、环湖路等路段种植花草苗木，犹如绿色走廊；积极推进最美庭院建设，通过技术培训、发放树苗、树种等方式，发动村民植树种草，实现家家有绿化，户户庭院美；亮化了凌伏路口至格凌路口 1200 米路段，为群众出行带来极大的方便。坚持文化铸魂，强化绿色风尚。致力耕种绿色文化，创造杨柳依依、翰墨幽香、文韵悠悠、恬静而不失风雅的绿色文化环境，全力推进“两型”示范村庄创建。2016 年，凌冲村以建设“秀美凌冲、幸福家园”为目标，全面规划，加强“绿色示范片”建设；着重落实“绿色环境”整治；稳步推进“绿色产业”发展；积极倡导“绿色文化”风尚，因地制宜，打造亮点特色，认真抓好绿色示范村庄建设。2021 年，凌冲村按照推进农村“五治五美”，打造秀美凌冲；加快集体经济发展，建设富裕凌冲；发展特色主导产业，打造绿色生态品牌产品；强化基层管理，建设文明凌冲的规划要求，着力推进乡村布局美、产业美、环境美、生活美、风尚美“五美”工程，在美丽宜居村庄建设过程中强化生态环境保护与建设，让凌冲成为水更清、山更绿、田园风光更动人的美丽宜居新家园。

凌冲春色（2021 年）

绿水青山宜居地（2022 年）

长寿之道

养身之道

对凌冲村长寿状况进行分析探究，特别是从凌冲村可考究的6名百岁老人和10多名准百岁老人的基本生活情况来看，除自然环境因素之外，良好的生活习惯和人生态度也是健康长寿的重要原因。此地长寿老人虽然历经风雨沧桑，人生之路各不相同，但具有以下几个共同点。一是勤劳俭朴。凌冲村6名百岁老人都是女性。长寿老人全部出生在中华人民共和国成立之前，有的还是晚清时期的人，朝代更替，历经战乱，饱受生活的磨难，但老人都是一生勤劳，操持家务，相夫教子，从无怨言。哪怕是到了耄耋之年，都不愿意停下手中的活计，自己能做的事情坚持自己做，不麻烦别人。二是心态平和。这些老人生性豁达，对事情看得开，除享受自然界带来的多彩生活之外，能玩则玩，能吃则吃，鱼肉酒食，粗茶淡饭，并不忌口。即使遇到了人生的重大挫折，都能够迅速调整自己的心态，走出生活的阴霾，不纠缠于一失一得。三是心地善良。乐于帮助人，或接生，或救急，或化解邻里矛盾，从不在邻里之间生是播非，深受子孙和周围邻舍的敬重与爱戴。而此种凌冲人性的养成，也具有一定的渊源。凌冲属于三地四县（区）交界处，曾经是历史上的一条古道。崇尚道义、乐善好施是当地村民的个性特征之一。陈碧照在古道上开旅店，往来行人偶有不便之时，无钱也留宿，并赠送食物、旅资，终将人名变地名。彭新贵一代名医，扶危济困，常以诊金周济他人，在当地传为佳话，被凌冲人奉为美谈。

孝行凌冲

凌冲村从古至今长寿老人比例相对于其他地方高，与良好的社会生活环境及和谐的社会关系密不可分。尊老敬老，讲求孝道，是凌冲村众姓家风的优良传统。百岁牌坊的主人刘何氏老人，出生于何家坪的书香门第，良好的家教传承使让她形成了相夫教子的懿德。她先是支持丈夫读书求取功名，后又协助丈夫经商为业，虽然取得了一个偌大的家业，但她一直坚持勤俭持家。她一生操劳，生有 6 子 1 女，都是悉心教导，让子孙们读书学艺，以一技之长养活自己。她深怀孝道，将儿子文锦出继给兄长为子，但依然以慈母之心对待文锦，使子孙深怀感恩之心。百岁牌坊的落成，既是刘何氏老人健康长寿的彰扬，也是当地百姓讲究孝道的证明。而在当今社会，凌冲村的长寿老人家庭中，虽然各有各的生活环境和条件，但是，每一个长寿老人都在子女的周到照顾和孝心之下生活幸福。曾冬仁年老后尽管生活能自理，但一直有儿孙陪伴照顾，她喜好烟酒，其子孙每年都让家里有足够的贮备，老人心情顺畅，逢人便要炫耀一番。其子孙后辈人数众多，但都相约定期分开时段去看望老人，让老人每天都感受到晚辈的孝敬。陈徐氏 90 岁之前爱玩牌，其子、媳等后辈则每天为她安排牌局；喜吃肉，则经常蒸肉、炖猪脚孝敬她。刘定清晚年时其子日日侍奉左右，想方设法逗乐子让其开心。其他几位百岁老人的后辈也概莫能外，都是从生活上细微照顾，从心情上细致观察，想方设法让老人开心。无论生活条件优劣与否，老人都能够被赡养、被孝敬，和子孙生活在一起，享受天伦之乐，开开心心地过好每一天。良好的家风是良好乡风民风的重要反映，讲求孝道，善待老人，才能让老人身心健康，颐养天年。

关爱老人（2020 年）

百岁健康村建设

从 2017 年开始，凌冲村开展百岁健康村建设，创建区级长寿健康村。凌冲村按照区老科学技术工作者协会（老科协）的要求，积极推行“四个纳入”“三个融入”，成立了由镇联村领导、村党支部书记等组成的百岁健康村创建工作领导小组。根据凌冲村的实际情况，多次研究讨论，制定切合本村实际的工作方案，从组织领导到每个阶段的工作目标、具体任务及配套措施等都有明确安排，确保创建工作有序扎实进行。同时，通过召开创建活动学习和培训会议，传达区老科协动员会议精神，宣传创建活动意义和内容。聘请卫生院的宣讲员对如何进行自我保健开展专业的知识讲座。将创建工作内容在凌冲村的电子屏上进行了滚动播放。出动宣传车5次进行广泛宣传。制作宣传点30余处，进行定点宣传。发放宣传资料800余份。使创建工作做到了宣传引导的全覆盖。在宣传活动中，注重将创建活动与大力推行的城乡整洁行动紧密结合，倡导科学文明的生活方式，将老人健康长寿作为当地生态环境优美、社会文明的和谐的重要标志。大力弘扬传统美德，使老年人老有所养、老有所乐、老有所教、老有所为、尊老爱老的氛围日益浓厚。之后，凌冲村采取有效措施，强化创建工作的硬件建设。抓示范片区环境建设，让村庄美起来。创建百岁健康村与美丽乡村、“两型”示范村建设紧密结合，抓生态环境建设、最美庭院建设、垃圾分类建设。村内制定卫生公约，实行门前“三包”。专门安排9名常年专职保洁员，负责村内的清洁工作。发挥贤达老人的示范带头作用，倡导庭院绿化、美化建设，为村上的环境建设志愿服务，推动了村民群众的卫生习惯、生活理念等大改变，村庄生态环境更加优美。抓学习培训，让自我保健意识深入人心。全村发放《中老年养生与保健》期刊100多份。举办4期保健科普知识讲座。召开60岁以上老人的代表会议，组织全面动员，以骨干带领动全体，采取“集中、分批、联户”等多种宣传培训形式，讲授“百岁老人”健康知识，卫生保健常识和生态环境卫生管理等知识。积极开展健身运动，让村民乐起来。村老科协按照自愿、量力和适合自己的原则，采取集中与分散相结合、互帮互教等方法组织开展各种健身运动。大多数村民都掌握了一套适合自己的健身方法。每天清晨，村民们在百姓广场跳广场舞、打羽毛球、玩健身器材；每天傍晚，

凌冲村环境卫生工作推进会（2017年）

在村公路上散步等，非常活跃。同时村级也组织了下象棋，广场舞比赛，军鼓表演等多种文体活动，让老人们投入健康运动之中，体会着运动的快乐，更加自觉地投入百岁健康村建设中，逐渐改变了不良的生活习惯，追求健康的生活方式，享受丰富多彩的文化生活。开展评选活动，弘扬正能量。积极开展各类文明进步、健康向上、展示正能量的评选活动。开展“孝心媳妇”“十佳孝心家庭”“十佳老人”“好婆婆”“好公公”“好儿孙”，尊老爱幼典型与模范、健康老人等评选活动。真正做到了家庭幸福、邻里和谐的美好局面，群众真正过上了幸福美好的生活。2018 年，凌冲被区人民政府评为百岁健康村。

2019 年 9 月环卫集中清扫活动

志愿者义务清扫马路（2012 年）

家庭医生签约服务（2017 年）

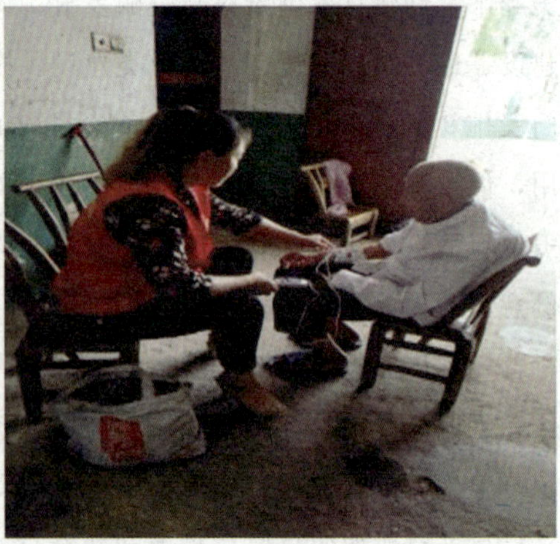

关爱老人，健康检查送上门（2017 年）

百岁寿星传

刘何氏（1830—1930）　女，清道光十年（1830）三月二十三日生于长沙县新康都（今长沙市望城区靖港镇）何家坪，其父何绍南，是一个读书人，家风严谨，崇尚耕读传家。刘何氏成年后与新康都七甲下五区凌冲樟树垅（今长沙市望城区靖港镇凌冲村）刘启玟结婚，刘启玟也是一个读书人，刘启玟开始希望通过读书入仕，求得一官半职，但命运多舛，每每考场落第，终与仕途无缘。后弃文从商，利用凌冲伴着团头湖的水上交通优势，在湖南、湖北两地做生意。由于他讲求信誉，生意越做越大，成为了当地一个大富户。刘启玟与刘何氏夫妇生有文耀、文辉、文韬、文青（殇）、文锦（出继胞兄启瑞）、文卓6子1女。刘何氏为人品德端庄，守孝道，十分孝敬公婆，照顾周到；邻里关系也相处融洽，她以诚待人，关爱他人，与人和睦相处，深得地方好评。刘何氏夫妻关系处理好，她相夫教子，夫唱妇随，在家庭富裕之后，从不恃强凌弱、不倚富压贫，周围邻里有困难，她乐于帮助，施以救济，不求回报。刘启玟70岁时离世，刘何氏便与子孙生活在一起，她性情开朗，积极乐观，心态良好，身康体健。刘何氏的子孙对她非常孝顺，儿孙们商议决定，建一个牌坊为她老人家庆百岁寿辰，并将牌坊取名百岁牌坊。1930年，在百岁牌坊竣工、刘何氏百岁寿诞盛宴之际，儿孙亲朋举杯祝贺，老人欣然举杯，心情畅快，饮罢大笑，在笑声中驾鹤西归，传为当地佳话。老人去世之后，安葬于凌冲村东风组牌坊屋场。

百岁牌坊散落的石柱（2020年）

百岁牌坊遗存的碑记（2020年）

陈徐氏（1900—2002）　女，清光绪二十六年（1900）农历十月初九生于长沙县新康都（今长沙市望城区靖港镇）七甲青峰山。幼年时家里比较贫困，没有

上过学。长大后嫁给凌冲麻园（今长沙市望城区靖港镇凌冲村麻园组）的陈福元为妻，因陈福元排行老三，当地俗称陈徐氏为陈三娭。陈福元的家庭情况不好，是一个普普通通的农民，以务农为业。陈徐氏嫁过来之后，毫无怨言，她在家洗衣浆衫、抚养儿女、锄园作菜，一生勤劳，过着普通人家的生活。陈福元夫妻生育 3 子 1 女。陈福元于 1962 年病逝后，陈三娭一个人单独生活。她性情温和、心地善良，肯为他人帮忙，受儿孙爱戴，为邻里喜欢。她饮食从不讲究，大鱼大肉不辞，粗茶淡饭也行，平时一般以清淡为主。陈三娭有喝酒抽烟的习惯，尤其喜欢在酒中加白糖或冰糖。陈三娭身体健康，身材清瘦，耳聪目明，一生没有吃过药，更没有住过医院，有时气痛，也以喝酒缓解。平时喜欢玩一点小牌，但到了 90 岁之后，自觉久坐伤身，就控制自己不再打牌了。她居住的地方环境优雅，山清水秀，虽然独居，但儿孙们的家都均与其相邻，家庭和睦，晚辈孝顺。

2002 年农历十一月十三，陈三娭和儿孙们一起吃了丰盛晚餐之后，感觉有点气痛不适，便提前躺下休息，于睡梦中无疾而终，享年 102 岁，葬在麻园山。陈三娭逝世前已经四代同堂，有儿孙 58 人。

刘定清（1905—2005）　俗称谭二娭，女，清光绪三十一年（1905）农历十月初五，生于益阳县乌乌嘴（团头湖益阳境内）。幼年到长沙县新康都八甲谭家围茅栗冲谭家（今长沙市望城区靖港镇凌冲村桃花坡组）做童养媳。民国 12 年（1923）10 月与谭谷初圆房，比丈夫大 5 岁。生 11 胎，7 人长大成人（2 男 5 女）。1981 年正月十日，谭谷初去世后，谭二娭驰长期与子女生活在一起。

刘定清女生男相，一生勤劳，早睡早起，既是当家主妇，亦为全家主要劳动力，谭谷初体格较弱，刘定清不但要洗衣浆衫、煮茶做饭，而且还插田扮禾、出氹担粪。不但在家做针线、纺纱织布，而且还外出当裁缝做衣服，里里外外一把手，妇唱夫随。她从不抽烟喝酒，喜食清淡，以素食为主，乌龟、脚鱼、泥鳅、黄鳝之类的无鳞鱼均不进口。性情温柔、平易近人、慈祥善良，乐于助人。中华人民共和国成立前，谭家围子穷困人员众多，一次 12 岁的范良泉患感冒，家里无钱医治，刘氏夫妇出一担三斛米，用轿子将陈仲林医生接来，将他的病治好，范家终生感激。她还是当地的接生员，直到 20 世纪 50—60 年代还为人接生，深得老人小孩的敬重。

谭家居家环境优雅，前有上塘、中塘、藕塘三塘水绕，后为谭家围子，油茶、茅草丛生，四周绿荫掩映。她一生健康无疾，从没进过医院吃过药，仅被蛇咬伤两次用草药治愈。家庭和睦，晚辈孝顺，四代同堂，儿孙49人绕膝，生活幸福。

2005年农历五月十八，刘定清在家中去世，葬在谭家围后山。

彭秀珍（1905—2008）　俗称陈大媄。女，清光绪三十一年（1905）农历三月十五，出生于安乡县安化乡天保村一贫困农家。8岁时送到南县麻河口乡千子红村陈长生家做童养媳，结婚后先后生育4个子女（3男1女），民国29年（1940）农历三月初十日丈夫病逝，生活的重担全部落在她肩上。民国32年（1943年），为逃避日本侵略者的奸淫掳抢，避难到长沙县新康镇凌冲（今长沙市望城区靖港镇凌村杨梅冲组）亲戚家居住，靠打零工维持生计。她晚睡早起，既是家庭主妇，又是全家主要劳动力，不但洗衣做饭、缝衣、纺纱，还要耕田插秧、扮禾等，里里外外一把手。她早上7时左右起床，晚上10时左右睡，作息非常规律、准时。喜爱粗茶淡饭、素食之类，从不吃野味，如蛇、鸟、蛙之类的东西，最喜欢吃的是猪胆带猪肝，用湿纸包住柴火灰煨着吃（土单方，传言对眼睛好），同时，还喜欢吃狗头骨烧灰冲鸡蛋吃（不头晕），百岁高龄，尚能穿针引线，生活能够自理。老人为人心善，从不计较个人得失，乐于助人，家庭和睦，子孙孝顺，晚年生活幸福。她一身健康无病，特别老年期间从未吃药打针，直到无疾而终。

2008年农历十一月初八，彭秀珍在凌冲村杨梅冲组老宅去世，葬于细围子山。

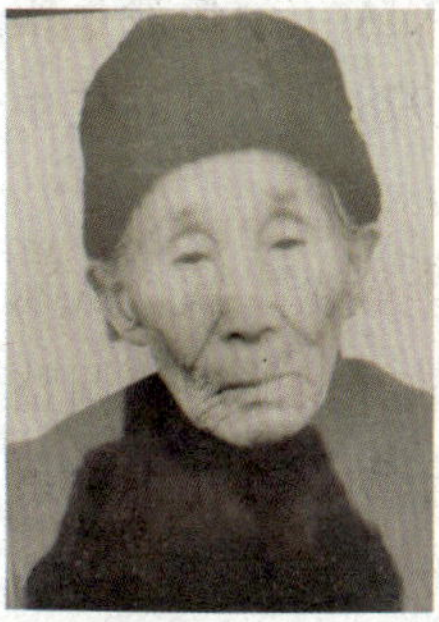

曾东艮（1901—2009）　亦名冬仁，女，清光绪二十七年（1901）农历十一月二十五日生于长沙县新康都靖港钟南寺（今长沙市望城区靖港镇福兴村），成年后与家住新康都七甲凌冲仙泥墩（今长沙市望城区靖港镇凌冲村高塘组）的陈福友（1896—1994）结婚。生有2子4女（送出1人，一个夭折）。1994年丈夫（98岁）逝世后，仍与小儿子生活在老屋。

她家境贫困，没有读过书。一生勤劳，家庭人口众多，既是家庭主妇，烧茶煮饭、缝衣补衣、洗衣浆衫、抚育子孙，还要锄园作菜。并给人做过女工，当过奶妈，尝尽艰辛。她以五谷杂粮为主食，傍湖近水，鱼虾则为常食。14岁开始抽烟喝清酒，旱烟、卷烟、纸烟，从不选择，百岁高龄，仍每餐要饮一小杯酒。她长年艰辛劳作，养成少睡的习惯，常说“睡多了没精神，睡少了也没精神。早起晚睡，一天睡上四五个小时就够了”。

她心地善良，性格温和，待人热情，协助丈夫驾船摆渡，迎来送往，从不怠慢。同时热心帮人接生，为出嫁姑娘净面（美容），尽心尽力。她不怨天尤人，也不打骂孩子。她教育子女常说的一句话就是：“做人，什么都可以缺，就是不能缺德。”以德传家，子孙都非常孝顺，生前，五代同堂，享受天伦，辞世之前，膝下子孙已有80余人。

百岁寿诞时省人民政府赠送给曾老的纪念品

她居所位于仙泥墩，生态环境极为优雅，一座小山堆伸向团头湖，三面环水，一面傍依丘岗，一湖碧水，一岗绿荫，香樟翠绿，风景宜人，90余年，日出而作，日落而息，长期生活在如画的仙境中，过着简单而快乐的生活。

2009年1月21日（农历2008年十二月二十六），曾东艮无疾而终，享年108岁，葬于凌冲村仙泥墩。

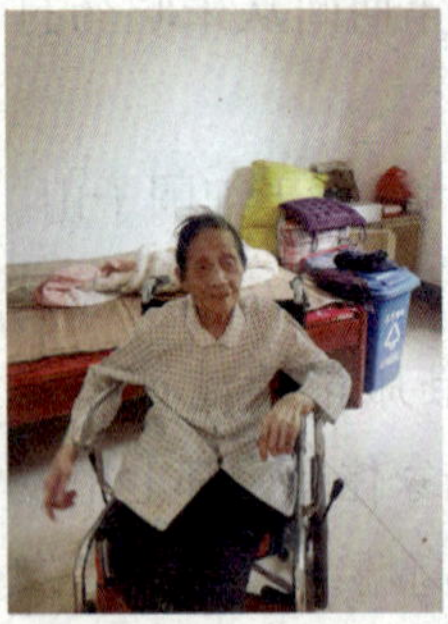

邹孟林（1920—2021）女，民国9年（1920）农历二月初三，生于宁乡县双江口镇双凤村，1943年与宁乡县历经铺唐志文结婚，生有3男1女，其中2男1女死亡。1952年农历五月十一日，与长沙县格塘公社茯林大队（今长沙市望城区靖港镇凌冲村老屋组）刘桂生结婚。1978年7月刘桂生病逝，与子唐日熙一起生活。

邹幼时家境贫寒，没有读过书。其一生勤劳，饮食从不讲究，不抽烟喝酒。尽管家庭常遇较大变故，但能迅速调整心态，坦然面对，从不怨天尤人。她性情柔和，待人宽容，乐于助人，邻里关系十分融洽。一生身体十分康健，除2008年摔伤骨折外，从未吃药住院，百岁高龄，每餐仍可吃一碗米饭。生活在山清水秀的环境中，儿子尽孝护理，享受国家优抚待遇，生活稳定。

2021年12月3日，邹孟林无疾而终，享年102岁。

耄耋榜（90岁以上）

2022年5月，全村人口4530人，60～69岁450人，80～89岁129人，90～99岁18人。

曹细中（1926—）

陈正元（1927—）

陈德军（1928—）

邓秀英（树山组1930—）

邓玉梅（1929—）

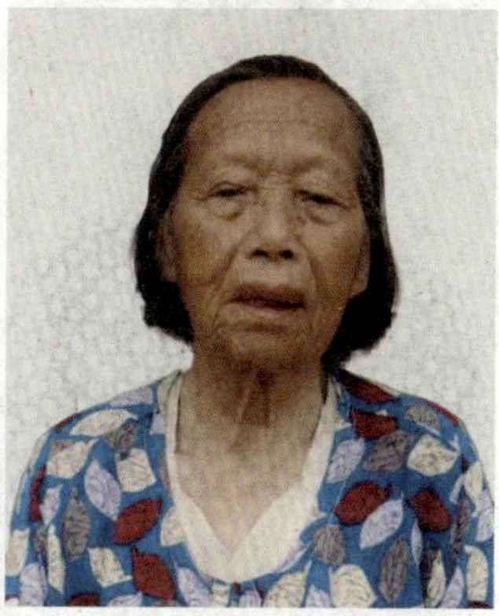

李玉梅（1929—）

刘素坤（1929—）

陈放莲（1930—）

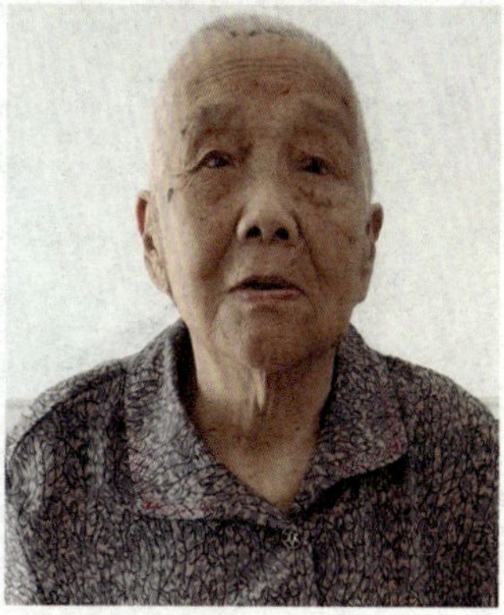

邓秀英（高塘组1929—）

刘秀英（1930—）

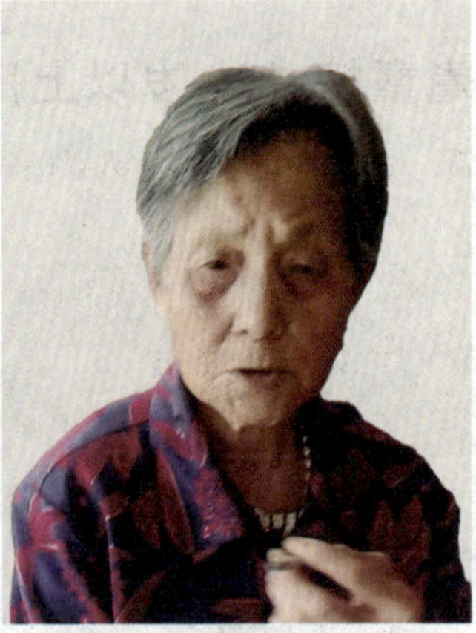
高银秀（1931—）

胡炳坤（1931—）

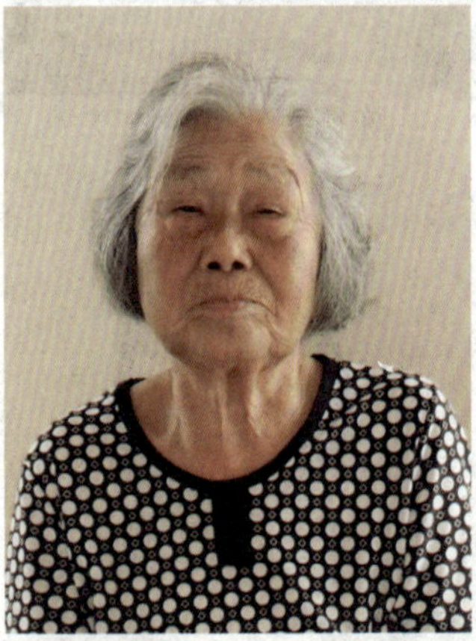
谭萃兵（1931—）

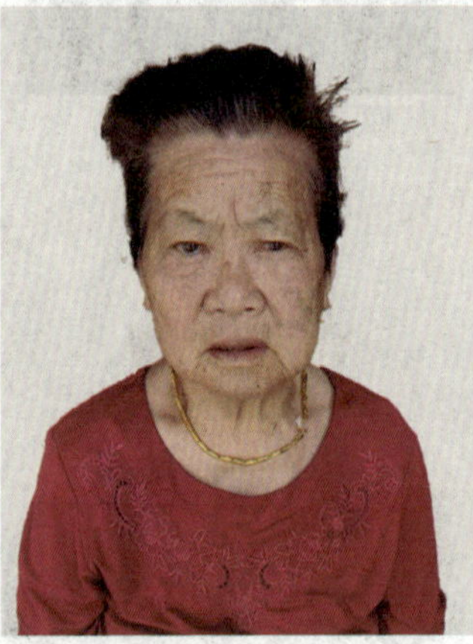
陈玉边（1932—）

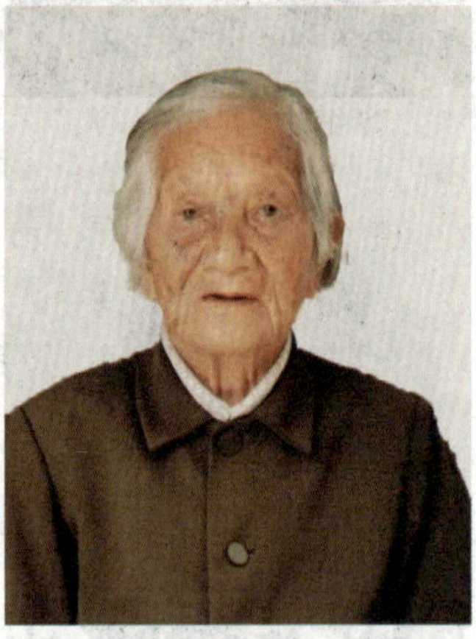
甘细中（1932—）

刘冬眠（1932—）

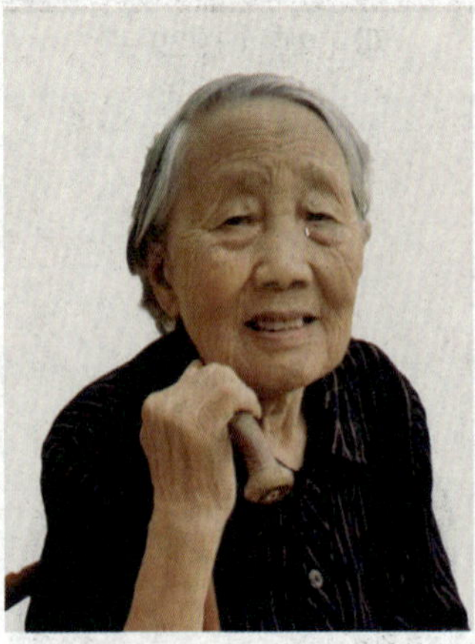
彭淑元（1932—）

赵淑纯（1932—）

社会民生

凌冲地域素有尊师重教传统，民国以前境内私塾众多，各家族也想方设法选送天资聪颖的学子深造。恢复高考制度后，邓宇鹏率先考入湘大，而后晋升为大学教授，成为当地学子榜样。小山村也曾如愿飞出了县高考状元李人杰，跃上枝头成凤凰。

杏林高手彭新贵一方祖传膏药让人膜拜，其扶危救难的医风医德更是让其成为凌冲及周边广大区域病患者家属心目中的『神』。

改革开放之后，凌冲人开始走出小山村，收入节节高，生活日日新，住的是乡村别墅，出入有摩托、小汽车，通过精准扶贫，党员带头帮扶，实现全村共同富裕。

教 育

私塾

清代，凌冲一带私塾有族塾、门馆、家塾、村塾几种。族塾由族祠主办，以教本族子弟为主，也收族外子弟；门馆由塾师在自家设馆或租房开设；家塾多为富户聘请塾师在家开设，课教本户子弟；村塾由村民共同聘请塾师开设，课教各家子弟，因村民生活不富裕，能进入私塾学习的学生较少，村塾学生多时 20 余人，少时八九人。

民国时期，塾师陈炳南在陈家祠堂办族塾，有本族子弟 20 多人就读。塾师周够堂在洪山庙开办 1 个班的私塾学堂，有学生近 40 人。学生年龄从 6 岁至 13 岁不等。鸦鹊塘任国文开办了一家门馆，塾师对启蒙儿童，教授《三字经》《百家姓》《千字文》《增广贤文》《弟子规》《幼学琼林》及各类杂字，以识字为主，兼习字，教读文章，不讲文义，背熟一本，再读一本。对年龄较大的学生教授“四书”“五经”，作文赋诗，学习书法。由于学生年龄与智力水平各异，塾师一般在集中教授后，还要分别辅导，因人施教。私塾无学制年限，但学规极严，对一些不守规矩和学习不努力的学生轻则训斥，重则罚跪、打板子等。

中华人民共和国成立后，取缔私塾。但边远之地，小学教育规模不足，凌冲的官山陈家祠堂仍办有私塾作为补充，由陈顶宏塾师任教。“文化大革命”开始后，在“破四旧”活动的影响下，私塾停办。

幼儿教育

中华人民共和国成立后，50 年代初，华林的王凤莲开办幼儿园，入园幼儿 70 多名，后停办。1955 年，为发挥妇女“半边天”的力量，将妇女从家庭事务中解放出来，同时集中加强对幼儿的启蒙教育，望城县格塘农业社率先试办“抱娃娃组”。随后各农业社都先后开办“抱娃娃组”，凌冲一带的村民都将幼儿送到就近的“抱娃娃组”。1958 年，在工农业生产“大跃进”中，凌冲、茯林、华林以公共食堂为单位，先后开办“托幼班”。1961 年，公共食堂解散，托幼班随之消失。

2019年六一儿童节凌冲小学幼儿园文艺表演

“文化大革命”期间，凌冲、茯林、华林大队都办有“红孩子班”，但时办时停，不稳定。1979年，望城县推广“桃江经验”，提出“三教”（普通教育、业余教育、幼儿教育）一齐抓的方针，凌冲、茯林、华林大队先后开办幼儿园，每个幼儿园入园幼儿多时50多人，少时也有40多人。1980年，中共望城县委颁发《关于认真推广桃江经验，加速发展农村教育的决定》的文件，指出：“积极办好学前一年的幼儿教育，吸收5～6岁的幼儿入学。幼儿班附设在大队小学内，也可以几个生产队联合办。挑选适合幼儿教育工作的青年当幼师，工分补贴由大队统筹解决，培训任务由区（镇）教育部门承担。”凌冲、茯林、华林大队先后在小学内附设幼儿园，幼儿教育逐步得到发展。1981年，成立望城县托幼工作领导小组，随后召开全县首次托幼工作会议，采取民办公助方法，积极扶植城乡民办幼儿园。凌冲、茯林、华林小学附设幼儿园办园规模不断扩大，设有小班、中班、大班，幼儿入园额每班增至60～70人不等，幼儿课程一般开设语言、常识、计算、音乐、体育、美术6门。1998年，农村学校并校，华林小学合并到凌冲小学；茯林小学合并到邻村的柏叶小学，凌冲小学仍附设幼儿园，有小班、中班、大班3个班，每班50～70人不等。2000年，凌冲幼儿园有小、中、大3个班，在园幼儿65人。2011年，凌冲小学入园幼儿167人，入园率97%。2017年，投入近300万元建设全新幼儿园教学楼1栋，户外活动面积1400平方米，绿化面积500平方米，开设小、中、大班各1个，有入园幼儿80人，教职员工8人。2021年，随着村民携带子女进城经商、务工逐渐增多，凌冲村幼儿园入园幼儿减少至60人左右。

小学教育

民国37年（1948），凌冲、茯林、华林均属新焕乡第七保，有国民学校2所，即校址在洪山庙的第八保第一国民学校和校址在马道子的第五国民学校。学校规模很小，为初级小学复式班，马道子学校仅有一间简陋的教室。

中华人民共和国成立后，党和政府为了穷苦人民的孩子就近读书，按照“维持现状，逐步改进”的原则，接管了原有的洪山庙学校，开办一个公立初级小学，有学生70多人，先后有姚爱莲、邓爱莲、孙正凡、贺梅秀等老师任教。20世纪50年代初，刘寿昆（女）开办1个一、二、三年级的复式班，为私立小学。学生固定，学校多点流动，在陈习文、刘满爹等村民家中都上过课，有学生30多人，大的12岁，小的6岁，都混合在一个班，教材上面统一发，收学费每人0.8元1期。1952年下期，贯彻“教育向工农开门”的方针，刘寿昆开办的私立小学合并到刘家祠堂学校，转为公立学校。1953年，凌冲小学建校，校址在李家垛子，有学生70多人。1955年，洪山庙学校开办2个班，1个初小班，1个高小班，有学生近80人，由孙正凡等老师任教。1958年，在“大跃进”形势的影响下，掀起“教育革命”的高潮，凌冲、茯林、华林3个大队学校增办高小班，3个学校变为完全小学，有学生550余人。

原凌冲小学（1997年）

原华林学校（2021年）

“文化大革命”期间，先是“停课闹革命”，其后又“复课闹革命”，学校秩序混乱。其间，实行“队队办小学”。随后实行“读高中不出公社，读初中不出大队”，小学编短学制，实行“五年一贯制”，凌冲、华林、茯林3所小学内附设初中班，大量挤压原小学的人、财、物。1969年，所有公办老师都回原籍大队学校，接受贫下中农再教育，公办民办合在一起。由于师资力量和教学设备奇缺，加上编短学制，调减课程，严重影响教育质量。1970年，拆除城头殿，用所拆建材修建茯林小学。1977 年，域内 3 个学校有小学教学班 21 个，学生 563 人，教职工 26 人。其中，茯林小学有小学教学班 11 个，学生 263 人，教职工 9 人；华林小学有小学教学班 5 个，学生 129 人，教职工 8 人；凌冲有教学班 7 个，学生 171 人，教职工 9 人。

原茯林学校（2022 年）

中共十一届三中全会后，小学教育稳步发展。1987 年，域内凌冲、茯林、华林 3 所小学有教学班 13 个，学生 516 人，教职工 20 人。其中华林小学 3 个班，学生 126 人，教职工 4 人；凌冲小学 6 个班，学生 261 人，教职工 10 人；茯林小学 4 个班，学生 129 人，教职工 6 人。域内学龄儿童入学率 99.8%，巩固率 98.5%，毕业率 88.7%。1990 年，华林大队筹集资金 7 万多元，兴建教学楼 1 栋，建筑面积 630 平方米，开设一至四年级的 4 个教学班，附设 1 个学前班，学生人数 180 人，教职工 8 人。1992 年茯林小学拆除平房，建成一幢二层教学楼，加上食堂等附属设施，建筑面积共 480 平方米。由于凌冲学校属仓库改建，已成危房，1995 年凌冲村群众集资一部分，从上级争取一部分资金，兴建凌冲学校，共投资 30 万元，办有一至五年级 5 个班。1998 年，因学龄儿童减少，生源不足，农村学校并校。华林小学合并到凌冲小学；茯林小学合并到邻村的柏叶小学，学校合并后，凌冲小学成为开设一至六年级的完全小学，有学生 180 多人，教职工 14 人。2012 年，凌冲学校申办为省合格学校建设项目。经过 2 年的建设，于 2014 年 9 月学校整体搬迁至新校园。新校园占地面积 9693 平方米，建筑面积 1878 平方米，体育场地 4550 平方米。建有教学楼、综合楼、食堂及标准化运动场地等。配备多媒体教室、计算机室、实验室、仪器室、音乐室、图书室、阅览室等功能室，室内各种仪器设备配套齐全，可开设 10 个教学班、容纳 500 名学生就读。是年，学校有教学班级 6 个，学生 100 余人，教职工 14 人。2019 年，凌冲学校四、六年级英语考试在全区统考中获得第一名，四年级语文、数学考试名列全区前茅。随着学龄儿童随父母进城经商、务工、创业增多，农村学校就读学生锐减。至 2021 年凌冲小学有教学班 6 个，学生减至 60 余人，教职工 8 人。

凌冲村合格化学校建设中照片（2012 年）

2021 年凌冲学校航拍图（2022 年）

初中教育

1968 年，受极“左”路线严重干扰，农村教育布局，盲目贪大求全。在“读高中不出公社，读初中不出大队”的口号下，域内凌冲、华林、茯林 3 所小学均增办有初中班。至 1976 年，域内 3 所小学开办的初中班增至 6 个。

1977 年，域内 6 个初中班有学生 159 人。其中茯林小学 2 个初中班，有学生 59 人；华林小学 2 个初中班，有学生 51 人；凌冲小学 2 个初中班，有学生 49 人。由于盲目发展初中教育，中学师资、设施奇缺，加上编短学制、调减课程，降低教学要求等原因，以致教学质量受到较大影响。1983 年，望城县教育部门对学校布局进行调整。为优化教育资源，解决小学附设初中班教学质量差、生源不足问题，对全县小学附设的初中班全部停办，域内小学附设的 6 个初中班全部停办，教育资源全部充实到小学教育中。至此，凌冲、茯林、华林 3 所小学附设的 6 个初中班全部停课，就读的初中生全部到附近的山塘中学就学。

其他教育

1950年，农村设夜校于村小学，凌冲、茯林、华林村均依托村小学开办农民夜校，农民入校夜读，学文识字，学习时事政治，提高觉悟。1953年，全县铺开扫除文盲工作，凌冲、茯林、华林3个村共开办冬学3所，每校40余人，由行政干部和小学教师担任教员，域内有学员130余人。1955年，贯彻“以民教民”和“大忙放假，小忙少学，不忙多学”的原则，依靠农业社办学发展民校，域内办民校3所，110余人入学。学员学习《农民识字课本》《语文课本》《农民政治课本》《互助合作讲话》等内容。1958年，域内通过多年的全面突出和学员的勤学苦练，青壮年文盲半文盲全部脱盲。1977年，格塘公社在华林大队开办“五七”大学，在全公社招收学员，经过考试，共录取学员24名，其中凌冲、华林、茯林3个大队的杨正武、周新华、刘伯超被录取。“五七”大学主要学习茶叶的栽培、茶叶加工制作技术及茶艺知识，由县农业局技术员杨建新等授课。经过近1年的学习，3人全部结业，并安排到公社茶厂当培植员。1984年，格塘公社开办农民文化技术学校，办有长班、中班、短班，主要学习农业适用技术、水产养殖、果树及茶叶树栽培技术知识。凌冲、茯林、华林3个大队经统一报名后，先后选送近200名村民参与学习培训。2008年，凌冲村有23名青壮年村民参加格塘乡农科校举办的农民素质教育。此后，靖港镇农科校年年举办适用技术培训班，凌冲村源源不断有村民参加培训学习。2016年，凌冲利用多种资源，组织开展电焊、司机、计算机操作等专业技能培训，年培训近300人。至2021年，凌冲村通过各种途径，组织青壮年村民参加各项专业技能培训，有近2000人次，学得一技之长，为在家门口就业、创业创新或进城务工、经商、创业打下良好的基础。

医疗卫生

乡村郎中

民国时期，凌冲人士彭新贵是当地有名的老中医，擅治无名肿毒、烫烧伤和续筋接骨，尤其是用药均自采自制自给自足，从内服的丸、丹、散，到外敷的膏药、粉剂等，品种繁多，且多为鲜见于世的民间秘方。治疗时，内服外敷，辅之以针灸、火罐，配合中药汤剂，往往能药到病除，收到神奇效果。1924 年，彭新贵因精通医术，又练就一身武功，受朋友举荐，担任湘军谭延闿第一师上校团长陶峙岳的贴身卫士兼医生，随军参加北伐战争。1926 年离开部队回到家乡，后以行医为业，以出诊为主，无固定场所，骑着一匹棕黄色大马行走于乡村。他凭着祖传的医术及秘方和任军医的经验谋生，尤其是膏药和针灸，声名远播。行医途中，遇见贫苦的患者求医，他热心救治，从不收钱，有时还赠送路费。中华人民共和国成立后，彭新贵仍出诊行医，创新多种中西医相结合的治疗手段，发掘一些中医验方，医术更加精湛。1953 年，彭新贵取得湖南省卫生厅颁发的医师资格证。同年，加入联合诊所，至此，结束游医生涯。

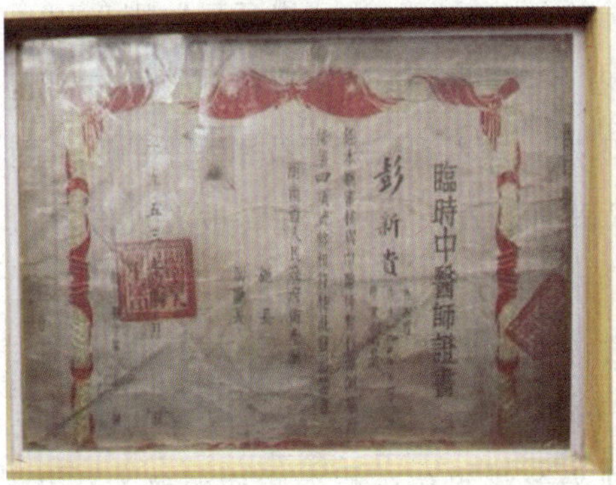

彭新贵中医师资格证

1984 年病患者给彭新贵医师的感谢信

20 世纪 50 年代中期，凌冲村王一组村民尹福生，用祖传的诊断医术和中医秘方专治儿科，方圆二三十里颇有名气，每年上门求医问药的人不下百人。当地一姓陈的村民其两岁小孩病得厉害，送到医院因病情严重而不收治。陈仍不放弃，抱着最后一线希望上门哀求尹福生挽救。尹福生经诊断，当即配一副中药煎熬后给小孩喂下，小孩逐渐缓过气来。在之后的几天，给小孩连服数副中药，使小孩转危为安。20 世纪 60 年代，凌冲村高塘组村民邓正国凭着祖传秘方专治犬类咬伤，每年上门求医者有 20 多人，最多的年份有近 40 人。同组村民邓培云，12 岁继承祖上传下的秘方专治狂犬病，也治愈不少伤者。樟树组村民刘斌，1963 年在外拜师学会治蛇咬伤，每年上门求医者 10～20 人。其方法主要采用中草药，捣碎后敷在伤口处，头两天每天换药 2 次，之后一天换 1 次，一个星期后基本肿痛消除。窑塘组村民刘云湘用祖传秘方治蛇咬伤，主要是用水药口服排毒，伤口处敷草药，疗效显著，每年有10多人慕名前来求治。1977年，凌冲村民刘福全从宁乡县一个叫周建国的花子（农村无职业流浪者）那里学到治毒蛇咬伤医术，治愈数百人，从未失手死人。其中邻村一范姓妇女被毒蛇咬后，病情恶化，家里都给她买棺材了。刘福全闻讯后，上门给她医治，终于被他治好。树山组村民胡再华也有蛇医技艺。桃园组村民陈治国，20多岁外出拜师学医，用草药专治跌打损伤，用手法续筋接骨。学成后回乡治好不少伤者。1981年，村民陈建辉的脚被水泥构件砸伤致粉碎性骨折。陈治国对伤者用末药外敷，每天敷一次，并内服中药，1个多月后，伤者便能下地从事劳动。东风组村民陈胜辉，1986年外出拜师学医，专治“抱耳风”（流行性腮腺炎的俗称）和痔疮。治痔疮采用银针挑背心（即选准特定部位和穴位），此法治愈率100%，70%以上无复发；治“抱耳风”则采用一种特殊手法，治愈率100%，每年上门求治者有50～60人。窑塘组刘胜国、刘胜保兄弟医痔疮也颇有疗效。20世纪80年代末期，随着现代医学技术水平的逐步提高和医疗卫生组织的健全，加之人们防疫意识的提升，一些被蛇、被犬咬伤者均上医院救治或打疫苗，治蛇、犬咬伤的土单方、土办法逐渐被冷落。

1999年，《中华人民共和国执业医师法》正式实施，城乡医生实行持证执业，至此，无证执业的乡村郎中退出执业市场。但仍有极少量患有疑难杂症的村民上门求治的现象出现。2021年，凌冲村村民邓爱兰将祖传治疯狗咬伤的秘方公开，打破此秘方只传子女、决不外传的邓家祖规。邓爱兰的祖父邓松桥从外地学到治疯狗咬伤的秘方，治好很多人，远近闻名。后来他把这个技术传给他的4个儿子。邓爱兰系三儿子邓上富之女，她征得邓家亲属同意后，向社会公开了秘方。是年，81岁高龄的刘福全也将治毒蛇咬伤的秘方公开。

接生婆

民国时期，凌冲、华林、茯林一带，有民间接生婆陈富莲、张淑良、刘福娭等。如有产妇临盆，主家便差人请来接生婆上门接生。接生沿袭传统旧法，倘遇难产，束手无策，婴儿、产妇死亡现象不少见。民间流传“寅时还在阳光道，卯时就到鬼门关”“儿奔生、娘奔死，只隔阎王一张纸”等。

中华人民共和国成立后，人民政府高度关心妇女健康，除了宣讲妇女卫生知识，还开始推广新法接生，但妇幼保健医务人员太少，无法满足群众需求，仍普

张淑良 1984 年接生员培训合格证书

遍存在接生婆用旧法接生现象。凌冲、华林、茯林有张淑良、陈富莲、陈冬嫔、刘福嫔、程保嫔、高七嫔等仍然从事接生。

1952 年，望城县建立区、镇妇幼保健站和乡村接生员，培训妇幼保健员，推行新法接生。凌冲、华林、茯林大队有张淑良、陈富莲、陈玉英、王淑兰、王秋英等参加学习培训。结业后从事或继续从事乡村接生工作。1965 年，凌冲、华林、茯林均有 1 名新法接生员，新法接生工作得到落实。1970 年，格塘卫生院培训一批乡村接生员，域内有何玉英、何玉香等 3 人参加培训。1987 年，随着农村医疗条件的改善，产妇住院分娩的人数不断增加，凌冲、华林、茯林大队孕妇住院分娩率达到 29%。1989 年，接生员张淑良乡村接生 40 年无事故，受到当地群众的好评。2004 年，取消个体接生员接生。随着人民生活水平提高，城乡医疗条件的不断改善，农村产妇普遍追求平安分娩，在预产期均到县人民医院妇产科住院等待生产，农村接生婆这一职业亦告消失。

乡村医疗卫生组织

1969 年，靖港区举办农村合作医疗卫生知识培训班。凌冲、华林、茯林大队选送王正林、刘健兵、彭海保、陈光建等参加培训，结业后，作为赤脚医生安排在大队从事合作医疗工作。1970 年，农村全面实行合作医疗，社员每人每年缴医疗资金 2 元，其余由生产队、大队分别从公益金中提取适量资金，统筹解决合作医疗费用，全大队 94%的社员加入合作医疗。是年，格塘卫生院集中培训一批妇幼保健员，也称女赤脚医生。凌冲、华林、茯林有何玉英等 3 人参加培训。1971 年，凌冲、华林、茯林 3 个大队均建立合作医疗站，每个大队有亦农亦医的赤脚医生2人，其中女赤脚医生1人，域内95%的社员均加入合作医疗。1973年，县卫生局制定《农村合作医疗管理办法试行草案》，对合作医疗的组织形式、经营管理等方面作出详细规定。合作医疗站坚持“自力更生、勤俭办医”原则，以中草药为主，也有少量西医药品。大搞“三土”（土医、土药、土方）、“四自”（自采、自种、自制、自用）。收费不分中西医，门诊、出诊一律收挂号费5分；接生费二胎以内者，收费1元，三胎以上者收1.5元。合作医疗站除了治疗群众常见病、多发病，做好妇幼保健外，还经常指导群众开展爱国卫生运动，并在公社卫生院的指导下，开展以防治疟疾、霍乱、伤寒、麻疹、流脑、乙脑、钩体、破伤风、天花等为重点的疾病预防控制工作，严防流行性疾病发生。合作医疗的实行，初步解决农村缺医少药问题。1975年，域内3个大队合作医疗站均做到小病就医不出大队，看病基本不要钱。由于合作医疗站经费收入少，支出大，加上管理等原因，运转艰难，大队、生产队负担沉重。1982年，随着农村经济体制改革，农村合作医疗终因适应不了形势的发展而解体。但每个大队仍保留1名赤脚医生，实行自收自支。2004年，村级区划调整，域内3个村合并为凌冲村。原各村赤脚医生仍持医师资格证执业，实行自收自支。2007年，成立凌冲村卫生所，由上级卫生部门指派全科医生刘云华负责。村卫生所承担村级公共卫生和基本医疗服务。2012年，推行新型农村合作医疗制度，即由政府组织、引导、支持、农民自愿参加，个人、集体和政府多方筹资，以大病统筹为主的农民医疗互助共济制度，采取个人缴费、集体扶持和政府资助的方式筹集资金。年内，全村有3738人参加新型农村合作医疗，个人年缴费50元/人，共收取经费18.69万元。是年，村民邓光辉被湘雅附三医院确诊为非常严重的胸腹主动脉血管瘤，因家境贫寒，无法筹集医药费。对此，凌冲村委会筹集和政府资助资金21万元，为邓光辉解决手术款难题。2021年，全村参加“新农合”组织约3400人，个人缴费280元/人，共收取医疗保险费约95.20万元。是年，村卫生所门诊量约为4000人。

私人诊所

2010年，从格塘卫生院退休的医生彭德保，系乡村郎中彭新贵之子，因其祖传膏药和针灸著名，退休后仍有不少人上门求医问药。“彭氏中医诊所”经过多年筹备，并经望城区工商局、望城区卫生局批准，于2017年开业。彭氏中医诊所以祖传膏药、针灸为主，专治痛症病患。诊所开业后，缓解当地群众“看病难”的

卫生室定期组织健康知识讲座（2018 年）

凌冲村卫生室（2022 年）

问题。为了使祖传中医传承下去，彭德保动员退伍回乡的次子彭侠学医，彭侠遂到湖南中医学院系统学习中医，毕业后在中医附一实习一年，又在县人民医院进修 2 年。之后，他随父从医，继承祖传医术，弘彭氏医德，主修中医外科，精攻疑难痛症，在当地渐有声誉。2021 年，彭氏中医诊所年门诊量 3000 人次左右。

彭氏中医诊所（2021 年）

彭氏中医传承人彭侠
在调制祖传膏药（2022 年）

民间验方

在凌冲一带，流传一些治病小验方：

治感冒：路边姜煎水服后，卧床盖被，出汗后，抹澡换衣服即愈。

轻微中暑：田间鱼腥草嚼碎，合井泉水服之。

刀伤、创伤出血：霸根草尖子嚼碎敷之可止血。

车前草泡水服，利尿。夏枯草泡水服解热。蒲公英泡水服解毒。

艾叶子煎水洗澡、洗脚祛风止痒。

锅底灰（百草霜）泡水服治喉痛。

摘黄荆子置成圈戴在头上，遮阳防暑又清凉，且避蚊虫。

蚊虫入眼，硬鸭毛尖扫出后，冷盐开水冲洗。

“陈壁土”刨灰兑水服，解火毒。

“灶星土”烧红浸水服，解火毒。

螺拐骨傲气肿痛，取韭菜篼子碾碎，灰面调合，煎至半熟的粑粑型，贴于患处，特效。

开水烫伤，即用冷水冲洗，可减轻伤情。

手被辣椒辣伤，火辣辣地痛，西瓜皮瓤子在患处抹擦，有奇效。

黄栀子石膏调匀敷额头治头痛。

烧白酒兑胡椒散寒。

红糖韭菜蔸兑童便煎水服，治分娩后破血气痛。

葱管破开贴于鼻梁，可治鼻塞。

被蜈蚣咬伤，捉一只蜘蛛放于伤口处，蜘蛛会自动于伤口处吸毒。

新鲜芋头崽连皮捣碎敷在蜈蚣咬伤处，肿痛立马消退。

被毒蛇咬伤，伤口处把血外挤，清水冲洗伤口，“半边莲”嚼碎敷之后即就医。谚云：有人认得半边莲，敢与毒蛇共枕眠。

村民生活

村民收入

在旧社会，凌冲境内的贫苦百姓收入来源窄狭，少部分家庭有少量祖传下来的薄地维持最简单的温饱，大多数家庭主要靠租种地主家的田地生活，粮食产量普遍较低，往往交完租谷后所剩无几，为了生活，村民不得不到地主家里做长工、打短工，也有不少人以到长沙城里挑河水卖为生，或到粪码头担粪维持生计；遇到荒年，家庭妇女则带着小孩外出讨米熬过最艰难的日子。1949年解放以后，通过打土豪、分田地，老百姓的生活开始好转，吃饭的问题基本解决，但粮食产量不高，人均口粮不到100千克，收入来源有限，基本没有现金收入，靠卖鸡蛋买油盐，其他日用开支靠卖余谷和生猪换取。也有少部分人通过卖柴草赚取少量现金，选取长势好的丝茅草砍下来捆成一把，1把约0.2～0.3元，4把一担，卖给需要盖屋的人，但卖丝茅草的季节性很强，只有初夏和入秋时才有市场。卖烧柴没有时间限制，尤其是树枝等硬柴在靖港、乔口的需求很大，但砍柴也有规定，虽然山林分到了户，但山上的树不能砍，只能砍一些不影响树生长的树枝和树下的柴草，满足自己家庭之外能卖的柴并不多。农业社鼓励家庭个人养猪，1956年11月茯林农业社肖顶生运柴到靖港卖得15元，换回一头小猪，引来众人羡慕。建立高级农业社以后，村民的收入主要是集体的分配收入，尤其是建立人民公社之后，实行公社食堂制，家庭基本没有副业收入。1962年，尽管采取下放食堂等措施，但三年自然灾害带来的严重影响仍然制约了生产的快速恢复和村民收入的增长，当年原华林村人均分配收入31元，每个劳动日0.48元，不到当年格塘乡人均收入118元的一半，原凌冲村人均分配61元，每个劳动日0.77元，原茯林村人均分配38元，每个劳动日0.7元。1963年华林村每个劳动力工值仅0.3元，人均年收入只有52元，茯林和凌冲稍微好一些，每个劳动力工值也只有0.63元和0.69元，人均年收入分别为79元和95.5元。“文化大革命”开始后，开始割资本主义尾巴，严格划定自留地，养猪、养鸡鸭都被严格控制数量。家庭收入来源被严重挤压，收入纯粹靠集体来源，而长期吃大锅饭损伤了群众的生产积极性，生产效率低下，年终分配时，多年日工值只有1角多钱、2～3角钱，“吃饭靠返销，生产靠贷款，生活靠救济”，尤其是原华林村由于自然条件较差、地势高、水源缺，情况更加突出，村民收入是“稻谷加稻草，年终要倒找”。1969年开始，华林村根据自己的实际情况，开展多种经营，广泛植树造林，开荒种茶，并组织82人的多种经营专业队，扩大集体养猪规模，并种植花生、西瓜、凉茹、烤烟等经济作物，集体经济收入快速增长，村民的分配收入也水涨船高，1972年，何应钦买回全村第一台黑白电视机，第一次让从未出过远门的乡村人大开了眼界。1981年，华林村人均纯收入84.6元，茯林村人均收入107元，凌冲村人均收入76元。1981年7月2日，原茯林大队农科生产队率先制定包干到户责任制试行办法，至秋冬，凌冲区域普遍实行家庭联产承包责任制，农民有了自留地，又有了自留山和风景林，生产积极性高涨，1982 年华林人均纯收入迅速提升至 311 元，茯林人均收入 300 元，凌冲人均收入 293 元。随后，随着中央 1 号文件的颁布，农民的生产积极性空前高涨，特别是允许一部分人、一部分地方先富起来的政策产生强大的示范力量，带动大家共同致富，生产能手、经济能人脱颖而出，农村专业户、重点户如雨后春笋。同时乡镇企业快速发展起来，农民变成候鸟型工人，离土不离乡，村民的收入步入增长“快车道”，1985 年，华林村人均纯收入 385 元，茯林村人均收入 393 元，凌冲村人均收入 334 元。收入来源实现粮食与家庭副业收入和工资收入双增长，而且工资收入在家庭收入中的比重不断提高。1989 年原华林村人均纯收入达到 557 元，原茯林人均收入达到 514 元，原凌冲人均纯收入达到 528 元。有 4%的家庭人均纯收入已突破千元，走上了先富的道路。同时，随着房地产业的发展，进入建筑施工队伍的村民逐步增多，1989 年 92 人、1991 年 106 人、1995 年达到高峰 787 人，形成一支建筑大军，不少人成为包工头和项目经理，这些人成为凌冲的经济强人和高收入者，全村人均从建筑行业领到工资 46.5 元。2000 年，原华林村人均纯收入 2548 元，原茯林村人均纯收入 2532 元，原凌冲村人均纯收入 2538 元，三个区域人均收入基本平衡。进入 21 世纪，凌冲区域内的不少青壮年进入沿海发达地区打工或到长沙等大中城市找到新的收入渠道，常年在外务工人员有 500 多人，其中进入建筑行业人员 400 多人，工资收入在村民收入中占的比重越来越大，村民的家庭收入也越来越高。2008 年，凌冲人均纯收入 6500 元。部分家庭年净收入达到 5 万～7 万元，少数达到 10 万元以上。2010 年，凌冲人均收入 8500 元，2012 年，全村从事非农产业人数 1641 人，有村级企业 10 家，吸纳 600 多名村民就业，全村人均纯收入 18500 元，农民纯收入的 70%来源于务工收入。2016 年，可支配收入 18200 元。2021 年，由于务工收入增加，留在本地的青壮年收入来源渠道拓宽，村民人均收入达 38500 元。

消费支出

中华人民共和国成立前，凌冲地域贫苦村民消费支出十分简单，住的是茅棚或租住地主家的房子，吃的是自己种的粮食和蔬菜，缺衣少食是常态。中华人民共和国成立后的一段相当长的时间内，由于经济发展缓慢、经济结构单一，村民收入不高，村民消费受到极大的限制。1978 年，全村人均消费约 120 元，大多村民日常消费以饮食为主，约占 68%；日常服饰往往是“新三年、旧三年，缝缝补补又三年”，制作衣服、被褥也大多是自己纺线织布，因此服饰消费所占比例不大；基本状况是“粮食是自己种的，蔬菜是自己栽的，肉是自己养的，布是自己织的”。多年积攒的收入用于盖房，其他支出则微乎其微。1978 年，王凤组陈振楚买回了全村第一辆不需要指标的单车。到了 20 世纪 80 年代初，经济状况有了改善，家庭支出方面尽管平时不讲究，遇有娶媳嫁女之事，则要“讲究”一下；劳力多收入多的家庭，新郎官、新媳妇会戴手表、骑自行车，女方会陪嫁缝纫机、收音机等大件消费品；男方则会添置大立柜等大件家具。1982 年，实行家庭联产承包责任制后，凌冲的经济得到快速发展，村民的温饱问题得以彻底解决，生活消费水平进一步提高，生活支出也水涨船高，肉食不再是重要年节的“专利品”，人情支出每宴上升到 5 元。1988 年，人均消费支出上升到 598 元，衣食住行呈现“六多”，即建房的多、戴手表的多、骑单车的多、买收录机的多、余粮的多、穿尼料衣服的多。20 世纪 90 年代以后，村民收入增加，消费结构发生重大变化，饮食支出比例减小，但餐饮质量大大提高，主食消费比重下降到整个消费支出的 24%，副食和其他食品消费支出上升到 76%，一日三餐要求菜、汤齐全，肉食消费所占比例越来越大。穿衣转向以购买成衣为主，青少年要求四季衣帽应时应季，大人也时常添置新衣新鞋。学生学习费用、村民医疗费用比例逐渐增加。录音机、电视机、录像机、单缸双缸洗衣机组合家具等大件消费品逐步进入大多数家庭，人情支出每场次升至大约 30 元。进入 21 世纪，随着村民收入的提高，消费水平也相应得到提高，食品消费从吃饱转向吃好，越来越讲究卫生、营养、美味和保健。2004 年，全村人均生活消费支出 3496 元，主食的消费比重减少，约占 20%，副食的消费比重增加，粗粮的消费比重下降，细粮和经过加工过的食品消费比重增加，文化、教育方面的支出快速增长，小汽车等现代消费品开始进入村民家中；人情支出每场次升至 100 元，并且也进入快速增长阶段，2005 年增至 200 元，2010 年增至 400 元左右。

2018 年，全村人均生活消费支出 27078 元，同比增长 7.0%。八大类消费（居住、衣着、食品烟酒、交通通信、教育文化娱乐、医疗保健、生活用品及服务、其他用品及服务）增长呈“七升一降”格局，除交通通信消费小幅下降外，其余七类消费支出均有不同程度增长，消费水平稳步提升，村民的获得感、幸福感更加充实。2021 年，随着国家整体经济的快速发展，以及国家惠农政策的落实，村民收入进一步提升，全村人均消费支出 26609 元。消费结构进一步改变，一般日用品消费比重减少，对高档耐用品、文化用品、医疗保健用品的消费比重稳步增加。单一功能的用品已经不能满足村民日常消费的需求，多功能并且具有一定科技含量的日常用品正在悄然走进广大村民的家庭。

饮食

中华人民共和国成立以前，凌冲一直以食大米为主，间吃红薯、土豆等杂粮。用砻（推子）磨去稻谷外壳，成为“糙米”，然后用石臼或用牛碾舂碾成“熟米”。红薯则加工成丝、丁或粉末，晒干储存，在农闲季节将薯丝或薯丁掺在米内煮食，薯粉则做粉丝或薯糕。日食三餐，以早、中两餐为重，冬季日短，有的人家只吃两餐。食油以猪油、菜油、茶油为主；菜肴，一般以素菜为主，冬春有萝卜、白菜、包菜、芹菜、大头菜、茼蒿、芥兰菜、莴苣、冬苋菜、菠菜、笋子等；夏秋有黄瓜、四月豆、豆角、辣椒、苋菜、土豆、冬瓜、南瓜、丝瓜、苦瓜、瓠瓜、茄子、韭菜、芋头、莲藕、茭瓜、刀豆等。除鲜菜外，还晒干腌制酱菜，以备淡季食用。爱吃辣椒，夏秋两季吃青椒，在秋末将红椒晒干，或剁或腌，密封于坛内，备冬春两季食用。爱饮茶，尤其喜喝自己熏制的“园茶”，待客也常泡姜盐豆子芝麻茶的。

20 世纪 50 年代，凌冲村村民清苦，平日多食青菜大米饭，油水很少，一户一年能吃到 5 千克油就是富裕人家了。青黄不接的时候以红薯和瓜菜代替主粮，其他副食很少，1958 年，实行大集体食堂制，起初，人们可以吃到青蔬、瓜菜等多种菜肴，米饭的分量也足。不到半年，大食堂的伙食一天比天差，米饭分量不足，水越放越多，饭越来越稀，最后到了无粮可食，连野菜也挖尽了，汤稀得能照见人影。有个干部为了了解情况，连吃 8 个食堂也没有填饱肚子。1961 年，集体食堂解散，生产队虽然给各家各户分了点粮食，但粮食仍不够吃，村民大多过着半是野菜半糠粮、粮食不够“瓜菜代”的生活。

20 世纪 70 年代，村民生活得到改善，大米基本够吃。至 70 年代中后期，饱腹问题基本解决，来了客人还能偶尔买点酒肉，逢年过节还能准备一些腊鱼腊肉，肉类一般家庭不再是重要的年节“专用品”。“起伏”吃狗肉或雄鸡炒老姜、路边姜煨雄鸡，中秋吃牛肉。春夏季以白菜、青菜、苋菜、空心菜、芹菜、茄子、豆角、黄瓜等为主，秋冬季则以冬南瓜、萝卜菜、红白萝卜、芋头等为主。

20 世纪 80 年代以后，餐桌上的品种丰富起来，下馆子的、喝酒的逐渐多了起来。尤其是90年代之后，大吃大喝甚至一度成为一种时尚。婚、丧、寿诞，流行摆筵席，档次根据家庭经济条件不同也有区别。每桌十道菜，以鱼、肉、鸡、笋为主肴。宴前或茶后，待以瓜子、花生、糖果等。平时来客，则款以茶、烟、点心乃至酒类。留客吃饭，以鱼、肉、蔬菜招待，贵客用大荤（整鱼、整鸡、大肘子）。逢年过节，家家要办酒菜，菜肴碗数要成双，有十或十二碗不等。过年常用菜有鸡、肉、鱼、腊味、腊八豆等。席上大多喝白酒，日常饮食以米饭为主，一日三餐讲究花样齐全，鸡蛋、鱼肉类成为日常生活的必需品。

2000年以后，食品种类日益丰品。鸡、鸭、鱼、肉、蛋、奶齐全，豆制品、时令蔬菜供应充足，白酒、啤酒、红酒等酒类消费量大增，各种海鲜、山珍，以至进口的红白葡萄酒也成了村民餐桌上的常用品。一户人家一年食用上百斤食用油非常普遍，比20世纪50～60年代呈十数倍的增长。结婚的喜宴或其他事情请客办酒席，大多到附近酒店预订。2003年，全村食品支出人均1440元，占整个生活性消费支出的比重约为30％，消费肉、禽、蛋、奶及制品、烟、酒等支出显著增加。此后食品消费支出逐年递增，但食品消费占整个生活消费的比重逐年递减，至2012年大约只占20％，食品消费结构发生根本性变化，人们由吃饱向吃好转化，由过去的“饱肚型”进化到“营养型”，大米等主食的消费比重减少，副食的消费比重增加；粗粮的消费比重下降，细粮和经过加工过的食品消费比重增加。各种肉类、海鲜、豆制品、面粉等数量逐渐增多，对饮食生活逐步开始讲究其营养与美味、保健和健康。2021年，村民饮食消费观念发生较大变化，食油特别是猪油消费量下降，肉类消费量下降，鱼类、禽类肉食消费量增加，选择消费品类时更加注重健康和营养搭配。

服饰

民国时期，凌冲地域农民着装无多大变化，男式一般着家制的青、黑色土布制成对襟衣，劳动时腰系围裙，俗称“腰围裙”，裤子是扎头裤（又称大头裤）为主。但中青年读书人流行穿中山装，男学生多穿“学生装”，女学生多穿青、蓝、白色大襟上衣，青色裙子。少有穿西装的。有钱人家的妇女流行穿旗袍。

中华人民共和国成立初期，服饰无大变化，很大一部分衣料为土布，即村民自己纺纱织成的粗布经染色漂洗后，请当地裁缝师傅上门加工成衣。20世纪60年代至70年代流行“国防服”（军服）。70年代末期开始流行的确良等化纤布料制成的衣服。鞋子多穿自制鞋、解放鞋（军鞋橡胶底）、大头皮鞋。1980年以后，村民服装的质地、色泽、款式均有极大变化。青年男女穿西装、夹克、牛仔裤、太空服、风雨衣、健美服、T恤衫、连衣裙的比比皆是。色泽五彩缤纷，面料大多为涤纶、尼龙、混纺等化纤织品，穿呢绒、皮毛高档服装的也日益增多。鞋子则出现各式皮鞋、旅游鞋、塑料凉鞋、拖鞋，青年男女大多选择品牌皮鞋和旅游鞋。女青年开始戴金银耳环和金戒指、金项链。进入21世纪后，戴金银首饰的越来越多，特别是金项链或珍珠项链成为妇女日常生活标配。衣着方面的消费观念进一步转变，有追求方便、多样化和返归自然的趋势。如原布的消费比重急剧下降，成衣的消费比重快速增加，并且对着装的样式、颜色和质量的要求越来越高，穿着档次有了新的提高，衣着消费支出的比例维持在生活消费支出比例的8%左右，至2021年，村民对化纤类衣着产品的消费比重下降，对毛料等对人体有益的衣着产品消费比重上升，年轻人在购买衣着时越来越讲究其穿着的式样，花色和质量，其他未出现大的波动。

住房

20世纪80年代以前，凌冲家庭住宅，多以“四缝三间两披厦”“五间图”“一把锁”等建筑形式为主，一般为平房。坐北朝南、土木结构，盖小片青瓦，经济条件差的人家有盖稻草、茅草或杉树皮。殷实户则建槽门围屋。房间大多设堂屋作为客厅，两边正房为户主或长辈居住。厨房、厕所、猪舍多建在披厦的前后间内。室内摆设以木制家具为主，堂屋内摆有神龛、方桌、板凳。大门外做有“腰门”。卧具大多为木架床，有条件的家庭结婚时会定做一张雕花床作婚床，床位朝东南、不朝西北。卧室内有三屉书桌、大柜、梳妆台或面架、首饰箱，还放置便桶。椅子一般为用松树制成的大小靠背椅，有的老年人还喜用围桶、火桶、围椅。一般在侧屋设有一间烤火房，冬天客人来访，多引至此屋烤火休息。该房靠窗户一侧设有火炉，上有通钩吊于楼上，钩上挂水壶、炉罐。炉中多烧松木辟柴，也称硬柴，也烧树蔸、谷糠等，人均居住面积大多在20平方米左右。80年代后开始兴建红砖平房和楼房，但室内装修十分简单，基本为水泥地面。大柜、宁波床等旧式家具开始被“组合家具”所取代。灯具由普通电灯（吊灯）发展到日光灯、台灯，人均居住面积增加到30平方米左右。2000年以后，全村楼房越建越多，而且形式更加多样化、结构更加复杂、坚固，不少先富起来的家庭开始建设别墅型住宅。住宅功能和配套设施以及外部环境，越来越讲究舒适和方便，部分家庭人均居住面积超80平方米。村民改善居住环境和质量的消费意识强烈，人均居住消费支出快速增长，2004年约为380元，2006年上升到500元，2010年超1000元，2020年接近2000元，楼房占有率超过94%，对居住的要求，更加注重室内装修，住宅功能和配套设施以及外部环境，越来越讲究舒适和方便，2021年全村人均居住面积62平方米。

出行

中华人民共和国成立前，凌冲人外出到靖港或周边，基本都是步行，到长沙省城时则从靖港搭船，到乔口则从团头湖渡口搭船。1972年，原凌冲和茯林有木帆船和木船17艘，主要在团头湖从事货运、过渡和捕鱼。货物出入境要靠肩挑土车推送。此种出行方式一直延续到1974年靖格公路修建通车后，继续修建了南新公路才得以改变。交通不便的地方走亲访友仍靠步行，出行消费几乎为零。1976年刘庚武卖6头猪被奖励一张凤凰单车指标，买回了全村第一辆新凤凰单车，引起很多人羡慕不已，而此前全村只有3辆旧单车。1977年，渡口公路修建后，外出不再以步行为主。1978年王凤组陈振楚新购买了全村第一辆无指标自行车，带动了自行车的消费热潮，随后谭劲松一次送售10头肥猪，被上级奖励一台凤凰单车指标。1981年贺建辉购买了全村第一台手扶拖拉机，既是运输工具，也方便了村民的出行。到90年代初，自行车已经普及，每家每户都有1～2辆，甚至骑自行车到农田边去干农活也是常事，每年用于出行的消费40元左右。同时，摩托车开始进入农家。1992年董庚福花费14000多元购买了全村第一台五羊摩托车。此后越来越多的村民购买摩托车，2002年全域村民拥有摩托车289台。2002年村域内最早外出从事建筑行业的曹贵安购买了全村第一台家用小汽车。2003—2012年，凌冲村民交通消费呈现持续增长的势态。尤其从2004年开始，进入飞速增长的时代。2004年，人均交通消费支出为206元，2011年接近500元，2012年达到了517元。2015年之后，家用小汽车是多数家庭的标配，燃油摩托大多被电动摩托代替，村民人均出行消费猛增至826元，成为家庭消费中最大的支出项之一。2021年凌冲拥有各类家用汽车1100多辆，有的家庭甚至每人一辆，成为人们出行的重要交通工具。短途出行则仍然以摩托车、电动车为主，2021年底全村拥有各类摩托车、电动车863辆，人均出行消费支出达到2168元。

社会保障

农村“五保”

1957年起，凌冲区域开始贯彻推行“五保户”制度，根据《1956年—1967年全国农村发展纲要（草案）》的要求，对农村丧失劳动能力的独居老人，儿童实行“保吃、保穿、保烧（燃料）、保教（儿童）、保葬”为内容的“五保”供养制度，由农业社供应基本口粮，发给少量零花钱。1958年后的人民公社期间，五保制度逐步完善，得到认真落实。1963年，华林大队“五保户”有2户，凌冲大队“五保户”有1户，茯林大队“五保户”有2户，粮食供应享受所在生产队平均粮食水平。1981年，实行家庭联产承包责任制以后，“五保户”由生产队一年供给300千克稻谷，每月供零花钱10元，逢年过节由大队供给鱼肉等过节物资，三个大队共有“五保户”14户。1985年，“五保户”供养实行县乡村三级联筹供应，每年由村统一供应粮食300千克谷，并每月发给一定零花钱。1988年7月，县人民政府颁发《望城县“五保户”供养办法》，规定县内农村中无子女、生活无来源、男满60周岁、女满55周岁的老人；无劳动能力且生活无依靠的残疾人均享受“五保”(保吃、保穿、保住、保医、保后事处理)。“五保”对象生活费一律由乡镇统筹解决，其标准按所在乡镇人均纯收入50%～70%计发，医药费由村解决，口粮由所在组供应。当年，凌冲“五保”老人的生活费提高到300元。2011年“五保户”32户，是供养“五保户”最多的一年，凌冲村开展“情系五保户”、携手当亲人”活动，党员和青年团员主动帮助“五保户”打扫卫生，修整房屋和其他生活帮助，与老人拉家常，了解老人的所思所想，用最真情的陪伴温暖孤寡老人心灵。2014年，投入48万元实施全村散居“五保户”住房改造。2016年以后全村“五保户”基本维持在每年18户左右。2019年，“五保户”生活费按745元/人逐月发放，2020年提高至845元。2021年，全村有18户19人，人均生活费提高至每月975元/人。

医疗保险

2004年开始，国家在农村逐步开始推行和普及新农村医疗保健保障体系，解决广大农村居民对医疗保健消费支出的后顾之忧。2005 年起，凌冲村推行合作医疗保险制度，按每人全年缴纳 10 元医疗保险费，参合率 90%。从翌年 1 月 1 日开始享受，住院可报销医疗费用的 60%～80%。2006 年，每人缴纳医疗保险费 15 元/年。2007 年，每人缴纳 20 元/年。以后逐年略有增加。2008 年，农村合作医疗参合率达到 95%；2014 年，每人每年缴纳 60 元，医保参合率 100%。2015 年，每人缴纳 90 元/年，2016 年，每人缴纳 120 元/年。2017 年，每人缴纳 150 元/年。2021 年，每年缴纳医疗保险金 280 元。是年，全村住院病人均享受城乡医疗报销费用，其中最多的一人报销 13000 多元，大病还可申请民政补助，实现全村村民参合率 100%。

养老保险

2007 年以前，域内村民未享受养老保险福利。2008 年始，凌冲村开始参加社会英雄模范基本养老保险体系，解决村内老年人的基本生活需求，为其提供稳定可靠的生活来源。2009 年，开始实施农村社会基本养老保险，针对村内 60 岁以上的老人，每人每月发放 60 元养老金。对未满 60 岁的人员向政府缴纳社会养老保险金至年满 60 周岁，其缴纳金额全年在 100～500 元，多缴者 60 岁以后多享受，参保率 80%。2010 年全村 1711 人缴纳养老保险金，占应缴纳人数的 96.8%。60 岁以上领取社会养老保险人员 608 人。2017 年起，对未满 60 岁的人员向政府缴纳社会养老保险金全年最低交 200 元，最高可交 3000 元，多缴者 60 岁后多享受。2018 年，对村内 60 周岁以上的老人每人每月发放养老金增加至 198 元；并对年满 80 周岁的每人每月再增加 100 元。2021 年，全村有 775 名 60 周岁以上老人领取养老金，其中 80 周岁以上老人 136 人。是年全村老人领取养老金 200 余万元。

精准扶贫

2014 年凌冲村全面启动精准扶贫工作。全村有建档立卡贫困数量 69 户、197 人。2014 年 7 月 15—19 日，长沙云游茶业有限公司举办残疾人茶叶种植与制茶技术培训班，凌冲村有 28 人参加，培训后参训人员达到会技术、会操作、会管理，能增收的“三会一能”标准。2015 年 8 月 27 日，凌冲村纳入危房改造整村推进示范村，经村民代表民主评议小组对 19 户申请户现场查看、并采取无记名投票方式，确定 4 户重点户、15 户一般户，分批落实危房改造，连续 3 年为陈新良、向淑莲、陈平世等 22 户争取解决危房改造资金 76 万元，进一步改善特困家庭人居环境。2017 年 2 月 9 日，凌冲村组织 21 名村民参加以“和煦春风送岗位、就业扶贫惠民生”为主题的2017年长沙市“春风行动”主会场暨“相约雷锋家乡共建名望之城”大型招聘会，8名贫困劳动力、就业困难人员达成就业意向，实现就业。

2019年“艺胆”为贫困户进行养殖培训

2020年“印象团湖”向贫困户发放鸡苗

2019年凌冲村“精准扶贫，你我同行”扶贫大会

2019年支村二委及驻村干部专题研究精准扶贫督查意见整改工作

2017年6月12日，湖南农业大学刘昆玉在凌冲村土地专业合作社就水稻和蟠桃种植举办农村实用技术培训班，让困难家庭的劳动人口掌握一技之长，7月，凌冲村隆平蛟麟种植专业合作社与凌冲村贫困户开展帮扶贫困劳动力就业活动，给全村69户贫困家庭免费发放种子、肥料，并无偿提供农机服务。隆平蛟麟种植专业合作社先后吸收24户残疾人和贫困家庭劳力加入该社，从事力所能及的工作，年底还有适当分红，24户家庭全部实现脱贫。8月，凌冲村开展“创新创业带动就业”活动。对69户建档立卡贫困户，在册贫困户38户，进行全面整理归档，根据每户实际情况制定相应的结对帮扶方案，开展农业实用技能培训，电工培训等，帮扶贫困户就业，全村贫困劳动力100%实现就业。2018年10月17日，云游茶业与凌冲村在“同心之声·久久浓情”望城区社会扶贫纪行专场活动现场

再签订为期 2 年的结对帮扶协议书，企村联手，为贫困农户提供免费茶苗，平价供应生产资料，并现场传授栽培关键技术，定期指导维护和管理工作。先后帮助153 户村民学习技术、种植茶叶，村民邓福云就是其中之一，他逢人就夸："真是搭帮党搭帮政府，感谢长沙云游茶业有限公司党支部的无偿支持和帮助！"全村 69 户建档立卡贫困户受益。至 2018 年，脱贫 50 户、165 人。2019 年 8 月，凌冲村引进屋顶分布式光伏电站，与中国电子科技集团公司第四十八研究所合作，实施户用 5 千瓦屋顶分布式光伏电站项目，按照产业扶贫、生态环保的原则，把清洁能源产业与精准扶贫相结合，在注重村级生态环境保护、不影响贫困户房屋结构和家庭生态环境的前提下，实施产业扶贫，确保贫困户持续稳定增收，并坚持村上主导、贫困户自愿的要求推进项目建设。村上负责产业扶贫到户光伏发电项目的组织宣传与实施工作，每座电站需建设资金 2.75 万元，由村筹集 1.75 万元，贫困户自筹 1 万元，优先选择积极性高，自愿筹资的贫困户为项目实施主体，严格按照项目建设的条件和要求进行选户选址，确保了项目建成后实现发电效益最大化。全村有 24 户建档立卡贫困户 72 名贫困人口参与该项目，建立 5 千瓦光伏发电家庭屋顶电站 24 座，全部并网并发电，户年均发电 4000 千瓦时以上，每户贫困户每年可增收 3000 多元。2019 年底，全村贫困户人均收入达 7580 元，全部实现脱贫目标。

2009 年企业人士沈湘明在新塘组特困老人邓立生家慰问

2009 年企业人士董庚福在特困老人刘在华家慰问

社会救助

1970 年，华林大队共产党员周三元丈夫死后，家中生活困难，但她不要照顾，以一己之力像男劳力一样出工，年工分 3000 多分，勤俭持家，将自己积蓄的

100 多元钱投资到队上作生产资金，还将省下来的 200 千克粮食借给困难户度春荒。2012 年 4 月，经党支部书记杨正武提议，在凌冲村村委会发动“生命无价，大爱无疆”的大型募捐活动，捐助高塘组邓光辉家庭。邓光辉于 2008 年确诊身患罕见胸腹主动脉血管瘤，一直靠药物控制病情，每月需要医药费 2000 多元，治病期间负债累累。活动现场社会各界爱心人士为邓光辉家庭筹集善款 21.6 万元，邓光辉于 7 月在北京 301 医院手术成功。2014 年 2 月，为帮助因病致贫的邓光辉家庭，村委再次组织大型募捐活动。2014 年，金盘组刘龙华突发脑溢血，手术后生活仍不能自理，村委及时组织救助。2015 年，蛟麟种植合作社谭建祥，筹措 2 万余元对全村 60 户特困户进行了慰问和帮扶，2016 年，凌冲村党支部发起对患重病的凌冲村村民刘伯林捐款，捐款活动从第五、六党小组扩大延伸到整个党支部，首次活动就收集爱心款 5000 余元。同时，党员程晓娇发动全家为刘伯林捐款 8000 元。2017 年，为令旗塘重病患者刘柏林家募捐资 1.6 万元。从 1992 年起，谭建祥还连续 20 多年为当地的残疾人、“五保户”、困难户过春节送出慰问金累计 20 余万元。

2012 年，资助邓光辉大型募捐现场

村域文化

凌冲地域很早的时候文化娱乐活动就十分活跃，山歌流传久远，花鼓戏班子远近闻名，谱谍文化长盛不衰，就连地名都带有浓厚的文墨气息和乡土情怀。进入21世纪，村民生活质量进一步改善，文化需求进一步提升，文化设施不断建设更新，文化活动更加活跃。本章主要记述凌冲地域的文化活动、民间艺术、族谱文化、方言和地名典故。

文化设施和活动

文化设施

村民文体广场（2017年）

1956年，凌村、茯林、华林农业社利用宗祠、庙宇等场地建立农村俱乐部，配备有二胡、唢呐、锣鼓等民间乐器，添置有图书、象棋、扑克、骨牌等文娱用品。1959年，各个生产队成立读报组，每个生产队至少订一份报纸，并鼓励农民私人订阅报纸。三年经济困难时期，农村俱乐部停止活动。1965年大队恢复俱乐部，群众文娱活动日渐丰富。“文化大革命”中，俱乐部再次关闭。1978年，大队利用学校场地，建立农村文化活动室，有图书、民间乐器、棋牌、球类等文体用品。1988年，华林村党支部书记范义和拍板订阅1989年度《望城科技报》200份，首开该报自办发行的村级记录。1990年华林大队筹集资金7万多元，兴建教学楼1栋，内设文化活动室，面积约60平方米，收藏有各类图书、报纸、杂志及棋牌等文娱用品。2008年，凌冲村建立农家书屋，面积约40平方米，有书柜4张，藏书近3000册。2012年，投资15万元，建立文体广场1个，面积1000平方米，安装有健身器材。2014年，利用申办省合格学校建设项目的契机，修建体育场地4550平方米，建篮球场1个。2016年，建立农村广播系统，安装广播喇叭38处，村部配置视频播放室，建立有管理制度，实行专人管理。2017年，凌冲村根据望城区创建“百岁健康区”领导小组、望城区老科技工作者协会要求，开展“百岁健康村”创建活动，投资10万元，实施“三点一线”硬件设施建设，“三点”即建有中老年人健身点（文体广场）、中老年人室内文娱活动室、老年人健康检查点（村卫生室）；“一线”即打造健康卫生知识文化长廊。全村新建文体广场1个，面积1000平方米，室内文娱活动室1个，面积60平方米左右，打造健康卫生知识文化长廊1处，100米左右。2018年，凌冲村按照望城区委宣传部门对农家书屋的规范要求，投资7万多元，对农家书屋进行拓展打造，完善有关设施，书柜增至8张，书籍增至1万册，涵盖政治、经济、农业、科技、文学、艺术等方面，并进一步完善管理制度，实行专人管理，对村民定时开放。2021年，按照有标准、有网络、有内容、有人才的要求，投资30多万元，扩建凌冲村党群服务中心。以美丽宜居村庄建设和农村社区示范创建为契机，统筹整合资源，建设集居家养老服务中心、村民小组活动场所、儿童之家、农民书屋等功能于一体的村庄基层综合性文化服务中心。同时投资20多万元，打造文体广场3个，全部安装健身器材，总面积3000平方米，至此全村文体广场增至5个，初步实现公共文化服务全覆盖。

2013年凌冲村文艺团队在格塘春晚上的表演

文艺活动

中华人民共和国成立前，每年的春节期间，凌冲、茯林、华林域内均自发组织有舞龙、舞狮、蚌舞、采莲船、花鼓戏、地花鼓、耍龙灯等民间文艺活动。中华人民共和国成立后，群众文艺活动蓬勃发展。1950 年，凌冲、茯林、华林组织有临时演出队，自编自演反映清匪反霸、减租减息、土地改革为内容的文艺节目。1951 年，业余演出队演出剧目有《白毛女》《刘胡兰》等现代戏和《刘海砍樵》等古装戏。1956 年，每个农业社都建有农村俱乐部，相应成立有业余文艺宣传队或不脱产的业余剧团。业余演出队自编自演反映互助合作和踊跃报名参军等新人新事的文艺节目。1959 年，凌冲大队一妇女叫刘爱莲，在“倒春寒”到来之前将自家的新垫子拿来盖秧田受到人们称赞。文艺宣传队自编自演节目“妇女学习刘爱莲，新的垫子盖秧田……”1965 年，业余文艺宣传队以多种形式表演靖港区“农垦 58”喜获丰收的文艺节目，其中较为著名的节目有山歌《靖港本是好地方》，被广大群众学习传唱。业余剧团演出的剧目有《郭亮带兵抓郭亮》等现代戏。“文化大革命”期间，毛泽东思想文艺宣传队虽常有会演，但内容单调，演唱“样板戏”“毛主席语录歌”成为群众文娱活动的主要内容。中共十一届三中全会后，群众性多样化文艺活动十分活跃。尤其每年春节期间，民间文艺活动达到高潮，由群众自发组织的过去被称之为“四旧”的舞龙、舞狮、地花鼓等传统节目悄然兴起。1979 年，修烂泥湖，茯林大队业余文艺宣传队排练节目到工地进行慰问演出，受到群众欢迎。2005 年，凌冲村由村民陈利群发起，自发成立腰鼓队，有队员 17 人，均为中老年妇女，她们自娱自乐，愉悦身心，也让群众耳目一新。同时，腰鼓队也参与演出比赛和参加各种商业庆典表演等。年内，由村民陈利群发起成立民乐文艺队，有队员 28 人，表演形式有军鼓、腰鼓、小品、花鼓戏（唱腔选段）、快板、独唱、合唱、广场舞、柔力球表演等。是年，腰鼓队参与演出比赛和商业庆典表演有 15 场次。民乐文艺队参与演出比赛、义演和商业庆典表演有 16 场次。2012 年 3 月，凌冲村由村民任秀兰发起，自发成立圆梦广场舞队，有队员 35 人，均为中老年妇女。6 月，凌冲村成立第二支广场舞队，发起人陈利群，有队员 21 人。是年，民乐文艺队注册登记。2014 年，凌冲村选送的由沈祥明创作民乐文艺队表演的快板《乡村清洁你我他》，参加格塘镇举行的春节联欢晚会获得一等奖。2016 年，凌冲村 2 支广场舞队合并。2018 年，凌冲村选送的、由沈祥明创作民乐文艺队表演的快板《念段文明经》，参加望城区举办的群众文艺会演原创节目比赛获得二等奖。2020 年，由靖港镇工商联组织的赴格塘敬老院举行的“九九”重阳节文艺义演活动，由凌冲民乐文艺队主演，共表演扇子舞、广场舞、小品、快板等 6 个节目，深受老人们的喜欢。2021 年，凌冲村民乐文艺队、广场舞队、腰鼓队参加各种比赛、庆典表演和义演 26 场次。

2012 年凌冲村广场舞比赛荣获格塘镇一等奖

凌冲村民乐军鼓队的表演（2014 年）

民间艺术

泥塑·木雕

民国时期，域内华林人士程炳堂（1894 年出生），系泥塑匠人，其技艺远近闻名。程主要为庙里制作菩萨、神像或制作盘龙飞凤等吉祥物，技法精美浓郁、造型别致敦厚。制作方法为，选用带黏性又细腻的泥土，还要在泥土里加些棉絮、纸等纤维物质，捣匀后，经过捶打、摔、揉，捏制成各种人物或动物的泥坯，经阴干、涂上底粉，再施彩绘。他制作的菩萨、神像活灵活现、栩栩如生。

20 世纪 50 年代中期，程炳堂仍被人请去制作泥塑，直到 1957 年去世。其子程文彪，1931 年出生，虽未子从父业，但受父亲从艺影响，13 岁外出，拜宁乡师傅学木雕，另辟蹊径，学成后，专门从事木雕业。他擅长雕百鸟床、神龛、神像等，主要以樟木为原料，樟木自然干燥后进行艺术造型，图案取材于民间习俗，如佛像、神龛等吉祥内容。技法上既继承师傅的衣钵，又不断创新，构思独具匠

程文彪木雕作品《神龛》

程文彪遗存下来的木雕工具

心，用鲜明的艺术特征赋予作品生命力。他制作的作品，尤以百鸟床上的百鸟极具动感，相互呼应、美轮美奂、神妙不已。从业方式有受聘请做上门功夫，以劳动日计固定报酬，但大部分时间在家做定制品，上门求购定制者络绎不绝。一张百鸟床大概一个月完成，其价格视其精细度不同，一般在两三千元左右；一个神龛一般也有上千元不等。2000 年，程文彪已是古稀之年，仍有人上门定制神龛。华林良子塘虢福生，1942 年出生，也从事过木雕业，主要制作花鸟床、神龛等物件。凌冲高塘组邓建新，1965 年出生，1984 年从事木雕艺术。邓酷爱木雕，虽未拜师，但他勤学苦练、不耻下问的特质成就了他的事业。木雕是集书法、绘画、木工、雕刻于一体的手工技艺，他样样细心钻研，门门追求卓越，并融会贯通。他突破传统技法，拓宽木雕艺术题材内容，还将书法、绘画的寓意融入创作之中，使艺术效果更加突出，给人们以无限的遐想。2005 年，他开始承接以木雕为主的手工艺业务，自画自雕，主要制作庙里的菩萨、神像、神龛、宗牌等，后发展到做墙浮雕、堆塑（也叫灰塑），还做假树、假木栏杆等。2020 年，他承接望城民间宗教示范点—茶亭镇护南宫雕塑业务，其中的景点“八仙过海”“盘龙”“龙凤呈祥”等庙藏浮雕，随手拈来，堆作于墙上，沉雄大气、造型大胆夸张，整个堆作栩栩如生，独具风格。

邓建新雕塑作品《财神》　　**邓建新正在绘制辖神庙外墙雕塑（2021 年）**

花鼓戏

花鼓戏是湖南的地方剧种，形成于清代，流传于湘中、湘东和洞庭湖滨。花鼓戏的音乐继承与发展了民间的山歌小调和祀神古乐，风格活泼开朗、朴素大方、健康清新，具有地方特色，常用曲调有四六调、八同牌子、木皮调、木马调、辞店调等，还包括民歌小调和丝弦小调，如采茶调、望朗调、倒板浆、四季青、采莲船调、洗菜心等。剧目内容大多数来源于民间传说、神话故事、通俗小说和真实的生活故事创作而成，主旨多为反封建伦理道德、歌颂惩恶扬善等，表达普通老百姓的朴素愿望，具有通俗生动、贴近底层民众生活的特点。这种特点与凌冲一带的民俗文化十分契合，故凌冲人对花鼓戏情有独钟，花鼓戏是凌冲人最喜爱的艺术形式。

民国末年，在凌冲一带有花鼓戏艺人陈清海擅长唱花旦，是远近闻名的名角，堪称戏王，数十年一直活跃在凌冲周边民间的舞台上。有时为了赶角，被请到宁乡、益阳乃至长沙等地演出，并被一些戏迷、票友拜师求艺。20 世纪 50 年代，华林有半职业的花鼓戏草台班，花旦有高泽运、李炳南，小生有范文章、曹志和、樊习贵，婆旦有陈学良、陈德本，老生有程耀湘、范义和，丑旦有姚国义等。表演的传统剧目有《刘海砍樵》《珍珠塔》《满堂红》《打金枝》《六郎斩子》等，现代剧目有《田寡妇看瓜》《双送粮》《好军属》《三里湾》《祥林嫂》等。20 世纪 60 年代初期，在花鼓戏艺人樊习贵言传身教下，凌冲培养了一批花鼓戏草台班演员，如郭菊湘、黄正文、刘正武、尹福生、郭菊安、杨国荣等，其中成为名角的有郭菊湘，堪称台柱子。演出剧目有《刘海砍樵》《芦林会》《洪兰贵打酒》《南庄收租》《讨学钱》等，现代剧目有《补锅》《打铜锣》《小姑贤》等。“文化大革命”时期，不准唱老戏，一些传统剧本被收缴销毁。后来，凌冲大队成立文艺宣传队，除学唱京剧“革命样板戏”唱腔选段外，主要以地方剧种花鼓戏艺术形式表演样板戏《红灯记》《沙家浜》《智取威虎山》等，还演出《送货路上》《补锅》《打铜锣》等现代花鼓戏剧目，文艺宣传队男队员主要有曹功卓、赵喜云、舒楚湘、邓玄辉、陈辉良、程新国、程德明，女队员有邓桂香、邓元珍、陈爱兰、刘建辉等，文艺宣传队有队员 20 多人。大队积极支持文艺宣传队，凡参加文艺宣传队的队员由大队记调工，参与所在生产队的年终分配。同时，组织文艺宣传队到每个生产队演出，到长宁渠道工程、撇洪工程工地慰问演出，受到群众热烈欢迎。时至今日，凌冲人仍十分喜爱花鼓戏，在传统春节、庙会、喜庆活动也必演花鼓戏，或请外地名角名班来演出。

地花鼓

地花鼓是湘中地区民间流行的一种双人歌舞项目，凌冲一带的地花鼓一般在春节前后演出，有时也在喜庆活动或农闲时节演出。地花鼓的演员只有一旦一丑二人，道具十分简单，仅有手帕和折扇，而且不用舞台，在空坪隙地即可演出。演员不需复杂的化妆穿戴，有时人们休息时，一男一女穿着日常衣服，拿起一把扇子或一条手帕，就开始演唱起来，形式非常简朴。

地花鼓唱腔没有复杂变化，内容多表现男女爱情故事，或一些生活中的喜剧调笑片段。旦的表演含蓄细腻，动作优美轻俏，唱词直白而唱腔优美；丑角的表演活泼生动，俏皮幽默，动作粗犷。一问一答，或一唱一白，最有特点的是旦角向丑角“睃媚眼”，那“睃”的功夫，最能表现“临去回眸那一瞬”的情意，每到此时，便会赢得满场喝彩。

流传在凌冲一带的地花鼓《洗菜心》《望郎歌》等流传最广。《洗菜心》表现美丽多情的小妹和憨厚老实的情哥的纯真爱情。小妹来到河边洗菜不慎丢失戒指，趁机借景抒情，通过暗示向情哥吐露心曲，表达少女春心萌动的心境，唱出了青年男女对幸福爱情的向往。下面是《洗菜心》中的一个片段：

若有哪位捡得戒指子手，（啰喂）

许他一壶烧酒大半斤，（白：哥哥哎）
小妹妹做陪同，（啰喂）
白：哥哥哎。
（梭得衣子郎嚐依子依呀哟）
小妹妹做陪同。（啰喂）
奴在绣房换（吔）小衣，（啰喂）
脱了（那个）旧的换新的，（白：哥哥哎）
不由奴家笑嘻嘻，（啰喂）
（梭得衣子郎嚐依子依呀哟）
[白：哥哥哎]
不由奴家笑嘻嘻，（啰喂）
小吔妹下吔河洗吔小衣（啰喂），
一只（那个）螃蟹泡在水头里，（白：哥哥哎）
螃蟹走路是横的，（啰喂）
（梭得衣子郎嚐依子依呀哟）
[白：哥哥哎]
螃蟹走路是横的。（啰喂）
小吔妹下吔河洗茼蒿，（啰喂）
茼蒿（那个）一去满江泡，（白：哥哥哎）
十指尖尖水上漂（啰喂）
（梭得衣子郎嚐依子依呀哟）
[白：哥哥哎]
十指尖尖水上漂。（啰喂）
小吔妹下吔河洗吔手巾，（啰喂）
洗了（那个）手巾一尺三，（白：哥哥哎）
上绣芙蓉陪牡丹，（啰喂）
（梭得衣子郎嚐依子依呀哟）
[白：哥哥哎]
上绣芙蓉配牡丹。（啰喂）

游春

游春，俗称打土地，是过去凌冲域内民间艺人的一种谋生门路。20 世纪 70 年代末至 80 年代中后期，华林人士陈天保头脑敏捷，擅长打土地。每年正月初一开始至正月十五，出门打土地，手持一面小锣，走村串户边敲边唱游春赞辞，以讨得主家的钱物赏赐。早年时，百姓手中大多无钱，除了个别富户偶打红包外，一般人家都只给游春艺人赏米。有的游春艺人嫌米重携带麻烦，不如给钱容易，便对主家唱道："清明起嘛嘛黑，有个袋子忘记得。我的袋子没有底，只装得银子装不得米。"游春艺人吃的是嘴巴饭，水平高的游春艺人不仅能说会道，熟悉各种赞词，而且要眼观四路，耳听八方，随机应变。唱起游春词来有腔有调，有板有眼。打土地的内容一般是赞语。如："一步高来二步低，三步四步上阶基。想要踏过金门槛，又怕金银财宝碾脚板。一脚踏进华堂门，恭喜老板过个好新春。"尔后见人赞人、见物赞物，极尽赞颂之能事。如游春艺人在堂屋里看到抱小孩的妇人，便唱道："讲又是咯讲，笑又是咯笑，这位嫂子抱个好毛毛，这个毛毛生得蛮又蛮，不流鼻涕不流涎。一朝二岁服娘抱，三朝四岁跟娘跑，五朝六岁入学堂，七朝八岁读文章，九朝十岁来科考，十一二岁状元到……"

龙舞

龙舞是流行于中华大地每一角落的民间舞蹈，但凌冲的龙舞有其独特之处。

舞龙表演（2006 年）

凌冲龙舞所用的道具叫架子龙。这种龙，龙头小，分 9 节和 11 节两种。以 9

节龙为例，每节相距为5尺5寸，龙头和第二把、龙尾和第八把相距为6尺5寸，第六节为主把，长6尺。龙舞有打钮丝、摆图案、排字等程序。打纽丝是9人各执龙把，作上下左右翻滚动作，配合默契，起舞时如同蛟龙入海，左右翻腾，气势磅礴，雄伟壮观。摆图案是舞龙时摆出各种造型，有“孔明推车”“孔明翻车”“太公把钓”“玉带缠腰”“枫树盘根”“天下太平”“麒麟送子”“卧虎出山”“金猴跳圈”“绣花蝴蝶”“古铜钱”“花篮子”“大风车”“茶盘”等数十种样式，还能摆出各种吉祥字样。舞龙伴奏的乐器有大锣、大鼓、大钹、大喇叭及“锣鼓棚子”等，演奏的乐曲有《行胜令》《万年乐》《喜调》《十盏灯》《望郎》等名目。每到一家，先进屋穿行一周，然后在堂中停龙，以酒祭龙，主家以香烛果品贡龙拜龙，然后走出家门，在屋前坪地舞蹈，主家则燃放烟花鞭炮，以助阵势。每年春节期间，从正月初五开始，龙舞队伍走村串户，不断演出，一直要玩到元宵夜，方才停歇。

狮舞

凌冲一带流行的狮舞历史悠久，最简单的狮舞是一个人或多个人蒙上绣花被面起舞，所以当地流行一句俗话说：“只要狮子玩得好，不怕扯烂被窝。”随着时间推移，狮舞形式逐渐成熟，道具越来越精致讲究。舞狮从质料上分有“毛狮”“布狮”两种；从狮头的造型上有木雕或蔑扎的“蚱蜢头”“鲇鱼头”“大头”等；从表演方法上分有“文狮”和“武狮”两种。“文狮”温驯，动作诙谐细腻，“武狮”则勇猛，动作幅度大、力度强。舞狮的套子有“藤缠树”“乌云盖雪”“泥鳅弹锅”“麒麟送子”等。舞狮时有全套打击乐和吹奏乐演各种民间曲调伴奏。

狮子出门或从庙门出舞时，声势浩大，牛角声、鞭炮声、火铳声、锣鼓声，响彻云霄。狮子每到一家，迎入堂中后，设香置烛，摆三牲贡果，鞭炮迎接。狮子进门，主家将曲酒喷洒狮头，狮王则向主人赐“符”。“符”上款写“××狮王大圣”，中间写“扫邪归正”四个大字，以保一家清吉平安。赐符后，狮子先“拜五方”，再“扫四角”，然后按照“左进右出”“先东后西”“先正堂后两厢”“玩上水不玩下水”的线路，一路舞去。

凌冲狮舞还有一个独特的项目就是边舞边赞（唱），唱词内容多为吉祥祝福之语，也有反映劳动生活或叙述传说故事等内容，舞狮者根据唱词内容和节奏进行表演。如赞狮人唱道：锣铛铛来鼓咚咚，耍狮原是闹新春。两人罩起金狮被，泥鳅弹锅要一轮。此时，狮子便按唱词表演“泥鳅弹锅”。狮子表演“造船”“行船”等节目，赞唱者就唱出制造木船的木料从何而来，造船的祖师是哪朝哪代人，船行驶经过哪条河哪个弯，哪里有古井古庙，哪里有暗流礁石等。进入 21 世纪后，舞狮已很少在节日中见到。

蚌舞

蚌舞，又叫“蚌壳舞”或“渔翁戏蚌”，在凌冲一带流行较广的民间舞蹈，它是凌冲水乡文化的生动体现。蚌舞的道具主要是蚌壳。蚌壳用竹篾扎制，用布或纸糊裱，外绘蚌纹，壳边镶以红绿绸缎，壳内贴以水银镜片。蚌舞由一男一女分别扮演蚌壳精和渔翁。蚌壳精藏身于蚌壳之中，手持两扇蚌壳舞蹈，表演“扯四角”“开蚌”“合蚌”“戏水”“整容”“照镜”“戏翁”等动作，含蓄逗趣，活泼可爱。渔翁挂“吊须”，手持渔网，表演“踩水”“窥蚌”“戏蚌”等动作，诙谐风趣，令人捧腹。伴奏以弦乐为主，又有竹笛和唢呐等吹奏“八板子”“欢乐歌”“下江对花”等地方戏曲曲牌。蚌舞反映渔民劳动生活情趣，它起源于民间，具有清新朴素、活泼幽默的民间本色，直至今日仍为凌冲人所喜爱。

采莲船

采莲船舞也是具有湖区特色的民间艺术形式。舞蹈的主要道具是一只彩船。船用竹篾扎成，外蒙布或糊纸，并扎花装饰。由一旦一丑表演，舞时将船套系在旦（女舞者）腰上，作乘船状；丑手持木浆作划船状。二人合舞，表演行船于水面之上，时快时慢，且行且停，时而“车窝子”（转场），时而“扯四角”，边舞边唱《采莲船调》，表演湖区年轻男女欢快幸福的生活和甜蜜的爱情。伴奏乐亦有打击乐、笛子、唢呐等。

赛龙舟

赛龙舟是起源于湘江支流汨罗江的一项古老的水上竞赛运动，它有着浓厚的文化内涵和水乡特色。旧时，当地有按姓氏赛龙舟的习俗，即以姓氏聚居地为单位制作一条龙船参加每年的龙舟赛。1946 年，为庆祝抗战胜利，格塘举行大型龙舟赛，时有谭姓、邓姓、程姓、陈姓和徐姓等姓氏龙舟参加角逐。是时，岸上人山人海，喊声、鞭炮声、铳炮声响彻云霄；湖面上白雾翻飞，群龙昂首，好不热闹。

龙舟竞赛（2011 年）

龙舟的制作过程充满神秘色彩。制作龙舟的师傅要“大木”师傅，“大木”师傅开工时要焚香秉烛、杀猪宰羊祭祀。新龙舟下水时有一套严格的祭祀仪式，每年赛后“收龙”也有一套仪式。旧龙舟下水前，一定要重加“油修”。每年 3—4 月间，地方或家族首领就开始组织赛龙舟资金和物资、添置制服。农历五月初一这天，族上组织参赛队伍祭龙。人们杀猪宰牛，燃放鞭炮，向龙王爷三跪九叩。祭拜之后，由一个赤膊大汉肩扛龙头向水中奔去，在水中沉浮舞蹈。仪式结束，抬船下水演练，也叫龙船试水。初一至初四均为龙船试水的日子。当然如遇其他姓氏龙舟在附近试水，便会主动迎头赶上去比赛，虽非正式比赛，但也互不示弱。

农历五月初五这天，正式展开龙舟比赛，各姓氏龙船都讲究一个气派，都会找上自己的老对手，决一雌雄。当地流传着“宁愿作坏一年田，也不愿划输一年船”的说法。村民直奔湖边观看龙舟赛，伴随着船上的锣鼓声，“划呀，加油!”的呐喊声彼此起伏。有一首民谣很风趣地道出看龙舟赛的热闹场景：“端午看龙船，草帽剩只圈。阳伞就（剩）把骨，细伢子勒得哭。”

“文化大革命”中，龙舟被当作“四旧”被毁，氏族龙舟赛被取消。改革开放后，赛龙舟又悄然兴起，主要由政府或社会团体组织，以水上群众性体育竞赛活动为主旨而开展。至 21 世纪 20 年代，因文化活动日臻丰富多彩，观赏龙舟赛的人大为减少。

方言

方言特点

凌冲村及周边区域讲起话来大多带有望城方言，更具体地讲带有地方腔调，俗称“围子腔”。随着普通话的推广与村民文化素质的提高，凌冲村的青年村民基本能用普通话交流，但在日常生活中、尤其在年长的村民中，仍以地方方言交流。凌冲的地方方言主要特点有：一是有 6 个声调（不包括轻声）。即阴平、阳平、上声、阴去、阳去和入声，平声、去声均分阴阳，上声、入声不分阴阳，入声不带塞音韵尾，读音可以延长；二是凌冲方言中声母有 23 个，韵母 43 个，包括鼻音韵，而普通话中分别是 22 个和 39 个；三是凌冲方言保留了入声，如“衣”和“一”、“妻”和“七”、“蔬”和“叔”，这 3 组汉字中的第二个字都发入声。

除了音调的不同，一些词语的含义与普通话也有差异。列举如下：

表 28　普通话与方言对照表

普通话	方言	普通话	方言
什么地方	么子当	出事了	拐场
手指	指脑子	为什么	何解
愚蠢	宝里宝气	痛快	撩撇
理解	懂味	吵架	扯皮
怎么办	何里搞	捡便宜	得路

在语序、句式等方面，凌冲地方方言也有自己的特点。如：普通话：我走了以后才听人说的。方言：我是妾嘎哒才听哒港的。

普通话：别啰啰唆唆的，到底要怎么样？方言：你禾解咯多空话咯，夹多利多，到底要禾肆搞啰？

普通话：这事儿可真讨厌。方言：咯杂路有蛮讨嫌啦。

方言口头语

爱硕里　　讲卫生

缴伙	合伙
达摩	笨重
打破路	反对
得路	捡便宜
顿兜	拍板
丁弓	用弯起的手指敲他人的头部
丢垢	出丑
懂味	理解、默契
斗把	打岔
驮肚	怀孕
硬扎	利害
放势	发彪
服行	服气
架场	开始
拐场	坏事
归圆	结束
活泛	灵活、聪明
何解	为什么

方言俗语

吃不穷、用不穷、盘算不清一世穷

男怕入错行，女怕嫁错郎

不怕不识货，只怕货比货

有犁靠犁，无犁靠挖

霸蛮不成买卖，捆绑不成夫妻

人心隔肚皮，饭蹭隔撩箕

锄头把洞（竖）得稳，作田是根本

打屁瞒不过裤裆，做贼瞒不过地方

地方无鬼不遭殃，塘里无风不起浪

有借有还，再借不难

风大伴墙走，洗手挨桥墩

娘痛背时崽，狗咬烂布巾

寒露不出真不出（禾抽穗），霜降不老真不老

草鞋冒样，边打边像

七月半，看牛伢子伴田塍

亲戚不亲戚，萝卜三百钱一石（担）

冷水要人挑，热水要人烧

前头乌龟爬上路，后头乌龟照路爬

方言歇后语

蚂蝗听不得水响——凑热闹

乌龟打袍秋——现阔（壳） 袍秋：游泳

粑粑粘饭——占便宜

洞庭湖的麻雀——见过风浪

驼子作揖——起手不难

瞎子挂坟——古堆（估计）

六月的笋子——变卦

荞麦田里捉乌龟——稳拿

背鼓进庙门——挨打

黄瓜打锣——一截不对数

穿蓑衣救火——惹火上身

穿背心作揖——露两手

扁担冇扎——两头打塌

外侄伢子打灯笼——照旧（舅）

茶壶煮饺子——有嘴倒不出

搬起石头打天——白费力

打肿脸充胖子——假富贵

船过得舵过得——无碍

雷槌吹火——一窍不通

和尚打伞——无法（发）无天

王八吃秤砣——铁了心

族谱文化

族谱编修

凌冲境内有姓氏 137 个，一般在民国时期进行过族谱编修，最多的为 6 轮修谱，最少的为 4 轮修谱。进入 21 世纪开始有宗族组织新修族谱，至 2021 年，凌冲村有程、谭、范、邓、周、彭、陈 7 个姓氏新修族谱。

谭氏家谱始修于清康熙六十一年（1722），至民国 12 年（1923）前后历经 5 次修订。清乾隆五十四年（1789）续修；3 修谱始于清道光十年（1830），成于道光十七年（1837），4 修谱始于清光绪五年（1879），成于光绪七年（1881）；5 修谱始于民国 10 年（1921），成于民国 12 年（1923），6 修谱始于 2017 年，成于 2019 年。

吐蛟湖程氏明隆庆年间迁居吐蛟湖，崇祯年间二房良牧公始修《吐蛟湖族谱》；清康熙五十六年（1717），四房幼梁公总纂程氏族谱；乾隆四十六年（1781），五房行镜公总纂程氏族谱；道光九年（1829），长房泽浩公修《吐蛟湖程氏续修族谱》，光绪十八年（1892），四房颂万公纂修《吐蛟湖程氏续修族谱》；公元 2015 年，长房继玉等首席主修《吐蛟湖七修族谱》，共 6 卷，2019 年 5 月谱牒告竣。

范氏族谱首创于唐代僖宗咸通年间，后因“中原战乱”，族谱散失。宋朝仲淹公皇祐中守钱塘与宗族续家谱，此乃第二次编修，湘衡楚沩族谱即源于此。明永乐二十二年（1404），范门仕者进行第 3 次编修。至清咸丰、同治年间，湘衡子孙繁衍成两大房，仁贵、仁禄二公共建宗祠，为高、美、良、荣、清、旺六大支，便有了第 4 次编修族谱与新拟派语。光绪二十九年（1903），经族中先贤译生、雪楼两公倡议，合谱终归告竣，是为第 5 次编修。此后战乱国荒、族谱本毁损失存，至民国 24 年（1935）第 6 次编修族谱。至此，6 修族谱距今已有 73 载。2008 年，经族人树清、春林、光武等倡议，邀请族人共谋编修之事，为第 7 次编修族谱，历时 2 年，于 2009 年善本告竣，全谱共 8 卷计 300 万字。

官山陈氏鼻祖魁父公于元至元五年（1339）自江西吉水宦游于楚馆于益邑之上矶，至今 666 年，元明谱牒毁于兵燹，初谱洎于雍正乙巳、启予、经纶诸公始搜罗而辑成书，后分别于乾隆戊子、嘉庆辛未、道光辛丑、光绪甲申、民国任戌共 5 次续修，历时 600 多年，已传 27 代子孙。官山陈氏 6 修谱自 2004 年 5 月启动，于 2006 年 9 月告竣。荣誉主修陈杏华、陈长辉，主修陈协和、陈汉章，总编陈万高，主编陈协和、陈汉章、陈泽凡。

南阳邓氏石八族谱修自前清康熙壬辰，若伦公二修乾隆癸丑，事宜公三修道光庚寅、春江公四修光绪甲申，顺生诸公五修民国 13 年（1924），云贵公为五续六修，于 2004 年启动，2005 年谱牒告竣。

家训选录

陈氏家训

谦谨宽仁　　温良勤俭

智勇孝信　　礼让恒专

范氏家训

奉先祖　孝父亲　睦兄弟　和夫妇　严闺阃

亲宗族　敬师长　信朋友　勤诵读　存忠厚

尚勤俭　习礼仪　戒淫恶　戒为非　戒赌博

戒酗酒　戒争讼　戒溺女　戒洋烟

胡氏家训

奋志气　勤学问　正身心　慎言语　笃伦纪　睦族邻　亲君子　远小人

董姓家训

忠厚和善　礼让慎言　尊宗敬祖　敦亲睦族

勤耕善读　诚实守信　仁义处世　孝悌齐家

邓氏家训

智慧箴言　谨遵国法　笃念天伦

敦亲睦族　笃课儿孙　崇尚节义

整饬闺门　确守俭勤　致戒争讼

听命尊长　敬重斯文　谨行醮祭

相助守望

刘氏家训

培植心田　　品行端正

孝顺父母　　友爱兄弟

和睦相邻　　教训子孙

矜怜孤寡　　婚姻随宜

奋志读书　　勤劳本业

曾氏家训

不要把你的心养在小村小落、小家子气里，要把它养在天下世界这个大平台里；

逆境磨炼人，顺境淘汰人；困心横虑，正是磨炼英雄，玉汝于成。

杨氏家训

忠：上而事君，下而交友，此心不亏，终能长久。

孝：敬父如天，敬母如地，汝之子孙，亦复如是。

勤：大富由命，小富由勤，血汗为运，勤劳立身。

俭：量其所入，度其所出，开销如常，吃着相似。

程氏家训

吾之儿子一莫不孝二亲；

二莫弃本逐末苛毁师长；

三莫盗贼累耻先灵；

四畏四知为人仁义；

五远五刑莫犯刑戮；

六行六政宽以调民；

七躬事廉俭敦厚自裕；

八勤习经艺引文自饬；

九用九思立德；

十无忘好善；

凡此十事行之是吾儿也。

侯氏家训

传家耕读，安家让忍，　旺家多子，兴家俭勤；

人才至上，道德为尊，　光耀家风，忠义侯门；

养心自好，廉洁修身，　严在身教，宽于待人；

谦恭刚毅，睿智诚信，　仁爱孝悌，亲友重伦；

谨言慎行，戒急用忍，　敦本务实，富贵不矜；

礼和避恶，温良坚贞，　家和事兴，举族同亲；

遵纪守法，强国富民，　积德行善，扶危济贫；

奋发有为，志节长春，　弘扬正气，功满乾坤；

勿忘修谱，溯源归根，　明晓家史，常祀先魂；

惩前毖后，垂浴子孙，　望族方继，贤达纷纷。

彭氏家训

幼仪杂箴：

坐　维坐容背欲直，貌端庄，手拱臆，仰为骄，俯为戚，毋箕以踞，欹以侧坚静若山，乃恒德。

立　足之比也如植，手之恭也如翼，其中也敬，而外也直。不为物迁进退可式，将有立乎圣贤之域。

行　步履欲重，容止欲舒，周旋迟速。与仁义俱行，不畔乎仁义，是为坦途。

寝　形倦于昼，夜以息之。宁心定气，勿妄有思。偃勿如伏，仰勿如尸。安养厥德，万化之基。

揖　张拱而前，肃以纾敬。上手宜徐，视瞻必定。勿游以傲，勿佻以轻。远耻辱於人，动必以正。

拜　古拜有九，今存其一。数之多寡，尊卑以秩。宜多而寡，倨以取祸，宜寡而多，为谄为阿。以礼制事，不爽其宜。

食　珍腴之甒，不若藜藿之甘。万钟之尸，居不若釜。庾之有为，苟无待於富贵。夫孰得而贫贱之，噫！

饮　酒之为患，谨者荒，庄者狂，贵者贱而存者亡。有家有国宜慎防。

言　发乎口为臧、为否，加乎人为喜、为嗔，用乎世为成、为毁，传乎书为贤、为愚。呜呼乎，其发也，不可慎乎？

动 吾形也人，吾性也天。不天之祇，而人之随，狥人而忘，反不弃其天。而沦於禽兽也几希。

笑 中之喜笑勿启齿，见其异勿侮以戏。内既病乎德，外为祸阶。抵掌绝缨，非优则俳。

喜 得乎道而喜，其喜曷已得乎欲？而喜悲可立俟。惟道之务，惟欲之去，颜孟之乐，反身则至。

怒 世人于怒，伤暴与遽，切齿攘袂，不审厥虑。圣贤不然，以道为度。揆道酬物，己则无与。暴遽是惩，圣贤是师。颜之好学，自此而推。

忧 惰学与德，汝日戚戚。忧为有益，名位不光。惟日忧伤，汝志则荒。弃其所当忧，而忧其不必优。世之人皆然，汝孰忧哉，勉於自修。

好 物有可好，汝勿好之。德有可好，汝则效之。贱物而贵德，孰谓道远将允蹈之。

恶 见人不善，莫不知恶。己有不善，安之不顾，人之恶恶，心与汝同。汝恶不改，人宁汝容。恶己有恶，德乃日新，己无不善，斯能恶人。

取 非吾义，锱铢勿视。义之得，千驷无愧。物有多寡，义无不存。畏非义如毒螫。养气之门。

予 有以处己，有以处人。彼受为义，吾施为仁。义之不图，陷人为利。私惠虽劳，非仁者事。当其可与，万金与之。义所不宜，毫发拒之。

诵 诵其言，思其义。存诸心，见乎事。以敬畜德，以静养志。日化岁加，山立川驶。圣道卓然，焉敢不至。

书 德有馀者，其艺必精。艺本於德，无为而名。惟艺之务，德则不至。苟极其精，世不之贵。汝书不美，自视则羞。德不若人，乃不知忧。先乎其大，后乎其细。大或可传，人不汝弃。

王氏家训

团结宗族，捍卫国家，不容有违背涣散之行为。

服从祖训，端本孝弟，不容有悖偷蔑礼之行为。

保护祠产，维护公益，不容有侵蚀欺诈之行为。

崇尚道德，遵守法令，不容有作奸犯科之行为。

注意教养，勤求职业，不容有放弃贻误之行为。

禁食鸦片，严禁嫖赌，不容有伤风败俗之行为。

律己治家，忠信笃敬，不容有卑劣偷惰之行为。

刻苦耐劳，节俭朴实，不容有奢侈游荡之行为。

合敬同爱，排难解纷，不容有歧视推诿之行为。

振作精神，见义勇为，不容有废弛敷衍之行为。

尹氏家训

孝父母　友兄弟　睦宗族　苦读书　勤耕织　正闺门　立碑志　供赋税　立品行

积阴功　戒淫欲　戒赌博　戒忤逆　戒奢华　戒懒惰　戒妄言　戒恃势　戒嗜酒

戒争讼　谨祭祀　重婚嫁　慎嗣续　谨坟墓　勿交匪类　女箴　夫妇箴　室家箴

曹氏家训

要孝顺父母　要尊敬长上　要务本力农

要教子读书　要和宗睦族　要存心为己

要公平待人　要各安生理　要早输国课

潘氏家训

孝父母　定省宜随日；劬劳切记年。

和兄弟　莫听枕边语；勿争分外田。

怜同族　张公忍字于今重；范氏义田自古传。

防闺阃　沉香亭畔千年臭；燕子楼中百代芳。

课子弟　家无三代富；书有百年香。

重农业　一粒春前种；万家秋后粮。

尚勤劳　夏后奠川常惜寸；陶公运甓更怜分。

珍节俭　莫饮筵前酒；勿忘陇上辛。

崇忠厚　田园腴有限；心地福无涯。

推庄严　举动循规矩；交游戒匪人。

汤氏家训

敬天地　礼神明　尊君上　孝父母

和夫妇　睦兄弟　敦师谊　笃交情

课诗书　劝稼穑　守俭约　尚廉让

务诚信　崇正直　联宗族　和乡邻

屏私嫌　急公义　凛国法　守家规

余氏家训

事父母　教子女

尚学习　严职业

戒赌博　敦俭朴

睦族邻　慎交友

端家范　守国法

何氏家训

孝敬亲长　隆师亲友　鞠育教养　节义勤俭　读书写字　知止知足

肃矩整规　雅淡俭朴　心正而公　笃志诗书　循规蹈矩　警钟长鸣

郭氏家训

孝父母　友兄弟　亲宗族　训子孙

慎婚姻　严承嗣　勤职业　敦节俭

姓氏派语选录

凌冲陈氏

堂号：颖川堂

派语：钦宪元良　万纪朝常　崇志正谊　明道安邦

英资应世　祖德辉光　策书敬授　师范永昌

凌冲刘氏

堂号：彭城；谱载分堂号：永思堂

派语：心志际昌平　位赞廷仕忠　高登远照世

绪德启文明　基开欣本立　实大益声宏

孝友承先泽　诗书蔚国桢

凌冲邓氏

堂号：南阳堂

派语：开基永久能　佐朝璨凤羽

子楚实孟奉　日有琼守汝　知必振昌大　文光景象新

学原宗孔圣　道可法先人　贤孝传家远　诗书裕后昆

英才逢万世　发达庆昇平

格塘邓氏联谱派语：动静分翕闭　类族始于寅　亚当标异说　盘古属遗言　溯厥轩尧初　干劲支柯蓁　舜日咨尔契　庞命膺眷求　荫袭封叔曼　逮祁刚造端　聘鲁见交邻　强种潢胄频

懿哉我司徒　指挥拯陆沉　加秩享疆邑　垣次冠五辰　执艺淳且备　来昆普遵循　缨簪缵旧服　介祜万斯年

凌冲李氏

堂号：陇西堂

派语：扬恢式绪豁　达起纹心顺　德家运泰临　谨厚贻谋远　宽仁裕后长　勋高华国策　道直永书香

凌冲周氏

郡望堂号：汝南堂

派语：辛志马腾宗　承邦玉士德　宪孔大家修

文章光上国　诗书启后贤　礼义辉先哲

忠孝继芳声　经猷昭法则　盛遇庆明良

秉真纡伟策

凌冲程氏

郡望：广平堂；谱载堂号：世忠堂

派语：庭大良奇佑　志倍德泽昭　人材光士会

继序再贤超　华国文章盛　开宗正学纯

家声元有本　世业允维新

凌冲何氏

郡望：庐江堂；堂号：乐安堂

派语：有贤承启佑　作述振家声　忠孝敦先本　因之际盛明

凌冲曹氏

堂号：谯国堂

派语：崇政房前十五世祖派语

玉懿汝良彦　文崇单恒应　之昌远绍开

十六世以下派：家盛英才广　典修治策长　承宣逢泰世

振起在名邦　祖泽辉衡岳　宗勋焕楚江

存心培值久　作善发嘉祥

凌冲彭谭

彭谭两姓堂号：郡望堂号　“陇西郡”——“弘农郡”。谱载堂号：敦伦堂；自立堂号：“西农堂”

谭氏敬详公一脉派系：敬宗文允志　廷国克居维

英贤开大德　俊彦绍鸿规

辛酉年（1921）续派：　昌炽承芳泽　滋培裕厚基

观光祈蔚起　济美庆咸宜　忠孝家声振　诗书世序知

凌冲黄氏

郡望堂号：江夏郡

派语：总祠通派（以香公为一世，自六十一世始）

大费生民始　渊源少昊长　名官怀德远　佑后作虞良

受命垂型日　承家食采方　发祥同子姒　肇锡类姬姜

善御功钦衍　分封域共江　会齐交自正　在楚祚弥昌

国仰春申义　篇成博士章　中山闻诏语　东观启书藏

两代通侯贵　千秋祖业光　合宗文节续　先泽炳淮阳

老派：益友启志万　朝金正文璜

原派：成德立本　世锡荣昌　学开贤士　家显才良

宗功裕远　祖泽腾芳　懋昭先绪　长发其祥

凌冲王氏

总堂号：太原堂

分堂号：三槐堂

派语（自十八世始）：启兆万龄　绵衍愈耀　简笃象贤　德先忠孝　树立宏猷　光昭学校　大振本元　家声远绍

凌冲尹氏

堂号：天水堂

派语：文元用思水　声名应时荣　朝廷轮袭选　忠孝最超英　继绪承先志　敦伦起后昆　诗书扬彩焕　世泽自兴隆　三支成鼎象　观上本同宗　复见传家宝　宜知大有容

凌冲潘氏

堂号：荥阳堂

派语：德力昭先训　培植在心诚　美彦能振起　宜述定儒林

凌冲余氏

望郡：新安堂

派语：可嘉宗懋士　开来世宏猷　隆文传国宝　树立振家声

修身先正本　作善兆锺祥　光荣恢祖泽　敦厚益昌亨

凌冲郭氏

堂号：崇本堂

派语：丹衷辉上式　余庆兆家祥　孝弟承芳久　恭忠植福长

和声鸣盛治　积善发书香　裕后绵湘楚　人文焕国光

凌冲姚氏

望郡：吴兴

堂号：能俊堂

派语：亹承贞受文　必以仕秉正　安定邦立忠　华章逢国运

教育振家声　守道如珍友　敦修自景行　奇才光后裔

盛业继先程　经术儒林重　勋猷著鼎铭

福五郎房派语：禄承贞福顺　念思永志正　贤能显祖荣

凌冲熊氏

堂号：江陵堂

派语：

原派：南能延尚希　鸣周国政奇　百世钟人文　克道应仲宜

迁楚老派：珷冕朝北　国仕藩涓　维周之祯　明润业煌

新派：陛监江林照　增铭泽本煊　圭钟湘楚焕　孝锡汉樛辉

凌冲樊氏

堂号：柔嘉堂

派语：义正福任萃　子元礼法真　词雄赋乃美　才高诗自清

德诵崇思道　存必秉忠孝　见立本仁宗　光前华国肇

富庶英贤盛　作善吉祥临　耀祖彰先烈　学益永传名

邦家昭大业　庆笃万年庚　恩长功泽久　雍熙世寿昌

凌冲范氏

郡望：高平郡

堂号：麦舟堂

派语：

老派：仲纯正直公　士纶辉澄　垺昌松巘

旧派：钟秀仁世志　永玉祖宗金　继立日绍绳　守国忠显承

清咸丰庚申年新拟派语：文献新鸣盛　材能教化先　诗书垂后代　礼乐慕前源　发达光增耀　家声佑启贤

凌冲胡氏

郡望堂号：安定堂

派语：登应佛良绍　仕深日安印　文常洪桂继　开瑞徵先泽　承封庆以长　传家惟厚道　典绪在书香　必式师苏矩　才留青史光　春秋夫子志　奉若是圭璋

凌冲董氏

望郡堂号：陇西堂

派语：儒雅期忠孝　良统仁有芳　尚应学绍先　方正铺家帮

犬敔声名远　宏开世泽长　鸿天昭盛世　华国迪前光

凌冲曾氏

堂号：鲁国堂

派语：清圣祖赐派（自六十三世始）：宏闻贞尚衍，兴毓传纪广，昭宪庆繁祥。清宣宗赐派：令德维垂佑，钦绍念显扬。民国元年袁政府颁派：建道敦安定，懋修肇彝常，蔚文焕景瑞，永锡世绪昌，各族多不平用。

凌冲杨氏

堂号：四知堂

派语：克世子宗万　楚立振以惟　永绍昭先德　诗书启俊奇　贤嗣承吉泽　中道守芳贻　修定徵文献　兴隆应凤仪　盛朝开景远　本大日蕃枝

凌冲张氏

堂号：金鉴堂

派语：大宝时国日　万正仕祈芳　和世家声远　千秋学业长　承宗敦孝友　应题启文光　基植先培本　源开永发祥

凌冲彭氏

郡望：陇西堂

谱载堂号：继序堂

派语：幸遇昌明日　宇宙太和新　朝廷贤德重　世家文武兴　弦诵九州台　诗书万国闻　庠序时勤习　科甲自联登

凌冲萧氏

堂号：河南堂

派语：定志如德成邦立　贤良方正永祯祥

大希道学光先泽　召启人文裕后昌

凌冲熊氏

堂号：江陵堂

原派：南熊廷尚希　鸣周国政奇　百世钟人文

克道应仲宜

迁楚老派：珷冕朝北　国仕藩滑　维周之桢　明润业煌；新派：陞鉴江林照

增铭泽本煊　圭钟湘楚焕

孝锡汉樛煇　经义鸿猷裕　勋高美赞襄

崇儒贤继起　励志自荣昌

凌冲徐氏

堂号：东海堂

派语：树立本经　敬宗克孝　才达名儒　庆延华诰

凌冲高氏

堂号：渤海堂

派语：子伯文彦万　习承贤思明　盛光绍造益

洪昌德泽荣　正本遵先训　襄猷秉国成

诗书开甲第　礼义振家声

凌冲虢氏

堂号：新平堂

派语：有伯庭兴、承之可荣

清初增：文光上楚、武显大清

咸丰七年（1857）邦房新增：代著芳名重　时昭令德成诗书世泽　礼义振家声

同治十三年（1874）颜房改：代传名振　时昭德成　诗书世泽　礼义家声。

又增：元勋永绍　峻业维宏　忠孝继启　道学昌明

凌冲任氏

堂号：乐安堂

旧派：玉显国绍光　元文明会典　清泽世延长　永年隆黻冕

续派：忠孝承先德　诗书裕后昆　英才能继美　蔚起焕龙门

再续：祖荫贻谋厚　孙枝大业昌　渊源传万祀　华胄允名扬

凌冲侯氏

望郡：上谷堂；谱载堂号：有心堂

派语：贤公经楚大　一家之世昌　国佐开基永（鸿业）　宗源庆衍长（家声振万方）　雍和承教育　焕发裕文章　名显光先德　英才绍远祥

凌冲汤氏

望郡：中山堂

派语：开始四派：名贤千仕

续立派：存有中山　俊裔腾黄　远德本一心　万世家声显

新增派：鸿文克启　景运延昌　永启其业　为国之光

广增派：书纪丕承绪　诗徽长发祥　开基贻厚荫

传代续余其　学守人伦重　功思我武扬

才多雄海陆　族大耀衡湘

凌冲沈氏

堂号：三善堂

派语：敬明其德　永言保之　本支百世　古训是世

地名典故

团头湖

团头湖位于长沙市望城区境西北边陲，西与宁乡朱良桥接壤，东起靖港新坝堤，北沿乔口丁家咀、韩家垅、邓家湾、施公坝、黑公咀、黑山湾、谭家山，西南抵格塘柏叶、凌冲，全长约8千米，宽约1千米，湖岸曲折多弯，呈不规则的长条和鹿角状，总面积667公顷，是长沙地区最大的内陆湖泊，原为南洞庭湖口岸之一。因远望湖的形状极像一只巨大的团鱼（甲鱼）头而得名。团头湖一带是早期人类活动的场所，有迄今在望城境内发现最早的人类活动遗址。团头湖有很多优美的地名传说。其水域分为团湖、仰天湖、婚姻湖等10个湖。婚姻湖，传说在左家山的孙姓与花山岭的刘姓隔湖联姻而得名。孙家用船过湖接新娘子时，湖中出现了群鱼戏水的奇特景象，孙家的读书人听说之后说：这是祥瑞之兆，日后孙刘两家都将昌盛。日后果然孙家人当官，刘家人发财，两家合伙买下群鱼戏水的那片水域取名婚姻湖。团头湖中有游鱼泡洲、驴卵洲等10洲。据说湖棚桥有一个姓周的穷汉死了没有祖山归葬，正好地仙杨觉斌经过团头湖时，看到湖中一小岛，地脉非同一般。杨觉斌对湖中一指说，那是一块“游鱼抢泡”的好地，葬了肯定会发迹。20年后穷汉的儿子长大成人，在外做生意发了大财，回家买了100石田，游鱼泡洲就越发出名了。团头湖沿岸有马转坳、仙泥墩、养女晒羞等48个咀，其中凌冲村境内占10个咀。团头湖是长沙地区水产养殖基地，养殖有成鱼、鱼苗及珠蚌、闸蟹等特种水产。

仙泥墩

仙泥墩属靖港镇凌冲村，地处团头湖边的南岸，其周围都是平地，远远望去，

团头湖（刘湘东 2021 年摄）

像一个巨大的树墩。这里原本是一处湖边滩涂，并无山丘，这泥墩是怎么形成的呢？这里有个神奇的传说。相传吕洞宾贪酒，醉而忘返。突然天上擂鼓三通，吕洞宾惊起。慌乱中不择路，一脚踩空，踏入泥沼，鞋底上沾了一坨泥巴，在踏上云头时，一连几次跌落下来。跌跌撞撞来到团头湖边，才发现鞋底上沾有泥土，便使劲一蹶，泥土掉落湖边，成为一座山包。此山包泥质坚硬，有别于周边地上的泥色和泥性，然树木生长茂盛，乡人异之，名其山包为仙泥墩。1962 年，修六岔湖，因仙泥墩土质带有黏性，被挖去三分之一的泥土筑堤。

仙泥墩（刘湘东 2021 年摄）

凌冲

凌冲，是由凌头冲、烂泥塘、蓑衣塘组成的片村，总称凌冲。一说，早年凌冲境内刘姓居多。刘姓中有一富户，名叫刘凌，住在冲之上首，拥有大片田山，人们便称那里为凌头冲。久之简称为凌冲。另一说旧时凌冲所在地方盛产凌角藤，能有效清除人体内的热毒，在医疗技术不发达的过去，凌角藤解除了很多人的疾患，久而久之此地的原有地名已被人忽略而代之以凌藤冲远近闻名，后又简称为凌冲。

凌冲（刘湘东 2021 年摄）

华林塘

华林塘位于凌冲华林塘组，是一口面积在 7 亩左右的山塘。洪武二年(1369)，刘氏世骅公落业射蛟岭，传 10 代后一支迁凌冲。明末清初，其第 11 世孙刘华林分居洪山庙。洪山庙山峦起伏，远离水源地团头湖。刘华林所种数 10 亩山汊田因干旱年年歉收，有的年份甚至失收。那年 10 月，他带领 3 个儿子在自家山汊田上游山口开掘山塘。几个月下来，居然开出 7～8 亩大的山塘。次年春雨连甸，新开的山塘蓄满了水。从此以后，所种的山汉田都成了水荫田，而刘华林累得一病不起。后人为之感动，将此塘命名为华林塘。

陈碧照

陈碧照位于凌冲农科组。清朝嘉庆年间，陈碧照在此开一商铺，经营杂货、旅店、屠房。因陈碧照讲诚信，商品货真价实，生意越做越兴隆。久之便成为地名。在民国35年（1946）的“长沙县地图”上，陈碧照作为一个地名被标出。

陈碧照（2020年）

彭家油坊

彭家油坊在凌冲谭家大围子附近。早年这里多油茶林。一个叫彭天一的看准商机，带着彭氏族人前来开油榨坊。后种油茶树、采油茶果、榨油、销售茶油，都是彭氏族人经营。彭家油榨坊远近闻名，久之便成为地名流传开来。

斗笠岭

斗笠岭在今凌冲境内。山顶远望状若斗笠，面积约7亩。早年秃岭荒芜、地脊人贫。或有寿终辞世者埋葬于此山，人说戴斗笠的黑脚杆子们面朝黄土，背负青天，终年劳苦，死后仍不离斗笠，故名斗笠岭。1958年“大跃进”时，山顶被推平，办起了红砖厂。

黄家大山

黄家大山在今凌冲境内，面积近 30 亩。山势陡峻，为原格塘乡最高点。此山原为黄氏祖山，树木不多，东一棵、西一棵，稀稀疏疏，是鸟不落、兔不藏的荒山。对此，黄氏后人埋怨，此山风水不利，总不见发财出人才。据传，黄氏后裔请地仙作法后，家族逐渐兴旺。

谭家大围子

谭家大围子在凌冲茅栗冲组，面积约为 300 亩。谭氏五修族谱记载“谭家大围子在长沙新康都七甲（今凌冲村），茅栗冲、无名岭、牛栏坡、朱塘均隶在内”，原为谭氏家族所属。谭家大围子有一“老门楼，凌冲谭氏立派祖涟公，自梅洲始迁格塘所建也。涟公博览山水，自前明宏治五年（1492）卜宅于斯”。20 世纪 50 年代谭家大围子原始生态保存良好，山下有三只大柞树，树冠宏阔，每树有三根树杈，每根树杈须 2 人才能合抱，50 年代末期，森林被毁。60 年代，谭家大围子种植油茶树，因油茶树零散，不成规模，后换植为茶叶。

众姓义渡

在团头湖南岸凌冲村境内的湖畔有一个渡口，通过渡口过湖与对岸乔口镇花山村相连，是一条凌冲经渡口通达乔口、宁乡长巷子，直至益阳、常德等地的交通要道。渡口附近建有一个四缝三间出厢房的渡口亭，前来过河的行人在渡口亭候船歇脚、遮风挡雨。相传，渡口始建于明朝末年，由附近一刘姓先祖发起，众姓人家捐款捐物，用所捐的款物建亭造船，并买下田产，田产一年可收租约 26 担谷（一担约 60 千克），以养渡口管理之用，嘉庆年间立有“众姓义渡”的石碑。20 世纪 40—50 年代，有邓九满爹、陈秋爹、陈四爹、邓细满爹等轮流管理渡口，5 年一轮，每年 26 担谷的报酬（相当于长工的年薪），由渡口田产租谷支付。冬天渡口由行人自己悠绳索过河，渡口除每年正月初一至十五由驾船者收点喜钱（船上放一个筐箩，由行人自动往筐箩里丢喜钱，多少不限，无钱也不强求）外，其他时间均为义渡。1958 年，因兴修水利，石碑被人搬走，渡船遗失，渡口亭也被拆除。取而代之的是船工刘长秀等人驾驶机帆船过河，行人 5 分钱一渡。

洪山庙

洪山庙位于凌冲村令旗塘组，始建于清代同治年间。民国时期，洪山庙搬迁

众姓义渡（何雪苗画）

至凌冲村安子塘组，占地面积0.27公顷，建筑面积400平方米，两进两层，木板楼，外墙为大青方砖，屋内木雕、石雕随处可见，门窗精雕细刻，殿内雕梁画栋，庙内立有洪山王爷神像。中华人民共和国成立前，塾师周够堂在此办有私塾。中华人民共和国成立后，政府接管原有的洪山庙学校，开办一个公立初小班。1956年，开办2个班（1个一年级班、1个六年级班）。20世纪70年代中期，华林大队拆庙建学校，洪山庙被毁。2014年，由信民陈明大发起，近20户信民捐款赠物，能工巧匠精雕细琢，在原址令旗塘组恢复洪山古庙，建筑面积约60平方米。

范家铁铺

范家铁铺位于凌冲华林塘组，铁铺老板叫范禄青。20世纪50年代，范禄青传承祖业，以打铁为生，其长女帮助抡大锤，主要产品有锄头、耙头、菜刀、斧头、毛镰刀等，大件有犁、耙等农具。范禄青手艺好，讲诚信，打出的铁器质量上乘，货真价实，经久耐用，凌冲一带的农户人家大都到范家铁铺购买或定制。加之范家对子女教导有方，成为方圆典范，范家铁铺由此远近闻名，成为标志地名。

牌楼屋场

牌楼屋场因位于百岁牌坊所在地而得名。百岁牌坊位于凌冲村东风组。清道光年间，何家坪的何氏女子，嫁与新康都七甲下五区（凌冲樟树垅）刘启玟，婚后生有6子1女，其中一子刘文锦过继给胞兄刘启瑞。民国14年（1925）左右，

新修建的洪山庙（2015 年）

出生于清道光十年（1830）的刘何氏老人已经年近百岁，其已过继的刘文锦等依然侍奉老人左右，刘文锦筹建百岁牌坊为母贺寿。牌坊为四柱三楼麻石结构，单檐十字歇山顶。平面一字形，坊下柱间中间宽阔，二耳较窄，均可以通行。梁架、斗栱、椽飞、垂莲柱及下层柱枋花板台基等均为麻石，额枋上刻有浮雕花卉等图案，牌坊正面左右横额分别阴刻“遐”“龄”二字。民国 19 年（1930），老人正值百岁，在举行百岁牌坊竣工、老人百岁寿诞双庆盛宴之际，儿孙亲朋举杯祝贺，老人欣然举杯相饮，饮罢开怀大笑，于笑声中驾鹤西归。1962 年，当地修六岔湖，百岁牌坊被毁。石头构件有的弄到塘边搭了跳，有的被人弄走搭了便桥，有的做了屋场的阶基，有的被运到六岔湖修水利。如今在百岁牌坊原址及附近的塘边、堋边、田边、山中仍留下搬不动的或残缺的石柱、石板，有的上面雕刻着浮云、花草等，其中一块刻有“降服男文锦因报亲恩竭诚专建”的碑记被完整保留下来，成为百岁牌坊建设情况的文字档案资料。

马道子

马道子位于凌冲村东塘组。清代雍正年间，当地有一姓陈名春林的大户人家，为儿子陈武力准备考武状员，专门修建马道驯马。因环境和条件优越，一些外地人也慕名前来驯马，久而久之，此地便因驯马场而出名，乡村俗语称之为马道子。

黄驿马

黄驿马在马道子附近，一姓黄的人家从众多的驯马人群中看到了商机，在马道子附近建了一个歇马店（也称驿马亭），专门用来拴马，提供喂马的草料等服务，故称“黄驿马”，现地名也被简写为“王一马”。

烈马回头

烈马回头靠近团头湖边，也与马道子相关。在此驯马的客人觉得这里服务好，驯马的设施完备，很是满意。客人训完马，骑马离开马道子，经过一个山嘴时，马似乎很通人性，还回头一望，像是在留恋这个地方，故被人称之为“烈马回头”。

篮盘岭

篮盘岭位于凌冲村高塘组。明朝时期，在凌冲一带，高岸稻田缺水，有先人在此开挖一口水塘蓄水荫田，面积约 3 亩，将挖出的泥土堆在一旁，水塘挖完后，挖出的泥土堆成一座小山包。为了防止水土流失，主人在山包上种植有树木。多年后，树木生长成林。因山包形状像篮盘，被人们称为篮盘岭。清朝末年，一姓邓的人家见此地风景好，便在此修建房屋安住下来。过春节时，写了一副门联：上联是“团湖水秀”，下联为“盘岭山清”。

何家湾

桃花塘何家湾由何氏聚居此湾而名。

桃花塘

桃花塘位于桃花坡组，桃花塘的一侧桃林茂密，桃花落满塘而名。

鸦鹊塘

桃花塘位于鸦鹊塘组，鸦鹊塘边原有棵大树，树叶繁茂，鸦鹊栖居故名。

茅镰塘

桃花塘位于茅镰塘组，塘侧杂木多，茅草丛生，故名。

茯林塘

桃花塘位于凌冲村上横塘组，占地面积约 80 亩，此塘椭圆，形似土茯岭，故名。

蛇形山

此山在团头湖边，弯曲如蛇戏水，故名，是团头湖48咀之一。

瑶塘

桃花塘位于东塘组，此塘大而圆，周围多产夏至桃，味鲜美，故誉为瑶塘。

藕塘

桃花塘位于凌冲树山组，为相连的二口长塘，形似莲藕，故名。

西围子

桃花塘位于凌冲长塘组，是1962年在团头湖西岸围垦的小垸，故名。

令旗塘

令旗塘位于华林片区境内，面积约10亩。相传，上古时代，玉皇大帝命灵官率天兵天将缉拿因调戏嫦娥仙子而触犯天条的天蓬元帅，双方大战九九八十一回合，打得天昏地暗。天蓬元帅使尽18般武艺，打得天兵天将丢盔弃甲，九齿钉钯一钯封旗，斩落了天兵天将的令旗，旗倒天兵散，纷纷落荒而逃。而令旗掉落凡间，泥泞四溅，原本优雅的田园风光，被砸出2个泥坑，满目疮痍、生灵涂炭，大煞风景。玉皇大帝知情后倍感愧对凡民，便嘱观音处理善后事宜。观音受命后腾七彩祥云而至，玉手向泥坑缓缓画2个圈，再从玉净瓶中取甘露和柳叶，玉指轻弹，顿时，两个泥坑便成了波光粼粼的两个水池，鱼翔虾跃，沿岸杨柳依依。此后，这里风调雨顺，五谷丰登。当地百姓因祸得福，便感恩戴德，故将其中的一口水塘命名为“令旗塘”。

马鞍塘

马鞍塘在令旗塘附近，面积约10亩，也是神话传说而取的地名，相传是天蓬元帅大战天兵天将时留下的“杰作”。天蓬大战天兵天将时，采用“擒贼先擒王”之法，天蓬朝天兵首领灵官使出一招金耙锄地，灵官使尽全力才堪堪躲过。不料，金钯击中灵官的马背，马鞍应声落入凡间，形成另一个大坑。之后，观音处理善后，玉手一挥，泥坑便成为波光粼粼的水池，故当地百姓名其为“马鞍塘”。

桃花坡

桃花坡在令旗塘、马鞍塘附近，也与令旗塘、马鞍塘相关。观音在处理完2

个大泥坑后，见泥坑边溅出的2个泥堆难入法眼，便玉唇微启，仙气拂去，2个泥堆就成了郁郁葱葱的小山坡，特别是次年春天，山坡上桃花盛开。那真是“若是人间四月天，不逊王母蟠桃园”。故被人们命名为“桃花坡”。

侧船行

侧船行位于凌冲村樟树组杨梅冲万宝山。清代康熙年间，原属湘江出洞庭湖口，后因泥沙淤积，渐成洲土。因沿岸有多家窑厂，经常有乌篷船沿水道来这里贩运窑货。繁忙时，停靠岸边装货和等待装货的乌篷船排满沿岸。因有一条船在水道旁搁浅，船主想尽各种办法均无济于事，只得等待洞庭湖涨水。康熙二十五年（1686），当地围垸造田，开始筑梁家坝垸（后被合入大众垸），杨梅冲被围在垸内，水道被堵截，船主等涨水的期待被化为泡影，那条船被永远陷入垸中。久而久之，此处被人们称为“侧船行”。

古遗之村

凌冲地域历史悠久，早在五千年前就有先民在此生产生活，留下了丰富的文化遗存，一件件石器，一块块陶片，一个个陶坠，无一不记录着先民的智慧和足迹……

遗址发掘和保护

遗址发掘

1987年5月20日至6月20日，望城县在开展第一次全县文物普查时，发现团头湖遗址群，在专家的指导下，通过1个月的不间断野外普查作业，完成团头湖遗址群的普查工作。团头湖在望城西北边陲，与宁乡县朱良桥乡接壤，湖岸曲折多弯，古为南洞庭湖汊口之一，原水面670公顷，是长沙地区最大的内陆湖泊。水面海拔30米时，水深约4米。湖岸周边土质松疏，自然资源丰富，加以气候适中，雨量充沛，为人类早期生息繁衍提供了理想的场所。经专家考证认定，团头湖遗址群是一处距今5000多年的新石器时期文化遗址，总面积约20万平方米，有16处文化遗址，15处窑址，文化层内涵丰富，延续时间长。其时，湖南地区已进入父系氏族社会，大致相当于长沙中游的屈家岭文化阶段。从团头湖遗址群发掘的器物证明，这时的生产工具已有较大的改进，住房多为干栏式建筑，氏族仍保留有密集成片的基地。男性随葬的生产工具有石斧、石锛、石铲等，女性随葬品则多为陶纺纶，反映当时的男耕女织的原始生活。团头湖遗址群中，凌冲村境内有7处文化遗址，分别为庙嘴山遗址、橘园遗址、牌楼屋场遗址、火头山遗址、螺坨晒衣遗址、仙泥墩遗址、石巴咀遗址。其代表性遗址为：庙嘴山遗址，该遗址位于团头湖西南岸凌冲村长塘组的一处台地上，总面约5000平方米，台地高出周围地表约30～60厘米，文化层厚约30厘米，距地表深度不一，最浅处距现地仅10厘米，包含物主要为红

1987年文物考古队员合影

烧土颗粒及陶器残片，陶片以红陶为主，兼有红褐陶及少量灰陶，泥质、夹砂均有，出土可辨器型包括鼎、豆、罐、盆等，是一处新石器时代文化遗址。另一处代表性遗址位于凌冲村高塘组，属商周时期文化遗址，称为螺坨晒衣遗址。该遗址台地东、西、北三面临团头湖，总面积6000平方米。遗址中部有一条东西向脊线，南北两侧为缓坡。遗址表面分布有较丰富的文化堆积，采集标本包括石器和陶器两类，石器有斧、砺石和箭镞等；陶器以夹砂红陶为主，可辨器型有鼎、罐、豆等。这些遗址的发掘，为丰富望城县历史文化内涵提供了珍贵的实物资料，对研究了解望城境内乃至洞庭湖平原地区早期人类活动及文化发展演变具有重要价值。

团头湖遗址的石器

团头湖遗址的陶片

2007年11月至2008年年初，望城县开展第三次文物普查，时间为3个月，市文物考古所所长何旭红率赵小华、史玉田等专家，县文物局副局长凌浩、干部刘新等组成文物工作普查队，利用冬季枯水季节，对团头湖遗址群进一步复查核实，以村为单位，对地上、水下的不可移动文物，其中包括古遗址、古墓葬、古窑址等的分布数量和保存情况，填写普查文字档案、评估其历史、艺术、科学价值，为以后申报文物保护单位做好准备。普查工作队沿团头湖边进行地面踏查，主要查看坡面、房前屋后、田塍边、土面，仔细寻找遗留物。同时，还召开当地老人座谈会，重点访问知情人士等方法进行核查，采取填写文字登记表、绘图、拍照等方式，并运用网络、定位系统等现代化设备固定不可移动文物点。提高文物普查的实效性和相关标本、数据采集的标准性、科学性。经踏查核实，专家考证、价值评估，确定庙嘴山遗址、螺坨晒衣遗址2处遗址为申报县级文物保护单位，橘园遗址、火头山遗址、仙泥墩遗址、石巴咀遗址4处遗址为申报一般文物保护单位。

遗址保护

1987年，凌冲村党支部、村委会在配合县文化局开展文物普查的同时，广泛开展文物保护的宣传活动。同时，与文物部门一道，对凌冲境内发现的7处文化遗址，逐一落实义务保护人。庙嘴山遗址保护面积约5000平方米，火头山遗址保护面积660平方米，两处遗址明确长塘组王青为义务保护人；橘园遗址保护面积约1000平方米，牌楼屋场遗址约800平方米，两处遗址明确东塘组刘再国为义务保护人；螺坨晒衣遗址保护面积约4000平方米，明确高塘组的易福生为义务保护人；仙泥墩遗址保护面积约2300平方米，明确高塘组陈让奎为义务保护人；石巴咀遗址保护面积约4000平方米，明确桃园组王佑生为义务保护人，逐一签订保护协议，明确遗址保护的事项。1989年，凌冲村配合县文化局、格塘乡政府在团头湖遗址群所在的村民组开展文物保护宣传活动，张贴望城县人民政府批转县国土局、县建设局、县公安局、县文化局《关于在城乡基本建设中加强文物保护的意见》的通知，逐一上门听取遗址义务保护人遗址保护情况汇报，督促其履行遗址保护的义务。1998年6月，凌冲村配合县文化局、格塘乡政府在团头湖遗址群所在村民组，开展文物保护宣传活动，张贴望城县人民政府发布的《关于加强全县文物保护管理工作的通告》，并对7处文化遗址进行全方位的查看，督促文物保护人员加强管理，认真做好巡查记录，及时汇报情况。2007年底，凌冲村配合文物部门、格塘乡政府结合开展文物普查，广泛开展文物保护系列宣传活动，向遗址所在村民组发放望城县文物部门所印制的《文物保护宣传手册》，以遗址所在地几个村民组为中心，举行“文物宣传电影晚会”，开展“文物普查知识有奖竞答”等，以提高当地群众的文化遗址保护意识。2008年2月，格塘乡政府聘用刘再国、王青、王佑生、易德祥、谭扩军5人为凌冲村不可移动文物保护责任人，签订文物保护责任书。规定文物保护责任人应掌握并熟悉所负责保护的文物点的时代、保护范围、保护现状和文物等级；对文物点周边群众进行文物保护知识和法律、法规宣传；定期对文物点进行巡视并做好相关记录，发现人为破坏或在文物点附近违章搭建及其他动土建设行为应立即予以制止，并及时与政府、公安和文物部门联系；协助政府部门或文物部门对文物进行安全、消防等检查工作；注意地下文物的保护，如发现有在地下文物附近施工或未经许可擅自发掘地下文物或偷盗文物应向公安机关报案，并做好现场保护；因文物保护责任人失职导致文物点损毁的，将依法追究其相关法律责任；文物保护责任人根据所管理的不可移动文物的级别、数量和实际工作量领取工作津贴等。至此，文物保护实现由义务保护向有偿保护转变，文物点责任人由县文物管理局建立档案，实行薪金制和责任追究制。2010 年，凌冲村贯彻执行《长沙市不可移动文物安全管理实施细则》，对 7 处不可移动文物点开展实地巡查和电话询查，各文物保护责任人按要求建立巡查台账，翔实记录责任人每天巡护情况以及上级巡查和与文物点保护相关工作。

文物保护人聘书

文物保护责任人胸牌

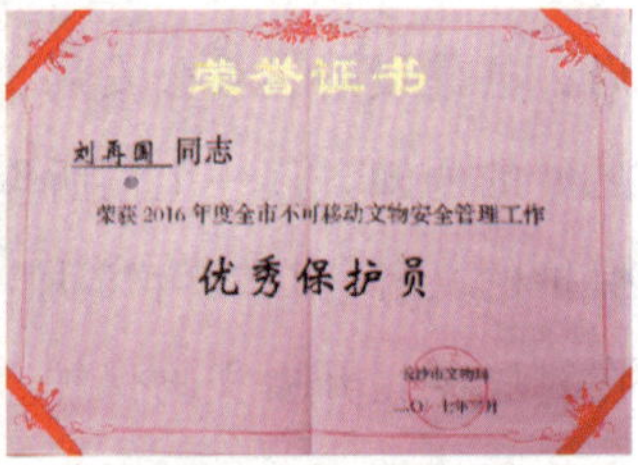

文物保护人荣誉证书

2012 年 5 月，凌冲村组织文物点文物保护责任人参加格塘乡举办的文物保护知识培训班，培训学习相关文物法规，不可移动文物管理办法和安全台账及资料管理知识，进行消防技能演练，尤其注重每位文物保护员对各自负责的不可移动文物点的基本资料、核心地貌、保护范围、建设控制地带及消防、安全防控重点部位等情况的掌握。同时发放文物保护宣传手册。2013 年，凌冲村按照上级文物管理部门要求，将文物保护工作纳入村级年度的重要工作事项中，成立凌冲村文物保护领导小组，全面统筹、协调文物保护工作，并根据格塘镇制订的文物保护工作相关制度，相应制订、细化和完善凌冲村《关于不可移动文物安全责任追究制度》《文物点巡查制度》《文物点突发事项应急处理预案》等一系列制度。是年 10 月，凌冲村组织文物专干、文物保护责任人、文物保护志愿者参加格塘镇举办的文物保护工作培训。2014 年，望城区文物管理局向文物保护责任人颁发文物保

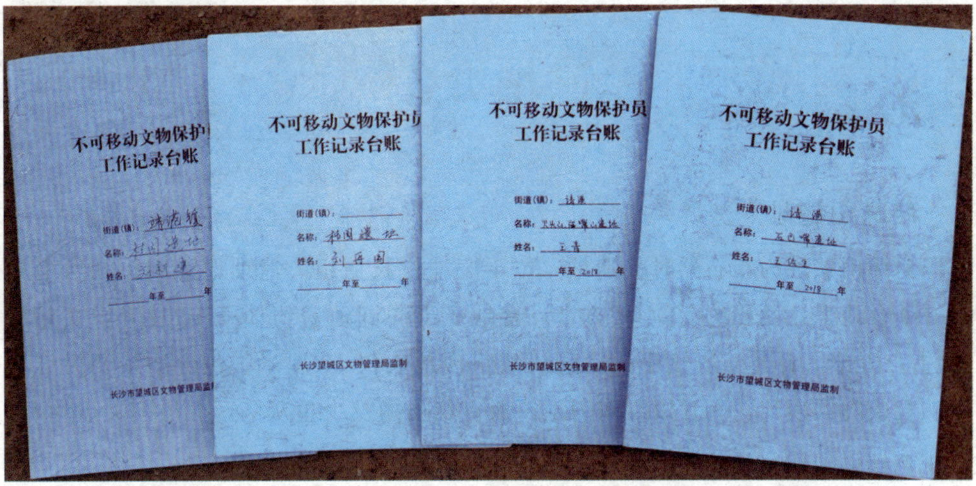

文物保护台账

护员证，做到持证上岗。2016 年 6 月，望城区人民政府发布《关于公布第三批文物保护单位的通知》，将凌冲村境内的庙嘴山遗址、螺坨晒衣遗址定为县级文物保护单位，橘园遗址、火头山遗址、仙泥墩遗址、石巴咀遗址定为一般文物保护单位。2017 年 3 月，橘园遗址文物保护员刘再国因管理细致、台账记载翔实，巡查经常，被长沙市文物管理局评为不可移动文物安全管理工作优秀保护员。2021 年，凌冲村配合上级文物管理部门开展文化遗产日宣传，对境内 7 处遗址组织 4 次实地检查，每月至少进行 1 次电话询查，对文物点责任人逐一上门检查台账、听取情况汇报，文化遗址保护工作走上经常化、制度化管理轨道。

遗址介绍

庙嘴山遗址

庙嘴山遗址为新石器时代遗址，位于凌冲村长塘组。遗址地处团头湖西南岸的一处台地上，面积约 5000 平方米，台地高出周围地表约 30～60 厘米，文化层厚约 30 厘米，距地表深度不一，最浅处距现地表仅 10 厘米。包含物主要为红烧土颗粒及陶器残片。陶片以红陶为主，兼有红褐陶及少量灰陶，泥质、夹砂均有，可辨器型包括鼎、豆、罐、盆等。

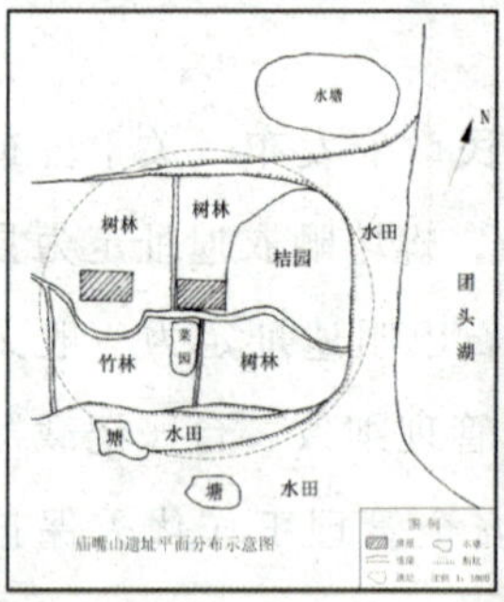

庙嘴山遗址一角

橘园遗址

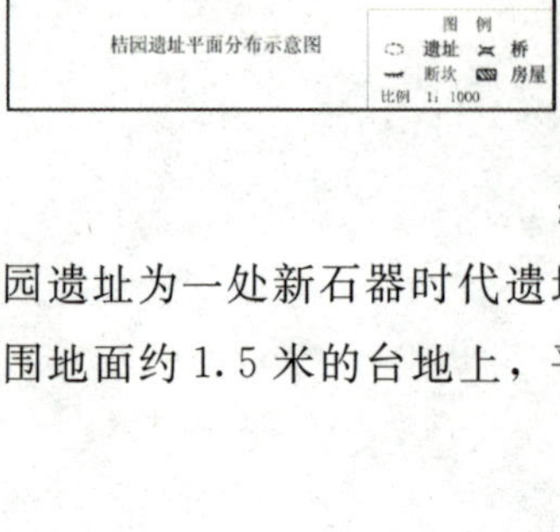

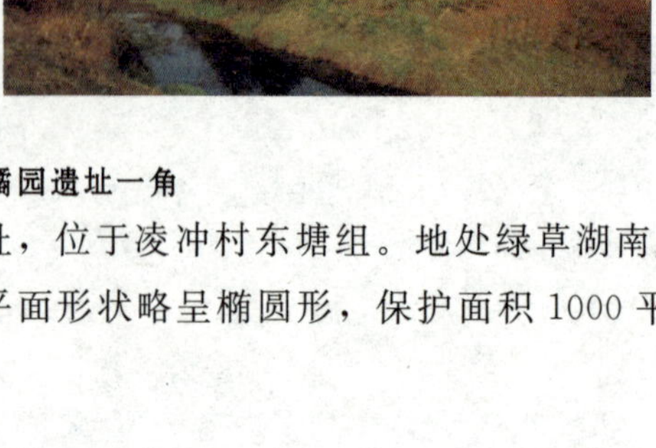

橘园遗址一角

橘园遗址为一处新石器时代遗址，位于凌冲村东塘组。地处绿草湖南岸的一高出周围地面约 1.5 米的台地上，平面形状略呈椭圆形，保护面积 1000 平方米，在台地西北侧断崖上可见文化层，厚约30～40厘米。包含物主要为陶片、红烧土颗粒和炭屑颗粒，采集有少量残陶纺轮及陶片，以夹砂陶为主，多红陶和红褐陶。

火头山遗址

火头山遗址为新石器时代晚期遗址，位于凌冲村长塘组。遗址地处团头湖南岸的临湖台地上，略呈长方形，东西长约30米，南北宽约24米，总面积约660平方米。遗址南侧的断面可见文化堆积层，厚约50厘米，标本均为泥质红陶，陶器器形不辨。

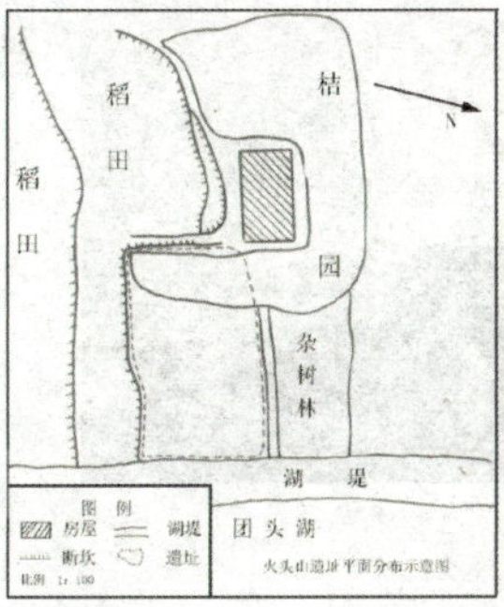

火头山遗址一角

螺坨晒衣遗址

螺坨晒衣遗址为商周遗址，位于凌冲村高塘组，保护面积约6000平方米。遗址中部有一条东西向脊线，南北两侧为缓坡，表面分布有石器和陶器两大类文物。其中石器包括石斧、砺石和石箭镞等，陶器多为夹砂红陶，包括陶鼎、陶罐、陶豆等器形。该址东南距石巴咀遗址150米。

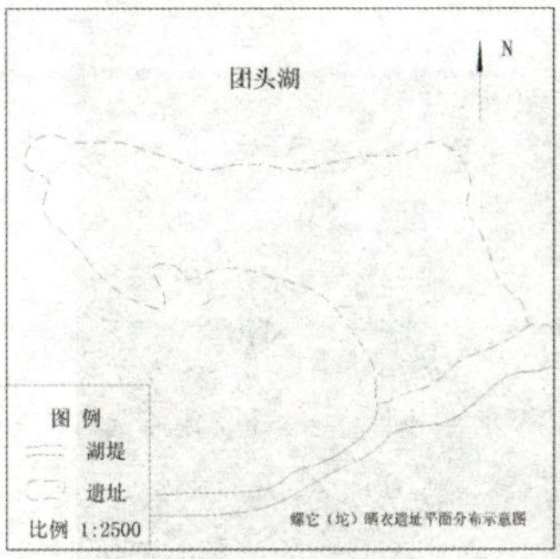

螺坨晒衣遗址一角

仙泥墩遗址

仙泥墩遗址为一处新石器时代遗址，保护面积 2292 平方米，位于凌冲村高塘组。遗址位于团头湖西南岸一处临湖台地上，地表中部高四周低，略呈龟背形，在临湖一侧一处断面上可见文化堆积，厚 20～30 厘米，内夹少量陶器残片和红烧土颗粒、碳粒，陶片主要有黑陶片、鼎足等。该遗址东南距螺坨晒衣遗址约 150 米。

仙泥墩遗址一角

石巴咀遗址

石巴咀遗址为商周遗址，位于凌冲村桃源组。遗址地处团头湖堤内侧的一块台地上，东、北、西三面为团头湖水包围，仅南面与湖堤相连，平面形状略呈梯形，东西宽约 40～60 米，南北长约 90 米，总面积约 4000 平方米。遗址中部隆起，东、北、西三面为缓坡河滩，表面分布有较丰富的文化堆积，有陶器残片和石器，其中陶器器形为陶罐，器表多饰方格纹，均为夹砂红褐陶。石器有段状石锛和石球等。

石巴咀遗址一角

风土民情

百里不同风，十里不同俗。由于特殊的地理、环境、人口构成，形成了凌冲独特的民风习俗，经过长期的演化、交流，有的已归于众化，有的已经成过往，有的又在改革开放后重新焕发生机。

节日习俗

春节

农历正月初一，是传统的春节，节前的准备，节庆的活动，持续时间较长。腊月初八，煮豆子，做霉豆酱，称“腊八豆”。年前，即有人杀“过年猪”，熏制腊鱼腊肉。腊月二十三晚，家家祭送灶神上天。腊月二十四，备酒菜“过小年”，晚上迎灶神入户。此后各家忙于大扫除、浆洗衣被等，缝制新衣，备办年货。外出人员都要争取在新年前赶回与家人团聚。

过年祭祖，既是对祖先的缅怀，也祈望祖先保佑来年的平安。祭祖一般在年三十，一般百姓人家在扫房子、净庭院、易门神、换桃符贴春联之后，或举家去祖先墓地上坟祭拜，或在祖先的遗像前摆上祭品、点上香烛、烧冥钱，让后辈祭拜。敬祖之后，吃“团年饭”（也有在大年初一早上）。一般要备 10 个菜，意谓“十全十美”，其中必有一尾整鱼，表示“年年有余”；一碗青菜，预兆“清吉平安”；吃红、白萝卜，分别寓意“财源充足”“生活富裕”“金玉满堂”。除夕通宵不眠，谓之“守岁”。过年时，晚辈给长辈拜年，长辈要将事先备好的“压岁钱”赐予晚辈，寓意“压岁祈福”。相传能压住邪祟，因为“岁”与“祟”谐音，故又称“压祟钱”。晚辈得到“压岁钱”即可度过新岁。在当晚互相串门祝贺，谓之“辞岁”。

正月初一清晨，户主打开大门，放鞭炮，谓之“开财门”；持香出门，向吉方三揖，谓之“出妖行”。并在大门两旁贴上“出行大吉”“对我生财”的吉词：有的怕小孩说出不吉利的话，还贴上“童叟之言，百无禁忌”的字句，以避忌讳。早饭前，全家敬天地，拜祖宗；饭后，晚辈向长辈拜年，亲友互相登门拜年。旧时拜年的规矩是：“初一崽，初二郎，初三初四拜地方。”初五忌讳拜年。初一至初五，扫地要向内，不宜向外倒垃圾，不宜挑水进屋。

初五过后至元宵，举行群体文娱活动，如舞狮子、玩龙灯、跑竹马、划旱船、耍蚌壳、打地花鼓、踩高跷等，到处锣鼓喧天，鞭炮齐鸣。当龙灯玩到各家时，主家要设香案，供猪头，放鞭炮迎送，谓之“接龙灯”，并备以烟酒茶点招待。在此期间，亲友互相宴请，谓之“请春酒”。财主、富商有在年关请人催账讨债的习俗，有钱还钱，无钱拿物，逼得无法还债的欠户四处躲避，但过了除夕之后，新年伊始，不得讨债。有些游民乞丐趁此机会，挨家挨户送财神、赞土地，求得打发。

中华人民共和国成立后，春节中许多传统习俗和禁忌已破除，节日气氛仍很浓厚。国家法定节假日3天，家人团聚，吃团年饭，给压岁钱，亲友拜年礼俗尚存。自20世纪80年代起，除夕之夜，人们多在电视机或收音机前，欣赏中央和地方台的春节联欢晚会节目，午夜零点，家家鸣放鞭炮迎接新年的到来。在此前后，儿童爱放烟花。党政机关开展慰问烈军属和离退休人员，组织军民联欢，举行文艺晚会和集体团拜等活动。

元宵

农历正月十五为元宵节，是中国的传统节日，古称“上元节”，夜晚称“元宵”“元夕”或“灯节”。元宵节早在2000多年前的西汉就有了，汉文帝时已下令将正月十五定为元宵节，汉武帝时“太一神”的祭祀活动定在正月十五。

凌冲的元宵夜，家家灯烛辉煌，房间、堂屋、厕所、鸡埘、畜圈都点上灯烛，所谓“三十的火，十五的灯”，还会举行灯会、玩龙、舞狮，还有“渔翁戏蚌”、彩龙船、高跷、跳罗汉等传统技艺，各式花灯，争奇斗艳，伴以锣鼓鞭炮，谓之“闹元宵”。是日，家家户户煮食糯米“元宵坨”，元宵夜家人设宴团聚，共吃“元宵坨”，寓意全家团团圆圆、和和美美。

三月三

农历三月初三，凌冲乃至靖港一带，有吃地菜子（荠菜）煮鸡蛋的习俗。其做法，用备好的地菜子（用当日现扯回效果更好）、鸡蛋、枫球子、红枣、生姜加糖一并煮熟后，每人喝1～2碗，吃鸡蛋1～2个，可明目、清热、解毒、祛风。此习俗一直保留至今。

清明

凌冲一带将扫墓称为“挂山”或“挂坟”，有“前三后七”之说，即清明节的前三天后七天为扫墓期（新坟则在春分前）。

扫墓祭祀，一般要将墓地清理干净，拔出墓地杂草加土插上“挂山条子”，供奉备好的酒菜，以表“慎终追远、怀念先人之情”。清明节这一天，农谚有“二月清明迟下种、三月清明早下泥”“清明前后、种瓜种豆”之说。民谣云：“清明不戴柳，红颜成皓首。”还有些农村妇孺摘嫩蒿叶、夏枯草、地叶子捣碎和米粉做粑粑吃，俗称“吃青”“吃艾叶子粑粑”，有“清明吃了青，走路一身轻”之说。清明前后，富户、士绅多在此日结伴春游，谓之“踏青”。

至今，民间仍沿旧俗，但多在清明当日进行。机关、团体、企业、学校也在此日前后组织为革命烈士扫墓，或参观其故居和纪念地。

端午

农历五月初五为“端午节”。民谚说“清明插柳、端午插艾”。在端午节前人们把插艾和菖蒲作为重要内容之一，家家户户都洒扫庭除，以菖蒲、艾条插入门楣、悬于堂中、置于窗台，小孩佩戴香袋、符，额上涂雄黄，用艾叶熬水洗澡，谓可以驱虫辟邪。亲友间互赠节日礼品，徒弟给师傅送礼，谓之“送节”，吃包子（是未婚或新婚女婿送岳父母家的必备礼品）、粽子、盐蛋等食物，习俗多数沿袭至今。

凌冲附近的格塘是每年节期举行“赛龙舟”活动的主要场所之一，龙舟少则几条、多则十几条，围观群众多至数万人。赛“龙舟”分初五（称“小端阳”）和十五（称“大端阳”）两次进行。“文化大革命”期间曾一度禁止，船也被毁，自20世纪80年代起政府将其作为一种民间体育活动予以鼓励和支持，并派人做好安全保卫工作，防止打架斗殴，“赛龙舟”活动逐步恢复发展。

中元

农历七月十五为“中元节”，相传为家族亡灵归来之期。初十晚上，各户点香烛、放鞭炮，将先人牌位从神龛中请出，摆在堂屋桌上，叩头礼拜，谓之“接祖”。从十一至十五日，每日设酒饭菜肴于餐前，供奉敬飨。同时做纸衣钱箔，包装封好，于七月十五日晚焚于宅外，谓之“送祖”俗称“烧包”。当地的慈善团体和佛寺道观多于此时诵经打醮，超度孤魂野鬼，保佑地方安宁，并于当晚施放河灯，买乌龟、甲鱼、黄鳝放生，谓之“盂兰会”。中华人民共和国成立后，此习俗已基本废除。但自 20 世纪 80 年代起，部分群众已恢复烧包敬祖，以示不忘其本。

中秋

中秋是中国的传统佳节，民间视与“端阳”“过年”同为一年中三大节。月在秋季中间，为秋季的第二个月，称为“仲秋”，而八月十五又在“仲秋”之中，古称“中秋”。《西湖游览志余》中说“八月十五谓中秋，民间以月饼相送，取团圆之意”。俗谚云“八月桂花香，家家接姑娘”。出嫁女携丈夫回娘家，向娘家馈赠月饼、凌藕等物，亲友间亦互赠月饼、瓜果，俗呼“提节”。家人团聚吃牛肉、鸭子、茭瓜、凉薯、莲藕、月饼等食品，晚间备月饼、水果等在户外共同赏月。习俗沿袭至今。

重阳

农历九月初九为“重阳”，因《易经》中把“六”定为阴数，把“九”定为阳数，九月九日，日月并阳，两九相重，故而叫“重阳”，也叫“重九”。民间在重阳节这天有登高的风俗，所以重阳节亦称“登高节”。人们在庆祝重阳节时，一般会登高、赏菊、喝菊花酒、插茱萸。学校组织学生郊游和野餐。另外，由于九月初九，九九谐音是“久久”，有长久之意，故又称“老人节”。所以常在这天祭祖与推行敬老崇孝活动。机关团体多组织老人参加登高、旅游、钓鱼、体育、文娱等活动。

二十四节气谚语

立春：“立春打了霜，当春会烂秧”“雷打立春节，惊蛰雨不歇”“腊月立春春水早，正月立春春水迟”。正立春时刻，鸡蛋可竖立。春季不宜进食狗、龟等高热补食，慎服路边姜等“发物”。

雨水：下雨烂泥路，雨水来，勤换鞋。“晴带雨伞，暖带衣裳”，说明天气多变。

惊蛰：雷打惊蛰前，四十八天阴雨绵。打头春雷时，鱼鳞疹者可口念：天打雷，我抹疮，一抹抹得零零光，同时，以手抹患处，反复多次，可治愈。蛤蟆（青蛙）叫，丰年到。开始准备秧田，忙于各项农事。冬眠的昆虫开始活动。蛇出洞，柴草丛中防蛇咬。惊蛰来，脱掉鞋。

春分：春分秋分，昼夜平分，昼夜时间长短相等。气温适宜，煮糯米饭拍

（酿）甜酒，喂猪婆发奶子，酒蛋喂耕牛，以备“开春”。

清明：清明时节雨纷纷，小雨天气增多，阳春三月天晴时清朗明洁，“清明要明”兆丰年，扫墓祭祖必须在清明前（除清明前一日——寒食节）。传说，祖先阴灵“不望年、不望节，只望清明头上一朵白”。祭先祖墓，立杆标纸钱于坟上，去墓草加土。早稻清明下（浸）种，二月清明迟下种，三月清明早种秧。

谷雨：雨生五谷之意，“谷雨要雨”，年成好，所浸谷芽子谷雨下泥。谷雨前采摘的新茶为“谷雨前茶”，甚为珍贵。腌盐蛋，皮蛋，准备插田菜。

立夏：立夏不下（雨），高田生稗（旱）。家家用糯米制粉，做汤丸，民谚：吃了立夏羹，麻石蹰成坑。宜食老姜、胡椒、枫球子以解风寒而利度暑，因暑天的病大都属于寒症。报春鸟叫，预示早稻准备插秧，早熟插春水，迟熟插夏水。立夏插姜，翻芽倒姜，插姜时芽子对下，利于夏至取“娘”。

小满：冬麦子此时籽粒已饱满待收，缓解稻谷青黄不接，以度“春荒”。小满后第一个“丙日”为入霉，勤开门窗，勤晒衣服，种子、食物等防烂霉天。雨量增加，有利于农事，但常有暴雨，需防止垮山塴，垮危房，垮田埂等自然灾害。看到禾苗生长茁壮，丰收在望，心情好，多有对山歌的习惯。赶插红薯，五月不插薯，六月不栽烟。

芒种：早稻芒种忙打苞，禾苗孕穗期。三分种，七分管。禾怕苞里坏。有收无收在于水，多收少收在于肥。抱（孵）鸡崽子为“倒鸡子”。旧社会特困户，此时有被逼无奈“卖青苗”或“卖望山”的（即卖田中未熟之谷）。

夏至：夏至至长。昼日机至，白天时间最长至此，又开始短，每天短一线，指绣花姑娘每天要少绣一根线。早稻夏至要禾交（快扮禾了）。

小暑：炎夏季节已到，早稻忙收割，晚稻应在秋前赶插“春水”。这一时段农事最忙，称“双抢”或“赶秋”。

小暑后第一个“未日”，出霉。当天如发南风，有干旱。小暑南风十八朝，吹得南山竹叶痨。春南（风）夏北（风），要雨易得。四季东风是雨娘。人是冇毛虫，六月间子怕北风。小暑后常下局部雨，夏雨分牛脊。

大暑：一年最炎热的季节，也是忙于丰收的黄金季节，农谚：六月小暑大暑忙，家家户户把新尝。为了全家穿和食，人有三分护财力。中午酷暑难当，大树底下好乘凉。六月一天阴，遍地是黄金。

立秋：孟秋七月为瓜月，丰收过时瓜熟蒂落。七月枣，八月梨，九月柿子红了皮。七月扮了禾，八月财主婆。又曰：秋实。三伏在秋，热在三伏。时宜保养农具、家具。木质扮桶、脚盆、桶子等洗净晒干，油桐油。穿秋露伏，锅里焙谷，立秋日，三伏日下雨，晒谷天不会好。秋前北风，秋后雨，秋后北风干（旱）到底。

处暑：处暑前几日末伏，暑天过去，开始进入秋凉。处暑荞麦白露菜，秋种旺季开始，以萝卜、白菜为主。萝卜菜上了街，药铺里取招牌。萝卜是样好菜，生呷清肝火，解胀气，籽可入药。炒、炖、煮都可口，还可晒萝卜干，腌坛子菜。荞麦此时需下种。扮禾后赶贴（插）秋红薯。重阳无雨看十三，十三无雨一冬干。

白露：气温下降，露水发白。农谚：露从今夜白，月是十五明。过了白露节，（早晚）两头冷，中午热。小孩、老人注意适时增减衣服。秋季蔬菜下种下根，农谚：早晨白露三餐菜，上午白露两餐菜，下午白露一餐菜，晚上白露冇菜呷；七蔃、八蒜、九栽葱，懒人子种得十月中。寓意，白露种菜宜早不宜迟。

秋分：春分秋分昼夜平分，昼夜时间一样长。气候宜人，寒者穿冬衣，忙者穿夏装。二四八月乱穿衣。猪婆配种，绸缪“开正”有猪崽出栏，谓之：正七猪，二八牛。

寒露：气温再降，表面的白色露变为实质性的寒，抽穗的禾苗“寒露不出真不出。打霜前挖回来的红薯有利于储藏，且不产生“樟木气”，最好蒸做“薯片子”，储到过年“摆碟子”。

霜降：开始霜冻，气温降至15℃以下时，禾苗不再生长，谷穗“霜降不黄真不黄”。收晚稻、谷进仓。白菜打霜味更佳。萝卜干日晒夜露味更甜。板田赶种肥田菜。

立冬：开始进入冬季，宜进补食，但进补前需吃凉茶解热毒，因冬季的病大都是热症。当日要呷糯米饭，立冬呷碗糯米饭，顶呷十个大鸡蛋。九种三收的冬麦子下种。油茶树花孕蓓蕾，其花呷十二个月露水。十月中梳头洗脸呷饭工，白昼时间很短。

小雪、大雪：表示开始下雪，寒天冷冻，水冷草枯防火灾，渔谚：大雪河冻结，冬至不行船。瑞雪兆丰年。雪落得多明年虫害少。头九一期雪，九九当六月。不冷不热，五谷不结。

冬至：冬至至短短又长，一年中昼日最短，至此日后短又长。大都在今日杀猪，腌腊肉，冬至腊肉味最佳。

小寒：进入寒冷季节，生产生活防寒防冻，猪舍牛栏，用柴草挡住通风口，住房窗户用新皮纸重新糊贴。冬、腊月南风都冷，十二月间子南风鬼都怕。女人在房中，一边用“烘篮子”取暖，一边绝麻织线，纺纱织布做新装。洋芋子（土豆）下种。洋芋子、莴笋是来年的插田菜。

大寒：表示冬天寒冷的程度，是一年中最寒冷的季节，冷在“三九”，正在大寒边。大寒十五天，可随意动土不犯忌。捕鱼过年，净塘搞冬修。蓄水防旱，积谷防饥。冬修大路、起（挖空）屋檐沟（弃土向竹山里挑，竹子不要粪，一年掩一寸）、修牛栏、猪舍、修建祖墓等。

上蛋抱鸡崽，争取鸡崽子在元宵前出世，称为“看灯鸡”。

每个节气的开始日期，看阳历几乎不变，上半年的节气都在每个月的 6 日和 21 日前后。下半年的节气都在每个月的 8 日和 23 日前后，因此，人们编了一首歌。

春雨惊春清谷天，夏满芒夏暑相连。
秋处露秋寒霜降，冬雪雪冬小大寒。
上半年来六、廿一，下半年来八、廿三。

婚嫁习俗

说媒

俗话说：“天上无云不下雨，地上无媒不成婚。”说媒就是牵线搭桥的媒介，也叫婚姻介绍人、媒人。媒人的称谓有保山、伐柯、月老、媒妁、红娘、红叶等。按凌冲的习俗，若是女人做媒，普遍称媒人、媒妁；若是男人做媒，多称媒公或红叶先生。中华人民共和国成立前，男女婚姻多凭媒妁之言、父母之命，讲究门当户对、明媒正娶，自身不能做主。媒人一般由民间一些能说会道的人，或热心的亲戚长辈、同事朋友充当。根据婚龄，清代，男 16 岁，女 14 岁；民国，男 18 岁，女 16 岁即可谈婚论嫁。旧时，有专职媒婆会主动上门说东家有好女，西家有好男，凭着一张犀利之嘴说动双方父母之心，将婚事谈成。有的人家子女到了结婚的年龄，父母比子女们还着急，于是便托媒人说媒作介绍，将自家子或女的出生年月、家庭住址、从事职业、文化程度、面貌身材、家庭背景及有何想法等基本情况告诉媒婆，叫他们去访，看是否有合适的对象。托媒成事后要打包封（报酬），如果包封不大，媒人就不大乐意。专职媒婆平时也注意收集青年男女信息，一旦配对的时机成熟，便奔走于男女双方，牵线搭桥，传达双方之意，尽量撮合，成下事来。如果男女双方青梅竹马，自由恋爱，情况都比较熟悉，到谈婚论嫁时，还没有介绍人，这时候，就请热心的亲戚、长辈或要好的同事，这是最合适的人选。做媒是件积德的事，也能够让人感恩戴德、铭记一生，他们当然会乐意充当这个角色，不费多少功夫便能成人之美。过去说媒时行合八字。所谓八字就是出生年月日时用干支表示，刚好八个字。例如某某出生于 2017 年 2 月 2 日 8 时，便是农历丁酉（年）正月初五辰时，那么某某的生辰八字便是丁酉（年）、壬寅（月）、己未（日）、戊时辰（时）。合八字前，先经媒人分别与双方父母说亲，即介绍双方家庭根底，如获认可即可合八字。八字即“庚缄”，庚缄的称谓男女有别，男子的庚缄名“红庚”，女子的庚缄名“鸾书”。红庚和鸾书均由媒人主持传递，男方先发八字（红庚）经媒人传递女方，女方也复八字（鸾书）经媒人传至男方。合八字的方法有：一是神合，即将对方发来的八字压在神龛上，三日后没出什么不吉利的事情即可开启，就算神合过关。反之则否定了，即退八字。二是命合，根据五行相生和五行相克的规定，相生者为金生水、水生木、木生火、火生土、土生金；相克者为金克木、木克土、土克水、水克火、火克金。在金、木、水、火、土五行中，不同的年、月、日、时有不同的属性。如男方为丁酉年属鸡，鸡属火；女方为己亥年属猪，猪属木。那么就是木生火，这一层的八字就是相生不相克，以下的月、日、时依此类推。都是相生而不相克便是双方的八字合得上。如果不合，男方须在七天内将女方“八字”退回。中华人民共和国成立后，废除封建包办婚姻等制度，倡导婚事新办，婚嫁礼仪从简。

订婚

订婚也称“下聘”。当媒人将八字相合的消息告知双方父母后，男方父母要择日订婚。订婚的重视程度不比结婚低，订婚前，男方家里要打扫一番，有的甚至要进行全面修缮，以给女方家人员一个好的印象。订婚有两个重要活动，一是定庚过礼。八字合后，男方家择日请媒人将聘礼送至女方家，聘礼有金银首饰、绸缎衣料等。一般经下聘即确订婚姻关系。“庚书”是订婚的依据，由男方家保存。二是要办订婚酒。订婚酒由男方家操办，要选期择日将女方家长和亲戚媒人等请过来，正儿八经地办上几桌酒席，正式将婚事定下来。此时，如果女方有不同的想法，或者不中意男方的家庭，就会以各种理由对媒人说出，然后拒不上桌而打道回府。如果一切中意，就在男方父亲和媒人的盛情邀请下，按辈分上桌，女方父母理所当然地坐上首，其余人员依次坐定。饭后，双方父母开始“改口”，由原来的“你老人家”改成互称亲家、亲家母，其余人也随之按照不同的辈分以亲戚的口吻相称。女方人员离开男方家时，男方要对女方进行“打发”。所谓“打发”就是赠予礼金或礼品。“打发”的多少根据亲戚的亲疏程度决定，“打发”最多的是“准媳妇”，其次是父母，再次是家庭成员（嗲嗲嫔驰兄弟姐妹等），然后就是其他人员。当然，对媒人也要有一定的“打发”。订婚之后，意味着已经定下婚约，即使没有扯结婚证，女方也可以到男方家里来。双方都不能另娶或者另嫁他人。

报日

“报日”以农历为准，也有阴阳合报的。只要女方同意办喜事的大概日期，男方就可请人“看日子”。所谓看日子，就是不选“破日”“重丧日”等“晦气”之日。凌冲一带民间流传“初三、十一，不必选日”，故凌冲办喜事多在初三或者十一这一天，但选择的黄道吉日，必须是两个佳期，以免与新娘的例假相撞，女方家选择一个回复。这中间，并不是每个月的初三和十一是好日子，一般七、八、九三个月不办喜事，理由是“七月鬼回门，八月女回门，九月会犯重”，这都是很不吉利的。具体的日期确定之后，男方就要向女方“报日”。“报日”不能凭口说，要将具体日子写在红色文帖上，文帖式样如下：

预报佳期

为小儿×××，酌配名门淑女，诚为天作之合。兹择于××年××月××日为佳偶吉时。

台驾莲举

合巹亲迎

愚眷弟×××

偕室×××

文帖要装在红色封套内，红色封套上要用红纸写上“预报佳期”四个大字。报日当天，由当婚男子用精制的“腰篮子”提着礼品，将文帖放在腰篮子内，随媒人前往女方家。女方家父亲看过文帖之后，立即把日期告诉女儿母亲，母亲根据女儿的生理状况进行定夺。因为如果是女方处在例假期间成亲，不但新婚之夜很尴尬，而且民间有“骑马拜堂，家败人亡”的说法。故女儿的母亲有异议，女方有权进行更改，男方必须听从。

21世纪后，婚期一般选在“五一”、国庆、元旦、新春等佳节。

迎亲

迎亲是婚嫁中最热闹的，隆重而又特别讲究仪式。为使喜事办得顺利，在办喜事的前夜，男方要办上几桌丰盛的饭菜，专门招待媒人。主人请来长辈和亲戚陪着吃饭，谓之“陪媒”。陪媒时，媒人要坐东边桌的上首，这是民间最高礼遇。饭后，男方主人要给媒人谢以重礼，如皮鞋、料子裤等，有的干脆就给现金。此时，主人一再拜托媒人，叮嘱明日到女方家接亲的一些事项多多操心说话。媒人如果满意主人的赠礼，便会满口答应。如果觉得谢礼太少，就会与主人磨蹭。主人听出话中有话，便以不同的方式予以弥补。因为陪媒时没有达到目的，到第二天新娘子进了房，媒人先生撂过墙的先例。婚前一天，还有一件事要办，就是男方家派人接女方嫁妆。嫁妆多少视女方家庭状况而定，一般为两铺两盖或三铺三盖、衣箱、脚盆、提桶等用具。富裕户还有一房木器和金银首饰，甚至田产、现洋陪嫁。20世纪80年代后期，女方嫁妆除衣被外，一般有单车、缝纫机、收录机，阔气的有洗衣机、电视机、电冰箱等。随着人们生活水平的提高，结婚彩礼更加高档，男方需置办房子（商品房）、车子（轿车）、票子（彩礼）；女方嫁妆阔气的有小车等陪嫁。第二天便是迎亲，一清早，男方就组织一队人马随新郎到女方家去起亲，又称“接亲”。女方嫁到男方成亲，必须要由男方用轿子相接。因此男方事先要到轿行里“贴日子”，即把用轿的时间定好，免得到时被别人占用。轿子很有讲究。新娘坐的是罩有红色轿衣的四抬大轿。红色轿衣上饰有龙凤和吉祥图案，轿顶上有宝葫芦或凤鸟。新娘的母亲坐的是置有绿色轿衣的四抬大轿，轿衣上亦有吉祥图案，但比起红色大轿多有逊色。新娘的父亲不能送女出嫁（成亲后再延请），由其兄弟一人陪送，称“男高亲”。新娘在前一天由其婶母和舅妈等修去脸上汗毛，谓之“开脸”、或称“扯脸”，即用两根丝线，将新娘子脸上的汗毛绞光。新娘梳妆打扮，衣饰皆由男方家过礼时备送，新娘的头发要梳挽成高髻，戴上凤冠，以示成为一家之内主。新娘的穿戴从头到脚，均以红色饰之。梳妆打扮之后，当婚女子的父辈将堂屋打扫干净，在神龛前燃起香烛，在母亲的牵引下，出嫁女在祖宗牌位前叩头，谓之“辞祖”。之后即可由近亲背负上轿，谓之“发亲”。待发亲鞭炮炸响，轿夫们才能上肩起轿。抬红轿的四个人一般为身强力壮者。有时，抬轿者为戏弄新娘，中途故意把轿子弄得左右摇晃。这时，女方的人就要上前“打招呼”，无非是拿点小红包或者敬几轮烟。轿夫们得了小费，变得安分，而且每到过桥、上岭、下坡都会提醒新娘。21 世纪后，接亲有花轿车和轿车，一般 8～10 辆，或更多。红轿即将进入男方家的前坪之时，男方赶忙鸣鞭炮相迎，轿子停下后，男方的长辈来到轿前将轿门开启。此时新郎在众人的簇拥下，对着轿内的新娘行三叩首礼或鞠躬礼，新娘即下轿，在新郎和伴娘的挽扶下进入堂屋。进屋时，新娘子不能踩门槛，最好是由新郎抱进门，但早已等候多时的新郎同伴或老表等人抢着背新娘进门。与此同时，新郎的母亲走出大门迎接亲家母，即“女上亲”。“男高亲”为新娘的弟或兄，应由新郎同辈迎接。媒人及媒婆由新郎的长辈或与之同辈份的男女分别迎接。

拜堂

拜堂又称拜天地。在堂屋设红案，点燃红烛两支，上香三支，由司仪请男方父母上坐，新人双双在礼宾先生引导下行庙见礼，拜见男方祖先。鸣金三扣，发鼓三通，礼宾司仪：一拜天地，二拜高堂、夫妻对拜，然后读庙见文。紧接着新郎新娘拜见家庭长辈，此时各长辈手执红包，祝新郎新娘百年好合。礼成后，新郎新娘接红包，躬身致谢入洞房。

闹洞房

新婚闹洞房是凌冲一带的传统形式，有“新婚三天冒得大细”一说（即无老幼之分，不拘礼节）。闹洞房形式花样百出，无非是图个喜庆、热闹。闹洞房一般在晚饭后，新郎的同辈“老表”们是闹洞房的主角。闹洞房最热闹的是吃抬茶，亲友聚于一堂，由新婚夫妇抬着芝麻豆子茶敬献各位，接茶的人要赞茶，赞茶是指说一些吉祥祝福的四六句子，但要有韵动听，略赋文采，如：团团喜气入洞房，今宵蛟龙配凤凰；郎才女貌同心结，来年贵子永腾芳。赞洞房来洞房，新娘房内放豪光；两边金箱与玉笼、中间摆的八宝床。子孙桶子红旺旺，油漆脚盆聚宝藏；一块宝镜桌上竖，金童玉女映中间。八宝床上雕麒麟，床头塑的凤朝阳；龙凤枕头配成对，鸳鸯夫妻结成双。今晚蓝田把玉种，来年生个状元郎。除了赞房，有时还会在新房里玩一些戏弄新郎新娘的小花样，如用线吊一个苹果，叫新郎新娘同时去咬，咬到才算完。有的敲锣打鼓，唱《麒麟送子》《三喜》等戏曲。有的要求新郎新娘表演亲热动作，或闹吃“喜糖”、要“喜钱”等。如此这般，闹到深夜，众人才肯罢休。

三朝回门

成亲后的第三天，新郎新娘要备礼一起回到女方家里，看望父母，称为“三朝回门”。有的人家，女儿三朝回门也办酒席，称为“回门酒”，其热闹程度不亚于新郎新娘的喜宴。回门宴的仪式，不是由礼宾操持，而是由“都管”即席主持，如：东风浩荡，国运昌隆，鸳鸯永爱，喜气盈庭。今天是××金童和××玉女喜结良缘三朝回门的大喜日子。首先传男方家高亲入席就座；二鸣炮、奏礼乐；三传证婚人致词；四传新郎、新娘上台志心朝拜：一拜天地、恩爱到底；二拜双亲，感谢丈母娘开绿灯；三夫妻对拜，爱上加爱；四请岳父、岳母赠言或赠物。请新郎新娘鞠躬致谢，鸣炮，礼成！都管先生带新郎新娘到宴厅安席。

旧时丧葬习俗

坐夜

在靖港凌冲一带，长者病危，在外子孙要火速归家守候，陪伴老人，听其遗嘱，称之“送终”，也称“坐夜”。坐夜时，在老人房中或堂屋里，众人围坐一起或打牌或聊天。家人则一面护侍老人，一面为坐夜的人端茶递水。半夜时分还要为坐夜的人安排一顿夜宵。只要老人没断气，坐夜就要一直进行下去。

烧倒头纸

老人过世时，孝家鸣鞭炮，表示老人已过世，报知邻居及亲友知晓。在确认死者亡故之后，用毛巾覆盖亡者脸，身上盖张兜尸被，床脚边点“脚板灯”（清油灯），放双鞋子（示意亡者走向天堂），置一瓦盆于灵床前，在盆中焚烧冥钞或纸钱，即称烧“倒头纸”，又称烧“起身钱”，作“路上盘缠”。扯一尺青布缝成三角袋，把纸灰装入袋内，放在棺材里面给亡者做枕头，以示超度亡魂。将病榻上的枕席、稻草等送至村边路旁焚烧。

净身换衣

净身，亦称“洗丧”。由死者直系亲属打一盆清水，用一方白布帕给死者擦净躯体，通常以“三袱子”为限，即抹拭时将布帕浸入拧干三遭，称“三把”。一把抹头脸，二把抹胸脯，三把抹脚腿。换衣，给亡者换上干净衣裤鞋袜，盖好被面。被面要求单数，如七件、九件不等，还要给亡者系盘脚绳和腰带，是按照死者的享年，一岁取一根棉线搓成细绳，停尸榻上，面盖黄纸，开始点上脚灯，称“小殓”。然后孝家鸣鞭炮，插白幡。

入殓

用白布摆在凳子上，尸体用兜尸被四人抬，由礼宾读文叫三请四催，放入棺材内。棺置堂屋正厅（在外身亡的，则禁止入厅，只能在屋侧搭棚停棺），棺材内放石膏粉，或炭末，用皮纸垫棺，皮纸数量根据寿元确定，一年一张，如60岁用60张白纸，但当地有60年为一轮回的说法，所以不到60岁的一般也垫60张，从脚包起，交错从人字形，尸体口含米或铜钱，首先盖家被，其次女婿，娘亲舅大，爹亲叔大，依程序盖好，左手拿桃树一枝，右手拿扇子一把。举行闭殓仪式，让亲人们最后看一眼死者遗容后盖好棺盖，不可钉钉子，用三个马钉。棺脚头点燃油灯与香。来宾祭奠则在堂屋摆方桌一张，放好亡者的像或牌位，点燃香烛酒供，放好纸钱，来宾首先奠酒三滴，烧纸钱三皮，三鞠躬下跪，起来，鞠躬，孝子西边陪跪、鞠躬。

做道场

做法事，又名做道场，入殓后，立扎孝堂，罗孝帷，点长明灯。子媳头戴孝帽，身着麻衣，腰系草绳，脚穿草鞋，手柱孝棍（糊以白纸的竹棍或桐木棍），孙辈及其他家人均穿白衣。亲友来吊唁，不论年长年幼，孝子均下跪相迎。做道场，是将音乐与开坛、念咒、诵经、请水、告庙、开方、破狱，解结、安神等过程相结合。民国以前，道场做5～7天，需道士9～11人，后多做3天，所谓“3日4夜道场”。做佛事即念经，边念边敲木鱼。古人迷信这些活动可超度亡魂，使之免受地狱之苦，降福子孙。行儒教即请礼生喊礼开祭，有朝奠、午奠、夕奠、家祭、客祭之分，读祭文时抑扬顿挫，如泣如诉，催人泪下。家祭之后，绕棺，所有上祭的家人及亲属各持一根香，由礼生带领，围着灵柩转圈，口诵《正气歌》等。做道场在出殡前一天达到高潮，吊唁宾客络绎不绝。此日活动一般有封殡、告祖、成服、扎灵屋、打八封灯、开路灯等。

哭灵

出殡前夕，孝子通宵守灵，俗称守夜。宾客多拥聚孝堂听夜歌。夜歌是一种民间挽歌。在凌冲一带唱夜歌子叫“弹四郎”。在主要佛事、礼宾活动结束的最后一晚，还有三更哭灵的习俗。凌冲一带的哭灵，有专门的班子，一般是以乐队为班底，孝歌郎独唱，锣鼓、大筒和哨喇伴奏。哭灵有简单的程式，其唱词主要为“二十四孝”“十月怀胎”“辞别歌”等，唱逝者生平。悲凉的唱腔，真情的倾诉，在夜深人静时催人泪下。

出殡

凌冲一带称出殡为“出柩”。出柩要选人抬柩，抬柩的人有讲究，不能让其妻子有身孕的人抬柩，因为这种人称为“四眼睛”，“四眼睛”抬柩，于主家、于抬柩人本身都不吉利；有孝服在身的人也不能抬柩，否则，会犯重丧。未过门的媳妇或女婿来奔丧，除了同时穿白孝服外，还要“挂红”，即在胸前斜披红布。从灵堂里将棺材抬出去前要“撖煞”。抬棺材千万不能有闪失，特别是不能掉地。棺材抬至前坪条凳上放稳。小户人家抬柩是用双杠，即用两根木条夹着棺材，用稻草拧出的长索子，以踩“莲花辫子”的方式将棺材与木杠固定在一起，草索子的末端不能打结，只能将其缠绕后纳入棺材与木杠的结合处，让其棺材的重量与木杠压紧。大户人家抬柩是用“龙杠”，即一根长而大的木杠，两头绑横担，所以可以由许多人抬柩。龙杠系好后，还要罩上“棺罩子”。棺罩子为绣有吉祥图案的彩色布幔，龙杠上中央饰一仙鹤，抬柩时有节奏地行进，使得仙鹤不断点头。出煞时，扮（摔）烂碗一只，称之为“打煞”。当即扯下榜文、挽联和其他横幅。此时，坪内人头攒动，铳炮喧天，哭声动地，鼓乐齐鸣。送葬，俗称“上山”，行途中，柩前一人打引锣，称“鸣锣开道”，一人燃放鞭炮，沿途抛撒纸钱，俗称“买路钱”。出殡队伍由逝者长子或直系亲属捧灵牌在前，后面跟抬棺队，再接花圈队，接着是锣鼓队，最后是送葬大队，送葬队伍不走捷径，而是绕道而行，沿途众多亲友鸣炮相送，有的甚至设路祭。此时孝子要下跪，并备毛巾、烟等礼物答谢。

下葬

棺材下葬前，要将开挖的深坑墓穴祭奠一番，俗称“暖圹”。祭奠时，四方和中央燃以香烛，礼宾司礼读文，之后在坑中鸣放鞭炮。棺材放入坑中叫“下祏”。下祏后，地舆先生要“拨向”，即用两个铜钱吊在线的两端，将线拉直，线下的铀线对应棺材中缝和罗盘，按罗盘上的向至，将棺材方向进行调整，此时孝家一干人等都齐跪于棺材下首，等向至调整到位。定位后，地舆先生便要赞颂一番：

昆仑山上一支脉，虎踞龙盘在此中。

前有青山作案，后有翠岭作屏。

千年吉壤，万古佳城。

请问孝家，要福还是要贵？

（孝家答道：福贵都要。地舆先生撒米和泥）

孝子接米，富贵到底。

孝子接泥，富贵万年。

这个程序结束，便可向棺材坑里填土。填土时，不能用锄头或其他工具进行捶筑，否则会“筑土惊坟”。安葬归来，由留在家里的亲属跪接灵位至中堂，谓之“回灵”。下午两点后属阴，可烧启身包和冥屋，烧时用水饭洒在冥屋上，用白褂丢过冥屋，同烧土地与庙王的红包。连续 3 晚在坟顶烧烟包（用稻草扎成辫子状，按死者享年每岁扎一股，如 80 岁扎 80 股）。

中华人民共和国成立后，旧礼渐除，20 世纪 80 年代起，实行殡葬改革，在干部和城镇居民中推行火葬。至 2002 年，农村全部实行火葬，但丧葬礼仪习俗改变不大。

其他习俗

生日

中华人民共和国成立前，凌冲一带，头婴出生，要备鸡（生男用公鸡，生女用母鸡）、姜、茶或酒（男茶女酒）向外祖家报喜，俗称“报姜酒”。出生后 3 日，用青蒿、艾叶等煮水给婴儿洗澡，叫“洗三朝”。亲友备红糖、鸡蛋、衣帽鞋袜，外祖家还要备摇床、坐篮、衣服等物前来贺喜，叫吃“三朝酒”。满月时要办满月酒，出生后 100 天，还要办百日酒，用鲤鱼或鲫鱼给婴儿亲嘴并喂汤，叫“开荤”。亲友赴宴，赠送金银手镯、项圈和“长命锁”等物。一般重男轻女，认为子可传宗接代，养儿防老，无后便是不孝。如生男孩，就是大喜，庆贺最为热闹；如生女孩则比较简单。中华人民共和国成立后，除礼品有所不同，没有金银手镯、项圈、“长命锁”等物外，其余习俗至今依旧。

婴儿周岁，艳妆盛饰，办周岁饭，亲友备礼庆贺，除酒宴外，习惯吃炒豆子和点心，喝芝麻豆子茶。是日，俗有在桌上摆列各种玩具器物，如笔墨纸砚、琴棋书画、刀枪剑戟之类，任婴儿挑选，以预验其志趣和命运，名曰“抓周”。中华人民共和国成立后，除办周岁饭外，“抓周”之俗已无。

周岁以后，每年生日，都要表示庆贺。凡逢 10 的生日，本命年生日，尤其是 60 岁以上的生日，叫“大寿”，亲友多送礼金、衣料、糕点、面条、名酒等物；也有送字画、寿屏和寿匾的。习惯在礼品上用红纸写上“福如东海”“寿比南山”或单独一个“寿”字的祝词。已出嫁的女儿对父母的生日特别重视，礼品丰厚。做寿时除办酒席外，还要请吃“寿面”。有些富户豪绅借寿诞大讲排场，收敛财礼，邻里、佃户和雇工被迫送礼和效力。贫苦人家生日，大人做几碗荤菜，小孩吃一两个鸡蛋，聊表其意。中华人民共和国成立后，大办寿宴之风已除，一般是自己家人简单祝贺。但自 20 世纪 80 年代起，办生日饭和祝寿之风复起，小孩生日多送蛋糕、服饰和玩具；大人生日多送布料、糕点、礼品、名酒和礼金。

进入 21 世纪，生日喜庆，大操大办之风抬头，亲友送礼金，最少的几百元，多的上千元。到 2020 年，提倡勤俭节约，反对铺张浪费，办寿宴之风有所遏制。

称谓

凌冲一带。面称父亲为“爸爸”“爹爹”或“爷”，称母亲为“妈妈”“姆妈”或“娘”；对人称父为“爷老子”“爷老倌”，称母为“娘老子”。

祖父称“爹爹”或“爷爷”，祖母称“娭毑”；曾祖父母称“老爹爹”“老娭毑”；高祖父母称“祖爷爷”“祖娭毑”。

亲兄弟姊妹称“哥哥”“弟弟”“姐姐”“妹妹”，姊妹之夫称“姐夫”或“妹郎”。

儿小时称“伢仔”，女小时称“妹仔”，成年后一般直呼其名。儿妻、女夫一般面呼其名，对人则称“媳妇”“郎”。儿之子称“孙子”“孙女”，女之子女称“外孙子”“外孙女”。

父兄称“伯父”或“伯伯”，父弟称“叔叔”；伯父妻称“伯妈”，叔父妻称“婶母”或“婶婶”。伯祖父母称“伯爹”“伯娭毑”，叔祖父母称“叔爹”“叔娭毑”。伯叔父之女称“堂兄”“堂姐”“堂弟”“堂妹”。父之姊妹未嫁时称“姑”，已嫁后称“姑妈”。祖父之姊妹称“姑娭毑”。

姊妹之子女称“外甥”“外甥女”，或称“外侄”“外侄女”。兄妻称“嫂”，弟妻称“弟媳”。兄弟之子女称“侄儿”“侄女”。

夫妻间叫唤时，一般直呼其名，或以“你”相称，或在儿女名后加“爹”“娘”相呼。一般对人称己妻为“堂客”“老婆”，称己夫为“男人”“老倌”或“当家的”。

在岳父、母面前，一般从妻称“爸”“妈”，或从子女称“他外公”“他外婆”。对人称自己岳父、母为“岳老子”“丈人老”“丈母娘”“丈人婆”。妻之兄弟俗称“舅子”，妻子姊妹俗称“姨子”，妻姊妹之夫俗称“姨夫”。

在夫之父母面前，一般从夫称“爸”“妈”，或从子称“他爹爹”“他娭毑”。对人则称“家爷”“家娘”。夫之兄称“大伯子”夫之弟称“小叔子”，夫之姊妹称“姑”；夫之兄嫂弟妇俗称“叔伯母”。夫之父母与妻之父母互称“亲家”“亲家母”。母之父称称“外公”“外婆”。母之兄弟称“舅舅”，舅之妻称“舅妈”。母之姊妹称“姨妈”，姨妈之夫称“姨父”。“姑妈”之夫称“姑父”。姑父母、姨父母、舅父母之子女均称“表兄”“表弟”“表姐”、“表妹”，但有姑表、姨表、舅表之分。

以上称谓，相沿至今，只在夫妻间稍有不同，相互叫唤时，有的在名后加

"同志"，或在其姓前加"老"，对人有时均称"爱人"。

行旅

中华人民共和国成立前，人们因事出远门，出门后忌半途打转，否则预示着会办不成事。并有"逢七不出外，逢八不归家"的禁忌。走水路一般搭民船，走旱路一般靠步行，多数人穿草鞋，随带包袱行李、纸伞或斗笠。少数富户则坐轿或搭乘客轮、火车、汽车。出远门要道，每5里一堆（牌）、10里一铺、30里一驿，设有客栈伙铺，并备有"马轿"（用竹竿和靠扎成）供旅客雇用。中华人民共和国成立后，交通条件逐步改善，外出方便，多乘车船，穿鞋着袜，热天一般戴草帽，少数妇女戴布凉帽，雨天一般带布伞，雨衣和行旅袋。短途外出，一般不会走空身，肩担担子（购货物等），手提东西。条件较好的农户，家有高柄土车，即滚轮较大，直径1.2米左右，俗称"高柄车"，或矮柄土车，即俗称"矮柄车"，车架上一前一后两个滚轮，前头滚轮较小，直径50厘米左右，此轮作过沟坎之用，后轮较大约80～90厘米。20世纪80年代后，外出务工经商和旅游参观的人日益增多，车船旅客拥挤。尤其是靖港至高塘岭，途中的沩水桥通车后，每日有来往于格塘至高塘岭乃至省会长沙的个体客车。短途外出，多数以自行车代步，少数自备摩托车。2012年，格塘通公交车，人们出行更加便捷，上车刷卡不到2元，老年人、残疾人办理"爱心卡"，乘车免费。

祭祀

中华人民共和国成立前，各户堂屋上面正中均设有神龛，有的用红纸黑字，有的用漆木裱金字，立"天地君（国）亲师位"。两旁贴对联，顶上贴"福"字，龛内摆香炉、木雕神父和先祖牌位。厨房内面设灶神位。民间除清明扫墓，中元烧包外，每逢岁时、喜庆、生诞、忌辰，必备酒菜对天地祖宗举行祭祀。每天早晚敲磬（朝三暮四，预示越敲越富；朝七暮八，预示越敲越发），炷香礼拜，晚间还要点灯。如遇病灾，除在家祭祀外，还要至土地庙、王爷庙前祷告许愿。每年冬至，族人入宗祠祭始迁祖，办冬至酒。中华人民共和国成立后，以上习俗已逐步破除。但自20世纪80年代后，又有部分人家立神龛，敬祖祭祀。

禁忌

有事出门，忌半途打转。每年首次逢七不出外，逢八不回家，否则不吉利。

不能肩扛锄头进家门，须用手提着。若此，寓意埋"化生子"（小孩）。

早晨起来不能“放快”（说鬼、梦），否则不吉利。

床铺不能向北开，若此，寓意“喝北风”。

夫妇客宿他家，不宜同宿一床。

身死外地，尸体不能进入家内。

抬病人要头在前，抬死人要脚在前。

乌鸦叫预示凶兆，喜鹊叫预示吉兆。

除夕晚上听见猫叫，预示凶兆。

晚上听见猫头鹰叫，预兆将会有人生病或死人。

敬鲁班为始祖的匠人不能说“砣”（改称“块”），因鲁班是驼背。

煎中药的药渣要倒在路上，让人踩去“凶煞”。

陌生人忌进病人房间，进了会带来邪气。

吃饭时忌踩邻座的凳脚。

打红包，份额不能用“8”数。

家猫死后，用草绳吊在树上，谓可转世超生人间。

男人忌在晒有女人小衣（裤）的竹竿下通行，不然会碰坏运气。

妇女有孕，不能坐门槛，家中不能打灶，谓此胎儿会缺嘴。

妇女经期，不能进产妇房间，入房会踩断产妇乳汁；不能打井水，否则井水会发混；不能做坛子菜，做了会变味。

孕妇房门和床头贴符、悬镜，谓可驱邪。

妇女产后，将胞衣盛瓦罐内，泡石灰放床下，经数年或十余年后，投入塘中，谓可保小孩平安。

美食小吃

红薯片子

凌冲一带属丘陵地区，旱土较多，很多农户家都种植有红薯。农历十月是收获红薯的时候，人们把红薯去泥稍微晒干后，就堆在偏房里干燥的角落里，大部分当成粗粮。有些较小的就剁碎喂猪，多余的红薯则做成红薯粉，或制作成红薯片子。红薯片子的制作有一系列工序。首先选在晴天把红薯洗干净，放在大锅里煮，还可加些干橘子皮和芝麻等调味。煮熟后，用锅铲或擂棍将其擂成糊糊状。接着在禾场里摆上几张门板，或在地上铺上晒垫，上面均匀地铺一层薄薄的稻草（以防薯粉粘在门板或晒垫上）作晒薯片之用。制作时，将少许红薯糊糊倒在薯片模子里（即形状像茶盘一样，四周有凸出的边沿的盘子），擀平后，倒扣在门板上或晒垫上，经过两三个日头，红薯皮子像牛皮纸一样可卷起来，搁在阴凉通风处。家里来了客人，就取出一两张皮子，用剪刀剪成斜角或四方形的小块，再升起柴火，把锅烧红后，倒入茶油烧开，将薯片倒入锅里油炸。待到薯片两面都炸得金黄金黄的，便夹到瓷碗里，稍冷却后，即可吃了，咬一口，又甜又脆又香。

炒米子

凌冲的堂客们（结婚后的妇女）心灵手巧，能将剩饭做成一种叫“炒米子”的美味，当出大太阳的时候，将家里的剩饭稍稍用水洗一下，捏成一粒粒的，放在竹箕里晒。煮得稀烂的饭要不得，所以有人干脆用“僚饭”做干饭子。所谓“僚饭”，就是用柴火将米放在大锅里煮开，七八成熟后，用竹勺将饭捞出来晾着，这样的米饭便散成一粒粒的，放在竹箕里晒两三天后，软绵绵的饭粒便硬邦邦的。家里来了稀客，一般都会炒“炒米子”，先将柴火锅洗净，稍微烧红，用锅铲挖一点猪油，待油融化后，就将干饭子倒入锅里翻炒起来，用小火慢慢地炒，才不会煳。当翻炒到饭粒呈黄色时，加入一丁点盐、白糖等调味品，一大瓷碗色泽金黄的炒米子就可以出锅了，也可加南瓜籽同炒，就更增添香气。

甜酒冲蛋

甜酒冲蛋是凌冲一带的传统小吃，口感柔软细腻，酒味醇香。甜酒的制作工艺复杂，首先要蒸好饭，用深井水将糯米连续淘洗至出清水，之后浸泡 4 个小时，捞起至篾丝箩中沥干水后上甑。蒸饭要熟透、喷香。饭蒸好后连同木甑抬出，搁在木盆上冲冷（即用深井水过滤），冲凉约 2 分钟，米饭中所含水分不能太干，也不能太湿。然后将饭倒入木制的盆中散开、扒匀，使其迅速散热。当其温度降至 20℃左右时，取出甜酒药子（用辣蓼等植物配置的，属于秘方，不轻易传给他人）碾碎，均匀地搅拌在饭里。搅拌的甜酒药子要适量，多了会坏味，少了会淡味。然后搬来大盆子，将拌了甜酒药子的饭盛入，再用锅铲拍紧，力道要刚好，不能太紧。接着，用瓷调羹在饭中央挖一个小洞，用来出酒。将盖盖上，再用一铺棉被将盆子层层包裹。使其发酵。1～3 日便发酵了。趁发酵时温度最高时，揭开盖子，往饭中小洞里倒入一瓢冷开水。这时，饭粒变得绵软了，上面还沾着一层轻薄的白霉，酒香醇厚。加水后，仍按原先的样子盖好，小洞的水就会均匀地浸入饭中。这个制作过程，凌冲人叫“拍甜酒”。拍甜酒很有技巧，得掌握好温度，做到“恰如其分”，加水过早拍出的甜酒太嫩，味道寡淡；加水过迟，甜酒就老了，也就酸了。甜酒冲蛋的做法则简单一些。先将锅里的水烧开后，从盆中舀出一碗生甜酒倒入。同时，将鸡蛋在碗里打碎搅拌再倒入锅中，还可放些桂圆荔枝白糖同煮。舀出这碗甜酒冲蛋，稠白的汤汁，金黄的蛋花，配上黑褐色的桂圆荔枝，喝起来热乎乎、香喷喷、甜滋滋的。

煎粑粑

凌冲人喜欢吃粑粑。尤其是女人们串门时，主人爱客气，总要想方设法炒点花生、豆子、瓜子等摆盘招待客人。有时也会煎一碗粑粑来让大家吃个热闹，吃个高兴。制作粑粑，首先要磨粉子。头天晚上，印几升大米倒入木桶加清水浸泡。次日，米便泡得软绵绵的。接着用磨子将湿米磨成米浆，然后倒入盆中沥干水分后，用一块旧被单覆在盆上，从灶里挖出一铲草木灰放在被单上，用来吸干米浆的水分，便成为扯筋粉子。做粑粑时，往里加些盐和切碎的野生苋菜等和均匀。接着，往锅里放点猪油，待其融化后，用瓷调羹舀出一勺粉子，捏成薄薄的圆形粑粑，贴到锅里，再用锅铲轻轻地压一压。一面煎熟了，再翻过来煎另一面。这时的火要小，不然易起黑锅巴。起锅时，往粑粑上撒上一层白糖，吃起来软绵绵的，又香又甜，还有一股野菜的清香味。

腌菜

凌冲家家户户都会腌菜，腌制各种菜肴小吃的方法更是五花八门，在农户偏房的角落里，一般都摆着上 10 只陶瓷坛子，有的泡藠头、豆角、黄瓜、萝卜等，挖出一碗生吃，酸甜又脆，十分可口。经淘米水泡过的刀豆、芋头梗，拌些剁辣椒入坛两三个昼夜，挖出来炒熟吃时风味独特。刀豆、茄子、苦瓜、萝卜、榨菜等腌制后，拌入剁辣椒、豆豉等佐料用坛子密封，可随时食用，既是下饭菜，又可在“喝茶”时摆盘招待客人。青菜、白菜、排菜经不同方法腌制，可变成风味各异的擦菜和酸菜；红薯叶摘下经过一个太阳稍为晒干后进坛，让其发酵起酸，再取出晒干，可长期贮藏，取出一碗煮嫩子鱼吃，酸辣可口，十分开胃，被人称为“特色菜”。一些心灵手巧的小媳妇，将刀豆、生姜等做成蝙蝠形，谐音“福”；制成喜鹊形，象征“喜”；切成兰草形，寓意“兰”“男”等，都是很受欢迎的工艺小吃。还有的将腌菜与豆豉、辣椒、芫荽、葱、蒜、姜、胡椒、八角、桂子等佐料调配，其风味更加独特。

黄藤烟茶

凌冲的黄藤烟茶源自河西园茶。唯一不同的是在全干工序中，须用少量橘树枯枝、七叶黄藤、枫果球熏烟，小火慢烘。全干后的茶叶完整，提起呈串钩状，俗称“挂面茶”，很少单叶，这种茶叶，既有茶香，又有烟香外带橘香，颇具特色，茶汤橙黄、滋味醇厚而脍炙人口，是一种比较特别的历史名茶，与南橘、西粉并列望城三大传统名产。凌冲人饮黄藤烟茶有一种独具地方特征的饮茶习惯：饮其茶汁后还要嚼其叶底，齿颊留香，别有风味。到凌冲做客，沏茶人都会盛情地烧水、净器，悠悠地泡上一碗端到客人手中。茶，细啜入口，一股淡淡的陈香随即浸入心脉，香气清嫩，回味甘甜。

芝麻豆子茶

凌冲人好客，爱讲客气，凡有客人来，主人必先敬一碗芝麻豆子茶，当地叫“向茶”，喝完之后不断加水添料。这是凌冲家家户户都作为招待客人的一道礼节茶。沏茶可谓是一门绝技，看起来容易做，但要使味道恰到好处却很不容易，简单的环节都十分讲究。炒豆子、炒芝麻，都要注意火候和手法，要做到熟而不煳。豆子可以选择黄豆或黑豆，茶叶以鲜绿细嫩的园茶为宜。沏茶时，先将生姜放在擂钵中捣碎，再加适量盐，然后与炒熟的芝麻豆子一起搁入罐内，最后用滚烫的开水冲入，顿时清香扑鼻，香味袭人。敬茶也十分讲究。主人一般是主妇，只见她右手提茶罐，左手拿碗（调茶用的公碗），不断地淌动着茶罐，将茶水倒入碗中，如果碗中芝麻豆子少了，便将碗中的茶水慢慢倒回罐中，留下碗中沉下来的芝麻豆子。再摇动罐子，使罐内芝麻豆子泛起，再倒入碗中，直到碗中的芝麻豆子数量适宜时，才倒入客人杯里。主妇在沏茶时，为不怠慢客人还一边与客人闲聊。在谈笑风生中，一碗热乎乎、香喷喷的芝麻豆子茶端到客人面前。客人品赏一口，既有茶味、姜盐味，又有芝麻豆子的香味，再加上主人热情的人情味交织融合在一起，十分惬意。客人喝完茶水，将芝麻豆子倒入口中，细细咀嚼，久久地回味着香甜。

艺文杂记

凌冲文化底蕴深厚，舞文弄墨出高手。中国作协作家邓建华字字珠玑，文隐哲理，其文多次入选中学教材、教辅和考试试题资料。奇人『马神』佘汉武，奇遇不断，勤奋不息，画马、画虾堪称一绝。其他诗画爱好者、文学爱好者和山歌传人等进一步浓厚了凌冲的文化氛围，助推新文化成果不断面世。

文艺创作

文学作品

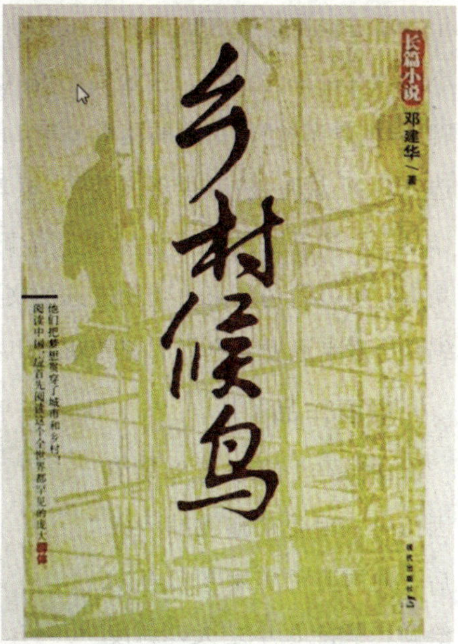

邓建华长篇小说《乡村候鸟》

20世纪70年代，茯林大队干部邓学先善于收集整理民间故事，其中《二巧劝夫》被《望城县志》录入，并被改编为现代花鼓戏剧本。20世纪80年代初，邓学先之子邓建华敬书本喜阅读爱写作，作文成绩一直名列全班前茅，读高二时其短篇小说《李林搬兵》，在全县征文竞赛中获一等奖。1984年，邓建华高中毕业后，牵头发起创办“无名星文学社”，有当地青年何柯可、邓亚夫、谭鸿亮、何国祥、范军辉、刘细满、陈振波、陈进连（女）等积极响应。文学社发展社员50多人，先后在省内外报刊发表作品700多篇，引发长沙地区文学社团热，仅望城县就相继成立文学社团21个，把望城群众性的文学创作活动推向高潮。1987年，邓建华加入长沙市作家协会。1989年，其作品《一株倔强的小草》入选出版发行的报告文学集《在雷锋家乡的土地上》；散文《写给即将出生的孩子》，入选出版的文学作品集《长沙市1984—1989年文学卷》。20世纪90年代初期，茯林村新塘组青年佘汉武，先后在《望月文学特刊》上发表散文《生活》《老屋》、小小说《机遇》《三愣子》、文学评论《吾友莫军念》《山寨乎草根乎》等文学作品30多篇。1992年，邓建华创作的系列当地方言小说集《黑狗坡的左邻右舍》，在全国10多家报刊连载、转载、选载，其中，多篇文章获湖南省报纸副刊好作品一、二等奖。茯林村新塘组女青年曹灿辉，学生时代就爱好写作，2001 年，其散文《奶奶》《鲜花一样的心情》等 20 多篇作品，先后在《望城报》《长沙文学》等报刊上发表。2005 年，邓建华出版中短篇小说集《说着说着天就亮了》，并当选为第七届长沙市作家协会副主席。2007 年，邓建华出版长篇小说《床前明月》、文学作品集《走在故乡的路上》，并先后加入中国作家协会，中国散文学会、中国音乐文学学会，系《百花园》《小小说选刊》签约作家。2009 年，邓建华出版长篇小说《乡村候鸟》，2012 年，邓建华连任第八届长沙市作家协会副主席。至 2021 年，邓建华先后出版长篇小说《打拼》《岔道》、中短篇小说《龙卷风》《守望家园》、散文集《别开灯慢慢聊》《擦肩而过》《撑起的屋檐》等 14 部著作，在《人民日报》《中国作家》《小说选刊》《小说月报》《少年文艺》《读者》《散文海外版》等 160 多种报刊发表文学作品 280 多万字，50 多件和 6 个省市的高考冲刺试卷及中考试卷并有作品在国内先后获奖，入选多家出版社精选的文学作品年选，编进部分中学生阅读教材，改编为金鹰卡通动漫电影和花鼓戏播出和上演。

书画作品

邓复阳画作《人勤春早》

1970 年，蓑衣塘邓复阳因历史原因受牵连被捕入狱后，向同监的美术老师学习绘画，坚持 8 年之久，为凌冲最早留下绘画作品的人。1993 年，25 岁的佘汉武在湘潭白石文艺开发公司打工期间，拜齐白石大师的三孙齐金平为师学习齐派画，画虾得齐派不传之妙。1995 年，佘又入湖南老画家伍祥千门下学习花鸟画。1998 年，书法爱好者刘常参加湖南省“企业风采杯”书法比赛，获得优秀奖。1999 年，佘汉武回乡作画谋生，并潜心研究画马艺术，先后为江苏江阴华夏书画院院长沈小洪、为广东阳江阳西大垌山万佛净业寺弘隆方丈画万骏长卷。出版有《画马三日通》《画虾三日通》《画鸟三日通》等专著多部。毕业于湖南师范大学艺术学院的何雪苗，师从著名国画大师曾晓浒和著名书法家颜家龙，擅长国画，主攻山水，兼修花鸟、书法、金石、水彩，系湖南美术家协会、长沙市书法家协会会员。2000 年 12 月，何雪苗艺术作品《老屋》《秋山溪水图》，在《职业与技术》杂志上发表。他创作的 5 幅山水国画作品，由国务院外侨办湖南省外事处作为礼品赠送给意大利米兰华文学校和友好单位。2012 年 10 月，佘汉武创作的美术作品在“金鼎奖”全国书法美术大展赛中获金奖，其被授予“中国书法、美术百杰”荣誉称号。

2014 年何雪苗国画作品作为礼品赠送给意大利友人

何雪苗作品《星云掩飞瀑图》

是年，在纪念弘一法师圆寂 70 周年国际学术研讨会暨国际著名书画家邀请展活动中，佘汉武的书法作品入选并获优秀奖。2013 年 10 月，佘汉武书法作品获中国当代书画名家协会、中国书画家协会、中国毛体书法艺术家协会举办的全国第十三届“庐山杯”书画大赛银奖，入选《隆重纪念一代伟人毛泽东诞辰 120 周年·书画中国梦作品展》，并被授予“中国优秀艺术家”荣誉称号；国画作品《马到成功》，在中国水墨画研究院第八届书画展活动中获优秀奖。

翌年 6 月，佘汉武国画作品获第五届亚欧杯国际书画艺术大奖赛国画类佳作奖。2014 年 12 月，何雪苗的美术作品《江山如画尽醉游》和书法作品《肝胆相照荣辱与共》入选湖南省民盟 65 周年庆画展。翌年，何雪苗创作的国画作品《深山飞瀑图》《清秋放排图》，由长沙市教育局作为文化艺术礼品赠送给美国友好单

佘汉武画作被制作成邮票

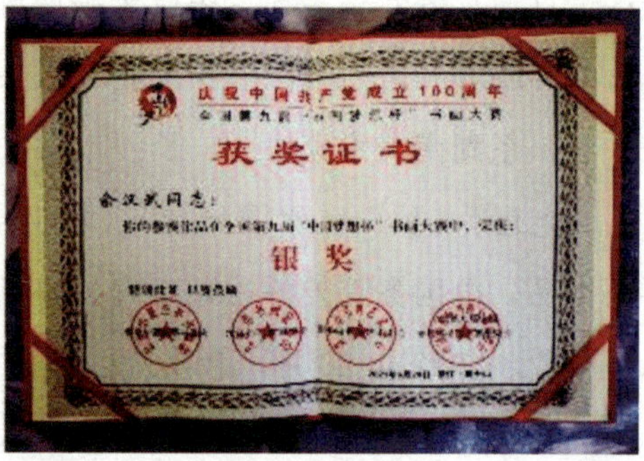

佘汉武获奖证书

佘汉武画作《奔马图》

位；何的山水画《山水人家》《秋山泉声》入选由长沙市文联主办、长沙画院承办的“和而不同”画展。从凌冲桃花坡组走出去的谭鸿亮酷爱文学艺术，系区美术家协会会员，2016 年 2 月，任望城区文联副主席，她在文联耳濡目染、潜移默化中，开始创作书画作品，其《竹报平安》《牵牛花》《合欢》等作品，题材上有山水又有花鸟，技法上有工笔又有写意，作画上百幅，发到朋友圈中，既自娱自乐，也愉悦他人。是年 11 月，何雪苗创作的国画作品《高路入云端，恐惊天上人》《江山秋色图》入选长沙市文联主办、长沙画院承办的“春华秋实”美术作品展。2018 年，何雪苗的书法作品《风雨同舟、鱼水相依》入选长沙市民盟书画作品展。至 2019 年，何雪苗的书画作品 10 幅先后参加区县、市、省国庆 70 周年、省民盟书画作品展。2019 年 11 月，谭鸿亮创作的诗画集《清溪拾趣》专著，由中国人口出版社出版。翌年，其美术作品《春光晓色》和《家在春色画图中》先后在

《中国艺术报》上发表。凌冲村马肚子组的胡杰，从学生时代起就爱好书画，系望城区书法协会会员。2020 年，其 2 幅书法作品入选望城区雷锋剧院书画作品展。2021 年，谭鸿亮任望城区文联主席，她创作的美术作品《书堂秋韵》被评为“欢乐潇湘·品质长沙·幸福望城”美术书法摄影创作大赛优秀作品。胡杰的书法作品入选望城区雷锋剧院书画作品展。年内，长沙市老干部书法协会会员、望城区书法家协会理事刘常，创办靖港书画协会并当选为靖港书画协会会长。他的书法作品入选“欢乐潇湘，品质长沙”书法作品展，入选长沙市“庆祝建党一百周年”书法作品展，并在望城区“颂党恩、迎国庆”老年人书画比赛中获得优秀奖。是年，佘汉武研究画马逾 30 年，画马过 10 万匹，先后有字画印等 3000 余件作品在各级刊物上发表，获大小奖项 300 余次，系中国工艺美术协会会员、靖港画院终身院长。湖南卫视、湖南经视等新闻媒体为其作过专题报道。是年末，凌冲村有书画协会会员 7 名，业余画家 11 人。

谭鸿亮画作

胡杰画作《牛气冲天》

刘常书法作品《陈锡纯烈士故居联》

诗联作品

1988 年，20 岁的佘汉武经湖南大学教授谢彦玮推荐入湖南大学岳麓书院研究室主任谭修门下学习古典诗联文。是年，学生时代的曹灿辉对学写古诗词产生浓厚的兴趣，在老师的指导下，她逐渐入门，能娴熟格律，运用自如。1989 年，她的诗词处女作《觅友》在《岳麓诗词》刊物上发表。1993 年，在谭修教授门下学习古典诗词 5 年的佘汉武，创作的一些诗联作品先后在《湖南日报》副刊和《湖南教育》《当代诗词》《老年人》等刊物上发表。1999 年，曹灿辉创作的诗词《唐多令·致 S》在《华夏吟友》刊物上发表；《江城子·寄友》入选《长沙文学艺术精品库》。2005 年 11 月，邓建华创作的诗集《别离我太远》由作家出版社出版。之后，他的作品先后发表，诗集《抱头鼠窜的年份》《下落不明的乌雅》《蓄谋已久的幸福》，先后由中国文联出版社、现代出版社、中国电影出版社出版。2013 年，佘汉武创作的《谒拜雷锋纪念馆》《画后偶成》在《当代诗词》上发表。2016

年，区诗词家协会会员、市作家协会会员、省诗词家协会会员谭鸿亮创作的诗歌《蝶恋花·故乡》《浪淘沙·芙蓉镇采风》，在《湖南诗词》杂志上发表。邓建华的诗歌代表作《铁匠铺》，被著名节目主持人汤义在第五届《人民文学》新浪潮诗歌朗诵会上现场朗诵。2019 年，曹灿辉创作的 2 首诗词入选《长沙文学艺术精品库》，并有 6 篇诗词入选《望城诗词 300 首》。是年，谭鸿亮创作的诗配画集《清溪拾趣》，由中国人口出版社出版，书中入选诗词联 145 首，画 67 幅。至 2020 年，邓建华先后有诗歌《尝试让疯子变成诗人》《篱笆功夫》《我给父亲的白条》《皮影黄》、组诗《到靖港》等作品入选《诗歌里的长沙》《湖南诗歌年选》《一首诗的诗距离》《诗屋 2018 年度诗选》《2019 中国年度作品散文诗》等诗选集。是年，谭鸿亮在《中国楹联报》发表春联作品多幅。至 2021 年，佘汉武已有诗词联赋等作品 4000 余件在各级刊物上发表。曹灿辉先后在《岳麓诗词》《长沙诗词》《华夏吟友》《望城诗词》发表诗词作品 40 多件。是年末，凌冲村有诗联协会会员 6 名。

民间传说

吕洞宾传茶经

相传有一天吕洞宾醉酒后，失足踏入泥沼。此时天上三通鼓响，正是天上神仙点卯之时，吕洞宾欲上云头，可怎么也飞不起来，低头一看，原来鞋底上沾有泥巴，便使劲一甩，这才飘然而去。那甩下的泥巴，就成了一片山丘，其中一处又高又大，后世人们便取名为“仙泥墩”。之后那片山丘上长出了很多小树，小树叶子绿绿的、嫩嫩的。好奇的人们摘下大把绿叶泡水喝，个个都无病无灾且精神焕发。一天，吕洞宾变成一个老者来到杨家，指名要喝这种干绿叶泡的水，然后，又告诉杨家人，将鲜绿叶先炒后揉再烘干，其味更好。杨家人为感谢老者指点，又连忙取出自家蒸的谷酒，请老者喝。老者喝了酒，顿时兴奋起来，见杨家人又都到里屋张罗去了，便从袖内取出笔，在东边墙上题诗曰：

举杯尽兴饮清茶，方外云游到此家。

茶树满山休小看，添丁长寿享荣华。

待杨家人从里屋出来，老者早已飘然而去。此后，杨家人把这事传开，住在那片山丘的人都才知道，这满山的小树就叫茶树，从此精心呵护起来，也都按照老者所说的做起干茶叶。60年后，吕洞宾变成老者又来了，杨家的那位当家人已经一百多岁。故人相见，杨家老人一面安排家里人招待，一面陪老者说话。杨家老人喝了一口酒，便有些走神，老者见状，又从袖内取出笔来，在西边的墙上题诗曰：

天上方三日，人间六十秋。众皆夸玉阙，我独喜云游。

万事皆缘定，荣华善里求。此来题壁者，已过岳阳楼。

待杨家老人回过神来，老者已不知去向，见到墙上题诗，方知是吕大仙到此。消息在小山村里传开后，大家认为，既然吕大仙都喜欢云游到这里，那这里就叫云游湾吧。

从此以后，那片小山村得名“云游湾”，而云游湾一带做出的干茶叶也得名云游茶。

二巧劝夫

从前，格塘有个村妇叫二巧，聪明贤惠。她的丈夫王光却不务正业，挖墙凿壁，专事偷窃。

一天，王光又要出门行窃。二巧苦苦相劝说：“为人要凭劳动吃饭，不可去做那梁上君子。再说，要是人家发现了，把你抓去……”王光不等妻子说完，便一笑：“俗话说，贼有贼计嘛。我每次打洞入室，师父传下一法，只要那个洞脑袋能伸进去，整个身子就能进去了……”二巧说：“人家见到你伸进脑袋，一刀砍一下不就完了?”王光嘿嘿一笑道：“我事先用手顶着一只土罐从洞口伸进屋内，探一探虚实，然后再伸头进去嘛!”王光出门，溜出房门，二巧急得直跺脚。

晚上，月光如水，静静地泻下来，二巧怎么也睡不着，忽然，她听到一种细微的凿壁声，朝发出声音的地方看去，只见正房的后墙上凿穿了一个小洞。二巧心中一紧，有贼！自己的男人去偷别人的，别人却偷到自己的家中来了。她不声张，悄悄从厢房里扛出一架稀齿铁耙，闪在洞口一侧。不一会儿，一只黑乎乎的土罐从洞中伸进来晃了晃。二巧没有理会，心想这怕是一个师父的传教。旋即一个人的脑袋伸了进来。二巧猛将稀齿铁耙卡过去，不偏不斜，正好夹住那家伙的脖子。那家伙出不得，进不得，叫不得，哼不得，急得直翻白眼，直喘粗气。二巧也不理会，径直倒在床上，蒙头大睡起来。

天亮时分，王光回来了，手里提着一只炉锅，王光道："二巧，快抽两双筷子来，何家老屋何一老爹做生日的鸡，我给弄来了……"二巧默不作声，悄悄地将三双筷子摆在桌上。王光不解："为什么抽三双筷子?"二巧说："正房后面有个客，去请来!"王光来到正房后，天哪，那明晃晃的耙齿中，卡着的正是自己的师兄。他急忙松了耙齿。师兄哪有脸进屋，爬起来就跑了。二巧瞟了王光一眼，王光这才低下头。

民间歌谣

凌冲一带民间歌谣主要有放牛山歌和情歌。放牛山歌是纯粹的对唱，情歌既可对唱又可独唱。当地有歌手邓正昌，人称"歌王"，他唱山歌、情歌脱口就来，出口成歌，与人对歌唱上三天也不会重复一首歌。

放牛山歌

"撩发歌，撩发歌，
撩得对门山那边伢子打山歌，
一不要你打好久，
二不要你打好多，
只要你打得太阳落水下山坡。"

这就是放牛山歌对歌的起头之一。倘若对门山上不缺歌手，便会即刻响应：

"一粒芝麻甩上天，
打开天门看神仙，

神仙会了神仙的伴，

打歌会了打歌的人，

今天的山歌一定打得成。”

于是一场山歌对唱的好戏就此开场了。对歌开场不久随即便进入高潮：互相回答和相互戏侮。问歌称为上韵歌，答歌称为下韵歌。

回答式如：

打你个嘴巴告诉你叔，

只要你晓得么子家伙出世一坨肉，

只要你晓得么子家伙出世一块板，

只要你晓得么子家伙出世没屁眼。

打你个嘴巴告诉你叔，

我晓得蚂蟥出世一坨肉，

我晓得蚌壳出世一块板，

我晓得螺头出世没屁眼。

戏侮式如：

南竹根，子竹根，

何那边打歌是何人，

是我的师傅大些打，

是我的徒弟莫劳神，

下回子碰得磕鹅公。

（磕鹅公：用指节打人头部）

对方却也毫不示弱：

天上起云斑叠斑，

砍根竹子挽花篮，

中间挽的胡椒眼，

两头挽的倒挂须，

鱼进花篮找死的。

情歌

情歌内容多为青年男女间谈情说爱或成年男女调情。青年男女间谈情说爱歌。如：

女：天上起云满天遮（zha），

满堂菱角开白花，

青草鲤鱼来散子，

燕子含泥不含沙，

皇帝老子有女看官家。

男：新打矛镰满山飘，

不是青山不开刀，

不是好花郎不采，

郎打单身志气高。

又如情歌《好比六月想阴天》：

莫想她，口干莫想那杯茶，肚饥莫想那碟菜，风流莫想那枝花。想妹想到身发痧，一身都是铁斑麻，扶棍出门人又笑，空手出门眼又花。大路生草又生丫，妹在一家哥一家，百万钱财哥不想，单想情妹这朵花。手拿烟筒思想火，口含冰糖思想茶，哥在家中思想妹，蜜蜂思想树上花。园也隔草草隔花，妹在一家哥一家，我俩同饮一江水，江边吃水当吃茶。想妹想成一身痧，一身都是铁斑麻，汗巾包米去问鬼，三魂落在妹的家。一刀砍断芭蕉芽，蜜蜂踩断石榴花，石榴花开花结果，哥今连妹望成家。嫩姜芽，蜜蜂想糖蝶想花，蜜蜂想花不想叶，哥想情妹不想家。自从那天看见她，餐餐饭菜吞不下，夜夜床上睡不着，心头好比猫儿抓。

想哥多，妹为想哥想跳河，想跳下河做水鬼，又怕不得见情哥。妹与哥家隔条河，夜里想妹睡不着，也望霜打树叶死，手搭凉棚好望哥。日里想妹不奈何，夜里睡下思妹多，梦到黄河无渡船，黄河水少泪水多。清早起来门墩坐，眼痛因为望姣娥，脚痛因为走夜路，心痛因为想妹多。想妹多，坐死江边草一窝，不信妹到江边看，江水流少泪流多。想妹多，想妹吃饭当吃药，三天不吃茶杯饭，抬头不起为姣娥。上山想吃牛甘果，下山想吃嫩菠萝，甘果菠萝哥不想，单单思想妹姣娥。

童谣

童谣形式活泼，用词简练，韵律响亮。如：黄鸡婆生蛋咯咯哒，一哒哒到万家坝。收拾篙子收拾桨，慢慢细细到靖港，靖港有个观音阁，碰个朋友打酒喝。一杯酒顺了风，慢慢细细到湘阴。湘阴街上要把戏，益阳街上卖斗笠。蒸钵罐子出铜官，麻石出在丁字湾。

人物

凌冲，南承麓山灵秀，北濒浩瀚洞庭。五千多年来，先民们伴山而居，入水而渔。风光秀丽的环境，勤劳朴实的民风，湖湘文化的熏陶，使凌冲人从小『吃得苦、霸得蛮、舍得死』『心忧天下、敢为人先』。近代以来，在社会历史大潮中，凌冲人才辈出，名人荟萃。他们为凌冲的发展，为祖国的建设贡献了青春、洒下了热血。他们或舍生忘死，驰骋沙场，抗击侵略，为国捐躯；或带领民众，艰苦奋斗，改天换地，建设家乡；或立足专长，锲而不舍，勇攀高峰，成为各行各业的佼佼者……凌冲孕育了他们，他们也给凌冲带来了荣耀，为凌冲、为望城、为国家增添了物质和精神财富。

凌冲，南承麓山灵秀，北濒浩瀚洞庭。五千多年来，先民们伴山而居，入水而渔。风光秀丽的环境，勤劳朴实的民风，湖湘文化的熏陶，使凌冲人从小“吃得苦、霸得蛮、舍得死”“心忧天下、敢为人先”。近代以来，在社会历史大潮中，凌冲人才辈出，名人荟萃。他们为凌冲的发展，为祖国的建设贡献了青春、洒下了热血。他们或舍生忘死，驰骋沙场，抗击侵略，为国捐躯；或带领民众，艰苦奋斗，改天换地，建设家乡；或立足专长，锲而不舍，勇攀高峰，成为各行各业的佼佼者……凌冲孕育了他们，他们也给凌冲带来了荣耀，为凌冲、为望城、为国家增添了物质和精神财富。

凌冲村志人物，传记按卒年排列，简介以生年为序，名录以类相聚，志中以事系人。

人物传记

刘启玟（1832—1901）　册名振临，字华国。清道光十二年（1832）正月十八日，出生于长沙县新康都七甲下五区凌冲樟树垅（今长沙市望城区靖港镇凌冲村牌坊屋场　）。

刘家世以耕读为业，刘启玟幼读诗书，家族寄望他考取功名，但终屡试不第。后弃文从商，善居奇，依托水运之便，南入湘江，进长沙，溯江而上，到湘潭、株洲、衡阳；北上洞庭，从资水、沅水、澧水而达湘北、湘西、湘中；越洞庭湖，到湖北省城诸地，经商崛起，屡有积累，将余资购置田数十顷，成为当地旺族。

刘启玟为人真实无欺，乐善好施，遇邻里纷争，辄尽力排解，“不恃强凌弱，不倚富压人，睦姻任恤”，成为其素志。因家境殷实，捐资进入国子监，为本地有记录的首位太学生。晚年主修《凌冲刘氏宗谱》，清光绪八年（1882）壬午岁仲冬月为《凌冲刘氏宗谱》作序。

清光绪二十七年（1901）二月初十日病逝，葬于凌冲樟树垅左岸。

陈锡纯（1915—1937）　民国4年（1915）8月22日，出生于长沙县新康都七甲华林（今长沙市望城区靖港镇凌冲村蓑衣塘）。父亲陈嗣良，母亲陈贺氏，陈

锡纯有兄弟姐妹十人，陈锡纯居长。一家人口众多，生计艰难。其父以耕种和烧炭谋生，省吃俭用，设法送子女上学读书。陈锡纯先后就读于临近的青峰乡大山殿第十三国民学校、青峰山第四高级小学，民国20年（1931）秋考入长沙广益中学。“九一八”事变震惊中外，陈锡纯和同学们一道议论时局，痛感祖国大好河山沦丧，中华民族累遭倭寇侵凌，慷慨陈词、悲愤难禁。常与学生联合会同学一起，走上长沙街头游行示威，积极参加宣传抗日救亡活动。

民国23年（1934），陈锡纯初中毕业后，毅然投笔从戎，先是考入中央陆军军官学校第十期步兵科学习，后被选送杭州笕桥航空学校第五期甲班轰炸科学习飞行技术。民国25年（1936）10月，被分配到驻南昌之中国空军第二大队任见习飞行员，次年1月任第九中队少尉飞行员。民国26年（1937）7月7日，“七七”事变爆发，日本帝国主义大规模向华进攻，战火迅速蔓延到华北和淞沪各地。陈所在空军大队处于紧急战备状态，时刻待命出击。他在给家人信中写道：“东瀛小丑，必欲亡我中华，吾辈热血青年，怎堪忍此奇耻大辱。吾意已决，誓为祖国的尊严而战，为民族的生存而战，一旦需要时，即使付出生命亦在所不惜……”充分展现他的民族大义和誓死报国的决心。

1937年8月13日，淞沪会战全面打响，这是抗日战争时期中日军队的首次主力会战。地面战争十分惨烈，但空中战斗却捷报频传。陈锡纯和战友一起参加“八一四”和“八一五”空战，且初战告捷，战绩辉煌，共击落日机30余架，中国军机无损，大大鼓舞了全国的抗敌将士，也进一步坚定了中国空军飞行员的杀敌斗志。19日，陈锡纯所在的空军第二大队第十一队和第九队奉命起飞轰炸长江口外佘山、白龙港以“出云”号为旗舰的日军第三舰队。陈锡纯和分队长沈崇诲驾驶的飞机编号为“904”号。激战中，“904”号飞机尾部中弹，冒出浓烟。关键时刻，沈崇诲和陈锡纯毅然放弃跳伞逃生，二人加足马力，以最大的速度，驾着冒着浓烟的飞机直接撞向日军巨舰，与敌舰同归于尽，一同沉入江底。

陈锡纯牺牲后，国民政府授予陈锡纯“抗日烈士”称号，追赠中尉衔，颁发烈士证书，并一次发给遗属抚恤金一万银圆。国民政府还在南京紫金山王家湾航空公墓为陈锡纯设置衣冠冢。

1986 年经省人民政府批准，追认陈锡纯为革命烈士。2015 年陈锡纯被民政部公布为著名抗日烈士。

何海山（1930—1952）　民国 19 年（1930）农历六月生于长沙县新康都七甲凌冲牌坊屋场（今长沙市望城区靖港镇凌冲村）。幼时读私塾二年，因家境贫寒，不得不辍学帮东家看牛、干农活。中华人民共和国成立后，积极参加打土豪、斗地主、分田地。1950 年响应党的号召，踊跃报名参加抗美援朝，因母亲反对，瞒着家人和五六个青年一起奔赴株洲参加集训，10 月参加中国人民志愿军，编入第三十八军任战士，随即随部队入朝奔赴战场。1952 年 6 月，在朝鲜战场牺牲。遗体安葬在朝鲜的土地上。望城县人民政府为其颁发“革命烈士”证书。当地政府在牌楼屋场举行隆重的追悼大会。

朱叔文（1925—1952）　又名淑文，民国 14 年（1925）农历十二月生于长沙县新康都七甲凌冲（今长沙市望城区靖港镇凌冲村东风组）。1948 年与刘金莲结婚。1950 年 10 月响应党中央“抗美援朝、保家卫国”的号召，参加中国人民志愿军。为 68 军 204 师 610 团 3 连战士，1952 年 8 月 23 日，在朝鲜三八线第二岭高山杨口郡作战时牺牲，遗体安葬在朝鲜江原道阳郡县何平岭村。望城县人民政府批准其为“革命烈士”，当地政府和群众在凌冲朱家召开隆重的追悼大会进行纪念。

汤新伏（1951—1976）　曾用名汤新富。1951 年农历五月初一生于望城县第九区柏叶乡茅镰塘（今长沙市望城区靖港镇凌冲村）。1962 年 7 月，全才中学初中毕业后回生产队参加劳动，在家劳动期间，工作积极肯干，助人为乐，深得邻里和干部的喜欢，被评为大队、公社先进青年、民兵，推选参加望城县青年积极分子会议。他喜欢写日记，字里行间流露出志存高远，希望为国家建设多做贡献的崇高思想。1970 年 11 月参加中国人民解放军，为湘潭市武警中队战士，在韶山消防大队服役。初期在炊事班工作，一年后安排开汽车，后又调去开消防指挥车。1976 年 1 月，加入中国共产党。1976 年 1 月 26 日，汤新伏在驾驶消防车执行灭火任务时，路滑导致翻车，身受重伤，壮烈牺牲。遗体安葬在韶山市韶山乡韶山景区内。2014 年 8 月 11 日，中华人民共和国民政部颁发烈士证书。韶山民警中队战士每逢春节、清明前往烈士墓地祭扫。并在烈士生前所在中队陈列室，设烈士简介，对入伍战士进行教育。2017 年建军 90 周年之际，中共湖南省委、湖南省人民政府、湖南省军区向烈士家属赠送“军魂永铸　英烈千秋”大型牌匾。

汤新伏烈士所在部队战士定期清扫烈士墓

陈玉林（1936—1983）　民国 25 年（1936）农历正月十六生于长沙县新康镇凌冲茯林磨角塘冲。年少时在城头殿、雷家屋场、彭家新屋、团山、官山礼堂等地读私塾 6 年。中华人民共和国成立后，积极参加土地改革、农业互助合作化运动。1957 年任凌冲乡人民政府秘书，参与组织指导农业合作化工作。1958 年任茯林高级农业合作社社长。1958 年 11 月 27 日，由陈礼贵介绍加入中国共产党，随后担任茯林中队支部委员，他积极推广“万粒籼”等水稻优良品种，使水稻丰收增产。1960 年任茯林中队党支部书记后，组织社员建立蛇形山电动排灌站，解决茯林等地的抽水抗旱问题。撤销中队后任茯林大队党支部书记。1970 年，响应公社号召开荒建立茯林茶场，指导各生产队建立生产队茶场，全大队茶叶种植面积近 500 亩，并在茶叶基地套种烤烟、黄花菜、木薯等经济作物，取得了良好的经济效益。他又组织社员在团头湖许家垱一带筑堤围垸近百亩，并在山上开荒建立棉花基地。并积极组织社员参加烂泥湖、黄材水库的治理，对工作认真负责，讲究工作方法，乐于为民众做好事，深得领导的信任和群众的拥护。

1974 年后，改任支部委员，1977 年后因身体欠佳，退出大队领导岗位。

1983 年农历十一月二十九日因病去世，葬于横塘磨角塘山上。

杨新民（1922—1983）　民国11年（1922）正月初八生于南县农村。20世纪40年代末，移居长沙县新康镇第八甲凌冲黑狗坡（今长沙市望城区靖港镇凌冲村王一马组）。因家境清贫，没有上过学。中华人民共和国成立前夕，杨参加“迎解组织”长沙县武装基干队，驻扎靖港镇民丰村虢家大屋（今复胜村）。在乌山一带积极参加清匪剿霸、镇压反革命运动。1951年剿匪结束后，分配到靖港区供销合作社工作，负责外勤收购。1953年回家组织农民，开展农业互助合作，推广水稻新品种“万粒籼”。1954年发大水，为大众垸凌冲乡防汛带队人，组织指挥防汛抢险、堵口复堤。1956年成立凌冲初级农业合作社，杨新民任农业合作社社长。1957年加入中国共产党。1958年，成立凌冲高级农业社，杨新民任社长。是年秋，成立红旗（后改为靖港）人民公社，杨新民任凌冲大队党总支委员兼凌冲中队党支部书记。1959年10月撤销中队，杨任凌冲大队支部书记。1965年，带领社员积极推广晚粳“农垦58”，用“长沙的大粪，内蒙古的饼，浙江的技师，江苏的种”，当年晚稻大丰收。1968年，引进靖港区供销社在凌冲办点建茶园，先后在猫坡山、斗笠岭开垦村茶园110多亩，壮大了集体经济。1978年，调格塘公社茶厂任党支部副书记。

1983年农历十二月二十六日，因心肌梗塞去世，葬尹家大山。

陈茂生（1932—1991）　民国21年（1932）农历十一月二十九日生于长沙县新康镇靖港虢家大屋（今长沙望城区靖港镇复胜村），后迁至第八甲凌冲横塘居住（今长沙市望城区靖港镇凌冲村横塘组）。民国31年（1942）在西流港读书2年，后在家种田，帮别人家放牛。1949年长沙和平解放前夕，参加“迎解组织”县武装基干队，积极参加清匪反霸、镇压反革命和土地改革运动。1950年1月任民兵基干队队长。1952后回家，1953年7月组织陈茂生农业互助合作组任组长，在合作化工作中两次受到奖励。1954年，参加南洞庭湖治理，冒严寒、顶风雪、带头苦干，12月加入共青团组织，6次获奖，1955年荣立特等功一次。1955年11月任茯林农业社副社长，1956年2月14日加入中国共产党。1957年，合并成立茯林高级农业合作社任副社长，协助陈礼贵，积极推广双季稻，推广水稻新品种，增加稻谷产量。冬天，组织全社男女劳动力，苦干一个冬天，将茯林湾的茯林塘、长塘、横塘三口小塘合并围修为茯林塘，加高塘基，增加容量，使本村及靖港大众等地稻田受益。1958 年 1 月任茯林高级农业社社长。1958 年 12 月任二区卫生连党支部书记。1959 年 5 月任靖港公社凌冲大队茯林中队党支部书记。1961 年 7 月任格塘公社茯林大队副大队长。1964 年 1 月，任茯林大队党支部副书记。1974 年任党支部书记，1978 年 1 月，被选为党代表，参加中共望城县第二次代表大会。1978 年协助邓学先工作，任支部副书记。1982 年 1 月—1983 年 12 月，再次担任支部书记。到 1987 年一直在村上工作，担任村干部。

1991 年 6 月 23 日陈茂生因病逝世，安葬在凌冲村横塘冲。

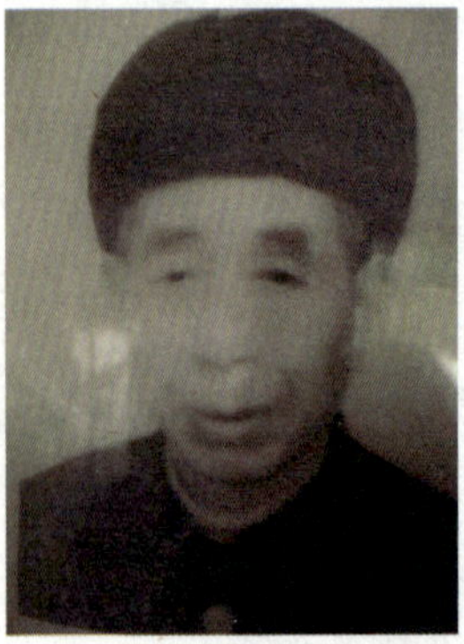

陈礼贵（1926—1993） 亦名礼桂，民国 15 年（1926）农历八月初八日生于宁乡泉塘关山（今金洲开发区）。岁半父亡，随母下堂到苏家塅（今宁乡双江口）居住，读书 3 年。家境清贫，少年在家放牛，至弱冠，到长沙担河水谋生，后在宁乡做长工 3 年，再到长沙县格塘凌冲横塘菜园岭陈家老屋做长工。

1949 年长沙解放前夕，参加“迎解组织”县武装基干队当民兵，积极投入清匪反霸、镇压反革命斗争。1951 年加入共青团，1952 年转业回家，在茯林乡任民兵队队长，参加土地改革和土改复查，划为雇农，分得田土房屋。因工作积极，敢于斗争，1953 年 3 月 13 日，经区委书记萧介凡和组织委员黄汉西介绍为预备党员，1953 年 9 月转为正式党员，是年担任凌冲乡党支部书记。

1954 年，陈响应党的号召，组织群众走共同富裕道路。动员几户农民（后十几户），发起成立陈礼贵互助合作组、茯林初级农业社并作社长，组织农民生产互助，度过灾荒；带领群众，兴修水利，带领民工，睡工棚、冒严寒，参加南洞庭湖的治理（大众垸），推广水稻新品种，发展经济作物和工副业生产，增加农民的收入。1956 年成立茯林农业社党支部，陈礼贵担任支部书记。1956 年 12 月 6 日，参加望城县县、乡、社三级干部会议，被评选为“优秀干部”，受到中共望城县委、县人民政府表彰。1958 年 1 月，合并成立茯林高级农业合作社，陈茂生任社长，陈礼贵任党支部书记，组织社员改变原来只种一季稻的传统习惯，推广双季稻，增加稻谷产量。1958年秋，成立人民公社，任红旗公社凌冲大队总支委员、茯林中队支部书记。食堂解散后，成立茯林大队，任支部书记。1965年1月任副书记，兼副业队长，分管畜牧工作，全大队生猪存栏量和出栏数创新高。1970年，参加修建湘江大桥，任茯林大队民工指导员。

陈礼贵积极培养青年加入党的组织，先后培养王爱仁（女）、李爱华、陈茂生、陈玉林、刘福莲（女）等加入党组织。

1993年5月陈礼贵病逝，葬于凌冲村上横塘山。

彭新贵（1897—1995）　谱名宗年，清光绪二十三年（1897）正月初一生于宁乡县朱良桥荷花嘴，家境殷实。1904年春，七岁时，父母将其送到在宝庆做“排客”的舅舅家习武学医。从此，跟随舅驾排放木，行走江湖。舅舅膝下无子，视他为己出，将一手软硬功夫和跌打损伤、摞筋接骨等医术悉数相授。

1913年秋，他回家继续读私塾。其间，结识了从宝庆来宁乡以卖棉花锭子为生的孙德胜。孙身手不凡，善使流星锤，长年借住彭家，志趣相投，遂结为兄弟。彭新贵向其学习武术绝技流星锤，每日勤练不断，武艺更上一层楼。其滚地拳使得出神入化；轻功可纵步一跃上房揭瓦，身手十分敏捷；随身携带一对圆形流星锤，百发百中，成为远近闻名的拳师。

1917年春，与曹氏结婚。1923年夏，因曹氏生后背花而早逝，遂到在宁乡双江口行医的堂叔公彭作华处主攻外科和跌打损伤，医术精进，开始坐堂接诊。他擅治无名肿毒、烫烧伤和续筋接骨等。用自采自制的中草药，从内服的丸、丹、散，到外敷的膏药、粉剂，配以鲜见于世的民间秘方，多能手到病除，很快就在长、宁、益一带小有名气。

1924年，受朋友举荐，担任湘军谭延闿第一师上校团长陶峙岳的贴身卫士兼医生，随军参加北伐战争，攻克长沙。1926年冬，离开部队返回老家。回家后，他积极参加农民协会，投身朱良桥农民协会主席的岳叔曹四爹处，担任区农民协会纠察队队长一职，受到父亲（地主）强烈反对。1927 年 5 月，许克祥在长沙发动“马日事变”，他和岳叔积极响应中共湖南省委的号召，组织农民自卫军敢死队，秘密赶赴渫湾镇，参加腾代远组织的十万农军攻打长沙的战斗。撤退回家后。父亲将其赶出家门，他被迫外逃他乡避难。后局势渐缓，遂以行医谋生。他常年足穿麻编草鞋，骑一匹棕黄色大马行走于益阳、岳阳、常德、长沙一线。由于医术精湛，又行侠仗义，渐至声名鹊起。行医途中，遇见贫苦的患者求医，给予药物，从不收钱。遇到富豪之家，则索巨资以济贫困。1946 年，彭租居长沙县靖港茯林株树山，继续行医，与当时从事地下革命活动的杨伯槐（后担任望城县人民政府副县长）相交甚密。1947 年续娶周氏，育有三子一女。

1949 年长沙和平解放后，在株树山分有房屋、田土等物。1951 年，长沙县成立乡村医疗卫生协会，并建立了长沙县第六乡村医疗合作卫生所，彭新贵任第一任分会会长，兼任所长。时乡村医疗条件简陋，缺医少药，他就地取材，自制药剂，克服医药不足、诊所人手缺少等问题，亲自坐堂接诊，帮助群众解除病痛，多次获得奖励和表扬。1953 年 7 月，被省卫生厅授予中医师证书，多次参加县开办的中西医培训班的学习，中西医治疗水平进一步提高。其间，还与望城境内名医彭立早、肖子仁、张怀安、陈大志等组成医疗卫生工作组，到乡村送医上门、流动接诊，一起研讨特殊病案。

1965 年，凌冲大队支部书记杨新民，请彭到凌冲开设诊所行医。1968 年到茯林诊所行医。1969 年底，格塘公社聘请彭和其子德保到格塘卫生院工作，使卫生院接诊量迅速上升。病友们赞誉他“妙手回春”“华佗再现”，赠送的锦旗、牌匾和单位奖状挂满医院的厅堂。

1978 年，年过八旬的彭老离开格塘卫生院回家。被欧江岔公社胜利大队支部书记彭再富接至欧江岔开设诊所坐堂行医，求医者甚众，常有媒体进行专访报道。

及至耄耋老年，仍坐堂接诊，不忘医道传承，力劝其孙彭侠悬壶济世，秉持医者仁心，其孙果不负期望。

1995 年农历九月初七，彭新贵独自外出搭车，因奔跑时摔倒受伤，初九在家逝世，享年 98 岁，葬于凌冲村株树山。

侯晋义（1920—1996）　亦名侯进义，民国 9 年（1920）农历六月初五出生于长沙县新康镇靖港镇半边街。在靖港读书 2 年。因家境清贫，1930 年到伍家岭放牛 3 年，后回家务农，因父亲病亡，又到华林何家湾大地主何家做长工。

1949 年 8 月，长沙和平解放，侯在柏叶乡参加长沙县武装基干队，后任乡农会副主席，积极参加清匪反霸斗争、土地改革和土改复查，在何家湾分得田土房屋，从此在华林安家。1952 年到 1953 年，参加南洞庭湖治理，任三分队队长，不畏艰苦，积极带头，立大功一次，受到政府奖励。1954 年参加农业互助组、初级农业合作社，带领社员推广良种、抗旱，工作积极，1955 年 1 月 20 日加入中国共产党。1956 年任洪山初级农业社党支部书记。1958 年，任红旗人民公社（后为靖港公社）凌冲大队洪山中队党支部书记，1962 年在柏叶大队任支部委员，1965 年任华林大队党支部书记。响应公社号召，带领社员开荒种茶，采用群体品种，时称“团团茶”，首先小面积（6～7 亩）种植。1967 年改任华林大队支部副书记，其间带领干部群众办起格塘公社第一家粉厂、栽种木薯造粉；大面积开荒种茶，使华林成为全县的一面红旗。1978 年退休后在家务农。

侯晋义注重培养和发展新党员，先后培养介绍陈月山、熊腊生、范文章、范义和、周三元、虢福昌等人加入中国共产党，后范义和成为华林大队支部书记。

1996 年十一月初三侯晋义病逝，葬于凌冲何家湾。

范义和（1930—1998）　民国 19 年（1930）农历十一月十一日生于长沙县新康镇华林范家铁铺。幼年读私塾 2 年，1938 年 3 月至 1942 年 12 月在洪山庙、青峰山就读国民小学。后因家庭贫困不得不回家放牛，稍长担干柴到山外出卖，1947 年到长沙市草潮门担大粪挣钱，受尽货主和工头卡压和欺骗。

1949 年 8 月 5 日，长沙和平解放后，他参加民兵，积极参加打土豪分田地行列。1953 年，他组织柏叶乡第一个农业互助组并任组长。1954 年，带领民工参加洞庭湖治理，在冬修大众垸工地上被评为治湖功臣。1955 年在老支书侯晋义带领下先后组织成立洪山初级农业社和洪山高级农业社并担任社委委员。1958 年 10 月 19 日加入中国共产党。1958 年开始，先后在红旗人民公社二责任区任洪山中队中队长、华林大队大队长、大队支部书记。1963 年参加长沙县农村社会主义思想教育工作队，在春华山等公社进行“社教”，任工作组副组长。1965 年回到华林大队担任大队长，1967 年，开始任华林大队党支部书记。

面对交通闭塞、作田望天收、基础条件较差的情况，他带领大队一班人想方设法改善生产生活条件，修复山塘，在蛇形山安装二级机台提水，修通近 10 千米长的穿山渠道抽水灌田，使近千亩靠人力车水的岸子田，变成水旱无忧的良田，由一季稻改成双季稻，基本解决了粮食问题。1969 年，他带领群众开荒种茶，带头搬迁自家的祖坟，腾出山地，感动全大队社员，他和社员白天黑夜奋战在山地上，让昔日坟堆密布、杂树丛生的千多亩荒山，短短几年，变成茶山，使华林大队由经济排名靠后一跃成为公社的先进、望城的典型，迎来省委书记毛致用前来参观考察；他带领群众修公路，拉通电线、接通电话，让群众生活逐步富裕，掀掉茅房建楼房；他虚怀若谷，关心群众疾苦，面对华林交通闭塞、经济并不富裕、一些大龄青年找对象难的情况，他想方设法关心大龄青年婚姻，不但亲自出面牵线搭桥，而且还利用村广播室的工作岗位，让一些女孩子倾情华林，一个广播室岗位，成就了十余对青年的美好姻缘。

1978 年 1 月，范义和当选为县党代表，参加中共望城县第二次代表大会；1984 年 7 月 1 日，华林村党支部被评为望城先进党支部；1990 年 3 月 18 日，中共望城县委授予其为“模范村党支部书记”。同年 7 月，他被中共望城县委授予“优秀共产党员”称号。

1990 年 10 月退休，仍关心村上工作和村干部的成长，1995 年 11 月当选为格塘乡第十届人大代表，并被选为主席团成员。

1998 年 11 月 11 日，范义和因病逝世，安葬在凌冲村范家坟山。

陈佑亭（1923—1998） 民国 12 年（1923）正月二十八日生于长沙县新康镇第七甲茯林（今长沙市望城区靖港镇凌冲村龙凤组）。

陈佑亭家境贫穷，少年时在邓家伴读私塾一年多，十多岁跟堂伯父学习阉鸡阉猪阉牛，精心学习，大胆实践，艺成后渐得乡民赏识，被大家尊称“佑阉猪”。东起靖港街上，南至格塘五爱，西抵宁乡游子坝，北达樟木桥乔口一带，方圆二三十里范围内的老百姓，无人不晓“佑阉猪”。

民国 28 年（1939），他 16 岁成家，后生育 5 男 3 女，全赖他阉鸡阉猪阉牛谋生。由于手艺精，业务好，一家人基本吃穿不愁。

他阉鸡阉猪，以快见长。别人阉母猪要人帮忙压头踩尾，而他只有一个人，一脚踩猪的屁股，一脚跪压猪头，一碗水，把手打湿在阉处摸一下，迅速阉了，猪伤口不出血。更为传奇的是，他阉（割）公牛不用绳索捆绑将牛放倒在地，而是只要人将牛牵着往山坡走，自己站在后面，对着牛屁股一拍，口中含的水向牛的睾丸处一喷，用阉牛刀一划，飞快地将睾丸取出，然后将牛牵着走三个圈，牛伤口不出血。绝招名闻乡里。

1958 年秋，人民公社成立，他应招进入格塘公社畜医站工作。虽然习学西医，进行牲畜疾病防治，但主业依然是阉鸡阉猪阉牛，后将技术传给外孙刘学斌继承，1983 年退休回家，仍时操旧业。

1998 年农历十二月二十八日病逝于茯林，葬于龙凤组。

邓学先（1937—1999）　民国 26 年（1937）农历 4 月 21 日生于长沙县新康镇第八保茯林塘（今长沙市望城区靖港镇凌冲村）。7 岁入私塾读书，10 岁进入新焕乡第二国民学校学习，未及高小毕业便辍学回家务农。中华人民共和国成立后，邓积极参加民兵组织，带头参加农业互助合作社。1958 年秋参加京广复线建设，在京广复线捞刀河工地任工程员，他每天凌晨 3 点便到工地砍土分方，晚上 9 时民工收工后，他到工段验质收方、计算、出榜公布，到深夜才完工。人们说他“在工地工作 40 天，只睡了 80 个钟头的觉”，当年被吸收加入中国共产党。1960 年年初开始担任茯林中队、茯林大队干部。1970 年 11 月，他参加“三线”建设任连长，带领 120 名格塘民兵在辰溪县小龙门工段奋战近两年，获得“速度、质量、安全、节约”先进连称号。1973 年冬，他带领十多个青年，用土办法和土技术，建起一座节制山洪湖汛的“留心坝”。1974 年冬天，他带领社员到蛇形山开荒、垦出 100 多亩新耕地，次年种上棉花，命名为“棉花基地”。1975年冬，他任烂泥湖撇洪工程茯林民兵营指导员，带领168名男女民工，在杨梅山爆破取土，他只身实地检查、注重安全，确保茯林民工营不但无伤亡事故而且工程进度处在前列。1976年冬，他带领民工建设乔口防洪闸，始终坚守在零点至6点班，带头担沙石，掀起你追我赶的竞赛热潮。1978年担任大队党支部书记后，他把改变大队水患问题放在头等位置，组织修建起团湖边的朱塘套小围子，修建从蛇形山到陈壁照的灌溉渠道和700米长的山间渠道，解决了长塘、藕塘等组困扰多年的抗旱水源问题。1981年，在农村生产责任制进入关键时刻，他带领支委一班人白天实地了解情况，晚间上户谈心，自己主动承包别人不想要的岸子田（台子七斗丘），使大队的责任田、山在9月中旬至10月底全部落实到户。

邓学先从小喜爱文艺，拜当地有名花鼓戏名角“黄满花旦”为师，曾任村花鼓戏班子演员。20世纪70年代，经常向公社油印“战报”投稿。他注重搜集民间故事、民间歌谣，所搜集的民间故事《二巧劝夫》为首届《望城县志》所收录。他的孝行更是被邻里奉为榜样。他母亲90多岁时，行动不便，他再忙，回家先问候母亲，陪母亲说说话。也经常把双目失明的岳母用轿子抬到自己家里，像伺候母亲一样细心服侍。

1998年冬，邓学先身患重病，弥留之际，他仍不忘嘱咐儿子代向组织交上最后的党费。

1999年农历10月2日邓学先去世，安葬于熊家大山。

刘正斌（1959—2003）　亦名正兵。1959年7月10日生于长沙县格塘公社（今长沙市望城区靖港镇凌冲村）。1978年高中毕业后在家务农。1995年开始在村委会工作，任村计生专干、治安主任。他情况清、底子明、工作扎实，使全村计划生育工作跨入先进村行列，村民矛盾纠纷也化解在萌芽状态。1996年村上学校建教学楼，他主动为50多岁身体有病的老书记分忧，日夜坚守在工地上，守护材料，监督工程质量，教学楼如期交付使用。1998年境内发生特大洪水，团头湖湖水漫过堤面，凌冲村四个巴边围子频频告急，金凌垸大堤倒口后，他第一个跳入水中，带领群众打桩、搬沙袋，守护大堤，一直在大堤上坚守40多天。刘正斌家境不富裕，自己患有高血压，连每个月两块钱1瓶的降压药都舍不得吃，对村民却十分慷慨。高塘组“五保户”刘伯璜儿子意外去世，生活无人照顾，他安排妻子每天送饭，自掏腰包为老人购买方便面等生活物资。他总是骑着一辆旧摩托车义务接送村民看病，经常筹钱帮助困难村民缴纳统筹款、医药费。1999年5月加入中国共产党。2001年4月，他个人举债1000多元，为东塘组垸子修建一个简易机台，解决周边60亩稻田排涝问题；2002年摔断腿养伤期间，他婉拒同事的帮助，拄着拐杖上户，按期完成统筹款收缴任务，

2003年4月22日开始，他一直奋战在抗击非典型肺炎第一线，和妻子一起负责全村的消毒防疫和抗击“非典”宣传工作，对村里务工人员和外地探亲人员上门走访，免费接送至乡卫生院进行检查。5月15日，由于连续工作，劳累过度，当晚，在用电话向乡防“非典”办公室汇报时，突发脑溢血，抢救无效，于16日上午7时殉职。5月20日，中共格塘乡委员会、格塘乡政府追认刘正斌为“优秀共产党员”，中共望城县委、县政府追认刘正斌为抗“非典”模范。6月，中共湖南省委追授其“全省防治非典型肺炎工作优秀共产党员”称号。6月28日，被中共中央组织部追授为“全国防治非典型肺炎工作优秀共产党员”称号。2012年，被中共望城县委、县政府追授为“雷锋之星”。

刘宗山（1930—2013） 民国19年（1930）农历正月初一生于宁乡县朱良桥。幼随爷爷读书多年，后迁长沙县新康镇七甲华林（今长沙市望城区靖港镇凌冲大塘组）。1951—1952年参加望城县兽医培训班学习，学成后在华林、茯林、凌冲与乔口、靖港一带出诊。1958年，到新疆建设兵团达里木科务农，其间在达里木科农业大学培训2年，学习兽医专业。1962年，回到华林在格塘公社兽医站工作。他诊治畜禽疾病严谨认真，虽然收取药费，一旦未愈，便将钱币悉数退还，遇到困难家庭，也帮助诊治，分文不取，信誉极高。当地流传一句话：刘医生诊不好的，别人不要上场；别人治不好的，就送到刘医生那里去。故而湘阴、宁乡一带农村家禽牲畜患疑难杂症，多请他出诊，他也从

不推辞，准时前往诊治。他专攻疑难杂症，其时猪瘟（俗称烂肠瘟）流行，死亡率极高。他利用所学知识，进行探索研究。通过不断尝试主改进，其研制的“用甲醛治疗动物传染病的注射剂”方法治疗猪瘟、猪痢疾、哮喘等病毒性疾病疗效显著。他执着地将毕生精力和平生积蓄投入方案的改进，于 2004 年 2 月 4 日成功获得专利申请，专利号为 00113430.2。

他注重教育，培养后人。他生育了淑荣、建斌；1981 年重组家庭，抚育了李剑波、李银波。在艰苦的条件下，不但让 4 个子女成家立业，而且让建斌读完高中，跟随学医，协助进行用甲醛治疗动物传染病注射剂的研究。对继子李银波，供其读完初中、职业中专，让他拥有一技之长。他很看重从小会读书的继孙李人杰，用鼓励的方式进行培养，2010 年高考中，其以 618 分的高分，成为望城县当年的文科状元。

刘宗山 2013 年 11 月 14 日因病去世，安葬在凌冲大塘组。

陈先役（1918—2016） 原名陈先俊。民国 7 年（1918）农历十月十五日生于长沙县新康都新焕乡华林安子塘（今长沙市望城区靖港镇凌冲村）。在官山成头殿私塾和青峰学校读书 6 年，是家中倾力培养的文化人。1937 年 5 月被抽丁入伍，在航空一大队一中队（驻地四川宜宾）当军械士，学习机械维修，受训于美国空军，主要负责机枪、炸弹等武装设备检修与维护，由于有文化知识的根底，很快得心应手，成为军械士中姣姣者，晋升为军械师，并学会一口流利的美式英语。1939 年调湖北硚口机场，主管飞机的修理和安全检查，为机械师并兼挂炸弹。先后调武汉、徐州、芷江、桂林、重庆机场进行飞机维修护理，装填弹药，参加了武汉保卫战、长沙保卫战、衡阳保卫战、桂林保卫战、重庆保卫战，并为轰炸日本东京飞机提供战勤服务。八年全面抗战，他所维护修理的飞机从没出过事故，装填炸弹也从未出过意外，为国家和民族做出了积极贡献。抗战胜利后，陈调入台湾高雄机场当机械师。1948 年 9 月派往芷江机场维修飞机。1949 年请假 7 天，回到家乡，从此在家务农。长沙市修建韶山路时，陈参与道路修建的水电设计与机电维修。

2013年8月15日，参加“互助抗日老兵论坛”，组织单位向其颁发了“浩气长存精神不死”勋章。2015年2月13日，长沙市组织“歌英雄气壮　贺老兵安康——和老兵共团年”活动，陈应邀参加。2015年8月15日，中共中央、国务院、中央军委举行抗战70周年庆祝活动，中共望城区委书记孔玉成率队赴凌冲安子塘向陈先役颁发中共中央、国务院、中央军委授予的“中国人民抗日战争胜利70周年纪念章”、证书和慰问金。

2016年9月25日因病逝世，葬于凌冲安子塘。

程文彪（1931—2020）　民国20年（1931年）八月初一生于宁乡县双江口扮桶屋庄，母亲由于生产大出血去世，从小由奶妈抚养成人。7岁进入私塾读书，9岁开始当看牛娃，1943年因家里失火，举家迁往柏叶冲（现凌冲村安子塘组）。随后开始学习雕刻，做过“百鹊九狮头”“双凤朝阳”的床铺，出过庙里的菩萨。1942年，其父亲与周氏结婚，生下三男一女，1948年，继母又由于生产而死。

1948年，程文彪与宁乡县朱良桥陈家新屋陈定枚结为连理。1955年，程文彪又拜同村虢满爹为师学习木工，后又参师汤东爹。1957年，作为家里顶梁柱的父亲因病去世，程文彪与妻子陈定枚担负起养育一儿一女、两弟一妹，还有年迈祖父的重任。1958年，红旗人民公社基建队成立，程文彪调入基建队。1959年借调到长沙市中国人民解放军7352部队担任木工维修工作，由于工作积极、认真、负责，深受部队领导和职工的欢迎。1961年，红旗人民公社基建队由于缺人手，要求调回程文彪，部队领导不同意，基建队就从原长沙县基建科抽一人把程文彪替换回。程文彪不满基建队的做法，尽管工作关系到了基建队，自己却回了家乡，为村民上门做木工和雕刻。程文彪和陈定枚育有五男二女，次子1971年因病医治无效早殁，其余四子两女除大女在家做工只读初中以外，其余均获大学以上学历，并从事国家公务员或教师工作。

1999年，长沙市坡子街复古工程的木刻部分均为程文彪所创作，由于程文彪手艺精湛，远近闻名，2001年武汉某公司想聘其从事复古木刻，由于年事已高，子女不同意而未能赴约。2020 年 11 月程文彪因病医治无效与世长辞，享年九十岁。

人物简介

任中雄　民国 27 年（1938）正月十五日生于长沙县新焕乡第八保（今长沙市望城区靖港镇凌冲村木桌湾）。七岁随父在安乡县城关镇中心小学读书。中华人民共和国成立后随父母回到家乡。他从小勤于思考钻研，喜爱创造发明。1954 年起，先后研制出螺旋式抽水机、木制人力汽车等，同时根据当时生产生活特点和需要，研究米糠榨油、糠饼酿酒等技术，在当地影响很大。1958 年当选为县工具改革委员会委员，出席全国和全省农业技术革新工作者代表会议，受到中央政治局委员李富春和省委、省政府领导的接见。1958 年 8 月 7 日，《望城报》以《少年革新家——任中雄》为题，称颂任中雄的聪明才智。1958 年望城县委副书记兼青峰乡党委书记黄洪全将在青峰中学读初二的任中雄调到乡政府负责科研。1964 年由望城县靖港麻袋厂下放回农村。1982 年参加省柴灶研究，取得显著成绩。他参加研制的“望城Ⅰ型”省柴灶热效率为 43.36%，9 分钟烧开 5 千克水，被推选参加在江西召开的全国农村省柴灶评选会。1984 年 11 月，参加望城县沼气服务公司筹建工作，为临时工，1998 年 12 月离开公司。

任中雄研制的“无烟囱锅炉”（专利号 93111658.9）、“节能卫生火锅”（专利号 93234861.0）、“节能取暖炉”（专利号 9325297.3）、“燃气燃油节能器”（专利号 942328204.8），因资金断链未能继续申请。耄耋年华仍痴情于技术革新。

朱桂香　女，民国 31 年（1942）6 月 7 日生于长沙县新康镇八甲华林（今长沙市望城区靖港镇凌冲村东风组）。1957 年 1 月，在青峰学校读初中一年半后终止学业，下放劳动。1962 年 10 月与同村青年郭再田结婚。1966 年 8 月参加工作，在柏叶学校当教师。1969 年 9 月任柏叶学校校长。1972 年 6 月加入中国共产党。

1972年8月，调华林大队任妇女主任兼出纳、广播员、华林信用站会计，后任华林大队党支部委员。多次被评为大队（村）、公社（乡镇）、区（县）优秀共产党员；当选为区、镇人大代表和党代表。

2002年4月退休。退休后主动当老年协会志愿者，坚持上门探视老人，为老人分忧，做环境卫生带头人，坚持打扫门前马路。2010年9月，被中共长沙市委评为“长沙市计划生育模范共产党员”。

周正辉　民国34年（1945）1月2日生于长沙县新康第八保凌冲（今长沙市望城区靖港镇凌冲村东风组）。1961年从青峰中学初中毕业后回乡务农。1974年后到凌冲茶厂工作并担任茶厂会计、场长等职务。在茶厂期间，和职工一起早出晚归开荒挖茶沟、种茶叶，抢晴天、战阴天、麻风细雨当好天，经常带头深夜奋战。1976年7月加入中国共产党，1978年到格塘茶厂任副厂长。1982年，回凌冲大队担任大队长。1984年任凌冲村主任，1987年当选为县人大代表，参加望城县第七届人大代表大会。1995年被推选为凌冲村党支部书记，他积极带领群众，为加快凌冲发展，奔波忙碌，多方筹集资金，不断加强村级基础设施建设。1995年，主持新建凌冲小学，改善了办学条件；1998—2000年进行凌冲农网改造；2003年入村公路硬化1.5千米，改建东塘队、东风队、横塘队小型变电机台，加宽加高蛇形山—渡口渠道，将蛇形山机台抽水机由柴油机更换为电动机，改善了水利水电等基础设施。1999年、2001年和2003年3次被中共望城县委评为“优秀共产党员”。

2004年10月区划调整后退休。退休后继续担任凌冲村第二党小组组长。

程德明　1952年生，1959年在凌冲小学读书。参加工作后先后在铜官乡、铜官镇、铜官区工作。1996年，44岁的程德明调任望城公路局任局长。当时，望城公路状况底子差，公路养护在全市排名倒数第一。程德明到任后，不等不靠，知难而进，大胆改革，打破“铁工资”“铁交椅”“大锅饭”，实行工程项目集体风险

抵押承包制，使公路面貌焕然一新，2000年在全国率先实现了乡乡通沥青（水泥）路。此后，望城公路管理局先后获“创建全国文明单位先进集体”“全国五一劳动奖章”“全国交通系统先进集体”“全国交通文明行业先进集体”4项国家部级、6项省级、29项市级、48项县级荣誉称号，成为全省、全国公路系统的一面旗帜。程德明为望城公路建设作出的突出成绩和贡献，相继被省、市、区各级政府和主管部门授予“优秀共产党员”“学雷锋双文明十佳先进个人”“十佳领导干部”“市劳动模范”“省十佳公路工作者”“省先进工作者”等各种荣誉称号，2010年被评为“全国劳动模范”。

程德明一直坚持以雷锋为榜样，时刻不忘“奉献社会，为民造福”，常年开展“学雷锋、见行动”活动。2012年退休后，程德明更是全身心投入社会慈善事业，践行雷锋精神，于2013年邀集一批爱心人士组建“长沙市望城区学雷锋志愿者慈善协会”，并任会长，带头捐款及向社会各界募集资金，开展救灾、扶贫、安老、助孤、支教、助学、扶残、助医八大方面的慈善活动，每年帮扶困难户50多户，资助贫困学生80多人。

侯正凡 祖籍长沙。1954年农历三月二十六日生于安乡县城郊，1958年回到望城县华林何家湾（今长沙市望城区靖港镇凌冲村何家湾组）。1968年小学毕业。1970年底参军，在广东省珠海市某部服役，1971年9月13日加入中国共产党，1975年3月退伍回家。

1975年安排到华林茶场工作，任记工员。在茶场开荒挖茶沟，种植茶叶。1986年和几个年轻人自筹资金10万元，一起办茶叶加工厂，使茶场收入增加四倍，1987年总产值达36万元，为村级经济发展做出了贡献。1988—1992年任茶厂厂长兼供销负责人。1995年，回家种责任田。

2004年，受村民推举参加凌冲村村级财务清理工作，敢作敢言，连续9年被中共格塘乡委员会评为“优秀共产党员”。2012年任凌冲村第五党小组组长，负责管理格塘镇第34网格内的事务，他乐于助人，2012—2019年，共帮助11户特困、次特困家庭，每年春节以党小组名义资助特困家庭，让这些困难家庭感受到社会的温暖和党的关怀。在创新社会、网格管理工作中，发挥先锋模范作用，带领党员走访，为群众排忧解难，得到上级政府充分的肯定，2013 年被评为望城区“十佳党小组长”。

2014 年起，侯正凡陆续受邀在格塘镇、月亮岛街道、望城区委党校等地方讲党课，很受欢迎。2015 年，被中共望城区委、望城区人民政府授予“社会贤达”光荣称号，2018 年，被中共望城区委、望城区人民政府授予“雷锋之星”。

邓宇鹏 1954 年 7 月生于望城县格塘乡良子塘（今长沙市望城区靖港镇凌冲村良子塘组）。先后在柏叶小学、全才完小、青峰中学学习。1977 年高考，是凌冲村考取的第一名大学生，入湘潭大学经济系，1982 年毕业，获学士学位，留校任学报编辑。1987 年考入湖南财经学院经济系，攻读经济运行方向硕士研究生，1990 年毕业，获硕士学位，毕业后入东莞理工学院任教。从事西方经济学、发展经济学、制度经济学、区域经济学、政治经济学、市场营销学教学与研究。2000 年被评为经济学副教授。2005 年被评为经济学教授。2008 年起任东莞理工学院社会发展研究院院长。

他主编《东莞城市发展报告 2009—2013》五卷，200 多万字。主编《东莞外贸发展报告 2011—2012》两卷，50 万字。著有《精神生产力经济学导论》《东莞产业研究》等 9 部专著。在《经济学动态》《新华文摘》等刊物上发表和摘要论文 50 多篇。

2014 年退休后，回老家望城凌冲祖屋居住，养猪、养鸡、种菜，回归田园生活。同时协助村文化建设，献言并参加望城首部名村志《凌冲村志》的编纂工作，同时主修了《凌冲邓氏族谱》等。

高国良 1955 年农历八月十八日出生于望城县格塘乡华林（今长沙市望城区靖港镇凌冲村大塘组），1970 年中学毕业后进入华林茶厂工作。1972 年 11 月参军，1975 年 4 月加入中国共产党，多次被评为“优秀共产党员”，获得连、营、团、师、军 13 次嘉奖，其中一次被评为五十五军“学雷锋标兵”。

1979 年 1 月，参加中越边境自卫还击战。3 月 6 日，在攻打谅山战斗中，为

掩护战友，被炸伤腰部，坚持轻伤不下火线，仍带伤继续前进，不料随后踩中敌人的地雷，双腿被炸断，昏死过去。战友们误认为他已牺牲，匆忙中将他与几个战友的遗体一同送回后方。被抬卸遗体的战友细心地发觉他手脉有轻微跳动，急忙将他送进医院，整整7天后才苏醒过来。但左肾被切除，右腿只剩下半截，粉碎性骨折的左腿嵌了块金属板，成了一等残疾军人，荣立三等功。1980年，转业回到望城后，以顽强的意志加强锻炼，至生活能完全自理。

1987年，民政部门安排他担任福利印刷厂副厂长。他利用出差的机会，与长沙一些残疾人工厂联系，解决了13名残疾人、28名正常人就业。1991年，高塘岭镇推选他为镇残联副主任。他天天摇着一辆双轮车，走遍140家企业，募集捐款数万元，救助小儿麻痹症、老年白内障等患者60人，救助残疾军人40人。2016年7月他遭遇车祸，当得知肇事方家里儿子是脑瘫、女儿是残疾时，主动在医院自己结账出院。他的事迹在坊间流传后，引起社会广泛的赞评。2003年被省委办公厅、省政府办公厅、省军区政治部评为“湖南省先进优抚对象”、2006年被湖南省双文明办评为“双文明先进优抚对象”。2013年西塘街社区成立雷锋号志愿者服务站，他第一个报名参加，并被选为党员志愿者服务小分队队长，继续为社会做贡献。2019年6月，被望城区文明办授予“文明市民”称号，8月1日被中共望城区委、望城区政府评为“最美退役军人”。2020年2月，被长沙市精神文明指导委员会授予“最佳志愿者”称号。2021年，被聘为望城“五老”金牌讲师团讲师，积极参加志愿者服务活动，获长沙市2021年度新时代学雷锋扶残助残十佳爱心个人。

程新国 1956年2月出生于望城县格塘乡华林村安子冲（今凌冲村安子塘组）。1973年12月在青峰中学高中毕业。1974年参加格塘茶厂初期建设，1975年9月选调到大众学校附中班任教，年底派往烂泥湖工地从事工地宣传工作，1976年9月担任华林学校校长，1980年2月调入山塘中学担任初中物理老师，1984年从长沙市教育学院高函物理班毕业。1986年担任山塘中学校长，1995年9月调格塘中学担任政教主任，1998年在《湖南宣传》上发表《论初中学生的思想政治工

作》，同年被评为望城县首届名教师，2005年9月担任格塘中学副校长，并长期担任毕业班物理教学，他撰写的《初中物理趣味教学与实验》《浅谈初中物理课上的电化教学》《关于初中物理多媒体应用的一些看法》先后在湖南省教育技术协会的论文评选中获一、二等奖，《农村初中寄宿生的成长教育研究》获长沙市课题成果一等奖。他先后七次被评为先进教师、优秀实验员、优秀共产党员等光荣称号，2008年被评聘为中学物理高级教师。

杨正武　1956年7月16日出生于望城县格塘乡凌冲东风组。年少时因家贫读书4年便辍学。1969年随父到靖港运输队，卸货、装货、开机动船，辗转长沙、湘潭、岳阳、湖北等地，广受磨炼。1974年4月进入格塘公社华林茶场工作。1977年4月，参加长沙县“五七”大学学习茶叶种植加工技术。1978年被格塘公社录取担任公社茶园培植员。1980年任格塘茶厂茶叶精制班班长，后任车间主任，1984年任副厂长。1986年7月1日加入中国共产党。1996年，任格塘茶场场长。用三年时间，改造低产群体茶园500亩，发展良种茶园600亩，改善了茶场基础设施，并于2002年将格塘茶场由生产型的企业改制为望城县格塘仙游茶厂，集种植加工、销售于一体的综合性企业，随后不断发展壮大。成为全市、全省农业产业化龙头企业。2006年当选中共望城县第八次党代表。2009年，任长沙云游茶业有限公司董事长。同年任凌冲村党支部书记，他开拓性地创建八支队伍（党建工作模范队、计划生育先锋队、基础设施建设队、绿化环境服务队、矛盾纠纷调解队、文化艺术宣传队、弱势群体关爱队、老干科协智慧队），按照“民本凌冲、文化凌冲、和顺凌冲、秀美凌冲、和谐凌冲、幸福凌冲”的目标，扎实推进凌冲村学校建设，道路、亮化工程、水利等基础设施建设，有效地促进地方经济社会的快速发展。连续3年被中共望城县委授予“优秀共产党员”称号，2012年11月当选长沙市望城区第一届人大代表。2014年获长沙市“中国好人榜好人”荣誉；2018年，被中共望城区委、望城区人民政府授予“雷锋之星”称号。

谭建祥 1957年5月8日生于望城县格塘凌冲老屋组。1976年在山塘学校高中毕业，回队参加劳动，1980年拜师学做泥工，长期从事建筑行业，成为当地小有名气的建筑能手。

2012年10月，一场车祸，不仅击碎他的建筑梦，还使他落下4级肢体残疾。面对这一沉重的打击，他没有消沉，而是振作起来，回归乡村搞农业种植。他迅速地购置生产设备设施，签订土地流转合同，聘请农械机手，于2013年年初，成立“隆平蛟麟农业合作社”，合作社流转土地1850亩，种植水稻、蔬菜，养殖鲜鱼，进行大米加工。合作社成立之初，他将本镇165户贫困户（含12名残疾人）纳入合作社，希望带领大家一起共同富裕。2014年合作社被评为望城区“AA”合作社，2015年被评为长沙市示范合作社。2017年被评为省示范合作社；2020年合作社被评为国家示范合作社。2021年6月被农业农村部等9家单位审定为“国家农民合作示范社”。

他热心公益事业。5年中，捐款40多万元为村上硬化、亮化、美化公路2千米，修缮沟渠和修筑机耕道8千米。从1992年起连续28年为当地的残疾朋友、“五保户”、困难户过春节送出慰问金累计20多万元。到2021年共有38位残疾人到合作社工作，每年发给残疾职工人员的工资60多万元，使他们逐步脱贫走上致富路。

谭建祥阳光致富和扶残助贫帮困的事迹被广泛赞颂，得到社会充分肯定。2015年获望城区“善行四十佳”。2018年被中共望城区委、区人民政府授予“雷锋之星”称号；当年，获长沙市“阳光致富带头人”和湖南省“最美扶贫人物”与湖南省“最美阳光致富带头人”称号。2019年光荣加入中国共产党，2020年被评为湖南省“扶贫助残先进人物”，获湖南省残联“十佳自强模范”称号。并被湖南省文明办公布为“湖南好人”。

陈战武 1961年2月19日生于长沙县格塘公社茯林大队。从小在家务农。1978年1月加入格塘公社建筑队，从泥工学徒做起，不怕苦，不怕累，讲信用，赢得同行的信任，后来带队领着3个村几十个人南到广州北上湖北从事建筑事业。1982年3月，回村开办格塘乡茶厂冰厂，成为当时回村办企业第一人。1993年10

月开办格塘乡茯林村机砖厂，解决了当地一部分剩余劳动力的就业问题，成为当时格塘公社最大的纳税户。1997 年 11 月，被推选为望城县第五届政协委员，1998 年 7 月 1 日加入中国共产党。1999 年 1 月，全村 960 人参加选举，以 925 票当选为村民委员会主任。此后他全身心投入村级工作，集资 30 余万元，建设茯林村集镇，新建村部办公楼，集镇初具规模。同时，加强公路建设、水利建设，使茯林村发生翻天覆地的变化，成为望城的先进村。2001 年 6 月被评为长沙市优秀共产党员。2002 年元月，被评为望城县先进政协委员。当年，被推选为望城县第十一届人大代表。

2004 年，当选为合村后凌冲村党支部书记；2007 年被推选为望城县第十二届人大代表；2008 年当选为凌冲村党支部书记兼村主任。在担任村支部书记的岗位上，他东奔西走筹措资金。共筹措资金 300 余万元用于村级基础设施建设，偿还了村级债务 29 万元，硬化村级公路 30 余千米，修通组级公路 20 余千米，整修山塘 27 口，修建抗旱渠道 6200 米，修建安居工程房屋两栋，帮助改造困难户危房 10 多栋，全新改造了凌冲小学，重建了村级活动场所，完成了幼儿园前期建设。

2009 年调任格塘农机站站长。

邓中秀　女，1962 年正月初六生于长沙县格塘公社凌冲大队凌冲生产队。1980 年在山塘中学高中毕业后在家务农。1981 年 4 月与华林大队八队杨正凡结婚。1989 年率华林八组之先建起第一栋楼房。

1989 年邓中秀到长沙学习电脑打字，后在井湾子开设“南区文化打字复印社”，1997 年，改行经营废品回收、承包“大托钢材市场”食堂，投资开设“金盆砂石场”，在商海耕耘打拼。2001 年，从事建筑行业。2003 年投标装饰工程项目，赚取建筑行业的第一桶“金”。后经过不懈的努力，进行原始财富的积累，管理经验不断提升，21 世纪初，已经成为长沙小有名气的建筑“老板”。2008 年 1 月 29 日，邓中秀荣获湖南金辉建筑有限公司“2007 年度优秀个人称号”奖。2011 年 12 月，邓中秀看好农村发展前景，在长沙市注册成立湖南团头湖生态农业科技发展有限公司，任董事长。2012年，邓将公司迁回望城，落户在格塘乡凌冲村戴家组。投入资金，流转土地，垦荒种植名贵树木。到2016年，投资7000万元，打造“团湖·上林涵养园”项目，公司连续三年被评为望城区优秀民营企业，为凌冲村骨干支柱产业之一。邓中秀富而不忘扶贫帮困，积极参加镇村各项公益活动。逢年过节，自带物资，到镇敬老院慰问孤寡老人，重点帮扶周边困难群众、“五保户”和残疾人士。2016年，邓中秀当选为望城区第二届政协委员。2021年7月28日，邓中秀加入中国共产党。

程新富　1962年10月出生于长沙县格塘公社华林大队。1981年9月考入广州第一军医大学医疗系学习。1986年7月毕业后分配至湖南怀化、涟源解放军原总后勤部某基地卫生处任助理员、医师。1991年2月至2005年先后任武汉解放军161医院神经外科医师、主治医师、副主任医师、主任医师。2005年5月至2019年先后任解放军161医院外科教研室主任、外科住院医师规范化培训基地主任、神经外科主任医师、科室主任，院党委委员。并先后担任全军神经外科专业委员会委员，伤残鉴定专业委员会委员，湖北省神经外科专业委员会委员，湖北省神经病理生理专业委员会神经肿瘤专业委员会常委，武汉市“8＋1”城市圈神经外科专业委员会常委，湖北省、武汉市神经外科专家库成员，湖北科技大学兼职教授。长期从事临床脑外医疗工作，对颅脑损伤，脑出血等危重症治疗与康复积累了丰富的临床经验，擅长颅内肿瘤，脑积水的显微神经外科手术治疗。获个人三等功2次，集体三等功主官1次，全军医疗成果三等奖5次，享受全军优秀专业技术干部三类津贴，2019年被评定为军队技术4级（正军待遇），2019年12退休。

陈光乐　1963年11月出生于长沙县格塘公社凌冲大队。中共党员，高级工程师，一级建造师。1985年7月从长沙高级职业技术学院毕业。1985年10月分配到湖南省第六工程公司工作，先后担任施工员、企管科长、分公司经理助理、副经理。2001年7月担任湖南省第六工程公司机电安装公司总经理。2002年11月担任湖南省第六工程公司副总经理，2005 年 1 月担任湖南省第六工程公司常务副总经理。2006 年 2 月担任湖南省第六工程公司副董事长兼总经理。2006 年 7 月，长沙理工大学结构工程专业研究生班毕业，获在职研究生学历。2007 年 6 月担任湖南省第六工程有限公司董事长。多次获“长沙市住建委优秀党员”“长沙市建筑企业优秀管理者”“湖南建工集团劳动模范”“长沙市天心区慈善奖”等荣誉，荣立三等功一次，曾当选为长沙市第十三届、十四届人大代表，曾担任湖南商会常务副会长、湖南省对外经济合作企业协会副会长，曾被聘为中南林业科技大学兼职教授。

2018 年 7 月 22 日，国家主席习近平和夫人彭丽媛在达喀尔同塞内加尔总统萨勒共同出席塞内加尔竞技摔跤场项目移交仪式，会前习近平接见了陈光乐等中国建设者。同时，陈光乐被塞内加尔政府授予“荣誉骑士勋章”。

范　颖　1964 年 7 月出生于长沙县格塘公社华林大队 11 生产队。1980 年 7 月，望城县第六中学高中毕业。1981 年 10 月应征入伍，在广州军区守备十一师任战士。1982 年被广州军区守备十一师评为“炮兵侦察技术能手”，1983 年，参加全军院校统一招生考试，被录取到桂林陆军学院机要大队学习。1984 年 10 月加入中国共产党，1985 年 7 月，毕业后被分配到广州军区司令部第三部机要处任正排职参谋，当年 12 月，参加中越边境自卫还击作战，任参谋。1986 年 1 月，部队调整精简后任广州军区技术局微机传真室主任。1988 年 9 月 1 日，被授予中尉军衔。1989 年 7 月，取得广东省成人科大计算机科学工程专业大专文凭。1989 年被广州军区评为“先进个人”，1991 年后，历任广州军区政治部、纪检部副连职干事、正连职干事、副营职干事、正营职干事。1997 年 2 月获得中央党校函授本科文凭。1998 年被广州军区政治部评为“优秀共产党员”，

2000 年 9 月，选调到解放军总政治部纪律检查部，先后任副团职秘书、正团职秘书。2006 年 2 月至 5 月，参加南京政治学院上海分院总政机关干部拟晋升副师职任职培训。2007 年 6 月，任总政治部纪律检查部副师职秘书、纪律检查局副局长，2008 年荣立三等功一次。2008 年 9 月 1 日，被授予大校军衔。2010 年被总政治部评为“优秀党务工作者”。

2015 年 2 月，任内蒙古兴安军分区政治委员，2016 年 6 月起，任中共内蒙古

兴安盟盟委委员。

谭鸿亮 女，1965年3月生于长沙县格塘公社华林大队谭家围子。1987年7月从长沙文法学院（电大）法律专业毕业。1987年10月，在望城县格塘乡政府参加工作，1994年4月加入中国共产党。1995年10月任格塘乡党委委员。1998年12月任靖港镇党委副书记、人大主席。2004年2月任雷锋纪念馆副馆长。2006年12月任信访局党组书记、局长，兼县政府办副主任。2008年10月任县妇联党组书记、主任。2010年7月，省委党校在职研究生经济管理专业研究生毕业。2011年1月任望城区食安办主任，食药监局党组书记、局长，县政府办副主任。2015年10月任区委宣传部副部长。2016年2月，享受副调待遇改非。曾多次获"优秀工作者""优秀共产党员""优秀党务工作者""巾帼建功标兵"等荣誉称号，荣立三等功，当选为县人大代表、人大常委、省第十届人大代表（2001年12月—2007年1月）。

谭酷爱文学艺术，尤擅长诗词绘画。2016年2月任望城区文联副主任，为区诗词家协会会员、区美术家协会会员、市作家协会会员、省诗词家协会会员。是年，在《湖南诗词》首次发表《蝶恋花·故乡》《浪淘沙·芙蓉镇采风》诗作；2019年出版诗画集《清溪拾趣》，2020年《家在春色画图中》和《春光晓色》的美术作品在《中国艺术报》上发表，2020年与2021年，《金牛报喜全家福　紫燕东来四季财》等春联作品均在《中国楹联报》上刊登。

邓鹏宇 1965年农历10月生于长沙县格塘公社华林戴家山。1984年在望城六中高中毕业，1985年考入长沙大学宣传专业学习。在长沙大学毕业后，1987年10月进入长沙市南区区委办公室任秘书，1990年起先后在长沙市南区南大路街道工委任副书记、街道办事处副主任、办事处主任。1996年任长沙市天心区裕南街街道工委副书记、办事处主任。1998年任长沙市天心区书院路街道办事处主任，大托乡党委副书记、乡长。1999年12月在中央党校经济管理专业函授本科毕业。2001月任大托镇党委书记。

2002年10月任中共长沙市天心区委常委、政法委书记。2003年9月进入湘潭大学法律专业在职研究生学习，2006年获法律硕士学位。2011年6月任天心区委副书记、区委党校校长。2015年2月任长沙市城市管理和行政执法局党委书记、局长，中共湖南省第十一次代表大会代表、政协湖南省第十二届委员会委员。2019年1月任长沙市城市管理和综合执法局局长。2022年2月任为长沙市城市管理和综合执法局党组书记、局长。

何雪苗　1965年11月生于长沙县格塘公社凌冲大队横塘生产队，从小热爱绘画，1986年7月在山塘学校高中毕业。1991年9月考取湖南师范大学艺术学院，师从著名国画大师曾晓浒和著名书法家颜家龙。何雪苗主攻山水画，兼修花鸟、书法、金石、水彩。1995年7月在长沙商贸旅游职院任教，为书法、美术教师。2000年评聘为讲师，2000年12月，在《职业与技术》刊物上发表水彩作品《老屋》与国画山水作品《秋山溪水图》。2006年评聘为艺术学副教授。为长沙市书法家协会会员、湖南省美术家协会会员，中国民主同盟盟员。

2014年8月赴意大利讲学，创作的5幅山水国画作品由国务院外事处作为礼品赠送给意大利米兰华文学校和友好单位。2015年1月创作的《深山飞瀑图》《清秋放排图》由长沙市教育局作为礼品赠送给美国友好单位。同年2月，国画山水画作品《山水人家》《秋山泉声》参加由长沙市文学艺术界联合会主办、长沙画院承办的“和而不同”画展。是年12月《千年陶城铜官》在长沙市宣传部主办的“大美长沙”美术作品大赛活动中获优秀奖。2018年8月参加长沙市文学艺术委员会主办的“青山绿水”画展，2019年，11月，国画作品《云霞掩林壑》参加中华人民共和国成立70周年庆省民盟书画展。

邓建华　1965年农历11月25日出生于长沙县格塘公社茯林大队上湾屋场。1984年7月望城六中高中毕业后，被聘请到格塘乡文化站帮助工作。1985年借调到共青团长沙市委《长沙青年》杂志社。1987年3月考录到政府机关，在格塘乡任团委书记，1990年1月任副乡长。1992年8月加入中国共产党。1995年8月调入县政府机关，历任望城县委统战部办公室主任，县委办综合组组长，县委办副

主任，县国家保密局局长，县文体旅游局局长、党总支书记，县人事局局长、党组书记（兼县委组织部副部长），区委组织部常务副部长，区委委员等职。其间于1999年12月获得中共中央党校函授学院行政管理本科学历。2003年被长沙市人民政府记二等功。2016年4月，任长沙市望城区人大常委会党组成员、人大办主任。2016年11月，任区人大常委会党组成员、副主任。2021年11月任区人大常委会党组成员、副主任，三级调研员。

邓受其父影响，学生时代作文优秀，读高中时创作短篇小说《李林搬兵》在全县征文比赛中夺冠。1984年10月牵头创办《无名星》文学社，得到《湖南日报》总编汪立康等专家肯定。1985年协办《长沙青年》杂志，被授予长沙市青年文明标兵称号。1989年组诗《虽然》获全国文学社团征文二等奖。1992—1993年系列小说《黑狗坡的左邻右舍》在《作家与社会》《读者》《百姓故事》等全国10多家报刊连载、转载，多篇获得湖南省报纸副刊优秀作品奖。1997年加入湖南省作家协会。2005年7月当选为第七届长沙市作家协会副主席。2007年在现代出版社出版长篇小说《床前明月》，同年9月16日加入中国作家协会。2008年，网络版长篇小说《农民工》获评天涯原创专栏2008十大图书，当年入选《湖南当代作家大辞典》。2009年9月，《中国作家》杂志增刊推出“邓建华专集”，同年出版湖南第一部以农民工为题材的长篇小说《乡村候鸟》。2016年，《乡村候鸟》获首届雷锋文学奖“特别奖”，婉拒奖金10万元。2016年7月，加入中国散文学会。2017年9月，当选为首届湖南省小说学会理事。2018年7月，加入中国音乐文学学会。至2021年底，共出版长篇小说4部、中短篇小说3部、散文集3部、诗集4部等共14部著作；在《中国作家》《小说月报》《小说选刊》等160多种报刊发表文艺作品280多万字，为《百花园》《小小说选刊》等多家期刊签约作家。50多件作品在国内多次获奖，入选多家出版社精选的文学作品年选，编进中学生阅读教材，改编为金鹰卡通动漫电影和花鼓戏剧本。培养、指导文学新人，20多人已经成为区、市、省、国家级作家，其中第七届鲁迅文学奖获得者纪红建等已享誉文坛。

陈文光　长沙市望城区靖港镇凌冲人，1966年1月出生，1981年考入望城一

中，1984年以优异成绩考入西南交通大学电力机车专业。1988年大学毕业后，陈文光进入株洲电机厂工作。1994年，调入中车株洲电力机车研究所。入所以后，陈文光从普通技术人员起步，一直从事电力电子变流技术、牵引电传动系统技术的研究，先后主持、负责或参与电力机车晶闸管主变流装置、电机、地铁GTO斩波电传动系统、电车IGBT斩波电传动系统、地铁主电路装置、地铁交流电传动系统等的设计研制、技术平台建设和项目组织工作，一路奋进，成为企业科研一线的领军人物，是牵引电传动系统技术的“领头雁”，教授级高级工程师、株洲所首席技术专家、中国中车首席技术专家。2006年，陈文光开始负责株洲所地铁城轨车辆牵引及电传动系统的系统技术、试验及市场开拓的技术支持工作，实现了株洲所完全自主知识产权的地铁列车车载电气牵引系统产品首次市场突破，终结了国外公司在城轨地铁车辆装备市场的垄断地位。接着又攻克了香港有轨电车斩波调速电传动系统设计及其关键部件IGBT主斩波器的研制项目，样机顺利通过了用户一年的苛刻运行考核，以零故障赢得了香港市场准入证，香港签下批量定购的大单。2009年5月，陈文光获全国五一劳动奖章。

佘汉武　1968年11月11日生于长沙县西湖公社思量桥大队（今长沙市望城铜官街道郭亮村）。1981年在西湖中学因多种原因失学。从小记忆力超常，喜爱文学、绘画，尤其对古典诗词很入迷。1988年在岳麓书院参观，巧遇湖南大学副校长谢彦玮教授，交谈中，教授视其为奇才，遂送其至老友湖南大学岳麓书院研究室主任谭修教授门下学习诗词联曲赋，并安排佘先后到湖南大学、长沙玻璃纤维厂等地做工，一边工作，一边学习古诗词。1988年，处女作在《岳麓诗词》上刊发。1989年作品在《东方时报》的东方诗坛与东方联苑上发表。随后，在《湖南日报》的湘江副刊上发表小小说与新诗。其间，参加文化艺术活动时认识刘家传，跟随学习古文学，前后5年。1992年加入“湖南省诗词学会”，1993 年，在湘潭白石文艺开发总公司从事文化开发工作时，拜齐白石大师的三孙齐金平学习齐派画，画虾得齐派真谛。1995 年，入湖南老画家伍祥干门下学习花鸟画。同年，在当代诗坛巨擘熊东遨的关心下，到湖南机械进出口集团（公司）工作，近距离向其学习诗词联曲赋的创作。1999 年，与格塘乡茯林村（今长沙市望城区靖港镇凌冲村新塘组）曹灿辉结婚。从此，在家边务农，边创作。

佘汉武多次受邀参加全国诗词楹联与绘画活动，擅长画马、画虾，在中国当代画坛有“马神”之称。其诗、词、文、联、画、印作品在国家级与一些省级刊物上发表。三十年画马超过十万匹，其中为江苏江阴华夏书画院沈小洪院长画千米万骏长卷，为广东阳江万佛净业寺弘隆方丈画千米万骏长卷，《国画·八骏图》为《王光美纪念馆》收藏。出版《画马三日通》《画虾三日通》《画鸟三日通》等专著多部。诗联作品在望城郭亮故居、新华联铜官窑、岳阳县大云山国家森林公园、西安皇城古庙、尤溪朱熹故里等数十处刻匾或勒石。湖南卫视、湖南经视等为其作过专题报道。

周爱国　1969 年 12 月生于长沙县格塘公社凌冲大队。1985 年 7 月在望城县山塘中学初中毕业后考入宁乡师范普师专业学习，1988 年 7 月毕业分配到望城县山塘中学工作。1995 年获得长沙教育学院生化专业专科文凭。1998 年 7 月任山塘中学政教主任，1998 年 8 月被评为中学一级教师。1998 年 9 月评为望城县优秀教育工作者。2000 年 7 月调望城县新康中学任教务处主任，2001 年 7 月加入中国共产党。2004 年承担的《中学化学素质教育教学模式系列推广实验》课题获湖南省二等奖。2005 年 7 月任望城县新塘中学校长，2005 年 12 月被长沙市教育局和长沙市科技局评为长沙市科技先进工作者。是年获得湖南师范大学教育管理本科文凭。2002 年至 2006 年连续三届被望城区政府授予望城区名教师称号。2006 年撰写的论文《创新的课堂，学生的天堂》获全国论文评比一等奖。2007 年 8 月被评为中学高级教师，2007 年 9 月被长沙市教育局、长沙市教科所授予长沙市化学骨干教师称号。2008 年 7 月任新康中学校长，2010 年 7 月任望城区高塘岭镇中学校长，2015 年 7 月任长沙市望城区长郡月亮岛学校党总支书记，

2020年7月任长沙市望城区明德美琪学校支部书记。

陈文兵 1970年5月生于长沙县格塘公社茯林大队。1988年在望城六中高中毕业后考入湖南师范大学外语系。1992年，考录中国人民大学国际政治系研究生，1994年1月加入中国共产党。1994年8月毕业分配到外交部西欧司工作。1997年9月开始先后在驻爱丁堡总领事馆、驻英国大使馆、驻南非大使馆、驻欧盟使团、驻马拉维使馆任领事随员、副领事、三秘、二秘、一秘、参赞等职，其间在外交部西欧司、政策司和欧洲司工作，并于2005年9月至2006年8月赴英国伦敦经济学院留学。2013年4月任外交部政策规划司参赞，2018年4月，任欧洲司参赞。2020年3月，任二级巡视员，并作为访问学者到美国华盛顿乔治敦大学访学。

罗玉环 女，1970年6月生，湖南祁阳县人，1988年7月，从湖南省祁阳师范学校毕业后分配至郴州地区白沙矿务局湘永子校任教，1989年10月调共青团望城县委工作，1993年加入中国共产党，1992年11月与凌冲村人熊飞结婚，1995年后先后任共青团望城县委副书记、书记，县委组织部副部长。2002年11月当选望城县人民政府副县长，2005年获湖南省委党校行政法学专业在职研究生学历。2006年后先后任雨花区区委常委、组织部部长，芙蓉区委常委、副区长、常务副区长，2011年获湖南师范大学法学院法律专业硕士学位，2015年11月中共长沙市委组织部副部长（兼）、市委老干部局局长，2022年4月，任长沙市开福区委书记。

王建辉 1970年8月出生于长沙县格塘公社凌冲大队。1988年望城一中高中毕业后考入湖南城市建设专科学校城市规划专业。1991年8月大学毕业后分配到望城县规划管理局工作，先后任办公室任副主任、主任，望城县规划局任副局长、局长，并获得高级工程师、国家注册城市规划师职称。(其间1993年9月至1996年6月就读于湖南大学建筑学专业专升本，获工学学士学位)。2006年3月调任望城县雷锋镇党委副书记、镇长，2007年9月任雷锋镇党委书记，年底被评为“全

国农业普查先进个人”。2010 年 3 月任长沙高新区主任助理、麓谷街道党工委书记。2011 年当选为长沙市第十二届党代表，并被湖南省人民政府记三等功，2012 年 8 月任长沙高新区征地办主任，2013 年 4 月至 2019 年 3 月先后任长沙高新区规划建设房产局局长、住房和建设管理局局长，获“长沙高新区十佳领导干部”等荣誉。2019 年 6 月任长沙高新区四级调研员、中联重科智慧产业城项目建设协调指挥部办公室主任。2022 年 9 月任湖南湘江新区开发建设局副局长。

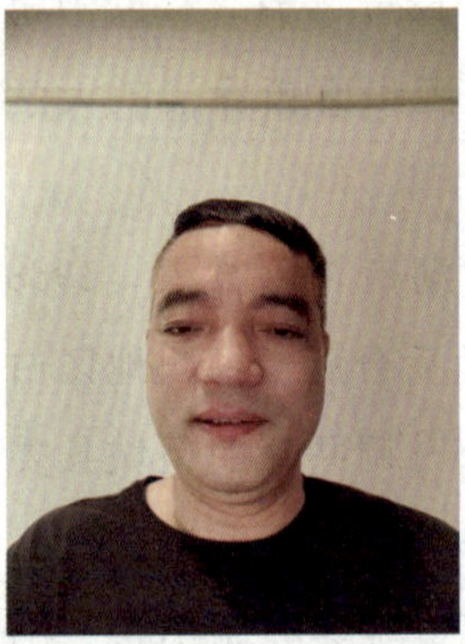

陈明大 1970 年 9 月生于格塘乡华林村四组令旗塘，1990 年湖南省广播电视大学财会专业毕业（全日制），毕业后在格塘乡人民政府财政所参加税收清理工作，1991 年调任到计生办，1992 年 3 月到格塘建筑公司任会计，1993 年任格塘建筑公司总会计。任总会计期间多次被望城县建管站和长沙市建管局评为“先进个人”。1994 年获得湖南省交通学院工民建专业本科学历，1994 作为团代表参加望城县团代会，1995 年获得会计师职称，1996 年当选为格塘乡党代表。1998 年格塘建筑公司改制后，2000 年被聘任湖南省粮食厅下属企业湖南大农建筑装饰工程有限公司财务经理，工作期间通过自学考取项目经理证书和二级建造师证书，并在 2003 年获得高级会计师职称。2003 年入选长沙市招标办评委专家库工程经济类专家评委。

2010 年，被当选为凌冲村组织委员，在任村干部期间，利用在外的人际关系为村引进各项资金 80 多万元。2021 年创办长沙令旗塘建筑劳务有限公司，任法人代表。

谢新辉 1971 年 2 月 2 日出生于长沙县格塘公社凌冲大队杨梅冲生产队。1992 年望城县第六中学高中毕业后考入湖南中医药大学医疗系学习，1995 年大学毕业后被安排在望城区中医院外科工作。2008 年调至望城县人民医院外科。2008 年 7 月 1 日加入中国共产党。2008 年晋职中医肛肠科主治医师，其学术论文多次在学会上交流、在刊物上登载。2010 年在《湖南省肛肠学会》会刊上发表论文

《慢性溃疡性结肠炎的中医药治疗》，2013年在《中医临床研究》发表《益气活血法在肛肠疾病围手术期的临床运用》，2015年在《健康世界》发表《中药熏洗治疗痔疮术后肛门疼痛的临床疗效观察》。2016年晋职中医肛肠科副主任医师。擅长结肠直肠恶性肿瘤、复杂性混合痔、高位复杂性肛瘘、肛门裂、肛周脓肿、结直肠及肛周良性疾病、乳腺及甲状腺等疾病的诊断及治疗，为望城区人民医院肛肠疾病预防及治疗的学科带头人。多次被评为望城区人民医院先进工作者，2017年评为望城区人民医院优秀共产党员，2019年被望城区卫生健康局评为望城区优秀医生。

彭 劲 男，1971年3月22日出生于长沙县格塘公社茯林大队。1990年望城六中高中毕业，1991年考入湖南中医学院中医专业，1994年6月毕业后随父在望城县中医院门诊室坐诊。1995年1月到湖南省怀化市黄金坳区医院工作，1997年9月加入中国共产党。1998年10月调入福建省漳州师范学院（闽南师范大学）人事处，负责人事档案和人事调配工作，2001年5月获得学校授予的“先进工作者”称号。2002年取得档案系列中级技术职称。2004年7月获电大会计学本科学历。2004年9月调入安徽师范大学两课办担任秘书工作，兼任政法学院科研秘书。2005年9月转岗至校长办公室综合档案馆，专职从事高校档案工作。2009年5月担任档案馆管理利用科科长，承担了学校档案管理系统中数据录入量的80%，提前完成了档案数字化管理前期工作任务，草拟或参与了所有档案规章制度的“废、改、立”工作，学校档案工作跃入全省高校系统的先进行列，档案工作考评制度更是开创了全省先河，被安徽省档案局作为标杆向全省推广。同年12月被学校推荐评聘为档案专业副研究馆员。2011年6月被安徽师范大学机关党委授予“优秀共产党员”荣誉称号。2014年12月晋升为档案专业研究馆员。2019年起任安徽省档案系列副高级专业技术资格评审委员会专家库委员。2019年8月调入湖南师范大学档案馆，任档案馆研究馆员、技术部主任。2021年起任长沙市档案系列中级职称评委库委员。

彭劲从事高校档案工作期间，主持完成各级各类科研课题 7 项，公开发表合著 1 部，主编著作 1 部，参编著作 6 部，发表专业论文 20 余篇，其中《高校实物档案分类及档号的编制刍议》（发表于《档案时空》2021 年 8 月总 345 期），填补了湖南师范大学实物档案管理制度上的空白，为实现实物档案的制度化、规范化管理奠定了基础。

傅新球 女，1972 年农历正月二十六日出生于长沙县新康公社（今长沙市望城区高塘岭街道）。1990 年 7 月望城六中高中毕业，翌年考入湖南师范大学历史系，1995 年本科毕业后继续在湖南师范大学攻读世界上古中古史方向硕士研究生。1997 年 4 月加入中国共产党。1998 年 6 月和靖港镇凌冲人彭劲结为连理。1998 年 6 月硕士研究生毕业后分配到福建省漳州师范学院（闽南师范大学）历史系工作，担任世界史教研室主任。2000 年 9 月在南京大学历史系攻读博士学位，2003 年 6 月，获得世界史博士学位。2004 年 6 月供职于安徽师范大学历史与社会学院工作，任社会工作教研室主任；10 月评聘为副教授，12 月选聘为硕士研究生导师。2005 年 8 月遴选为“安徽省优秀中青年骨干教师”，12 月获安徽师范大学“优秀共产党员”称号。2009 年 12 月评聘为教授。2011 年 2 月遴选为“安徽省学术和技术带头人后备人选”，2012 年 9 月被选为安徽师大世界史硕士点学位负责人，是年作为中方 9 名专家代表之一，参加在英国伦敦举办的第二届“中英英国史学术交流研讨会”，并作英文主题报告。12 月被推选为学院党委委员。2013 年 5 月，被推选为首届学院教授委员会委员。2015 年 7 月，遴选为博士研究生导师。2017 年 3 月获安徽省“五一巾帼标兵”称号；10 月，当选为中国世界近代史研究会第八届理事会常务理事。2018 年 7 月获安徽师范大学“教学名师”称号。2018 年起兼任国家社科基金项目和教育部人文社科项目通讯评审专家。2019 年 8 月，引进至湖南师范大学历史文化学院工作，2021 年 4 月被评为湖南师大 2017 级优秀教育实践指导教师。2020 年 11 月当选为中国世界中世纪史专业委员会第九届理事会常务理事，2022 年 2 月被选举为学院党委委员。

傅新球在繁重的教学工作之余，积极投身科研工作，曾主持国家级科研项目 3 项，教育部科研项目 2 项，主持或参与完成的其他各级各类科研项目 10 余项，出版专著3部。在《世界历史》《史学理论研究》《史学月刊》《光明日报》等报刊发表论文近30篇。除了教学科研之外，她还利用所学专业知识，积极服务社会、奉献社会。曾担任安徽省妇女研究会第四届理事会理事、芜湖市女知识分子第四届联谊会副会长、安徽师范大学女性研究会副会长和安徽师范大学女教职工委员会副主任，为安徽省、芜湖市妇联活动的开展做出积极的贡献，得到妇联的高度评价。

范新国　1972年农历二月初九生于长沙县格塘公社凌冲大队茅镰塘屋场。1989年7月望城县第六中学高中毕业。1990年12月1日，参加中国人民解放军，在北京卫戍区卫某师高炮团服役。1992年6月26日加入中国共产党。1993年9月，考入郑州电子技术学院广州大队，毕业后调驻香港部队步兵旅机要科任正排职译电员。1998年12月，任机要科副连级译电员。1999年10月，调驻香港部队步兵旅直工科任副连职参谋。2000年12月，任驻香港部队步兵旅二营营部连代理指导员（副连级）。2001年6月，任步兵旅二营营部连指导员。2001年12月，任广州军区警卫营营部正连职干事（正连级）。2003年10月，任广州军区司令部直属工作部军务装备处参谋。2004年6月，任军务装备处参谋（副营级）。2007年6月，任军务装备处参谋（正营级）。2009年12月，任装备处参谋（副团级）。2012年12月，任装备处参谋（正团级）；2016年1月，任广州军区善后办军事组部队管理处副处长（正团级）。服役期间，荣立军区司令部三等功1次，2次被评为机关优秀干部，2次被评为优秀共产党员，多次受到嘉奖。

2018年11月，转业任广州市委政法委二处调研员（正处级）。2019年4月任政法委维稳协调处调研员（正处级）。

陈明武　1973年出生于格塘公社华林大队四组令旗塘，1991年望城六中高中毕业，1992年12月入伍，作为望城仅有的10名仪仗警卫政治条件兵之一入伍至北京卫戍区某警卫师，第二年任连队文书，并加入中国共产党。在1995年全军招生统考中，以师后勤部第一名的成绩被石家庄陆军学院录取。1997年7月，陈明武从军校毕业，主动申请到基层工作，1999年3月破格提前提升为副连长，并在

中华人民共和国成立五十周年“庆国庆、保安全”活动中成绩突出，荣立个人三等功。2000 年 12 月，调入广州军区某部工作，历任助理员、参谋、营长、处长等职，负责通信工程施工组织协调、军交运输、部队管理和接待工作；任营长期间，带领部队参加比武中连续三年夺冠，被组织选定为后备干部选送参加中级指挥培训，并被选举为军区司令部直属单位第十次党的代表大会代表。任某部副部长期间，狠抓部队正规化建设、兵员征集和民兵整组等工作，多项工作的经验做法被省军区推广和被《解放军报》等报纸杂志报道。

2016 年 12 月，陈明武转业到广州市旅游局工作，负责旅游质量监督工作，“坚持把非诉讼解决机制挺在前面”，创新构建集约式、“一站式”多元解纠机制，组建了全国副省月级城市首家、广东省地级市第一家旅游巡回法庭，形成了“依法治旅、依法兴旅”治理格局。

刘荣华 1975 年 5 月出生于长沙县格塘乡华林村。1998 年 12 月参加工作，先后任职岳阳经济技术开发区湘诚实业有限公司、岳阳市公共交通总公司保卫科、岳阳市公安局公交分局治安大队，2004 年起兼岳阳市公共交通总公司武装部部长，2005 年 7 月，被中国人民解放军湖南陆军预备役步兵师第三团授予预备役少校军衔。2006 年任岳阳市公共交通总公司分公司书记，2019 年起先后任岳阳市顺和新能源有限公司执行董事、总经理、党支部书记、董事长等职，并当选岳阳楼区人民代表大会第五届、第六届人大代表，兼岳阳楼区第六届人大环境与资源保护委员会委员，2022 年被岳阳市直机关工委评为优秀党务工作者。

杨应龙 1975 年 11 月出生于格塘公社凌冲大队东风组生产队。1993 年 7 月从格塘山塘中学初中毕业后考入长沙民政学校电算会计专业，1996 年 7 月毕业，1996 年 10 月参加工作，任望城县格塘乡党政办秘书。1999 年 1 月，任中共格塘乡党委组织委员。2001 年 10 月，任格塘乡政府副乡长。2002 年 6 月，任中共望城县桥驿镇党委副书记、纪委书记。2006 年 5 月，任中共望城县雨敞坪镇党委副书记、镇长。2007 年 9 月，任中共雨敞坪镇党委书记。2009 年 3 月，任中共岳麓

区望岳街道党工委书记。2010 年 6 月，获湖南省委党校公共管理专业在职研究生毕业证书。2011 年 6 月，任中共开福区委常委、宣传部部长。2015 年 11 月，任中共开福区委常委、长沙金霞经济开发区党工委书记（正县）。2018 年 7 月，任中共长沙县委常委、县政府党组副书记、常务副县长（正县）。获评长沙市 2018 年度“产业项目建设年”活动暨市重点工程项目推进工作先进个人。获评长沙市人民政府 2018 年度“一圈二场三道”建设和为民办实事工作优秀，荣立三等功。2021 年 7 月，任中共长沙县委副书记、县委统战部部长、县委党校校长（正县），2022 年 1 月任长沙市行政审批事务局党组书记、局长。

周　宏　1975 年 12 月出生于长沙县格塘公社茯林大队。1993 年从望城县第六中学高中毕业。1994 年 12 月入伍，任消防战士，1996 年 9 月加入中国共产党，1996 年考入昆明消防指挥学校学习，1999 年 7 月毕业。1999 年 7 月起先后任邵阳消防支队洞口中队代理副中队长，长沙市消防支队定王台中队副政治指导员、中队长，支队战训科科长、支队培训基地主任、开福区消防大队大队长等，2005 年、2006 年因灭火救援表现突出，两次荣立部队二等功。2017 年 10 月任湖南省消防总队司令部副参谋长；2020 年 1 月任张家界市消防救援支队支队长。

杨应辉　1978 年 7 月 7 日出生于格塘公社凌冲大队东风生产队。1994 年从山塘中学毕业。2013 年在望城湖南广播电视大学毕业。2002 年 7 月加入中国共产党，同年任格塘仙游茶厂副厂长。2009 年任长沙云游茶业有限公司总经理、党支部书记。面对纷繁复杂的市场环境，通过多方考察研究，坚持以“党建引领新发展、企业带动新市场、科技支撑新品质、文化提质新理念”为整体思路，探索出一条生态高效适合当地茶叶产业的发展之道，用 5 年时间进行云游特色茶旅结合项目建设，抓住湘江古镇群建设和全域旅游契机，打造云游特色茶文化体验园——采茶、制茶、品茶、赏茶一日游的体验中心。利用独特的区位优势、资源优势、以茶为核心，以游为途径，实现一、二、三产业的融合发展，有效推动地方经济发展。公司建设了科技综合办公楼、茶文化馆、茶叶采摘体验园、手工制茶区、茶艺培训室、茶宴楼、名优茶加工车间等，开发了云游毛尖“向雷锋同志学习”“湘江古镇群”“好人好茶”系列产品，基地获得长沙市望城区青少年素质教育基地。他带领企业党支部与凌冲村党支部联合共建，打造“云游湾”特色乡村示范片，2016 年 11 月，当选望城区第二届人民代表大会代表，2018 年 5 月，担任望城区靖港镇商会会长。先后被评为长沙市“优秀基层党组织书记”“长沙市生态农业产业领军人物”“基层科普行动计划先进个人”等称号。2020 年获长沙市“五一劳动奖章”。参与研制的云游毛尖获多届国际国内农博会、茶博会中茶杯金奖，公司注册商标“云游牌”获得“湖南省著名商标”。

2021 年 11 月当选为望城区第三届人民代表大会代表。

陈　科　男，1979 年 1 月出生于湖南望城格塘公社凌冲大队。1997 年 10 月湖北省机械工业学校毕业，分配至湖南省坪塘监狱工作。2002 年 10 获得湘潭大学行政管理专业自考本科文凭。2004 年 10 月调至长沙市司法局工作，2006 年 9 月通过国家司法考试，获司法职业资格。2009 年 1 月调到长沙市 12348 法律服务指挥协调中心工作。2012 年 12 月陈科作为法律专业人才调入长沙市贸促会工作，任法律事务处处长，主要负责提供国际商事法律服务，包括原产地证签发，代办国际领事认证，处理经贸投诉以及企业“走出去”的法律风险防控。2014 年湖南大学在职研究生毕业，获法律硕士学位。2016 年，在中国贸促会指导下，长沙牵头组织成立全国首家区域联动的长株潭法律服务中心，积极探索区域性法律服务合作，陈科任长株潭法律服务中心主任，陈科积极协调湖南省律协和相关院校，汇聚专家教授、精英律师等 32 人组成法律专家库，为全市外向型企业提供国际投资贸易法律服务支持。同时，与湖南师大共同研发国际货物贸易合同风险防范指南项目，为企业指明国际货物贸易合同风险点 14 项 87 个。同时，他还先后邀请商务部、国家质检总局等机构专家到长沙，开展 WTO 规则、自贸区运用等大型主题培训 4 次，培训企业 700 余家，1100 余人次。为湖南企业走出国门做出了积极贡献。2022 年陈科担任长沙市贸促会党组成员、副会长。

陈木哲亚　女，曾名陈艳平，1981 年 10 月 5 日出生于望城县格塘公社茯林大队麻园组。1998 年进入湖南中医学院药学院学习。2001 年攻读西安交通大学国际贸易专业，在校期间曾担任校女子足球队长，2004 年获足球联赛最佳射手、国家一级足球裁判员资格。2005 年，聆听莫凡关于“大山里的孩子”公益演讲，深受打动，从此结缘公益事业，开始了解和关注留守儿童，同时也参与贫困儿童重大疾病的救治，2007 年，深入湘西古丈县断龙山乡茶叶坡和龙王湖小学义务支教一年。助学走访遍及古丈县、保靖县、花垣县、泸溪县，以及邵阳县、芷江侗族自治县、安化县、望城县和娄底市等。至 2015 年，坚持在长沙大学、中南大学、长沙理工大学、湖南农业大学、湖南大学等大高校及初中小学、社区、商场、公共服务点开展以“大山里的孩子”为主题的纪实图片巡展，通过巡展收集爱心物资，募集爱心善款 300 余万元，建立爱心图书室 12 间，为大山里的孩子提供学习及生活用品保障。参与救助过重大疾病患者 10 多人，其中有“拯救生命小攀”“肌肉萎缩双胞胎前文后武”“先天性无肛少年”“岳阳临乡鬼妈妈”等。为湖南地区 1000 余名贫困学生发放助学款，每一次资助款发放都将善款送到孩子及家长的手中。陈木哲亚的个人事迹被湖南卫视、浙江卫视、广西卫视、江苏教育电视台、湖南政法频道、都市频道、湖南经视、新华社、《湖南日报》等多家媒体报道。曾获湖南公共频道“善行 2007 帮女郎”及“十大慈善大使”、长沙市 2007 年“十大感动新闻人物”。2009 年组织发动研究生支教活动，并合作创立了“燎原公益”组织，一直对口扶持湘西花垣县。连续 7 年坚持探访福利院以及参与环保活动，为梅花福利院的孩子送尿不湿及食物，并曾多次参与保护湘江母亲河公益行动。荣获 2012 年望城区十大杰出青年（提名）等荣誉。

2015 年后致力于农业项目开发，承包 500 多亩土地，进行绿色食品加工及种植。为带动农民就业提供便利，以合作经营模式，为农民提供养殖及种植技术，实现农企双赢。

邓男子　1984 年生于湖南长沙，8 岁随父母迁入广东东莞。2002 年考入中国

传媒大学英语播音与主持专业，获学士学位。2006年考入香港中文大学国际传播专业研究生，获硕士学位。邓男子从小酷爱魔术。在大学期间，为提高学英语兴趣，看了大量世界魔术名家的光碟，熟悉了魔术单词和表述方式。大二时遇北京举行世界魔术大师邀请赛，他主动申请为赛事做义务翻译服务，为9位世界著名魔术师全程翻译和陪同在北京游览一月，得到魔术大师厚爱和魔术传授。荷兰黑色魔术大师海尔·库伯收他为亚洲的唯一弟子。2008年，在凤凰卫视任记者，参与报道了香港回归十周年庆典、香港奥运马术比赛、博鳌亚洲论坛年会等重大新闻。2009年加盟湖南卫视国际频道，主持《漫步地球村》《华人一时间》《金鹰访谈》等重点节目。2010年，与湖南大剧院合作创办专场魔术脱口秀《男子曰》和《男巫客厅》，魔术表演技巧越来越成熟和完美。2012年，进入湖南卫视新闻中心主持新闻大求真节目，获湖南省科技下乡优秀节目奖。2015年5月，被国际魔术师协会（IMS）授予魔术界最高奖梅林奖。2019年1月，望城举办"每月有约'星'动望城"音乐系列惠民演出活动，他受邀在雷锋大剧院表演脱口秀《男子曰》，将魔术、戏剧、新闻、音乐融合在一起，"移形换影"，为观众献上一场疯狂的魔术秀。2022年春节，他的魔术表演《迎春纳福》在2022年中央电视台春节联欢晚会节目亮相。

大事纪略

文明创建

1984年，境内凌冲、茯林、华林3个村响应县委的号召，广泛开展“五讲四美三热爱”（“五讲”为讲文明、讲礼貌、讲卫生、讲秩序、讲道德；“四美”为心灵美、语言美、行为美、环境美；“三热爱”为热爱党、热爱祖国、热爱社会主义）与创“三优”（优质服务、优良秩序、优美环境）为内容的文明创建活动。其中，华林村组成3个学雷锋小组，开展“五讲四美三热爱”，争做“‘五保’老人的亲生儿女”的活动，并开展治理“脏、乱、差”突击行动，受到群众普遍赞扬。1993年，开展“三学三评两帮一建”（“三学”为学理论、学法律、学雷锋；“三评”为评双文明户、‘五好’家庭户、遵纪守法户；“两帮”为帮助“五保户”、特困户，帮教刑释解教回归人员；“一建”为整顿建设基层组织）活动。年底，华林村评出双文明户36户、“五好家庭”户99户、遵纪守法户209户；茯林村评出双文明户37户、“五好家庭”102户、遵纪守法户215户；凌冲村评出双文明户36户、“五好家庭”100户、遵纪守法户213户。2009年，开展“心连心共建（新凌冲），手牵手联创（文明村）和评选“五好文明家庭”活动，村上制定了创文明村规划和“五好文明家庭”创评管理办法（试行）。年内，全村共评出“五好文明家庭”22户，杨正武被市精神文明建设指导委员会授予“2008年度长沙市文明市民”荣誉称号。年底，凌冲村被评为望城区文明村。2012年，贯彻落实《公民道德建设实施纲要》，开展“五好文明家庭”和“好婆婆”“好媳妇”评比，以激励和引导更多的家庭积极投身凌冲村精神文明创建活动。年底全村共评出“五好文明家庭”24户、“好婆婆”16人、“好媳妇”16人。茅镰塘组陈义元、刘文香夫妇几十年中不间断照顾附近孤身老人，20世纪90年代将生活不能自理的孤身老人、叔父陈锡兵接到家里照顾，接着又照顾堂叔陈锡古（陈锡纯烈士的二弟）老人，2011年照顾孤身老人陈菊华，2016年照顾陈锡纯烈士的侄儿孤身老人陈义德，照顾邻居老党员刘福连老人十余年，至2021年她94岁去世，都是生活上安排照顾，体贴入微，直至妥善料理好老人的后事。2022年还在照顾96岁的邻居曹细中老人。持续善举感动乡邻。

2012年，凌冲村被格塘镇政府授予乡村环境卫生综合整治先进单位，获评格塘镇目标管理考核一等奖。2014年，凌冲村开展树文明新风系列活动，通过文明餐桌、文明交通、文明旅游、好媳妇、好婆婆、“五好文明家庭”等多项评比，倡导健康、向上、绿色、文明的生活方式。10月，村民李正泉践行自己作出的“做人以德、相处以善、办事以诚、帮困以慈”的诺言，被评为长沙市百户“五好文明家庭”。年内，凌冲村设立“善行义举榜”，评选出“善行义举榜”上人物“杨正武、李正泉、候正凡、曹正国、姚杰等。是年，凌冲村顺利通过文明村复查。2015年，格塘镇开展“平安家庭”创建活动，凌冲村范新明等59户家庭获评“平安家庭”。2016年，凌冲村按照科学规划、生产发展、生活宽裕、乡风文明、村容整治、管理民主、宜居宜业要求，创建公园式美丽村庄。是年先后获评长沙市美丽乡村特色村、望城区节能环保社区。2019年，凌冲村持续开展环境、景观、文化阵地、庭院及产业打造取得实效，获评长沙市卫生村。2021年，凌冲村按照“党建引领、产业带动、科技支撑、文化铸魂、全面振兴”的总体思路，开展文明创建活动，重点打造了云游湾、横塘湾、茅镰塘、华林塘4个乡村振兴美丽宜居村庄，打造和建设抗日英雄陈锡纯爱国主义教育基地，新打造2个文化广场等，是年，有邓铁军2户获市级最美庭院，范林益等5户获区级美丽庭院，胡利明等12户获镇级美丽庭院。

学雷锋活动

1975年，在学雷锋活动中，华林大队党支部副书记贺菊秋将自己积蓄的准备建房、做家具的木料捐给生产队建猪场，受到群众赞扬。1978年，华林大队开展学雷锋、存万元款活动，党员、团员青年积极响应，仅团支部就存款360多元，支持大队购买农业机械、农用化肥等。团支部还先后召开学雷锋故事会14场，出学雷锋专刊21期，写学雷锋心得783篇。1984年，华林、茯林、凌冲村均开展“五讲四美三热爱”、争做80年代活雷锋活动，其中华林村团支部组成3个学雷锋小组，有的在农忙时节对缺劳动力的困难户帮工，有的争做“五保”老人亲生儿女，实行爱心传递。先后涌现拾物不昧、献爱心等好人好事20多人次。1988年4月，县委深入开展学雷锋、树新风和文明创建竞赛活动。华林、茯林、凌冲3村的党支部和群团组织先后组织义务植树和向“五保户”、特困户送温暖活动，营造文明新风的浓厚氛围。1990年2月，中共中央总书记江泽民“学习雷锋同志、弘扬雷锋精神”题词发表，县委召开学雷锋动员大会，明确提出用雷锋精神兴县育人的号召后，迅速掀起新一轮学雷锋热潮。是年底，格塘乡召开1990年度学雷锋总结表彰大会，茯林村的党员、妇女主任何建纯，华林村村民刘日晖，凌冲村村民李灵芝被评为学雷锋先进个人，受到大会表彰。1995年，县委作出《关于开展学雷锋献爱心扶贫济困活动的决定》，华林、茯林、凌冲3村积极组织捐助活动，共救助贫困群众28户，5名辍学儿童重返校园。2009年，开展以“弘扬雷锋精神，勇当时代先锋”为主题的学雷锋活动，凌中村在便民利民、扶贫帮困、农村环保、法律维权、就业服务等方面涌现许多好人好事。村民樊利君帮扶8户“五保户”、2户特困户；村民曹正国为周围30户邻居解决通户马路硬化资金和材料问题；党员、党小组长侯正凡在华林塘公路硬化建设中带领党员、群众义务修路一个月；村民李正泉相继为贫困乡亲、残疾家庭、寒门学子和家乡建设捐款5万多元，并持续帮扶残疾“五保户”王保生18年。2010年，李正泉被长沙市残委授予“长沙市‘十一五’期间扶残助残先进个人”。2012年，凌冲村将3月定为“学雷锋活动月”，并成立环境卫生志愿者服务队。年内，开展“爱传凌冲，与雷锋同行”志愿服务活动。村民邓光辉被确诊身患胸腹血管瘤，全村村民捐款21万多元，帮助其成功实施手术；精神病患者虢铁军住房条件差，全村爱心人士又捐款捐物，将其老屋修缮一新。全村党员骨干还开展对困难户实行“一对一”帮扶、走访慰问等活动，及时为困难群众送温暖、献爱心。是年，党支部书记杨正武被评为长沙市“雷锋式公仆”，原茯林村支部委员刘正斌因抗击非典型肺炎殉职在岗位上，被区委追授为望城区“雷锋之星”，云游茶业有限公司党支部书记杨应辉被评为格塘镇“学雷锋标兵”，陈茂林、何国军、曹正国被评为凌冲村“学雷锋标兵”。2014年，杨正武获评“中国好人榜好人”。2015年7月，成立望城区百姓城管志愿者协会格塘镇分会凌冲村中队，划分6个会员小组，有会员18名。2016年，开展“秀美凌冲，幸福家园”大型义务植树主题活动，全村支村“两委”班子成员、党员、群众80多人参加，共植树900多株。年内，在学校、村企业、村民组、家庭开展学雷锋系列活动，使雷锋精神深入社会生活各个层面。是年，侯正凡被区政协授予“社会贤达”称号，并被望城区百姓城管志愿者协会评为“优秀志愿者”。2018年7月，开展“传承雷锋精神，共创文明城市”志愿服务活动，在凌冲村主干道开展宣传，发出《传承雷锋精神，共创文明城市倡议书》，呼吁广大市民积极行动起来，共同参与创建文明城市活动，创造美好城市环境。9月，开展“雷锋的名义，永恒的旗帜”志愿服务活动，召开“雷锋家乡点燃希望”爱心捐款大会，全村党员、村干部、部分群众捐款3190元，该款全部汇入望城区雷锋慈善会账户，以帮扶乌山街道团山湖村一因尿毒症致贫农户。是年，望城区评定和表彰55颗“雷锋之星”，凌冲村有杨正武、谭建祥、侯正凡获此荣誉。谭建祥还获评“湖南省百名最美扶贫先进个人”“湖南好人”“助残扶贫先进人物”等荣誉称号。2019年1月，凌冲村组建新时代文明实践“金种子行动”雷锋志愿中队，队员有支村“两委”班子成员及党员共50人，年内，先后开展“关爱他人、守望相助”“关爱社会、文明倡导”“关爱自然、生态共建”“文明旅游劝导”“红七月党员学雷锋日”“助学帮扶献爱心”“中秋节走访慰问”“敬老孝老送温暖”“关爱留守困境儿童”等系列学雷锋志愿服务活动，营造文明健康向上氛围，引起良好的社会反响。2021年11月，谭建祥获“全国好人”提名奖。

凌冲获“两型”村庄认证

2015年底，凌冲村被批准为长沙市“两型”社会示范村，2017年，通过省发改委、省质监局组织的“两型”村庄认证，并获得市“美丽乡村特色村”“节能环保村”等荣誉。

查田定产

1952年，望城县土改复查后，为了更好地调动广大农民的生产积极性，坚持增产不增税，一般减产不减税，遵照上级部署，全县开展了查田定产，按三等九级定产，一等田310千克，二等田600千克、三等田570千克、四等田54千克0、五等田510千克、六等田480千克、七等田450千克、八等田420千克、九等田390千克、十等田360千克、十一等田330千克、十二等田300千克。1953年，凌冲区域开展查田定产。分田时是按毛谷子分的田，军属和贫雇农优惠；按60平方丈一亩来计算农业税，凌冲地域除高岸田外，大部分定为一等田，发放了由望城县人民政府县长温显瑞颁发的土地证。在分田到户之后，大家自愿将公粮送到马转坳；秋冬之际，实行粮食统购统销，当时的副县长谷正华表示，脱了裤子就有穿，鼓励大家向国家卖余粮，凌冲群众积极向国家售卖余粮，支援国家建设和抗美援朝。

生产救助

1954年，团头湖遭遇大水，乔口二十八丈倒堤，凌冲村周边灾民纷纷挤到地势最高的凌冲来躲灾。上级对凌冲救灾工作非常重视，乡干部将打米机加工出来的机米和每人一块钱一个月的救灾款送到灾民手中，鼓励大家开展生产自救。群众积极响应，都说共产党好。

实行联产承包责任制

1981年7月2日，格塘公社茯林大队农科生产队坚持“3个不变”（生产队体制不变、生产资料公有制不变和统一分配不变）原则，制定包干到户责任制试行办法，制订了《联产到组到户和包干到组到户责任制合同书》，各项承包任务落实到户。不久，联产承包责任制在凌冲全面展开。1988年1月20日，望城县委县政府发出《关于完善双层经营，稳定家庭联产承包责任制的意见》，巩固农村改革成果。凌冲村地域范围内的承包责任制进一步完善。

进入20世纪90年代，少数农户将承包土地当成负担，出现抛荒情况，中央制定“巩固联产承包责任制，延长土地承包期30年不变”的政策，并明确“增人不增地，减人不减地”的基本原则和延包前小调整的相关政策措施，签署承包合同。2009年，凌冲村开展换发农村土地承包经营权证工作，3个月时间全村1027户换发了土地承包经营权证。

附录

文件辑录

望城县人民政府文件

望政发（2004）73号

格塘乡人民政府：

你镇《关于请求批准〈格塘乡村级区划调整方案〉的请示》收悉，经研究，批复如下：

一、（略）

二、撤销原茯林村、凌冲村、拆分原华林村，将原茯林村、凌冲村、与华林村5、6、7、8、9、10、11、12、13、15组合并组建凌冲村。

华林村1、2、3、4、14组并入高乔村（注：2005年4月仍回归凌冲村）

三、其他（略）

望城县人民政府

2004年11月8日

凌冲村村规民约（2021年）

靖港凌冲，蝶变新村，立规定约，你我共遵。

热爱祖国，知恩感恩，红心向党，绝对忠诚。

遵纪守法，和谐文明，左邻右舍，互相尊重。

平息纷争，缓解矛盾，黄毒恶习，绝不沾身。

酗酒滋事，杜绝发生，偷盗赌博，国法不容。
酒驾超速，教训颇深，摩托头盔，安全出行。
文物古迹，不得毁损，森林防火，警钟长鸣。
共同致富，共享繁荣，崇尚科学，破除迷信。
造谣传谣，不可轻信，看书读报，注重言行。
敬老尊贤，推崇孝顺，爱护妇幼，纯洁家风。
房前屋后，清洁卫生，垃圾分类，习惯养成。
禁烧禁燃，自觉自警，禽畜圈养，农药慎用。
花草树木，精心管护，山清水秀，留住美景。
勤劳致富，苦心经营，红白大事，以简为荣。
文明祭扫，纸钱不焚，移风易俗，率先遵循。
尽职守责，服役当兵，祖国召唤，无尚光荣。
手中有粮，心中安稳，保护耕地，勤侍农耕。
村居规划，有章可循，危房隐患，立马清零。
见义勇为，济困扶贫，传统美德，世代传承。
爱护公物，热爱公益，弘扬公德，不贪名利。
生灵万物，倍加珍惜，自然法则，天人合一。
河湖港汊，不捕不钓，休养生息，鱼繁草茂。
炎天暑热，切勿戏水，塘渊水深，退避三舍。
尊师重教，身体力行，莘莘学子，家国精英。
家风家训，润物无声，耕读传家，不忘初心。
建我家乡，爱我凌冲，村规民约，牢记心中。

作品选录

诗　词

赠台湾古典诗研究社

佘汉武

烟浮竹影透窗纱，映我狂吟到日斜。雅舍临湖依地脉，
新诗携梦赴天涯。同沾雨露怀恩泽，共放心声颂物华。
隔海知交抬望眼，落霞红处是吾家。

（原载 2017 年 6 月《望月文学特刊》）

谒拜雷锋纪念馆

佘汉武

不以文韬得今名，也非武略号奇英。
争瞻美德滋天下，从此环球仰望城。

（原载 2013 年《当代诗词》）

蝶恋花·故乡

谭鸿亮

黛色山峦红日耀，白鹭飞旋，绿水红墙绕。坡上百花花竞俏，池塘一隅樱

桃小。

墅里琴声园外稻，园外鹧鸪，墅里温情笑。重上回廊登阁眺，波光潋滟晴方好。

（原载 2016 年《湖南诗词》）

唐多令·致 S

曹灿辉

花月共娇羞，生涯一叶舟。二十年，不计沉浮。灯火微茫怀往事，都付与，水东流。

学海自春秋，谁言掷地休。劝故人，莫赋登楼。九极鹤鸣云路远，星斗外，看神州。

（原载 1999 年《长沙文学艺术精品库》《华夏吟友》《岳麓诗词》《长沙诗词》）

散文·小说

指门对户

邓建华

一栋三门二楼，住着张得茂和许还山。

张住东，许住西，指门对户。两人一起念高中，一起当兵，一起转业，一起分配到冷月市这个不大不小的城市。

缘分啊。

许还山最喜欢说的一句话，就是，远亲不如近邻，近邻不如对门。

此话不假。

许还山在交警队上班，没日没夜值守路口。张得茂在畜牧局当门卫，值下半晚班，白天和上半晚都可以窝在家。

有时候，早上出门，看着黄花大太阳，大家伙把棉被搬出来晒，却不料，不到午饭时刻，大雨劈头盖脸就下来了。

值班的交警跺脚大骂，什么鬼天气啊，怎么得了，我的被子泡汤了。

许还山不急。他知道，等他回家，被子一定叠得整整齐齐，放在对门张家客厅的沙发上。

许还山的老家，时不时有几个亲戚，提一堆萝卜白菜、鸡蛋、红薯过来。搭车、转车，肩挑、背扛，走路、问路。累得半死才找到一栋三门二楼。敲门，没有人应。再敲，没人来开。看来不巧啊。老家人一下像跌进冷水盆。

这时候，张得茂从外面买菜或遛狗回来，肯定会遇得到坐在楼道口的客人。看架势，就知道是对门家的。不要紧的，他赶紧开门、让座、倒茶，然后张罗着搞饭、做菜。

差不多了，就到门卫室，给交警队值班室打个电话，说，麻烦你告诉许大人，下班了直接到对门来领人，哦，对了，要提瓶“杏花村过来”，否则就别来了。

值班室那个女孩子接多了他的电话，听得懂他在说什么，自然会转告的。

午餐时间一到，就看见许还山提一瓶酒，打着哈哈进屋。

张得茂给许还山待了客。许还山自己还跟着蹭了一顿饭。

饭吃过了，老家人很过意不去，声声道谢。

许还山大大咧咧说，谢什么谢，谁让他和我指门对户？

指门对户的日子，就这样过着。

十几年下来，张得茂还在守着畜牧局的大门。许还山却到了车管所。要给车上个好点的车牌，他说了算。

张得茂就打趣道，老许啊，我天天盼着你做官，你终于做了，管车牌了，可惜啊我又没余钱剩米买车，我啊这辈子别指望你帮忙了，除非你管门牌，将我的门牌换成888，或者666。

许还山就笑，这个，你总不得嫌吧？说着就递过一瓶1573高度酒。

张得茂接过来，说，嗯，算我没有白给你看这么多年门，谁让你和我指门对户呢？

指门对户的日子，又过去许多年。张得茂突然就不自在了。

某天，他听见有人敲对面的门。以为又是许还山老家人，打开门去看，却见自己局里的办公室副主任。

副主任提着一个精致的礼品盒，在敲对面的门。

看见张得茂，副主任尴尬地说，老张也住这？哦哦，改日拜访，我今天找所长办点点小事……

还别说，这样的尴尬事，慢慢多了起来。

提着烟酒敲错门的，这个还好说，直接告诉他就是，就怕有找不着许还山，就将甲鱼吊在门上的。时间一长，甲鱼脚上的线就快被它咬断了。你说是该给牵进来，还是帮忙再拴根绳？

张得茂后来就给许还山说起这事，许还山笑得腰都直不起来，说，你搞了吃啊，我和你谁跟谁啊，谁让我和你指门对户呢？

张得茂突然不习惯许还山的大大咧咧了。

张得茂说，亲为亲好邻为邻安，这些东西不要为好啊，不要你就睡得着觉。

许还山拍拍张得茂的肩，像是回应他的话题又像是某种忠告，说，老实人不吃亏谁吃亏啊兄弟，要不然副营级转业几十年了还在守门啊。

张得茂正要发作，见又有一班人上楼找许还山，只好忍着。

也就是那次以后，张得茂下了决心，不轻易开门管闲事了。

虽然他有些不安，但他对自己一遍又一遍说，每张门都有人守的，你就管好自己的门吧。

远亲不如近邻，近邻不如对面，这句话，张得茂最后一次听许还山说时，他竟然有些惊讶。

那天，一大清早，天才蒙蒙亮，有三个人，来带走许还山。

在楼道口，许还山低着头迟疑着对他说的。

张得茂对有人来带走他，一点都不惊讶，惊讶的是，许还山还记得说，远亲不如近邻，近邻不如对门。

张得茂眼里有些酸涩，对许还山说，家里面，你就放心吧，谁让你和我指门对户呢？

（本文和邓建华其他两篇小小说首发《北京文学》2021 年第 6 期首发，《小说选刊》2021 年第 7 期转载，《传奇传记文学选刊》2021 年第 8 期转载，《小小说选刊》2021 年第 14 期转载）

晃

佘汉武

人生不过三晃：一晃，大了；二晃，老了；三晃，没了。

二十岁前，我脚踏实地地晃。记忆中二十岁是这样晃过来的，我有一般人没有的晃经历。岁月为我卷起了近五十个年轮的今天，很少有我童年那样的家庭。一个不知文明礼貌和睦善良为何物的家庭。

童年的我在乡间无所事事。在精神病患者的母亲的咒骂声中晃，在乡邻的白眼中晃，在与文化无缘的家庭中晃，在不知有兄友弟恭的手足亲情中晃。在才短家穷绌于生计的成长中晃……

晃着晃着，晃久了遇上了鬼。

那是一个骄阳似火晒水能沸泼水生烟的夏天，已到了应该入学堂门的年龄了，饥饿驱使我去寻找充饥的食物，邻居的桃园是我的首选目标。桃园离我家不远，但要经过一片树木阴森的古墓地，整天下地劳作的邻居有午睡的习惯，这是多年来在辛苦中形成的习惯。中午偷桃是我屡次得手的原因。

已是酷暑的中午，爱在水中玩耍的我如落水鬼般从池塘中爬到岸上。穿上一尺布可以做三条毫无色彩如同抹布一样的三角裤绕道向李家的桃园摸去。由于行动迅速，很快就溜到墓地旁的土巷子中。进了土巷子，迎面走来一个声响全无的人。撑着红色的篾架的桐油纸伞。个子很高，撑伞的手白得可怕，头在伞中无法看到。黑色的服装十分显眼，十多粒布坨坨扣子整整齐齐地扣着（十多年后我在电影中看到蒋介石有如此穿着。它属传统服装的清朝旗服）。黑色的布鞋十分醒目。这是我从来没有见过的人和衣着。挟着一股阴森之气向我袭来。在离我不足五米的地方，我眨了一下眼睛，此人不见了。由于觉得此人奇特而怪异，立即钻入林中寻觅。除了墓碑与树木外，一无所获。

我吓出一身冷汗。恐怖不已，脑海中一片空白。与死人无异。记不起当时是怎么回家的。薄暮时分，我害怕极了。老是怀疑此人就在我的眼前晃着。我想把经过告诉母亲，只说了我害怕几个字，话没说完，母亲说：怕鬼啊会死阿，武化生子（湘俗咒人未成年而殇者之恶毒语），到处死人，你禾哩（怎么）不去死啰……患有精神病的母亲骂咧着教训了我一顿。那天晚上我梦见了此人。从此睡眠极差，直至现在。晚上不敢一个人出门，因为怕鬼。

晃着晃着，我在异乡晃了一二十年。我依然在异乡晃着。每次回家如同大病一场。我不敢在晚上的家乡晃，即使现在家乡的晚上已经人声鼎沸，睹物思鬼，害怕依然。

晃着晃着，我在世上混日子似的晃了近五十年。家中，没有任何惠及我的资源。如慈爱、亲情、孝悌、文明、礼仪、金钱、物资、地位、名誉、榜样、人脉、形象……唯一给予我一个不算魁伟但很健康的身体和虽然简单但不愚蠢的头脑。

回首往事，晃过了童年。童年晃得呜乎哀哉。

晃着晃着，一晃晃到了二十岁。现实告诉我：如不依靠自己，未来与沿门托钵的乞儿无异。

二十岁时，我晃进了古城长沙贩体力。没事时在街头巷尾晃，一次在岳麓书院中晃时，晃进了湖南大学副校长谢彦玮教授的视野，一阵闲喧，谢教授大惊，视我为奇才。通过谢教授，我晃进了岳麓书院研究室主任谭修教授的视野，后来我晃入了便河边92号刘家传老先生的视野……七晃八晃，我晃进了湘潭董源远、刘勋政、田翠竹、齐金平等老先生的视野。左晃右晃。我晃进了王果、胡遐之、刘人寿、伍祥干、史鹏、史穆等老前辈的视野……

晃着晃着，孩子晃大了，自己晃老了，家中的书帖晃得堆积如山了。晃着晃着，我的诗文从县级刊物晃到了《诗刊》。有诗文3000余件作品晃上了各级刊物。

晃着晃着，画马逾十万匹。晃着晃着，齐派虾画得人见人爱。晃着晃着，囊中不再羞涩。晃着晃着，两支笔（钢笔毛笔）使我衣食无忧。晃着晃着，不饶人的岁月，催人老的时光，让我学会了爱、学会了思、学会了悟、学会了怜、学会了舍……

晃着晃者，一愣神惊惧地发现，我撵上了先君做爷爷的年龄。

其实，谁都会晃向人生的终点。人生——一个晃着的过程。

（原载2017年6月《望月文学特刊》）

鲜花一样的心情

曹灿辉

借着窗前淡淡的晨曦，写字台上一丛明丽的火红摇曳着跃入我的眼帘，那是先生几天前从何叔家带回来的花卉，不想今天就开花了，开出我一份惊喜，一份欣慰。

爱花的癖好是小时就有了的。那时，后山被开垦成一大片一大片的西瓜地，瓜地分配到户后，山上便先后搭起好几个瓜棚，我萌生养花的初念便是从这里开始的。当时，有位小伙伴说她从亲戚家带回了许多“鸡婆花”“鸭婆花”，将来开花有鸡婆、鸭婆那么大，可漂亮了！这善意的吹嘘令那时对此一无所知的我聆听得痴痴迷迷，羡慕得寝食难安，后来竟以好几个大西瓜为代价换了不下四十棵绿苗，我栽呀栽呀，烂脸盆栽上了，废钵子栽上了，破桶子栽上了，屋前那小块空地也栽上了。栽得我汗流满面，笑意盈盈。

快乐的心情伴着苗儿疯样地长。直到有一天被父母指证出许多野草并毫不留情地斩草除根后，我才开始怀疑起伙伴的慷慨来，才开始有了些许失望。剩下的几棵虽一直不曾开出如鸡婆、鸭婆一样硕大奇妙的花儿来，但毕竟是开花的，一开花便让我激动得刻骨铭心。

日子像泉水一样欢快地流淌着，随着年龄的增长，我养的花也越来越多，于是便常常欣喜地自夸或被夸。如果有人说：“你养的花真多啊！分我几棵好么?”不管说这是大人、小孩，是熟悉的或不熟悉的，我都立马慷慨以赠。那神情，绝对是引以为荣的，不亚于获得了最高奖赏。

后来也曾对花儿品种进行过一番筛选。我结识了一位笔友，养花的，青年诗人。啧啧，诗人！我惊喜地佩服着。听着他那么轻松地说着眼前花卉的名称，道着什么盆栽、插栽及月季牡丹如何嫁接的话语，我仿佛在听天方夜谭，半信半疑却心动不已。此后的日子便一直是跃跃欲试充满希望的。我做梦都梦到花儿的馨香和美丽。久而久之，朋友说：“你真个是年轻不知滋味，总是这么笑眯眯的。”我笑而不答，心里，有花儿盛开着呢！

如今，月季牡丹真的在我家生根落户了，那位号称诗人的小伙子成了我的先生，只是对养花情有独钟且甘之如饴的仍然是我而已。

当别人争先恐后涌进城市的公寓、别墅、住宅小区的时候，我依然惬意地驻守着这一份恬淡和宁静。我将告诫我的孩子：人的心情其实就像鲜花一样，顺意的时候如花开，失意的时候如花谢，既然花谢是必然，失意将在所难免。走正自己的人生路，养好院中的许多花，这是母亲对你的期望！

（原载2001年2月10日《望城报》、2001年《长沙文学》）

凌冲村党员名录

姓名	性别	住址	文化程度	入党时间	备注
胡丙坤	男	凌冲村	初中及以下	1956 年 5 月 1 日	
刘爱莲	女	凌冲村	初中及以下	1959 年 7 月 1 日	
刘国祥	男	凌冲村	初中及以下	1959 年 7 月 1 日	
陈国斌	男	凌冲村	初中及以下	1963 年 3 月 1 日	
刘望清	男	凌冲村	初中及以下	1964 年 10 月 1 日	
范迪华	男	凌冲村	高中	1969 年 3 月 1 日	
谭进生	男	凌冲村	初中及以下	1969 年 6 月 1 日	
邓水清	男	凌冲村	初中及以下	1969 年 7 月 1 日	
陈正培	男	凌冲村	初中及以下	1970 年 3 月 1 日	
黄桂香	男	凌冲村	初中及以下	1970 年 3 月 1 日	
肖德华	男	凌冲村	初中及以下	1970 年 7 月 1 日	
李玉连	女	凌冲村	初中及以下	1971 年 2 月 11 日	
谭建辉	男	凌冲村	初中及以下	1971 年 6 月 1 日	
刘佑全	男	凌冲村	初中及以下	1972 年 2 月 1 日	
刘建光	男	凌冲村	初中及以下	1972 年 3 月 1 日	
贺建辉	男	凌冲村	初中及以下	1972 年 3 月 28 日	
邓明武	男	凌冲村	初中及以下	1972 年 5 月 1 日	
马秋香	女	凌冲村	初中及以下	1972 年 5 月 1 日	
曾正云	男	凌冲村	初中及以下	1972 年 6 月 1 日	

续表 2

姓名	性别	住址	文化程度	入党时间	备注
邓春生	男	凌冲村	高中	1972 年 7 月 1 日	
高泽伏	男	凌冲村	初中及以下	1972 年 7 月 1 日	
朱桂香	女	凌冲村	初中及以下	1972 年 7 月 1 日	
范迪如	男	凌冲村	初中及以下	1972 年 10 月 1 日	
董德云	男	凌冲村	初中及以下	1973 年 3 月 1 日	
胡伯希	男	凌冲村	初中及以下	1973 年 6 月 1 日	
刘庚五	男	凌冲村	初中及以下	1974 年 3 月 1 日	
范文明	男	凌冲村	初中及以下	1974 年 4 月 1 日	
何建纯	女	凌冲村	初中及以下	1974 年 6 月 1 日	
陈子喜	男	凌冲村	大专	1974 年 7 月 1 日	
侯干祥	男	凌冲村	高中	1974 年 7 月 1 日	
尹利华	男	凌冲村	初中及以下	1975 年 3 月 1 日	
陈正祥	男	凌冲村	初中及以下	1975 年 6 月 1 日	
周润山	男	凌冲村	初中及以下	1975 年 6 月 1 日	
周国清	男	凌冲村	初中及以下	1975 年 7 月 1 日	
侯正凡	男	凌冲村	初中及以下	1975 年 9 月 1 日	
刘春生	男	凌冲村	初中及以下	1976 年 6 月 1 日	
黄飞跃	男	凌冲村	高中	1977 年 6 月 1 日	
刘正德	男	凌冲村	初中及以下	1977 年 6 月 1 日	
刘光检	男	凌冲村	高中	1977 年 7 月 1 日	
周正辉	男	凌冲村	初中及以下	1978 年 5 月 1 日	
陈国良	男	凌冲村	高中	1978 年 6 月 1 日	

续表 3

姓名	性别	住址	文化程度	入党时间	备注
宇罗秀	女	凌冲村	初中及以下	1978 年 6 月 1 日	
彭和平	男	凌冲村	高中	1979 年 2 月 1 日	
陈新益	男	凌冲村	高中	1979 年 6 月 1 日	
陈先德	男	凌冲村	初中及以下	1980 年 5 月 1 日	
曹正元	男	凌冲村	初中及以下	1980 年 6 月 1 日	
陈保林	男	凌冲村	初中及以下	1981 年 6 月 1 日	
陈保国	男	凌冲村	初中及以下	1981 年 7 月 1 日	
陈子禄	男	凌冲村	初中及以下	1982 年 3 月 1 日	
刘代华	女	凌冲村	初中及以下	1982 年 3 月 1 日	
邓建民	男	凌冲村	初中及以下	1982 年 6 月 1 日	
郭正良	男	凌冲村	高中	1982 年 6 月 1 日	
陈佑明	男	凌冲村	大专	1985 年 7 月 1 日	
杨正武	男	凌冲村	大专	1986 年 7 月 1 日	
陈建明	男	凌冲村	初中及以下	1988 年 6 月 1 日	
邓正祥	男	凌冲村	大专	1991 年 5 月 1 日	
范新明	男	凌冲村	初中及以下	1991 年 6 月 1 日	
陈耀辉	男	岳麓区含浦镇	本科	1991 年 10 月 17 日	
黄建军	男	凌冲村	初中及以下	1992 年 4 月 1 日	
曹杰波	男	凌冲村	大专	1992 年 5 月 11 日	
李文辉	男	凌冲村	高中	1992 年 6 月 1 日	
程新国	男	凌冲村	大专	1993 年 7 月 1 日	
赵志勇	男	凌冲村	高中	1994 年 6 月 1 日	

续表 4

姓名	性别	住址	文化程度	入党时间	备注
董庚福	男	凌冲村	初中及以下	1995 年 6 月 1 日	
贺建波	男	凌冲村	大专	1995 年 6 月 1 日	
胡　杰	男	凌冲村	高中	1995 年 6 月 1 日	
陈小龙	男	凌冲村	初中及以下	1996 年 6 月 1 日	
陈明大	男	凌冲村	大专	1996 年 7 月 1 日	
陈海新	男	凌冲村	高中	1996 年 8 月 1 日	
陈旺祥	男	凌冲村	初中及以下	1998 年 6 月 1 日	
刘学斌	男	凌冲村	初中及以下	1998 年 6 月 1 日	
周建军	男	凌冲村	初中及以下	1998 年 7 月 1 日	
任秀兰	女	凌冲村	大专	1999 年 6 月 1 日	
邓学明	男	凌冲村	初中及以下	1999 年 7 月 1 日	
邓学武	男	凌冲村	大专	1999 年 7 月 1 日	
郭清泉	女	凌冲村	高中	2000 年 6 月 1 日	
刘云华	女	凌冲村	中专	2000 年 6 月 1 日	
陈　亮	男	凌冲村	高中	2000 年 9 月 1 日	
黄海峰	男	凌冲村	高中	2000 年 12 月 1 日	
曹　亮	女	凌冲村	大专	2001 年 6 月 1 日	
陈寿明	男	凌冲村	初中及以下	2001 年 6 月 1 日	
邓　恺	男	凌冲村	高中	2001 年 6 月 1 日	
范国祥	男	凌冲村	高中	2001 年 6 月 1 日	
王亮元	女	凌冲村	初中及以下	2001 年 6 月 1 日	
陈瑞华	男	凌冲村	高中	2002 年 5 月 1 日	

续表 5

姓名	性别	住址	文化程度	入党时间	备注
邓光辉	男	凌冲村	高中	2002 年 5 月 1 日	
赖建国	男	凌冲村	初中及以下	2002 年 7 月 1 日	
谭扩军	男	凌冲村	大专	2002 年 7 月 1 日	
曹建武	男	凌冲村	大专	2003 年 6 月 1 日	
何国军	男	凌冲村	初中及以下	2003 年 6 月 1 日	
樊小九	男	凌冲村	初中及以下	2004 年 6 月 1 日	
刘新建	男	凌冲村	初中及以下	2004 年 6 月 1 日	
曹 毅	男	凌冲村	高中	2004 年 7 月 1 日	
周 超	男	凌冲村	高中	2004 年 7 月 1 日	
徐小春	女	凌冲村	本科	2004 年 11 月 1 日	
董志勇	男	凌冲村	本科	2005 年 6 月 1 日	
沈祥民	男	凌冲村	高中	2005 年 6 月 1 日	
邓 亮	男	凌冲村	大专	2005 年 6 月 10 日	
董陵艳	女	凌冲村	本科	2005 年 7 月 1 日	
樊 滔	男	凌冲村	大专	2005 年 7 月 1 日	
侯 志	男	凌冲村	初中及以下	2005 年 7 月 1 日	
邓 雁	男	凌冲村	大专	2005 年 9 月 8 日	
陈龙坤	男	凌冲村	初中及以下	2006 年 6 月 1 日	
王建美	女	凌冲村	初中及以下	2006 年 6 月 1 日	
周 芳	女	凌冲村	初中及以下	2006 年 7 月 18 日	
陈娇蛟	女	凌冲村	大专	2006 年 9 月 19 日	
陈 威	女	凌冲村	大专	2006 年 12 月 25 日	

续表 6

姓名	性别	住址	文化程度	入党时间	备注
鲍红娟	女	凌冲村	本科	2007 年 6 月 1 日	
邓　赛	男	凌冲村	高中	2007 年 6 月 1 日	
熊　浩	男	凌冲村	高中	2007 年 6 月 1 日	
陈　争	男	凌冲村	中专	2007 年 6 月 20 日	
邓灿波	男	凌冲村	中专	2007 年 7 月 1 日	
陈双雄	男	凌冲村	初中及以下	2007 年 9 月 1 日	
刘　朋	男	凌冲村	高中	2007 年 11 月 1 日	
肖翠英	女	凌冲村	大专	2007 年 12 月 1 日	
刘颖妮	女	凌冲村	大专	2008 年 2 月 1 日	
刘　雯	女	凌冲村	大专	2008 年 7 月 1 日	
熊　浩	男	凌冲村	高中	2008 年 9 月 1 日	
皮　珍	女	凌冲村	大专	2008 年 12 月 1 日	
欧　玲	女	凌冲村	高中	2009 年 1 月 18 日	
沈　柳	女	凌冲村	本科	2009 年 3 月 1 日	
陈艳艳	女	凌冲村	大专	2009 年 7 月 1 日	
董学文	男	凌冲村	高中	2009 年 7 月 1 日	
熊德文	男	凌冲村	初中及以下	2009 年 7 月 1 日	
邓　竹	女	凌冲村	本科	2009 年 11 月 1 日	
李旭峰	男	凌冲村	本科	2009 年 12 月 1 日	
陈　阔	男	凌冲村	本科	2010 年 4 月 1 日	
陈金汉	男	凌冲村	大专	2010 年 7 月 1 日	
程　琪	男	凌冲村	大专	2010 年 7 月 1 日	

续表 7

姓名	性别	住址	文化程度	入党时间	备注
刘　娇	女	凌冲村	大专	2010 年 7 月 1 日	
李　环	女	凌冲村	本科	2010 年 12 月 1 日	
刘艳霞	女	凌冲村	研究生	2010 年 12 月 1 日	
谭　杰	男	凌冲村	本科	2011 年 5 月 1 日	
邓　娜	女	凌冲村	本科	2011 年 6 月 1 日	
曾　立	男	凌冲村	高中	2011 年 7 月 1 日	
陈丽达	女	凌冲村	本科	2011 年 7 月 1 日	
李正泉	男	凌冲村	中专	2011 年 7 月 1 日	
尹　俊	男	凌冲村	高中	2011 年 7 月 1 日	
尹兴旺	男	凌冲村	大专	2011 年 7 月 1 日	
程晓娇	女	凌冲村	本科	2011 年 12 月 25 日	
郭鹏宇	男	凌冲村	大专	2012 年 4 月 1 日	
何　佳	女	凌冲村	高中	2012 年 5 月 22 日	
陈　佳	男	凌冲村	高中	2012 年 7 月 1 日	
陈茂林	男	凌冲村	本科	2012 年 7 月 1 日	
李　娜	女	凌冲村	大专	2012 年 7 月 1 日	
刘志德	男	凌冲村	高中	2012 年 7 月 1 日	
陈建波	男	凌冲村	大专	2012 年 11 月 13 日	
谭　广	男	凌冲村	初中及以下	2013 年 6 月 26 日	
李　婷	女	凌冲村	大专	2013 年 11 月 1 日	
程　旭	女	凌冲村	大专	2014 年 6 月 1 日	
胡　卓	男	凌冲村	大专	2014 年 6 月 1 日	

续表 8

姓名	性别	住址	文化程度	入党时间	备注
李海霞	女	凌冲村	大专	2014 年 6 月 29 日	
陈　淼	女	凌冲村	本科	2014 年 12 月 8 日	
彭玉洁	女	凌冲村	本科	2014 年 12 月 17 日	
李银波	男	凌冲村	初中及以下	2015 年 6 月 26 日	
刘志勇	男	凌冲村	初中及以下	2015 年 6 月 26 日	
熊彩霞	女	凌冲村	大专	2015 年 12 月 25 日	
何梦韩	女	凌冲村	本科	2016 年 11 月 30 日	
邓诗谣	女	凌冲村	研究生	2017 年 5 月 18 日	
邓铁军	男	凌冲村	高中	2017 年 6 月 30 日	
周志勇	男	凌冲村	高中	2017 年 6 月 30 日	
程　敏	女	凌冲村	大专	2017 年 7 月 1 日	
熊友良	男	凌冲村	中专	2017 年 7 月 1 日	
曹　启	男	凌冲村	—	2017 年 12 月 10 日	
彭　旺	男	凌冲村	大专	2018 年 7 月 1 日	
董　丹	男	凌冲村	大专	2019 年 7 月 1 日	
程　斌	男	凌冲村	高中	2020 年 7 月 1 日	
刘　铸	男	凌冲村	高中	2020 年 7 月 1 日	
刘纪航	男	凌冲村	本科	2020 年 10 月 29 日	
刘德军	男	凌冲村	高中	2021 年 6 月 23 日	
邓治国	男	凌冲村	大专	2021 年 12 月 25 日	
李建辉	男	凌冲村	初中及以下	2021 年 12 月 25 日	
梅　兵	男	凌冲村	—	2021 年 12 月 25 日	
侯　乐	女	凌冲村	大专	2022 年 7 月 21 日	
陈宇琴	女	凌冲村	大专		
邓宇林	女	凌冲村			
沈　涛	男	凌冲村			

续表 9

姓名	性别	住址	文化程度	入党时间	备注
贺菊秋	男	茅链塘组	初中	1951 年 4 月	过世
范大和	男	华林塘组	初中	1951 年 4 月	过世
陈连初	男	毛山坡组	小学	1951 年 4 月	过世
陈治国	男	新建组	小学	1951 年 6 月	过世
曹正连	男	长塘组	初中	1951 年 6 月	过世
肖伏生	男	新塘组	小学	1951 年 6 月	过世
刘水生	男	代家组	初中	1951 年 6 月	过世
李炳荣	男	凌冲组	初中	1951 年 6 月	过世
王冬生	男	桃园组	初中	1952 年 3 月	过世
郭菊平	男	华林塘组	初中	1952 年 4 月	过世
陈石泉	男	桃园组	初中	1952 年 4 月	过世
范义和	男	茅链塘组	初中	1952 年 6 月	过世
侯晋午	男	何家湾组	小学	1953 年 6 月	过世
熊腊生	男	令旗塘组	初中	1953 年 6 月	过世
樊六其	男	令旗塘组	初中	1953 年 6 月	过世
陈德武	男	金盘组	初中	1953 年 6 月	过世
陈寿全	男	何家湾组	初中	1954 年 12 月	过世
谭坤全	男	马肚子组	小学	1954 年 3 月	过世
宋春元	男	安子塘组	小学	1954 年 3 月	过世
陈月山	男	安子塘组	小学	1954 年 3 月	过世
陈茂生	男	上横塘组	小学	1954 年 3 月	过世
陈玉林	男	上横塘租	初中	1954 年 3 月	过世

续表 10

姓名	性别	住址	文化程度	入党时间	备注
陈建秋	男	麻园组	小学	1954 年 3 月	过世
沈正桂	男	大园组	初中	1954 年 3 月	过世
刘永生	男	蛇形组	小学	1954 年 3 月	过世
刘凯	男	蛇形组	小学	1954 年 3 月	过世
陈金生	男	高塘组	初中	1954 年 3 月	过世
何应清	男	金盘组	初中	1954 年 3 月	过世
邓云伏	男	代家组	初中	1954 年 3 月	过世
李运高	男	横塘组	初中	1954 年 3 月	过世
刘明德	男	华林塘组	小学	1954 年 6 月	过世
范云章	男	大塘组	初中	1954 年 6 月	过世
虢正清	男	树山组	小学	1954 年 6 月	过世
何迎生	男	窑塘组	初中	1954 年 6 月	过世
陈凤庭	男	王凤组	小学	1954 年 6 月	过世
邓中龙	男	东风组	初中	1954 年 6 月	过世
王春生	男	桃园组	初中	1954 年 6 月	过世
赵佑云	男	凌冲组	初中	1954 年 6 月	过世
杨新明	男	王一组	初中	1956 年 3 月	过世
彭明阳	男	凌冲组	初中	1956 年 3 月	过世
范仁和	男	茅链塘组	初中	1956 年 6 月	过世
王连山	男	新塘组	小学	1956 年 6 月	过世
陈礼桂	男	上横塘租	初中	1958 年 3 月	过世
郭菊安	男	华林塘组	初中	1958 年 6 月	过世

续表 11

姓名	性别	住址	文化程度	入党时间	备注
周三元	女	华林塘组	小学	1958 年 6 月	过世
虢福昌	男	山塘组	小学	1958 年 6 月	过世
侯晋义	男	何家湾组	小学	1958 年 6 月	过世
刘福连	女	上横塘租	小学	1958 年 6 月	过世
汤新庚	男	茅链塘组	初中	1959 年 6 月	过世
陈瑞楼	男	良子塘组	初中	1960 年 6 月	过世
樊习桂	男	代家组	初中	1962 年 3 月	过世
李爱华	女	凌冲组	初中	1962 年 3 月	过世
邓新玉	男	树山组	小学	1967 年 2 月	过世
胡少凯	男	鸦鹊塘组	初中	1968 年 6 月	过世
彭正坤	男	令旗塘组	初中	1970 年 6 月	过世
高作云	男	大塘组	小学	1971 年 1 月	过世
王国清	男	鸦鹊塘组	初中	1971 年 3 月	过世
杨桂华	男	大塘组	初中	1971 年 3 月	过世
李正坤	男	竹塘组	初中	1971 年 3 月	过世
陈光建	男	令旗塘组	初中	1971 年 6 月	过世
高泽运	男	何家湾组	初中	1971 年 7 月	过世
邓学先	男	农科组	初中	1972 年 1 月	过世
陈四春	男	大塘组	初中	1972 年 3 月	过世
刘定中	男	老屋组	小学	1972 年 3 月	过世
徐罗生	男	东塘组	初中	1972 年 3 月	过世
邓学明	男	东塘组	初中	1972 年 3 月	过世

续表 12

姓名	性别	住址	文化程度	入党时间	备注
陈仁杰	男	东风组	初中	1972 年 3 月	过世
王桂田	男	樟树组	初中	1972 年 3 月	过世
程美全	男	凌冲组	初中	1972 年 3 月	过世
何正武	男	东塘组	初中	1972 年 5 月	过世
刘福生	男	桃花坡组	初中	1972 年 6 月	过世
陈介凡	男	马鞍塘组	小学	1972 年 6 月	过世
陈正祥	男	麻园组	初中	1972 年 6 月	过世
黄爱云	女	麻园组	小学	1972 年 6 月	过世
尹友富	男	金盘组	初中	1973 年 6 月	过世
何保明	男	东塘组	初中	1976 年 6 月	过世
彭德云	男	山塘组	初中	1978 年 6 月	过世
刘国华	男	窑塘组	初中	1978 年 7 月	过世
刘辉	男	桃花坡组	高中	1985 年 4 月	过世
陈锡良	男	安子塘组	初中	1985 年 7 月	过世
刘正兵	男	东塘组	初中	1989 年 6 月	过世
陈国其	男	麻园组	初中	1996 年 6 月	过世
陈长春	男	安子塘组	高中	2011 年 7 月	过世

凌冲村 80 岁及以上老人名录（2022 年 9 月）

姓名	性别	年龄（岁）	组别
易喜庭	男	86	高塘组
刘长秀	女	85	高塘组
刘爱莲	女	81	高塘组
杨春秀	女	87	桃元组
陈寿华	女	82	高塘组
邓秀英	女	93	高塘组
陈正球	男	80	桃元组
陈治国	男	84	桃元组
徐国云	男	81	下横塘组
任春连	女	83	下横塘组
李再光	男	81	桃元组
何桂香	女	82	东塘组
程福高	男	82	下横塘组
刘金生	男	88	下横塘组
董翠华	女	85	下横塘组
刘秀英	女	86	长塘组
陈凤平	女	85	长塘组
汤金华	女	86	长塘组
邓桃中	女	83	长塘组

续表 2

姓名	性别	年龄（岁）	组别
邓福生	男	81	东风组
陈代珍	女	82	东风组
陈德本	男	89	东风组
邓玉梅	女	93	东风组
刘望清	男	84	东塘组
陈以楼	男	84	东塘组
朱长文	男	83	东风组
李玉莲	女	80	东风组
赵淑纯	女	90	金盘组
彭春连	女	88	金盘组
谭冬秀	女	89	东风组
杨国荣	男	81	金盘组
曹庆生	男	85	金盘组
邓友华	女	80	金盘组
邓冬元	女	84	新塘组
邓立生	男	83	新塘组
陈志元	男	81	金盘组
李新珍	男	80	金盘组
邓岑云	男	80	东风组
陈秀英	女	85	新塘组
陈放莲	女	92	蛇形组
陈正元	男	95	王风组

续表 3

姓名	性别	年龄（岁）	组别
刘爱莲	女	84	王凤组
梁年秀	女	81	蛇形组
刘素昆	男	93	王凤组
陈付先	男	89	王凤组
陈元秀	女	80	蛇形组
汤玉珍	女	81	新建组
刘其云	男	81	凌冲组
刘国祥	男	89	王一组
尹桂福	男	81	王一组
刘国安	男	84	凌冲组
刘三元	女	81	凌冲组
尹金生	男	89	王一组
王淑兰	女	81	凌冲组
佐淑群	女	80	凌冲组
甘细中	女	90	凌冲组
李玉梅	女	93	樟树组
程凤其	男	82	樟树组
邓爱莲	女	80	戴家组
刘春生	男	81	戴家组
程爱莲	女	85	戴家组
刘贞秀	女	86	王凤组
邓年生	男	81	戴家组

续表 4

姓名	性别	年龄（岁）	组别
李桂香	女	87	新建组
周正全	男	81	树山组
虢金莲	女	85	新建组
陈德军	男	94	农科组
陈顺华	女	81	农科组
刘金华	男	81	大园组
刘爱中	女	84	大园组
邓碧群	女	85	农科组
徐淑纯	女	81	大园组
黄耀莲	女	83	麻园组
李林秀	女	89	团上组
张瑞兰	女	86	上横塘组
文慈元	女	83	竹塘组
段淑君	女	82	竹塘组
胡玉枚	女	87	良子塘组
康金莲	女	82	竹塘组
周颂冈	男	85	竹塘组
杨桂华	女	84	鸦鹊塘组
陈迎春	男	85	大塘组
宇冬秀	女	80	鸦鹊塘组
周望宜	男	89	大塘组
尹爱连	女	83	樟树组

续表 5

姓名	性别	年龄（岁）	组别
陈习琼	女	82	樟树组
谭萃兵	女	91	上横塘组
邓秀英	女	92	树山组
刘秀兰	女	80	茅镰塘组
陈又红	男	80	上横塘组
刘再兰	女	88	上横塘组
曾正云	男	81	上横塘组
陈凤华	女	82	上横塘组
杨玉连	女	89	茅镰塘组
赖伏辉	男	81	上横塘组
陈福先	男	80	上横塘组
丁利辉	男	80	上横塘组
陈锡元	男	86	山塘组
陈志榜	男	88	麻园组
刘容秀	女	87	麻园组
陈国兵	男	84	马坡组
刘桂香	女	80	马坡组
刘海泉	男	81	马坡组
陈金华	女	88	何家湾组
谢长庚	男	81	何家湾组
程桂香	女	81	何家湾组
徐贵云	男	86	大塘组

续表 6

姓名	性别	年龄（岁）	组别
陈玉银	女	86	大塘组
刘福香	女	83	大塘组
张淑良	女	89	何家湾组
杨后取	男	87	何家湾组
陈金秀	女	86	何家湾组
刘福安	男	81	马坡组
刘玉珍	女	87	何家湾组
高泽富	男	80	何家湾组
刘玉莲	女	84	安子塘组
刘福全	男	80	马坡组
刘秀枚	女	82	令旗塘组
范冬泉	男	86	令旗塘组
尹利华	男	81	茅镰塘组
周银兰	女	88	良子塘组
汤福连	女	80	山塘组
曹细中	女	96	山塘组
陈玉连	女	90	良子塘组
范迪全	男	84	华林塘组
陈爱珍	女	85	马肚子组
胡炳坤	男	91	马肚子组
胡伯希	男	89	马肚子组
何菊连	女	85	马肚子组

续表 7

姓名	性别	年龄（岁）	组别
陈桂中	女	86	华林塘组
孔云和	男	81	令旗塘组
高银秀	女	91	令旗塘组
朱桂香	女	80	华林塘组
陈泽应	男	88	毛山坡组
任清尧	男	81	华林塘组
陈爱枚	女	88	华林塘组
刘凤枚	女	89	桃花坡组
任中雄	男	84	马肚子组
陈淑银	女	80	马肚子组
王德君	女	85	马鞍塘组
冯某某	女	84	马鞍塘组
刘秀英	女	92	马鞍塘组
刘冬眠	女	90	桃花坡组
姚爱连	女	81	桃花坡组
谭中明	男	80	桃花坡组

1977—2021年凌冲村大学生名录

姓名	性别	出生年月	住址	录取年份	就读学校	备注
邓宇鹏	男	1954年7月	良子塘组	1977	湘潭大学	本科
胡德军	男	1964年12月	马肚子组	1981	益阳师专	专科
周在国	男	1968年2月	东风组	1986	湖南师范大学	本科
周旺国	男	1966年4月	东风组	1987	武汉水运工业学校	专科
曾献忠	男	1968年7月	上横塘组	1987	长沙大学	本科
虢跃辉	男	1970年6月	山塘组	1988	衡阳林业专科学校	专科
陈文兵	男	1970年5月	团上组	1988	湖南师范大学	本科
虢万冬	男	1968年11月	安子塘组	1990	湖南大学	本科
虢跃勇	男	1974年11月	山塘组	1992	湖南师范大学	本科
胡庆宏	男	1972年1月	鸦鹊塘组	1992	湖南政法学院	本科
刘云华	女	1974年7月	华林塘组	1992	益阳卫校	专科
邓巧波	男	1978年7月	高塘组	1994	宁乡师范	中专
任望	男	1976年1月	马肚子组	1996	湖南省广播电视大学	专科
曹婷	女	1996年11月	金盘组	1996	湖南交通学院	专科
刘锦	男	1978年11月	大塘组	1997	湖南师范大学	本科
陈黎明	男	1977年6月	竹塘组	1997	长沙电视大学	本科
周志国	男	1980年11月	马鞍塘组	1999	湖南铁道职业技术学院	专科
邓灿波	男	1981年10月	农科组	1999	长沙教育学院	专科
陈超	男	1980年6月	大塘组	1999	武汉大学	本科

续表 2

姓名	性别	出生年月	住址	录取年份	就读学校	备注
郭干民	男	1971 年 8 月	华林塘组	2000	长沙大学	专科
彭丹	男	1982 年 1 月	令旗塘组	2000	长沙商学院	本科
彭红霞	女	1982 年 4 月	山塘组	2001	内蒙古师范大学	博士
陈又知	男	1982 年 11 月	大塘组	2001	湖南农业大学	本科
何荣荣	男	1983 年 6 月	东塘组	2001	湖南科技大学	本科
陈亮	男	1983 年 11 月	樟树组	2001	湖南师范大学	本科
徐小春	女	1983 年 3 月	凌冲组	2001	湘潭大学	本科
刘铸	男	1992 年 1 月	东塘组	2001	湖南大学	本科
侯丹	女	1983 年 6 月	何家湾组	2001	衡阳工学院	专科
陈佩佩	女	1983 年 11 月	竹塘组	2001	湖南商学院	本科
刘妍	女	1996 年 1 月	鸦鹊塘组	2001	长沙食品药品职业学院	专科
周 敏	男	1984 年 4 月	马鞍塘组	2002	长沙大学	专科
陈超	男	1983 年 7 月	马鞍塘组	2002	湖南生物机电学院	专科
沈璐	女	1984 年 1 月	大园组	2002	湘潭科技大学	本科
陈丽达	女	1983 年 1 月	马肚子组	2002	东莞理工学院	本科
程勇	男	1984 年 9 月	凌冲组	2002	衡阳大学	专科
邓靖	男	1994 年 5 月	凌冲组	2002	长沙大学	专科
陈志强	男	1983 年 1 月	毛山坡组	2002	长沙理工大学	本科
程志	男	1984 年 10 月	上横塘组	2002	湖南农业大学	本科
陈波	男	1985 年 9 月	华林塘组	2003	湖南人文科技学院	本科
刘斌	男	1985 年 11 月	华林塘组	2003	湖南师范大学	本科
叶佳	女	1984 年 8 月	华林塘组	2003	湘潭大学	本科

续表 3

姓名	性别	出生年月	住址	录取年份	就读学校	备注
陈伟欣	女	1985 年 11 月	下横塘组	2003	长沙大学	专科
邓静	男	1982 年 5 月	高塘组	2003	湖南文理学院	本科
康勇	男	1985 年 9 月	高塘组	2003	湖南农业大学	本科
陈新宇	男	1985 年 1 月	高塘组	2003	长沙大学	本科
何韵	男	1984 年 7 月	东塘组	2003	武汉科技大学	本科
黄慧敏	女	1985 年 11 月	团上组	2003	常德理工大学	本科
陈学军	男	1974 年 1 月	上横塘组	2003	湖南师范大学	本科
程 坤	男	1986 年 1 月	山塘组	2004	湖南民政职业技术学院	专科
周丹	女	1986 年 8 月	大塘组	2004	长沙信息学校	专科
周超	男	1985 年 4 月	华林塘组	2004	湖南工程职业技术学院	专科
程鹏飞	男	1985 年 5 月	令旗塘组	2004	江西理工大学	本科
樊志伟	男	1986 年 8 月	令旗塘组	2004	怀化学院	本科
程浪	男	1984 年 1 月	马肚子组	2004	株洲铁道职业学院	专科
陈梦怡	女	1987 年 1 月	下横塘组	2004	青岛理工大学	本科
陈柳柳	女	1986 年 2 月	竹塘组	2004	湖南财政经济学院	专科
胡翼彪	男	1986 年 10 月	茅链塘组	2004	湖南科技经贸大学	专科
刘灿	女	1986 年 10 月	麻园组	2004	湖南涉外经济学院	专科
陈佳	女	1985 年 1 月	上横塘组	2004	长沙大学	本科
陈慧	女	1986 年 12 月	上横塘组	2004	湖南医科大学	本科
陈巧妹	女	1987 年 2 月	山塘组	2005	武汉电子学校	本科
彭丹	女	1987 年 12 月	山塘组	2005	湖南科技大学	本科
黄 维	男	1987 年 11 月	马鞍塘组	2005	湖南师范大学	本科

续表 4

姓名	性别	出生年月	住址	录取年份	就读学校	备注
范佳	男	1986 年 1 月	华林塘组	2005	齐齐哈尔大学	本科
刘菲菲	女	1986 年 1 月	华林塘组	2005	齐齐哈尔大学	本科
谢莉娟	女	1987 年 4 月	华林塘组	2005	南方大学	专科
曾石	男	1987 年 5 月	安子塘组	2005	长沙大学	专科
熊旦	男	1986 年 11 元	大塘组	2005	湖南科技大学	本科
沈婷	女	1987 年 7 月	大园组	2005	长沙医学院	本科
陈一诺	女	1988 年 1 月	令旗塘组	2005	衡阳师范学院	本科
谢丽花	女	1986 年 2 月	令旗塘组	2005	湖南城市学院	本科
刘维	男	1985 年 11 月	东风组	2005	湖南师范大学	本科
邓双进	女	1985 年 11 月	东风组	2005	湖南工程职业学院	专科
李佳	女	1987 年 8 月	凌冲组	2005	长沙医学院	本科
邓娜	女	1987 年 8 月	高塘组	2005	郴州商学院	本科
邓柳	女	1987 年 1 月	代家组	2005	湘南学院	本科
杨成	男	1987 年 6 月	何家湾组	2005	长沙科技学院	专科
钟阳平	男	1986 年 1 月	何家湾组	2005	长沙医学院	本科
侯勇	男	1986 年 1 月	何家湾组	2005	湖南交通职业技术学院	专科
刘英	女	1987 年 6 月	马坡组	2005	湖南城市学院	本科
陈苗	女	1987 年 5 元	王凤组	2005	湖南工业大学	研究生
刘颖妮	女	1987 年 3 月	良子塘组	2006	湖南城市学院	本科
程 超	男	1988 年 2 月	山塘组	2006	湖南大学	硕士
徐湘婷	女	1988 年 1 月	安子塘组	2006	长沙理工大学	本科
陈鹏	男	1987 年 4 月	华林塘组	2006	湖南人文科技学院	本科

续表 5

姓名	性别	出生年月	住址	录取年份	就读学校	备注
邓竹	女	1988 年 5 月	东风组	2006	岳阳理工学院	本科
陈艳艳	女	1987 年 1 月	樟树组	2006	中南大学	本科
彭菲	女	1988 年 11 月	麻园组	2006	湖南商贸学院	专科
谭双	男	1987 年 5 月	麻园组	2006	大连理工学院	本科
陈阔	男	1987 年 8 月	上横塘组	2006	人文科技学院	本科
姚威	男	1989 年 6 月	马鞍塘组	2007	长沙大学	专科
陈文	男	1997 年 12 月	安子塘组	2007	长沙理工大学	本科
周克	女	1989 年 2 月	大塘组	2007	长沙大学	本科
曾娟	女	1985 年 7 月	安子塘组	2007	湘潭大学	研究生
陈江丹	男	1989 年 12 月	大塘组	2007	湖南城市学院	本科
周放	女	1989 年 11 月	大塘组	2007	益阳师专	专科
沈柳	女	1988 年 9 月	大园组	2007	华中农业大学	本科
刘玲	女	1989 年 1 月	农业队	2007	湖南农业大学	本科
鲍红娟	女	1987 年 8 月	马肚子组	2007	长沙理工大学	本科
李彬	男	1989 年 6 月	金盘组	2007	陕西大学	本科
尹露	女	1989 年 1 月	王一组	2007	长沙大学	专科
邓威	男	1989 年 7 月	代家组	2007	华中科技大学	本科
宁琼雅	女	1989 年 6 月	代家组	2007	湖南师范大学	本科
侯迎	女	1989 年 2 月	何家湾组	2007	湖南人文科技学院	本科
侯超	男	1988 年 9 月	何家湾组	2007	湖南工学院	专科
刘艳方	女	1989 年 10 月	桃花坡组	2007	长沙保险学院	专科
刘鹤	女	1989 年 5 月	马坡组	2007	长沙理工大学	本科

续表 6

姓名	性别	出生年月	住址	录取年份	就读学校	备注
黄丹	女	1989 年 12 月	竹塘组	2007	湖南郴州职业技术学院	本科
李旭峰	男	1989 年 12 月	竹塘组	2007	中南林业科技大学	本科
陈思琪	女	1997 年 3 月	良子塘组	2007	长沙民政职业技术学院	专科
刘琪	男	1989 年 2 月	麻园组	2007	湖南涉外经济学院	专科
刘辉	男	1987 年 7 月	老屋组	2007	湖南冶金职业技术学院	专科
黄杰	男	1989 年 9 月	团上组	2007	湖南农业大学	本科
徐滨清	女	1989 年 3 月	上横塘组	2007	湖南女子大学	专科
彭双	女	1989 年 6 月	山塘组	2008	大众传媒学院	本科
王佳	女	1989 年 2 月	安子塘组	2008	武汉大学	专科
程琪	男	1989 年 9 月	大塘组	2008	湖南水利水电职业技术学院	专科
沈涛	男	1990 年 5 月	大园组	2008	湖南商务职业学院	本科
樊亚	女	1990 年 1 月	令旗塘组	2008	长沙技术职业学院	专科
邓欢	女	1990 年 6 月	东风组	2008	湖南同德职业学院	专科
李娜	女	1990 年 2 月	樟树组	2008	长沙环保职业技术学院	专科
程杰	男	1990 年 1 月	凌冲组	2008	湖南环保生物学院	专科
何作栋	男	1990 年 7 月	下横塘组	2008	湘潭大学	本科
何作梁	男	1990 年 7 月	下横塘组	2008	湖南师范大学	本科
邓彬	男	1989 年 11 月	东塘组	2008	湖南理工大学	本科
黄鹏	男	1989 年 4 月	竹塘组	2008	湖南中医学院	本科
刘诚	男	1989 年 3 月	老屋组	2008	长沙铁道学院	本科
曹宇	男	1988 年 1 月	长塘组	2008	湘南学院	本科

续表 7

姓名	性别	出生年月	住址	录取年份	就读学校	备注
陈子任	男	1991 年 7 月	安子塘组	2009	湖南工程学院	本科
李迈希	女	1993 年 1 月	大塘组	2009	长沙大学	本科
李雷	男	1991 年 8 月	令旗塘组	2009	湖南都市职业学院	专科
李星宇	男	1991 年 11 月	马肚子组	2009	湖南生物机电学院	专科
陈露	女	1994 年 2 月	金盘组	2009	株洲医学院	专科
谭杰	男	1990 年 1 月	毛山坡组	2009	北京国际标准舞蹈学院	本科
陈倩	女	1990 年 5 月	何家湾组	2009	湖南女子大学	本科
刘楚怡	女	2002 年 7 月	马坡组	2009	怀化学院	本科
陈逸	女	1990 年 9 月	王凤组	2009	湘潭大学	本科
陈旺	女	1991 年 11 月	新建组	2009	湖南师范大学	本科
陈宏宇	男	1990 年 1 月	华林塘组	2010	湖南工业大学	本科
李铭泽	男	1991 年 11 月	凌冲组	2010	长沙理工大学	本科
邓世雄	男	1992 年 6 月	高塘组	2010	湘潭科技大学	本科
邓景	男	1993 年 3 月	高塘组	2010	湖南网络工程职业学院	本科
陈丹丹	女	1987 年 1 月	毛山坡组	2010	江西农业大学	研究生
李威明	男	1987 年 8 月	马坡组	2010	湖南司法警官学院	本科
周 芳	女	1992 年 3 月	竹塘组	2010	广州体育学院	研究生
李人杰	男	1992 年 7 月	竹塘组	2010	中国政法大学	本科
刘霄汉	男	1990 年 6 月	良子塘组	2010	长沙理工大学	本科
谭杰	男	1990 年 9 月	老屋组	2010	长沙大学	本科
陈小烨	女	1992 年 10 月	团上组	2010	湖南城市学院	本科
徐智慧	女	1992 年 5 月	上横塘组	2010	中南林业科技大学	本科

续表 8

姓名	性别	出生年月	住址	录取年份	就读学校	备注
彭玉杰	女	1992 年 11 月	华林塘组	2011	湖南城市学院	本科
陈志明	男	1993 年 2 月	高塘组	2011	湖南文理学院	本科
尹超	男	1993 年 1 月	王一组	2011	南京大学	本科
陈文理	男	1989 年 4 月	毛山坡组	2011	华中科技大学	本科
刘大为	男	1989 年 1 月	桃花坡组	2011	湖南通信技术学院	本科
彭滴	女	1994 年 12 月	鸦鹊塘组	2011	北京理工大学	本科
何露	女	1993 年 10 月	窑塘组	2011	益阳医学高等专科学校	专科
曹余	女	1993 年 3 月	长塘组	2011	湖南科技学院	本科
陈伊钒	男	1993 年 2 月	农科组	2011	武汉大学	本科
李栋	男	1993 年 3 月	樟树组	2011	长沙理工大学	本科
彭柳	女	1994 年 3 月	山塘组	2012	天津美院	本科
余婉彤	女	1994 年 3 月	华林塘组	2012	中南林业科技大学	本科
范涛	男	1994 年 8 月	华林塘组	2012	湖南软件职业学院	专科
邓文丽	女	1994 年 9 月	东风组	2012	南华大学	本科
刘希	女	1994 年 2 月	凌冲组	2012	星海音乐学院	本科
曹梦晴	女	2003 年 7 月	金盘组	2012	衡阳大学	本科
肖雄	男	1994 年 11 月	金盘组	2012	娄底人文科技学院	本科
程 超	男	1984 年 1 月	马坡组	2012	武汉理工大学	研究生
熊意	女	1994 年 3 月	茅链塘组	2012	湖南科技职业技术学院	专科
赵虎	男	1994 年 4 月	茅链塘组	2012	湖南大众传媒学院	专科
陈坤	男	1996 年 10 月	良子塘组	2012	长沙南方职业学院	专科
陈希利	女	1993 年 7 月	王凤组	2012	湖南城建职业技术学院	专科
陈锐	女	1993 年 1 月	王凤组	2012	湖南工业大学	本科

续表 9

姓名	性别	出生年月	住址	录取年份	就读学校	备注
陈盼竹	女	2003 年 1 月	新建组	2012	湖南交通学院	专科
刘娟	女	1994 年 12 月	蛇形组	2012	吉首大学	本科
程旭	女	1994 年 4 月	上横塘组	2012	湖南信息学院	本科
陈莲英	女	1980 年 8 月	山塘组	2013	济南大学	博士
周功明	男	1995 年 8 月	大塘组	2013	湖南工学院	本科
陈淼	女	1995 年 12 月	令旗塘组	2013	湖南第一师范	本科
李婷	女	1995 年 7 月	马肚子组	2013	电子科技职业学院	专科
刘亮	男	1997 年 9 月	凌冲组	2013	湖南生物机电学院	专科
邓新宇	女	2000 年 1 月	凌冲组	2013	湖南文理学院	本科
甘俊	男	1995 年 2 月	凌冲组	2013	衡阳大学	专科
刘赛男	女	1996 年 6 月	桃花坡组	2013	长沙民政学院	专科
程 杰	男	1983 年 7 月	马坡组	2013	南华大学	本科
周鹏	男	1995 年 3 月	鸦鹊塘组	2013	衡阳工程学院	本科
邓硕	男	1998 年 11 月	良子塘组	2013	长沙环境保护职业技术学院	专科
邓佳波	男	1997 年 10 月	良子塘组	2013	湖南农业大学	本科
陈勇佳	男	1993 年 1 月	团上组	2013	怀化大学	本科
陈文政	男	1995 年 9 月	农科组	2013	空军工程大学	本科
陈艺博	男	1995 年 2 月	良子塘组	2014	河南大学	本科
彭旺	男	1996 年 1 月	凌冲组	2014	湖南科技大学	本科
甘婷	女	1996 年 9 月	凌冲组	2014	长沙外语学院	本科
何梦韩	女	1996 年 1 月	金盘组	2014	湖南农业大学	本科
李丹	女	1996 年 2 月	金盘组	2014	湖南理工大学	本科

续表 10

姓名	性别	出生年月	住址	录取年份	就读学校	备注
邓诗瑶	女	1996 年 6 月	东塘组	2014	湖南人文科技学院	本科
刘 灿	男	1986 年 8 月	桃花坡组	2014	中山大学	专科
周梦宇	男	1996 年 3 月	新建组	2014	郑州大学	本科
虢晨阳	女	1999 年 9 月	安子塘组	2015	衡阳师范学院	本科
程国军	男	1997 年 11 月	桃园组	2015	吉林动画学院	本科
陈姣	女	1997 年 5 月	桃园组	2015	湘潭科技大学	本科
周启	男	1996 年 11 月	竹塘组	2015	湖南理工职业技术学院	专科
曾茂芳	女	1986 年 4 月	茅链塘组	2015	保险学院	专科
刘茂杰	男	1997 年 8 元	王凤组	2015	湖南科技职业学院	专科
陈涛	男	1996 年 11 月	王凤组	2015	湖南城建职业技术学院	专科
陈庆	男	1997 年 9 月	王凤组	2015	湖南城建职业技术学院	专科
陈功	男	1997 年 9 月	王凤组	2015	湖南司法警官职业学院	专科
曹宇辉	女	1996 年 3 月	新塘组	2015	湖南交通职业技术学院	专科
陈盼	女	1997 年 3 月	新建组	2015	华中农业大学	本科
陈茜	女	1997 年 10 月	新建组	2015	武汉理工学院	本科
陈锦	男	1997 年 1 月	上横塘组	2015	湖南生物机电学院	专科
唐鑫宇	女	1997 年 12 月	上横塘组	2015	华中师范大学	本科
胡伟杰	男	1999 年 5 月	鸦鹊塘组	2016	湖南师范大学	硕士
李佳鹏	男	1998 年 9 月	大塘组	2016	湖南财政经济学院	专科
姚嘉欣	女	1998 年 11 月	令旗塘组	2016	湖南商学院	本科
陈书婷	女	1998 年 3 月	令旗塘组	2016	湖南工业大学	本科
李杏	女	1998 年 2 月	樟树组	2016	吉首大学张家界学院	本科

续表 11

姓名	性别	出生年月	住址	录取年份	就读学校	备注
刘姣	女	2000 年 6 月	凌冲组	2016	湖南生物机电学院	专科
邓雅琴	女	1999 年 3 月	高塘组	2016	南华大学	专科
尹靖	女	1999 年 11 月	王一组	2016	长沙医学院	本科
邓涵	女	1999 年 11 月	东塘组	2016	湖南人文科技学院	本科
周 微	女	1999 年 3 月	竹塘组	2016	中南林业科技大学	本科
刘慧佳	女	2000 年 1 月	良子塘组	2016	湖南涉外经济学院	本科
邓胜	男	1993 年 11 月	良子塘组	2016	长沙环保学院	专科
肖稳	男	1998 年 5 月	老屋组	2016	湘潭大学	本科
刘曦淼	女	1998 年 5 月	长塘组	2016	湖南科技大学	本科
曹启	女	1998 年 9 月	长塘组	2016	梧州学院	本科
陈虎成	男	1998 年 11 月	农科组	2016	湖南都市职业学院	专科
彭思	女	1998 年 2 月	华林塘组	2017	湖南铁道学院	专科
李倩	女	1998 年 5 月	大园组	2017	长沙医学院	本科
邓依乾	男	2000 年 6 月	东风组	2017	吉首大学	本科
陈思宇	男	1999 年 4 月	东风组	2017	中国海洋大学	本科
邓新如	女	2000 年 1 月	凌冲组	2017	华中农业大学	本科
陈宇琴	女	2001 年 1 月	高塘组	2017	湖南工商学院	本科
尹佳	女	1999 年 9 月	王一组	2017	湖南司法警官职业学院	专科
邓思亮	男	1999 年 3 月	东塘组	2017	湖南科技大学	本科
陈锋	男	1988 年 11 月	马坡组	2017	湖南工业职业技术学院	本科

续表 12

姓名	性别	出生年月	住址	录取年份	就读学校	备注
刘正	男	1986 年 2 月	马坡组	2017	湖南中医药大学	本科
刘捷	男	1999 年 9 月	马坡组	2017	湖南理工大学	本科
尹添旺	女	1999 年 9 月	茅链塘组	2017	湖南师范大学	专科
邓硕	男	1999 年 9 月	新塘组	2017	湖南警察学院	本科
佘逸峰	男	1999 年 10 月	新塘组	2017	中南林业科技大学	本科
刘灿	女	1999 年 9 月	长塘组	2017	江西中药大学	本科
刘旭	男	1999 年 5 月	长塘组	2017	湖南工业大学	本科
邓新超	男	2000 年 5 月	桃园组	2018	湘潭大学	本科
程 瑞	男	2000 年 1 月	山塘组	2018	湘潭大学	专科
郭轩	男	2000 年 7 月	华林塘组	2018	长沙医学院	本科
李国环	男	2000 年 11 月	樟树组	2018	湖南理工学院	本科
赵雯静	女	2002 年 4 月	凌冲组	2018	长沙商学院	本科
曹书豪	男	2001 年 8 月	金盘组	2018	湖南生物机电学院	专科
李佳幸	女	2001 年 4 月	金盘组	2018	中国海洋大学	本科
刘穗丰	女	2000 年 8 月	长塘组	2018	湘潭大学	本科
刘聪	男	2000 年 9 月	农科组	2018	山东德州大学	本科
程瑶	女	2000 年 12 月	上横塘组	2018	湖南文理学院	本科
周哲浩	男	2001 年 10 月	山塘组	2019	湖南现代物流职业技术学院	专科
陈卫	男	1983 年 10 月	山塘组	2019	中南大学	博士
程思柔	女	2001 年 5 月	安子塘组	2019	湖南城市学院	本科

续表 13

姓名	性别	出生年月	住址	录取年份	就读学校	备注
程思雨	女	2001 年 3 月	桃花坡组	2019	湖南邮电职业技术学院	专科
侯轩	女	2002 年 1 月	何家湾组	2019	长沙交通大学	本科
何俊杰	男	2001 年 11 月	金盘组	2019	湖南工业大学	本科
邓博	男	2001 年 5 月	东塘组	2019	湖南人文科技学院	本科
彭欣莹	女	2001 年 7 月	鸦鹊塘组	2019	岳阳师范学院	本科
周俊杰	男	2001 年 12 月	鸦鹊塘组	2019	湖南人文科技学院	本科
刘妙	女	2001 年 4 月	鸦鹊塘组	2019	吉首大学	本科
尹浪波	女	1987 年 9 月	茅链塘组	2019	湖南科技大学	本科
陈奥	女	2001 年 8 月	王凤组	2019	衡阳交通工程学院	本科
刘家慧	女	2001 年 11 月	窑塘组	2019	西安理工大学	本科
胡英杰	女	2001 年 5 月	树山组	2019	哈尔滨师范大学	本科
刘丹	女	2001 年 7 月	蛇形组	2019	云南大学	本科
邓桢宇	男	2001 年 9 月	农科组	2019	长沙职工大学	专科
刘望城	男	2000 年 4 月	凌冲组	2019	长沙职业技术学院	专科
陈心怡	女	2002 年 8 月	山塘组	2020	中南林业科技大学	本科
陈小云	女	2001 年 9 月	安子塘组	2020	湖南人文科技学院	本科
李旭	男	1992 年 5 月	大塘组	2020	湖南城建学院	专科
李诗雅	女	2002 年 5 月	大塘组	2020	湖南女子大学	本科
邓函	男	2002 年 1 月	高塘组	2020	湖南工程职业技术学院	专科
尹树	男	2001 年 1 月	王一组	2020	湖南湘潭工程学院	本科
刘心宇	女	2002 年 9 月	王一组	2020	湖南理工学院南湖学院	本科

续表 14

姓名	性别	出生年月	住址	录取年份	就读学校	备注
黄宇婷	女	2002 年 9 月	麻园组	2020	湖南城市学院	本科
刘皓宇	男	2002 年 2 月	老屋组	2020	北京体育大学	本科
陈新月	女	2002 年 8 月	王凤组	2020	赣南师范大学	本科
肖玉	女	2002 年 3 月	新塘组	2020	湘潭城建学院新湖校区	专科
刘举	男	2002 年 1 月	蛇形组	2020	湖南外国语学院	本科
张宇晴	女	2002 年 4 月	蛇形组	2020	湖南科技学院	本科
赖湘玲	女	2002 年 5 月	上横塘组	2020	邵阳学院	本科
陈子杰	男	2004 年 11 月	山塘组	2021	湖南科技大学	专科
熊玉瑶	女	2003 年 4 月	大园组	2021	湖南农业大学	本科
姚嘉泠	女	2003 年 5 月	令旗塘组	2021	常德文理学院	本科
陈诗涵	女	2003 年 8 月	令旗塘组	2021	牡丹江师范学院	本科
邓宇杰	男	2002 年 11 月	东风组	2021	湖南文理学院	本科
陈薇	女	2003 年 1 月	东风组	2021	湖南警察学院	本科
邓润泽	男	2002 年 4 月	东风组	2021	天津体育学院	本科
李萱	女	2003 年 1 月	金盘组	2021	衡阳大学	本科
邓瑾林	男	2003 年 1 月	代家组	2021	中国海洋大学	本科
邓硕	男	2003 年 12 月	东塘组	2021	湖南铁道职业技术学院	专科
何鑫羽	女	2003 年 2 月	东塘组	2021	长沙卫生职业学院	专科
曹宇阳	男	2002 年 12 月	马坡组	2021	湖南省交通学院	本科
王姣	女	2000 年 2 月	鸦鹊塘组	2021	长沙师范学院	本科
刘婧怡	女	2003 年 2 月	窑塘组	2021	江西应用科技学院	专科

续表 15

姓名	性别	出生年月	住址	录取年份	就读学校	备注
何征	男	2001 年 4 月	窑塘组	2021	大连大学	研究生
黄佳宇	女	2004 年 1 月	新塘组	2021	湖南农业大学	本科
曹宇杰	男	2003 年 12 月	新塘组	2021	湖南安全技术职业学院	专科
胡文杰	女	2003 年 10 月	树山组	2021	湖南第一师范	本科
刘贝	女	2003 年 9 月	长塘组	2021	广州医科大学	本科
刘俊涛	男	2004 年 3 月	长塘组	2021	北京交通大学	本科
邓星宇	男	2003 年 12 月	农科组	2021	湖南工大	本科
邓瑞怡	女	2003 年 2 月	农科组	2021	湖南理工大学	本科
李森蛟	男	2003 年 5 月	樟树组	2021	长沙理工大学	本科

凌冲村村民名录

凌冲村樟树组

户主姓名	与户主关系	姓名	性别
郭茹良	户主	郭茹良	男
	妻子	徐应珍	女
	儿子	郭新敏	男
	儿媳	陈添金	女
	孙子	郭家豪	男
程彪	户主	程彪	男
	妻子	高理	女
	母亲	陈翠华	女
	儿子	程宇豪	男
	女儿	程宇涵	女
	姐姐	程洁	女
	外甥	胡楚雄	男
程光武	户主	程光武	男
李国辉	户主	李国辉	男
	妻子	杨灵芝	女
	儿子	李俊	男
	女儿	李倩	女
	母亲	尹爱连	女
李唯	户主	李唯	女
	母亲	曹利华	女
郭新辉	户主	郭新辉	男
	妻子	陈孟辉	女

户主姓名	与户主关系	姓名	性别
	女儿	郭灵艳	女
李先辉	户主	李先辉	男
	妻子	侯玉梅	女
	儿子	李栋	男
	儿媳	凡秋悦	女
陈正良	户主	陈正良	男
	女儿	陈辉	女
程建武	户主	程建武	男
	妻子	彭宏娟	女
	儿子	程乐	男
陈得华	户主	陈得华	男
	妻子	杨兰香	女
	儿子	陈亮	男
	儿媳	李露	女
	女儿	陈艳艳	女
	孙女	陈语桐	女
	孙女	陈语墨	女
陈正武	户主	陈正武	男
	妻子	张香连	女
	孙女	陈静姝	女
郭新成	户主	郭新成	男
	妻子	侯娟	女
	儿子	郭泽亮	男
	女儿	郭玲芝	女

户主姓名	与户主关系	姓名	性别
	外孙女	许星雨	女
	外孙女	许锦汐	女
郭正良	户主	郭正良	男
	妻子	李玉明	女
	女儿	郭静	女
刘铁军	户主	刘铁军	男
	妻子	贺新利	女
	母亲	杨田香	女
	儿子	刘意坚	男
	女儿	刘意暄	女
向淑莲	户主	向淑莲	女
	夫兄	李海军	男
	儿子	李书健	男
郭正田	户主	郭正田	男
	妻子	曹荣福	女
	儿子	郭德明	男
	儿媳	雷会	女
	女儿	郭妹香	女
	孙子	郭佳鑫	男
程凤其	户主	程凤其	男
	孙女	程佳玲	女
杨俊	户主	杨俊	女
程斌	户主	程斌	男
	妻子	曾璐	女
	女儿	程若菲	女
	儿子	程籽涵	男
王曙光	户主	王曙光	男
	妻子	梁灿花	女

户主姓名	与户主关系	姓名	性别
	母亲	郭桂珍	女
	祖母	李玉梅	女
	儿子	王福明	男
	女儿	王姮媛	女
王树云	户主	王树云	男
郭正辉	户主	郭正辉	男
	妻子	邓辉明	女
	儿子	郭皓	男
刘国祥	户主	刘国祥	男
	妻子	曹新明	女
	儿子	刘勇	男
	儿媳	苏玉梅	女
	孙子	刘浩宇	男
	孙子	刘基伟	男
刘雪初	户主	刘雪初	女
	女儿	黄雨婷	女
黄菊明	户主	黄菊明	男
	父亲	黄桂香	男
	母亲	李玉连	女
郭正军	户主	郭正军	男
	妻子	龙新华	女
	儿子	郭佳亮	男
	儿媳	肖小贞	女
	孙子	郭槿轩	男
	孙女	郭槿妍	女
	女儿	郭慧	女
	外孙	洪安杰	男
李文辉	户主	李文辉	男

户主姓名	与户主关系	姓名	性别
	妻子	孙小元	女
	母亲	陈淑纯	女
	女儿	李杏	女
	儿子	李森蛟	男
刘文	户主	刘文	男
	父亲	易重阳	男
	母亲	刘秋连	女
李双全	户主	李双全	男
	妻子	张利军	女
	儿子	李为	男
	儿媳	汤惠	女
	孙子	李林涛	男
	孙女	李可馨	女
	母亲	陈习琼	女
程凤辉	户主	程凤辉	男
	妻子	陈跃珍	女
	儿子	程胜	男
	女儿	程前	女
李娜	户主	李娜	女
陈爱华	户主	陈爱华	女
任秀兰	户主	任秀兰	女
	丈夫	李建辉	男
	儿子	李国环	男

凌冲东塘组

户主姓名	与户主关系	姓名	性别
刘征良	户主	刘征良	男
	妻子	杨红奇	女

户主姓名	与户主关系	姓名	性别
	儿子	刘单	男
邓建国	户主	邓建国	男
	妻子	程艳芝	女
	儿子	邓佳程	男
邓学泉	户主	邓学泉	男
	妻子	苏菊英	女
	儿子	邓彬	男
	儿媳	苏碧波	女
	孙子	邓一铭	男
	孙女	邓嘉容	女
邓学军	户主	邓学军	男
	妻子	曹桂林	女
	儿子	邓博	男
	女	邓诗谣	女
何迎春	户主	何迎春	男
	妻子	彭彩华	女
	儿子	何逸兵	男
刘细平	户主	刘细平	男
	父亲	刘孟斌	男
	姐姐	刘纯	女
	外侄	万正豪	男
	外侄女	万雅欣	女
	外侄女	万雅妮	女
刘望祥	户主	刘望祥	男
	儿子	刘云桂	男
	女	刘阳	女
	孙女	刘婧媛	女
	外孙女	赵嘉妍	女

户主姓名	与户主关系	姓名	性别
	外孙女	赵雨娟	女
黄国清	户主	黄国清	男
黄国荣	户主	黄国荣	男
	儿子	黄方红	男
	儿媳	周芳	女
	孙子	黄家豪	男
曹建明	户主	曹建明	女
	丈夫	邓建辉	男
	儿子	邓思亮	男
	婆婆	朱名珍	女
	公公	邓少正	男
邓三辉	户主	邓三辉	男
	妻子	陈小玲	女
	女儿	邓涵	女
	儿子	邓硕	男
邓月辉	户主	邓月辉	男
	妻子	李青莲	女
陈聪	户主	陈聪	男
	儿子	陈昱铭	男
	母亲	陈四清	女
陈理	户主	陈理	男
	妻子	汤花	女
	儿子	陈宇涵	女
	父亲	陈云辉	男
邓学坤	户主	邓学坤	男
	妻子	熊瑞华	男
	儿子	邓波	男
	儿媳	彭虹	女

户主姓名	与户主关系	姓名	性别
	孙子	邓鹏原	男
	女儿	邓妹	女
	外孙女	李欣阳	女
刘得良	户主	刘得良	男
	妻子	李爱术	女
	儿子	刘佳	男
刘树泽	户主	刘树泽	男
	妻子	刘翠兰	女
	儿子	刘铸	男
	儿媳	易梦航	
	孙女	刘岑汐	女
	孙子	刘俊博	男
何迎主	户主	何迎主	男
	妻子	李海英	女
	母亲	陈水秀	女
	儿子	何名轩	男
	女儿	何鑫羽	女
何子辉	户主	何子辉	男
	女儿	何佳	女
	妻子	罗明翠	女
何宏武	户主	何宏武	男
	妻子	张满英	女
	儿子	何伟	男
	女儿	何欢	女
刘志伟	户主	刘志伟	男
	妻子	吴若慧	女
	女儿	刘雅琴	女
	外孙	李星辰	男

户主姓名	与户主关系	姓名	性别
刘检	户主	刘检	男
	妻子	易靖忠	女
	父亲	刘庚武	男
	女儿	刘艺涵	女
邓月娥	户主	邓月娥	女
	儿媳	龚芳	女
	儿子	刘双	男
	女儿	刘娇	女
	孙子	刘俊宸	男
刘胜	户主	刘胜	男
何宏刚	户主	何宏刚	男
	妻子	谭燕	女
	女儿	何伶娜	女
	女儿	何航	女
	母亲	何桂香	女
何红辉	户主	何红辉	男
	妻子	曾娥英	女
	儿子	何浪	男
	儿媳	周宁	女
	孙女	何沐熙	女
	儿子	何韵	男
邓绍绿	户主	邓绍绿	男
	妻子	周爱莲	女
	儿子	邓建光	男
	儿媳	谭玲玲	女
	孙女	邓梦轩	女
陈争	户主	陈争	男
	父亲	陈建国	男

户主姓名	与户主关系	姓名	性别
	户主	陈等	男
	母亲	陈平芝	女
邓淑军	户主	邓淑军	女
陈凯	户主	陈凯	男
	妻子	陈三妹	女
	女儿	陈欣语	女
	女儿	陈欣怡	女
	母亲	汤淑华	女
邓美华	户主	邓美华	女
何建辉	户主	何建辉	男
	妻子	陈淑银	女
	女儿	何晶晶	女
刘新建	户主	刘新建	男
	妻子	张小梅	女
	女儿	刘师汝	女
	女儿	刘师含	女
刘再国	户主	刘再国	男
	妻子	高桂香	女
刘强	户主	刘强	男
	母亲	朱翠娥	女
	姐姐	刘娇	女
	外侄女	徐沁伶	女
陈望东	户主	陈望东	男
	妻子	彭蕊香	女
	儿子	陈翔	男
	父亲	陈以楼	男
	母亲	周三元	女
	妹妹	陈明华	男

户主姓名	与户主关系	姓名	性别
刘维	户主	刘维	男
	妻子	周娜	女
	父亲	刘德贵	男
	母亲	汤莉	女
	女儿	刘周媛	女
	孙子	刘周豪	男
刘寿军	户主	刘寿军	男
	妻子	刘淑客	女
	儿子	刘栋	男
	儿媳	任英	女
	孙子	刘诗哲	男
何红军	户主	何红军	男
	妻子	曾艳辉	女
	儿子	何威	男
	孙女	何梓彤	女
黄国放	户主	黄国放	男
	儿子	黄海峰	男
	孙子	黄杨	男
	儿媳	杨喜英	女
何抗洪	户主	何抗洪	男
	妻子	李久香	女
	儿子	何为	男
刘勇	户主	刘勇	男
	妻子	欧阳佳伟	女
	女儿	刘诗琪	女
舒畅	户主	舒畅	男
	妻子	皮建珍	女
	女儿	舒江情	女

户主姓名	与户主关系	姓名	性别
	儿子	舒连响	男
	妹妹	舒慧贤	女
	父亲	舒楚香	男
舒平	户主	舒平	男
	妻子	吴梦菊	女
	女儿	舒含钰	女
	儿子	舒浩岚	男
刘德军	户主	刘德军	男
	儿子	刘超	男
	儿媳	刘露	女
	孙子	刘皓轩	男
	孙女	刘瑾鑫	女
刘望清	户主	刘望清	男
	妻子	陈爱莲	女
	户主	刘世峰	男

凌冲村横塘组

户主姓名	与户主关系	姓名	性别
陈霞辉	户主	陈霞辉	男
	妻子	曹冲	女
	儿子	陈诗景	男
	女儿	陈诗琪	女
陈应辉	户主	陈应辉	男
	妻子	邓跃辉	男
	母亲	姚淑元	女
	二女	陈美玲	女
	大女	陈准	女
徐应先	户主	徐应先	男

户主姓名	与户主关系	姓名	性别
	妻子	毛喜华	女
	母亲	任春连	女
	儿子	徐海蛟	男
	孙子	徐康宁	男
	孙女	徐禹菲	女
	女儿	徐海莹	女
	儿媳	汪赛	女
	外孙子	赵景浩	男
彭运昆	户主	彭运昆	女
徐应祥	户主	徐应祥	男
	父亲	徐国云	男
	妻子	舒梦林	女
	儿子	徐涛	男
程学光	户主	程学光	男
	儿子	程前	男
	儿媳	邓利珍	女
	孙女	程玉婷	女
	孙女	程诗怡	女
	女儿	程雨	女
	妻子	汤光辉	女
何细辉	户主	何细辉	男
	儿子	何作梁	男
	妻子	姚红英	女
	儿子	何作栋	男
	女儿	何哲	女
程建光	户主	程建光	男
	妻子	邓月华	女
	儿子	程海龙	男

户主姓名	与户主关系	姓名	性别
	孙子	程圆汐	男
何国军	户主	何国军	男
	妻子	邓细满	女
	儿子	何江	男
	儿媳	董双	女
	孙子	何宸宇	男
	孙女	何乔曦	女
何国宏	户主	何国宏	男
	妻子	陈建纯	女
	儿子	何亚雄	男
汤爱明	户主	汤爱明	女
	女儿	董奇	女
董翠华	户主	董翠华	女
曹铁祥	户主	曹铁祥	男
	妻子	向秀英	女
	儿子	曹泽顺	男
	儿媳	成欢	女
曹配凤	户主	曹配凤	女
程光辉	户主	程光辉	男
	妻子	陈知	女
	父亲	程福高	男
	女儿	程柳	女
	儿子	程梓航	男
程学红	户主	程学红	男
	妻子	谢云	女
	女儿	程露	女
程雪斌	户主	程雪斌	男
	妻子	刘晓红	女

户主姓名	与户主关系	姓名	性别
	母亲	肖瑞兰	女
程学文	户主	程学文	男
	妻子	曹桂华	女
	儿子	程卓	男
	儿媳	刘宇琴	女
	孙女	程欣茹	女
程耀光	户主	程耀光	男
	妻子	杨新艳	女
	儿子	程勇	男
刘晓阳	户主	刘晓阳	男
	妻子	邓菊和	女
	女儿	刘扩军	女
	女婿	王向辉	男
	外孙女	王雅琪	女
刘正奎	户主	刘正奎	男
	妻子	李平权	女
刘正良	户主	刘正良	男
	儿子	刘意	男
	女儿	刘静	女
	外孙女	徐婉馨	女
程细光	户主	程细光	男
董虎城	户主	董虎城	男
	母亲	陈爱兰	女
	姐姐	董玉玲	女
	侄女	周毅博	女
何慈元	户主	何慈元	女
杨永秀	户主	杨永秀	女
	儿子	陈志强	男

户主姓名	与户主关系	姓名	性别
刘正昌	户主	刘正昌	男
	妻子	刘元秀	女
	女儿	刘清	女
	儿子	刘佳乐	男
	儿媳	曹君	女
	孙女	刘梓妍	女
	外孙子	龙梓誉	男
陈云光	户主	陈云光	男
	妻子	张秀英	女
	女儿	陈伟欣	女
	儿子	陈梦怡	男
	儿媳	彭妮	女
	孙女	陈柏汀	女
	孙子	陈长安	男
刘正培	户主	刘正培	男
	妻子	谢勇	女
	儿子	刘欢	男
刘正红	户主	刘正红	男
	妻子	蔡喜珍	女
	儿子	刘瑶	男
	儿媳	吴湘妮	女
	孙女	刘裕童	女
	孙女	刘安童	女
刘细满	户主	刘细满	男
	妻子	李春香	女
	儿子	刘志成	男
	儿媳	刘頔	女
	孙女	刘关月	女

户主姓名	与户主关系	姓名	性别
	孙女	刘冰月	女
刘正加	户主	刘正加	男
	妻子	程辉	女
	儿子	刘滔	男
	儿媳	王君蜻	女
何伟	户主	何伟	男
	妻子	周丹	女
	儿子	何天翔	男
	女儿	何天翊	女
黄跃如	户主	黄跃如	女
	女儿	何婷	女
	外孙	黎昱宁	男
	外孙女	黎晚晴	女
何涵	户主	何涵	女
	女儿	岳妍	女
	儿子	岳一乐	男
何亮	户主	何亮	男
	妻子	杨春艳	女
	儿子	何少怀	男
	女儿	何乐为	女

凌冲村金盘组

户主姓名	与户主关系	姓名	性别
陈光明	户主	陈光明	男
	妻子	邓美利	女
	儿子	陈家福	男
	儿子	陈家意	男
刘建华	户主	刘建华	男

户主姓名	与户主关系	姓名	性别
	母亲	赵淑纯	女
	儿子	何驰	男
李建威	户主	李建威	男
	母亲	郭代兰	女
	妻子	汤伏红	女
	女儿	李萱	女
李丹	户主	李丹	女
尹红波	户主	尹红波	男
	女儿	尹子慧	女
	儿子	尹泽告	男
尹灿伟	户主	尹灿伟	男
	妻子	刘龙华	女
	儿子	尹锦杰	男
曹建国	户主	曹建国	男
	妻子	陈真连	女
	儿子	曹毅	男
	儿媳	蔡利容	女
曹霞	户主	曹霞	男
	妻子	刘娟	女
	儿子	曹润轩	男
	儿子	曹瑞航	男
何超	户主	何超	男
	妻子	曹建军	女
	岳母	肖秋连	女
	儿子	何俊杰	男
	女儿	何梦韩	女
曹再德	户主	曹再德	男
	妻子	邓玲辉	女

户主姓名	与户主关系	姓名	性别
	女儿	曹想	女
	儿子	曹帅	男
曹志明	户主	曹志明	男
	父亲	曹庆生	男
	母亲	邓友华	男
李寒	户主	李寒	女
李科	户主	李科	男
	父亲	李甫祥	男
	母亲	陈进华	女
	儿子	李锦诚	男
	女儿	李锦雯	女
	女儿	李锦媛	女
	女儿	李锦逸	女
曹功再	户主	曹功再	男
	妻子	虢晓红	女
	女儿	曹艳霞	女
	女儿	曹艳阳	女
	女儿	曹露	女
	外孙女	龚凡淇	女
	外孙女	龚凡茜	女
曹艳芳	户主	曹艳芳	女
	女儿	陈妍希	女
陈亮	户主	陈亮	男
	妻子	付曼	女
	母亲	刘清莲	女
	女儿	陈曦	女
	姐姐	陈庆	女
陈再明	户主	陈再明	男

户主姓名	与户主关系	姓名	性别
	妻子	方瑞兰	女
	儿子	陈佳	男
	儿媳	刘得桔	女
	孙子	陈子诺	男
	孙女	陈沐言	女
杨建武	户主	杨建武	男
	妻子	任飞鸽	女
	儿子	杨沛霖	男
	女儿	杨语汐	女
杨国义	户主	杨国义	男
	妻子	任月华	女
	女儿	杨雨辉	女
	女儿	杨灿辉	女
	女儿	杨丰辉	女
	外孙女	谢思阳	女
杨光辉	户主	杨光辉	女
	儿子	曹杨瑄	男
杨国荣	户主	杨国荣	男
曹志兵	户主	曹志兵	男
	妻子	程艾连	女
	儿子	曹伟	男
	孙子	曹皓骞	男
曹成	户主	曹成	男
	妻子	曹艳宇	女
	女儿	曹径舟	女
陈运山	户主	陈运山	男
	妻子	宋大娥	女
	女儿	陈奥	女

户主姓名	与户主关系	姓名	性别
	女儿	陈露	女
	外孙	高昊辰	男
曹建红	户主	曹建红	男
	妻子	陈细元	女
	儿子	曹勇	男
	孙子	曹梓勋	男
曹新年	户主	曹新年	男
	妻子	刘秀莲	女
	儿子	曹望	男
	儿媳	刘佳丽	女
	孙子	曹宇轩	男
李启	户主	李启	男
	母亲	周腊梅	女
	妻子	王梅	女
	儿子	李骁阳	男
李芳	户主	李芳	女
	儿子	肖琰钊	男
李彬	户主	李彬	男
	弟弟	李佳庆	男
李佳豪	户主	李佳豪	男
李绍德	户主	李绍德	男
	妻子	吉海艳	女
	母亲	陈志元	女
	父亲	李新珍	男
	儿子	李佳兴	男
肖铁	户主	肖铁	男
	妻子	成乐	女
	母亲	陈福元	女

户主姓名	与户主关系	姓名	性别
	女儿	肖良友	女
	女儿	肖芷涵	女
	姐姐	肖利红	女
曹杰波	户主	曹杰波	男
	妻子	罗琴	女
陈寿民	户主	陈寿民	男
覃秀兵	户主	覃秀兵	男
	妻子	陈英	女
	儿子	陈覃在	男
	儿子	陈覃雨	男
曹武祥	户主	曹武祥	男
	妻子	罗水平	女
	儿子	曹思宇	男
	女儿	曹梦晴	女
曹志文	户主	曹志文	男
	妻子	向绿英	女
	儿子	曹博	男
	女儿	曹丽君	女
肖元辉	户主	肖元辉	男
	妻子	杨卫红	女
	儿子	肖海波	男
尹正宏	户主	尹正宏	男
	妻子	杨南	女
	父亲	尹民建	男
	母亲	曹秀连	女
	儿子	尹佳乐	男
	女儿	尹佳双	女
	妹妹	尹漫红	女

户主姓名	与户主关系	姓名	性别
陈义红	户主	陈义红	男
	妻子	李建存	女
	儿子	陈硕	男
陈义云	户主	陈义云	男
曹建辉	户主	曹建辉	男
	妻子	杨细平	女
	儿子	曹书豪	男
	女儿	曹婷	女
陈新明	户主	陈新明	男
	妻子	刘雪纯	女
	儿子	陈浩	男
	孙女	陈羽薇	女
肖铁祥	户主	肖铁祥	男
	妻子	滕思	女
	母亲	宇蓴兰	女
	妹妹	肖翠英	女
	儿子	肖懿轩	男
	儿子	肖晨炫	男
肖伯凯	户主	肖伯凯	男
	妻子	陈红娟	女
	儿子	肖雄	男
肖新辉	户主	肖新辉	男
	妻子	高运香	女
	儿子	肖勇	男
	孙	肖瑾然	女
肖杰	户主	肖杰	女
	儿子	肖文昊	男
程建文	户主	程建文	男

户主姓名	与户主关系	姓名	性别
李建武	户主	李建武	男
	妻子	刘利	女
	儿子	李博林	男
	女儿	李佳幸	女
邓征兵	户主	邓征兵	女
刘建光	户主	刘建光	男
	妻子	宇罗秀	女
	儿子	刘舟	男
	儿媳	任欢	女
	孙子	刘卿睿	男

凌冲村桃园组

户主姓名	与户主关系	姓名	性别
程建平	户主	程建平	男
	妻子	李盛	女
	母亲	刘国华	女
	儿子	程子鑫	男
	女儿	程子怡	女
陈福秋	户主	陈福秋	男
	女儿	陈静	女
	儿子	陈胜武	男
	非亲属	陈寿兰	女
程正兰	户主	陈正兰	男
	妻子	陈利辉	女
	儿子	程康	男
	女儿	程成	女
陈余良	户主	陈余良	男
	妻子	刘德纯	女

户主姓名	与户主关系	姓名	性别
	儿子	陈建	男
	儿媳	陈贵玉	女
	孙子	陈梓瑞	男
	孙女	陈梓馨	女
王保生	户主	王保生	男
	妻子	程爱连	女
陈要生	户主	陈要生	男
曾细中	户主	曾细中	女
	女儿	陈利平	女
陈正云	户主	陈正云	男
	妻子	沈文婷	女
	女儿	陈艺丹	女
	女儿	陈秋桦	女
陈胜	户主	陈胜	男
	女儿	陈铭心	女
	儿子	陈泽宇	男
	妻子	尹红	女
陈克威	户主	陈克威	男
	妻子	邓冬元	女
陈正明	户主	陈正明	男
	妻子	龚香冬	女
	女儿	陈小兰	女
	外孙女	喻梓涵	女
陈六满	户主	陈六满	男
	妻子	李谷红	女
程正连	户主	程正连	男
	女儿	程惠	女
程建	户主	程建	男

户主姓名	与户主关系	姓名	性别
	妻子	龙玲君	女
	儿子	程兴旺	男
陈振斌	户主	陈振斌	男
	妻子	刘朝红	女
	女儿	陈思思	女
	女儿	陈姣	女
舒树新	户主	舒树新	男
	妻子	秦兰秀	女
	儿子	舒锐	男
	女儿	舒晴	女
	姐姐	舒进	男
	母亲	李雪梅	女
	姐姐	舒友良	女
	外侄女	李舒媛	女
陈正军	户主	陈正军	男
	妻子	易利良	女
	儿子	陈天乐	男
邓振良	户主	邓振良	男
	妻子	任望华	女
	儿子	邓新超	男
	女儿	邓奕婷	女
王建明	户主	王建明	男
	妻子	陈芝华	女
	儿子	王志雄	男
	母亲	陈玉连	女
邓德良	户主	邓德良	男
	儿子	邓新国	男
	儿媳	李利	女

户主姓名	与户主关系	姓名	性别
	前儿媳	刘阳	女
	孙女	邓嘉鑫	女
	孙子	邓嘉俊	男
程正武	户主	程正武	男
	妻子	孙伍云	女
	儿子	程彪	女
	儿媳	刘畅	女
	孙子	程瑾睿	男
陈正武	户主	陈正武	男
	妻子	陈国良	女
徐盛宏	户主	徐盛宏	男
	妻子	曾冬明	女
	儿子	徐亮	男
	孙女	徐紫颖	女
	孙子	徐梓豪	男
	儿媳	沈瑞丽	女
	女儿	徐杏芝	女
	外孙女	陈雅祺	女
	外孙女	陈雅慧	女
陈国良	户主	陈国良	男
	妻子	曹云华	女
	儿子	陈科元	男
陈军	户主	陈军	男
	妻子	刘江红	女
	儿子	陈子豪	男
	女儿	陈子仪	女
程再连	户主	程再连	男
	妻子	刘珍良	女

户主姓名	与户主关系	姓名	性别
	儿子	程世林	男
	儿媳	黄爱明	女
	孙女	程菀菀	女
陈新文	户主	陈新文	男
	妻子	刘凤辉	女
	女儿	李艳	女
	女儿	李青	女
陈望辉	户主	陈望辉	男
	妻子	刘江艳	女
	儿子	陈泽峰	男
程伟宏	户主	程伟宏	男
	妻子	叶敏	女
	儿子	程国军	男
	儿媳	翁小琼	女
陈宇	户主	陈宇	男
	妻子	黄芬	女
	母亲	程玉连	女
	儿子	陈佳奇	男
程正云	户主	程正云	男
	妻子	肖小英	女
	母亲	杨春秀	女
	女儿	程阳	女
程友云	户主	程友云	男
	妻子	邓美华	女
	母亲	邓满珍	女
	女儿	程思琦	女
	女儿	程思涵	女
邓新明	户主	邓新明	男

户主姓名	与户主关系	姓名	性别
	妻子	钟英姿	女
	女儿	邓艳茹	女
	儿子	邓嘉城	男
	母亲	陈秀连	女
王佑生	户主	王佑生	男
	妻子	刘淑华	女
	儿子	王铁应	男
	儿子	王铁球	男
	儿媳	喻波	女
	儿媳	谢梅	女
	女儿	王芳	女
	外孙女	朱婉妍	女
	外孙子	王秋童	男
	孙女	王子祺	女
	孙女	王子馨	女
	孙女	王子睿	女
	孙女	王子焉	女
陈新文	户主	陈新文	男
陈兰	户主	陈兰	女
	儿子	李宸灏	男
	儿子	李宸泽	男

凌冲村代家组

户主姓名	与户主关系	姓名	性别
邓建平	户主	邓建平	男
	妻子	蒋正菊	女
邓浩	户主	邓浩	男
	妻子	张艳红	女

户主姓名	与户主关系	姓名	性别
	儿子	邓亦宸	男
	女儿	邓筱雅	女
邓卓	户主	邓卓	男
	父亲	邓新民	男
	母亲	刘淑群	女
邓寿明	户主	邓寿明	男
	妻子	张元秀	女
	儿子	邓坤	男
	孙子	邓弘毅	男
邓勇	户主	邓勇	男
	妻子	龚雪	女
	儿子	邓童予	男
邓腊伟	户主	邓腊伟	男
	妻子	王寿喜	女
	儿子	邓杰	男
	儿媳	任月娥	女
	孙子	邓煜祺	男
邓柳	户主	邓柳	女
邓光辉	户主	邓光辉	男
	妻子	陈金连	男
	母亲	李觉兰	女
	儿子	邓威	男
	儿媳	宁琼雅	女
	孙子	邓慕霖	男
邓建军	户主	邓建军	男
	妻子	孙小林	女
	儿子	邓永和	男
	女儿	邓洁	女

户主姓名	与户主关系	姓名	性别
刘小阳	户主	刘小阳	男
	妻子	周曼红	女
	岳母	邓爱连	女
	儿子	刘周	男
陈得辉	户主	陈得辉	男
	妻子	程小阳	女
	儿子	陈雷	男
	妹妹	陈命莲	女
	孙子	陈炫	男
邓建国	户主	邓建国	男
	父亲	邓年生	男
	母亲	宇爱莲	女
邓新辉	户主	邓新辉	男
	妻子	陈美珊	女
	女儿	邓雨萱	女
	女儿	邓雨芳	女
	母亲	刘福香	女
刘志刚	户主	刘志刚	男
	妻子	任树得	女
	父亲	刘春生	男
刘雯	户主	刘雯	女
	女儿	王梓嫣	女
	儿子	王梓懿	男
刘建明	户主	刘建明	男
	妻子	刘运红	女
	女儿	刘星	女
	女儿	刘思宇	女
	外孙女	危诗玥	女

户主姓名	与户主关系	姓名	性别
邓建明	户主	邓建明	男
	妻子	陈翠兰	女
	女儿	邓舒	女
	女儿	邓佳	女
	外孙女	佘安琪	女
	外孙女	佘安欣	女
孔福香	户主	孔福香	女
	丈夫	邓子香	男
	儿媳	邓盼盼	女
	儿子	邓日安	男
	孙子	邓晨钰	男
	孙子	邓宸轩	男
	女儿	邓利丹	女
邓鹏辉	户主	邓鹏辉	男
	妻子	李要元	女
	儿子	邓瑾林	男
	女儿	邓桑	女
	母亲	程爱莲	女
邓明清	户主	邓明清	男
邓微	户主	邓微	男
	妻子	刘露	女
	女儿	邓朝霞	女
	女儿	邓如意	女
	儿子	邓凯	男
邓国祥	户主	邓国祥	男
	妻子	孙应桃	女
	女儿	邓娟妃	女
邓建辉	户主	邓建辉	男

户主姓名	与户主关系	姓名	性别
	儿子	邓哲	男
	妻子	董卫红	女
邓福四	户主	邓福四	男
	妻子	胡翠华	女
邓炳生	户主	邓炳生	男
	妻子	孙金莲	女
	儿子	邓新国	男
	孙子	邓宇航	男
陈德良	户主	陈德良	男
	妻子	李建国	女
	女儿	陈娇蛟	女
	外孙女	陈佳欣	女
邓正祥	户主	邓正祥	男
	儿子	邓顺清	男
	儿子	邓金波	男
	儿媳	汤莉	女
	儿媳	曹妹	女
	孙女	邓梦妍	女
	孙子	邓俊	男
	孙女	邓宇茉	女
	孙女	邓宇晴	女

凌冲村王一组

户主姓名	与户主关系	姓名	性别
尹正祥	户主	尹正祥	男
	妻子	邓三红	女
	女儿	尹靖	女
	女儿	尹开荣	女
	父亲	尹金生	男
杨正义	户主	杨正义	男
	妻子	邓立品	女
	儿子	杨栋	男
尹力维	户主	尹力维	男
	妻子	曾艳婷	女
	姐姐	尹露	女
	母亲	徐代红	女
	女儿	尹斯慧	女
	儿子	尹斯桓	男
杨正良	户主	杨正良	男
	妻子	尹新兰	女
	儿子	杨果	男
	儿媳	苏琳	女
	孙子	杨宸宇	男
	孙女	杨雨萱	女
刘玉连	户主	刘玉连	女
	孙	尹天成	男
刘顺	户主	刘顺	男
	妻子	谭美林	女
	儿子	刘昊阳	男
	女儿	刘芯如	女
刘平	户主	刘平	男
	妻子	曾琴	女
	父亲	刘子成	男
	母亲	何利军	女
	女儿	刘梦婕	女
	儿子	刘一睿	男

户主姓名	与户主关系	姓名	性别
樊正武	户主	樊正武	男
尹应良	户主	尹应良	男
	儿子	尹卓	男
	父亲	尹桂福	男
尹秋良	户主	尹秋良	男
	妻子	周雪辉	女
	女儿	尹佳	女
尹春辉	户主	尹春辉	男
	妻子	邓平兰	女
	女儿	尹雨晴	女
	儿子	尹波	男
	外孙女	虢梦涵	女
	孙	尹书尧	男
刘建辉	户主	刘建辉	男
	妻子	张荣梅	女
	儿子	刘磊	男
	儿媳	刘解	男
	孙子	刘奥语	男
	孙女	刘心语	女
尹新辉	户主	尹新辉	男
	妻子	曹平	女
	母亲	尹金连	女
	儿子	尹树	男
黄建军	户主	黄建军	男
	妻子	肖利群	女
	儿子	黄嘉创	男
	外孙子	黄明皓	男
	女儿	黄佳懿	女

户主姓名	与户主关系	姓名	性别
	母亲	程爱连	女
尹建平	户主	尹建平	男
	妻子	鲁金花	女
	儿子	尹文祥	男
	女儿	尹翠香	女
	外孙	孙一诺	男
	外孙女	孙铭玥	女
尹建华	户主	尹建华	男
尹英杰	户主	尹英杰	男
	妻子	肖和平	女
	儿子	尹军	男
	儿媳	余瑞香	女
	孙子	尹栋宾	男
尹俊	户主	尹俊	男
	母亲	何玉香	女
刘国祥	户主	刘国祥	男
刘波	户主	刘波	男
	妻子	贺利辉	女
	女儿	刘潺	女
刘时和	户主	刘时和	男
	妻子	周双	女
	父亲	刘子后	男
刘志和	户主	刘志和	男
	妻子	吴菁	女
	女儿	刘瑾	女
尹山林	户主	尹山林	男
	母亲	孙先秀	女
	女儿	李锦沫	女

户主姓名	与户主关系	姓名	性别
	妹妹	尹星婷	女
樊小九	户主	樊小九	男
	妻子	王建美	女
	儿子	樊超	男
	儿媳	蓝妹仔	女
	孙子	樊羽晨	男
樊再柒	户主	樊再柒	男
	妻子	罗爱连	女
	儿子	樊滔	男
	儿媳	陈乐	女
	孙子	樊高源	男
樊小八	户主	樊小八	男
	儿子	樊彪	男
陈石娥	户主	陈石娥	女
	丈夫	杨正敏	男
	外孙子	肖屹宸	男
	儿子	杨硕	男
	女儿	杨柳	女
黄正军	户主	黄正军	男
	妻子	郭雪梅	女
	儿子	黄佳伟	男
尹鹏辉	户主	尹鹏辉	男
	妻子	孙要华	女
	儿子	尹超	男
黄德华	户主	黄德华	男
	妻子	向冬梅	女
	儿子	黄睿涵	男
邓正书	户主	邓正书	男

户主姓名	与户主关系	姓名	性别
	妻子	李利明	女
	儿子	邓茂林	男
	儿子	邓炳炎	男
	户主	邓正伟	男
	妻子	黄艳平	女
	女儿	邓子怡	女
	女儿	邓子清	男
尹忠辉	户主	尹忠辉	男
	妻子	刘晓元	女
	儿子	尹亚林	男
	孙女	尹婧萱	女
	孙	尹承熙	男

凌冲村高塘组

户主姓名	与户主关系	姓名	性别
易喜庭	户主	易喜庭	男
易利如	户主	易利如	男
	妻子	涂胜军	女
	母亲	杨顺兰	女
	儿子	易志杰	男
	儿子	易俊杰	男
程德祥	户主	程德祥	男
	妻子	向红花	女
	女儿	程香	女
程辉良	户主	陈辉良	男
	妻子	杨桔英	女
	儿子	陈建芳	男
	孙子	陈定	男

户主姓名	与户主关系	姓名	性别
陈新跃	户主	陈新跃	男
	妻子	李雪梅	女
	儿子	陈志明	男
	母亲	陈三元	女
陈望泉	户主	陈望泉	男
	妻子	孔霞	女
	母亲	刘金莲	女
	女儿	陈欣莹	女
	女儿	陈欣怡	女
陈新良	户主	陈新良	男
	妻子	夏立辉	女
	女儿	陈依芸	女
	女儿	陈依苹	女
陈子华	户主	陈子华	男
	妻子	孙叔明	女
	儿子	陈建祥	男
	儿媳	李芬	女
	孙子	陈赫东	男
	孙女	陈诗蕊	女
陈让宏	户主	陈让宏	男
	妻子	邓光跃	女
	儿子	陈新宇	男
	儿媳	陈美艳	女
	孙子	陈奕辰	男
	孙女	陈玥安	女
陈铁明	户主	陈铁明	男
	儿子	陈宇杰	男
	女儿	陈宇琴	女

户主姓名	与户主关系	姓名	性别
	母亲	陈寿华	女
程铁祥	户主	程铁祥	男
	妻子	任建良	女
	儿子	程龙	男
邓乐元	户主	邓乐元	男
易再祥	户主	易再祥	男
	母亲	刘长秀	女
易德祥	户主	易德祥	男
	儿子	易渡	男
邓光祥	户主	邓光祥	男
	妻子	戴四玉	女
	儿子	邓宇航	男
	母亲	高秀兰	女
陈长庚	户主	陈长庚	男
	儿子	陈义得	男
邓光辉	户主	邓光辉	男
	妻子	刘金高	女
	女儿	邓雅琴	女
	儿子	邓涵	男
陈兵	户主	陈兵	男
	妻子	危芳	女
	儿子	陈峙轩	男
	女儿	陈宇轩	女
邓可成	户主	邓可成	男
	妻子	张金兰	女
	儿子	邓锐	男
	女儿	邓静茹	女
邓建新	户主	邓建新	男

户主姓名	与户主关系	姓名	性别
	妻子	陈细连	女
	女婿	刘广	男
	女儿	邓超	女
	女儿	邓姗	女
	女儿	邓利	女
	外孙	舒志杰	男
	外孙	刘诗琪	女
	外孙	刘志宇	男
	外孙女	刘筱一	女
邓新辉	户主	邓新辉	男
	妻子	刘要兰	女
	邓景	儿子	男
	龙春艳	儿媳	女
康华	户主	康华	男
	妻子	邓雪梅	女
	儿子	康勇	男
	儿媳	薛海凤	女
	孙子	康子轩	男
邓文革	户主	邓文革	男
	儿子	邓世雄	男
	妻子	刘芳	女
	母亲	刘爱莲	女
邓培荣	户主	邓培荣	男
	妻子	何建芝	女
	儿子	邓立	男
	儿子	邓静	男
	儿媳	成文娟	女
	孙女	邓亿安	女

户主姓名	与户主关系	姓名	性别
邓长贵	户主	邓长贵	男
	妻子	谭耀元	女
邓巧波	户主	邓巧波	男
	妻子	李海霞	女
	女儿	邓李芮涵	女
邓春芳	户主	邓春芳	女
邓巧希	户主	邓巧希	男
	妻子	刘菊葵	女
	儿子	邓子钰	男
邓庆元	户主	邓庆元	男
	妻子	刘灵辉	男
	儿子	邓滔	男
	儿媳	阳翠云	女
	孙子	邓梓成	男
	孙女	邓语婷	女
	女儿	邓娜	女
	外孙子	郭梓安	男
	外孙子	郭嘉齐	男
邓建明	户主	邓建明	男
	妻子	邓伏香	女
	儿子	邓浩	男
邓朋	户主	邓朋	男
	妻子	肖翠	女
	儿子	邓梓阳	男
	儿子	肖梓乐	
陈新宏	户主	陈新宏	男
	妻子	沈爱群	女
	儿子	陈梓睿	男

户主姓名	与户主关系	姓名	性别
	女儿	陈曼妮	女

凌冲村东风组

户主姓名	与户主关系	姓名	性别
刘细	户主	刘细	男
	妻子	汤腊梅	女
	儿子	刘勇	男
董德云	户主	董德云	男
	妻子	常福香	女
	儿子	董斌	男
	孙子	董斯齐	女
陈国祥	户主	陈国祥	男
	妻子	张彩军	女
	儿子	陈啸凡	男
	儿子	谭雨	男
刘福泉	户主	刘福泉	男
	儿子	刘辉	男
	儿媳	刘江梅	女
	孙女	刘思怡	女
	孙女	刘思静	女
	孙女	刘汐瑶	女
邓欢	户主	邓欢	女
	丈夫	龚自兵	男
	儿子	龚哲霖	男
邓岑云	户主	邓岑云	男
	儿子	邓望军	男
	儿媳	陈灿辉	女
	孙子	邓佳郡	男

户主姓名	与户主关系	姓名	性别
刘君秀	户主	刘君秀	女
	母亲	邓玉梅	女
	丈夫	邓兆辉	男
	儿子	邓浩	男
杨应辉	户主	杨应辉	男
	妻子	周梦霞	女
	父亲	杨正武	男
	母亲	杨志平	女
	女儿	杨欣媛	女
	儿子	杨楷权	男
刘东兴	户主	刘东兴	男
	妻子	刘忠元	女
	儿子	刘果	男
刘春	户主	刘春	男
	妻子	刘卷红	女
	儿子	刘维	男
刘志	户主	刘志	男
	妻子	陈清平	女
	儿子	刘俊志	男
邓光辉	户主	邓光辉	男
	儿子	邓润泽	男
	妻子	刘立平	女
	女儿	邓文丽	男
	父亲	邓明武	男
	外孙	陈尔东	男
邓卫平	户主	邓卫平	女
	母亲	陈翠莲	男
	妹妹	邓 竹	女

户主姓名	与户主关系	姓名	性别
	妹妹	邓露成	女
	妹妹	邓四有	女
	外侄女	廖湘袁晨	男
	妹妹	邓双进	女
	妹妹	邓湘柳	女
王国良	户主	王国良	男
		谢桂群	女
王军	户主	王军	男
		谢莎	男
		王思予	女
		王诺森	男
		王诺凯	男
		王建国	男
王新建	户主	王新建	男
		李玲辉	女
		王柔	女
董德红	户主	董德红	男
		邓美群	女
		董丹	男
		谭冬秀	女
王晓年	户主	王晓年	女
		邓雪梅	女
邓新加	户主	邓新加	男
	妻子	谢舜杰	女
	母亲	肖雪香	女
	父亲	邓冬文	男
	儿子	邓依乾	男
陈祥辉	户主	陈祥辉	男

户主姓名	与户主关系	姓名	性别
	妻子	陈进纯	女
	女儿	陈倩	女
陈建辉	户主	陈建辉	男
	妻子	张志兰	女
	儿子	陈瑶	男
邓福云	户主	邓福云	男
	妻子	周谷良	女
	儿子	邓发贵	男
	女儿	邓宇飞	女
	儿媳	曹晓	女
	孙女	邓雅	女
	孙	邓皓予	男
陈瑞华	户主	陈瑞华	男
	儿子	陈思宇	男
	妻子	陈艳红	女
陈军辉	户主	陈军辉	男
	妻子	袁艳辉	女
	母亲	朱桂兰	女
	儿子	陈哲宇	男
	女儿	陈薇	女
陈胜辉	户主	陈胜辉	男
	妻子	刘雪姣	女
	女儿	陈玲	女
陈娟	户主	陈娟	女
	女儿	刘嘉欣	女
	女	刘梓琪	女
刘培根	户主	刘培根	男
	妻子	陈秋菊	女

户主姓名	与户主关系	姓名	性别
	儿子	刘灿军	男
	孙子	刘毅博	男
	儿媳	邓慧	女
邓鹏辉	户主	邓鹏辉	男
	孙子	邓澳屿	男
	女儿	邓闻文	女
周正辉	户主	周正辉	男
	妻子	刘元珍	女
邓福生	户主	邓福生	男
	妻子	陈代珍	女
程建民	户主	程建民	女
	女儿	邓艳	女
朱长文	户主	朱长文	男
	妻子	李玉莲	女
	儿子	朱铁刚	男
	儿媳	何小妹	女
	孙	朱斌	男
邓红辉	户主	邓红辉	男
王得才	户主	王得才	男
	妻子	周敏	女
	儿子	周王强	男
董军	户主	董军	男
	妻子	刘利芝	女
	儿子	董博皓	男
邓栋	户主	邓栋	男
	妻子	陈婷	女
	母亲	常惠香	女
	父亲	邓正明	男

户主姓名	与户主关系	姓名	性别
	儿子	邓祈乐	男
邓彪	户主	邓彪	男
	儿子	邓梓轩	男
	妻子	虢芳	女
邓勇	户主	邓勇	男
	妻子	严水英	女
	儿子	邓宇轩	男
	儿子	邓宇晗	女
邓泉	户主	邓泉	男
	妻子	汪利辉	女
	儿子	邓宇杰	男
刘国祥	户主	刘国祥	男
	妻子	谢娟	女
	女儿	刘嘉怡	女
	儿子	刘泰宇	男
	母亲	陈雪华	女
邓尚贤	户主	邓尚贤	男
	妻子	陈芳	女
	儿子	邓志逸	男
何梓伏	户主	何梓伏	男
	妻子	朱利英	女
	儿子	何磊	男
	孙女	何家谊	女
	儿媳	刘晓艳	女
	女儿	何艳辉	女
邓圣贤	户主	邓圣贤	男
	妻子	唐美玲	女
	父亲	邓正文	男

户主姓名	与户主关系	姓名	性别
	母亲	周喜群	女
	儿子	邓梓暄	男

凌冲村凌冲组

户主姓名	与户主关系	姓名	性别
董庚福	户主	董庚福	男
	妻子	肖云华	女
	女儿	董惠	女
	女儿	董陵艳	女
董志勇	户主	董志勇	男
	妻子	高群英	女
	儿子	董泽锦	男
	女儿	董诗妍	女
甘学全	户主	甘学全	男
	母亲	甘细中	女
甘学文	户主	甘学文	男
	妻子	熊淑元	女
	儿子	甘佳奇	男
	女儿	甘婷	女
	女儿	甘桔	女
赵克波	户主	赵克波	男
	妻子	陈元秀	女
	孙女	赵思洁	女
	儿子	赵建	男
	孙子	赵子涵	男
	孙女	赵艺嘉	女
赵霞	户主	赵霞	男
李超良	户主	李超良	男

户主姓名	与户主关系	姓名	性别
	妻子	陈瑞泉	女
	女	李鑫	女
	女	李谦颖	女
	母亲	李珍南	女
彭运辉	户主	彭运辉	男
	妻子	邓柏杨	女
	儿子	彭旺	男
刘治国	户主	刘治国	男
	妻子	黄辉	女
	母亲	刘祜元	女
	儿子	刘玉龙	男
	女儿	刘玉婷	女
程利明	户主	程利明	男
	妻子	龙芝元	女
	儿子	程柱	男
	女儿	程平	女
	女儿	程兰	女
	孙女	龙彦冰	女
邓要珍	户主	邓要珍	男
	孙子	邓博轩	男
	儿子	邓金山	男
	女	邓美军	女
邓伏珍	户主	邓伏珍	男
李建辉	户主	李建辉	男
	妻子	徐应珍	女
	女儿	李港	女
李茜	户主	李茜	女
邓中良	户主	邓中良	男

户主姓名	与户主关系	姓名	性别
	妻子	彭姣	男
	儿子	邓新宇	男
	女儿	邓新茹	女
	母亲	杨建平	男
邓要辉	户主	邓要辉	男
	母亲	佐淑群	女
邓中辉	户主	邓中辉	男
	妻子	何艳群	男
	女儿	邓巾英	女
	儿子	邓志明	男
董庚元	户主	董庚元	男
	妻子	周爱香	女
邓辉	户主	邓辉	男
	妻子	董利辉	女
	儿子	邓清	男
董学文	户主	董学文	男
	妻子	程爱英	女
	儿子	董诗嘉	男
	儿媳	皮珍	女
	孙女	董如一	女
	孙子	董启山	男
赵克强	户主	赵克强	男
	妻子	周四元	女
	女儿	赵雯静	女
	女儿	赵雯欣	女
	母亲	王淑兰	女
程新谷	户主	程新谷	男
	妻子	何灵芝	女

户主姓名	与户主关系	姓名	性别
	女儿	程倩	女
	女儿	程敏	女
邓德田	户主	邓德田	男
	妻子	周云华	女
	儿子	邓志伟	男
	儿媳	颜芬芬	女
	孙女	邓茜尹	女
邓杰	户主	邓杰	男
	妻子	龙丽华	女
	儿子	邓舒心	男
	女儿	邓舒怡	女
	母亲	周腊春	女
	父亲	邓福德	男
刘光辉	户主	刘光辉	男
	妻子	程琪	女
	母亲	孙桂香	女
	儿子	刘智洋	男
刘再华	户主	刘再华	男
邓得良	户主	邓得良	男
	妻子	李建明	女
	儿媳	陈利文	女
	儿子	邓治国	男
	孙子	邓佳杰	男
李正泉	户主	李正泉	男
	妻子	梁晓艳	女
	女儿	李佳	女
	儿子	李铭泽	男
	孙女	李晞语	女

户主姓名	与户主关系	姓名	性别
	外孙女	徐应心	女
刘建	户主	刘建	男
	妻子	王四元	女
	母亲	刘三元	女
	父亲	刘国安	男
刘荡	户主	刘荡	男
赵光华	户主	赵光华	男
	妻子	陈建英	女
	儿子	赵辉	男
	母亲	赵桃秀	女
刘志德	户主	刘志德	男
	妻子	夏建辉	女
	儿子	刘望成	男
	女儿	刘希	女
刘铁强	户主	刘铁强	男
	妻子	刘利平	女
	儿子	刘帅辰	男
甘小武	户主	甘小武	男
	妻子	任红香	女
	儿子	甘俊	男
	儿媳	李瑶	女
	孙子	甘如翼	男
刘建国	户主	刘建国	男
	妻子	鲁珍玉	女
	女儿	刘姣	女
刘建新	户主	刘建新	男
刘建佳	户主	刘建佳	男
	妻子	尹庚华	女

户主姓名	与户主关系	姓名	性别
	儿子	刘亮	男
程勇	户主	程勇	男
	妻子	徐小春	女
	女儿	程瑾愉	女
	儿子	程嘉翊	男
程利国	户主	程利国	男
	妻子	曹金莲	女
	儿子	程敢	男
	儿媳	程露	女
	孙女	程瑾媛	女
	孙女	程瑾妍	女
李雪光	户主	李雪光	男
	妻子	丁晓霞	女
	儿子	李龙	男
	儿媳	李利辉	女
	孙女	李安雅	女
	孙子	李安泽	男
程利军	户主	程利军	男
	妻子	邓文胜	女
	儿子	程杰	男
	儿媳	宫晓庆	女
	孙女	程宫茜	女
邓学军	户主	邓学军	男
	妻子	卢水仙	女
	儿子	邓懿轩	男
	女儿	邓宛轩	女
邓海军	户主	邓海军	男
	妻子	彭铁	女

户主姓名	与户主关系	姓名	性别
	儿子	邓梓轩	男
	父亲	邓明道	男
	母亲	周淑元	女
陈正文	户主	陈正文	男
	妻子	潘罗祜	女
	儿子	陈彪	男
	儿媳	冯青	女
	孙子	陈明博	男
	女儿	陈双	女
陈树良	户主	陈树良	男
	妻子	刘彩红	女
	母亲	徐利群	女
	儿子	陈家楷	男
	女儿	易思妮	女
	女儿	陈慧雯	女
程新华	户主	程新华	男
	妻子	曹群	女
	女儿	程丹	女
程 勇	户主	程勇	男
陈建良	户主	陈建良	男
	妻子	陈娟	女
刘浩	户主	刘浩	男
	儿子	刘怀瑾	男
	妻子	刘姝林	女

凌冲村何家湾组

户主姓名	与户主关系	姓名	性别
杨月明	户主	杨月明	男
	妻子	陈友连	女
	儿子	杨立	男
	母亲	张淑良	女
	父亲	杨后取	男
	孙女	杨静伊	女
杨成	户主	杨成	男
	妻子	周芳	女
	女儿	杨雨乐	女
	女儿	杨雨顺	女
谢新良	户主	谢新良	男
	妻子	刘进春	女
	父亲	谢长庚	男
	儿子	谢磊	男
	女儿	谢玮婕	女
侯国军	户主	侯国军	男
	妻子	彭余良	女
	孙子	侯希烨	男
侯国彬	户主	侯国彬	男
	妻子	程翠波	女
	儿子	侯为	男
	孙子	侯嘉睿	男
侯干祥	户主	侯干祥	男
	妻子	邹觉华	女
	儿子	侯志	男
	儿媳	刘艳燕	女
	女儿	侯宇	女
	孙子	侯睿辰	男
	孙女	侯梦辰	女
陈金秀	户主	陈金秀	女

户主姓名	与户主关系	姓名	性别
姚再兰	户主	姚再兰	女
马秋香	户主	马秋香	女
余清明	户主	余清明	女
	丈夫	钟子建	男
	儿子	钟阳平	男
	女儿	钟岳楠	女
	母亲	刘玉珍	女
	孙女	钟佳欣	女
	孙女	钟雅馨	女
陈建军	户主	陈建军	男
	妻子	杨细元	女
	母亲	陈金华	女
	女儿	陈双艳	女
	孙女	陈美如	女
	外孙女	周陈宜璇	女
侯干文	户主	侯干文	男
	妻子	王芝元	女
	儿子	侯清	男
	女儿	侯丹	女
	孙女	侯沛佩	女
陈三保	户主	陈三保	男
	妻子	李满珍	女
	儿子	陈剑波	男
	儿媳	田百元	女
	孙子	陈虎	男
	孙女	陈湘	女
张良晖	户主	张良晖	男
	妻子	李爱华	女
陈在保	户主	陈在保	男

户主姓名	与户主关系	姓名	性别
	妻子	严春全	女
	儿子	陈国晖	男
	儿媳	徐章平	女
	孙子	陈家骏	男
侯杰	户主	侯杰	男
	妻子	庞祥丽	女
	父亲	侯秋明	男
	母亲	唐晖	女
	女儿	侯雅琳	女
	儿子	侯语涛	男
高泽桂	户主	高泽桂	男
侯超	户主	侯超	男
	妻子	田艳彬	女
	女儿	田媛	女
	女儿	侯熙雯	女
陈谷良	户主	陈谷良	男
	妻子	高放鸣	女
	儿子	陈帅	男
	儿媳	游婷	女
	孙女	陈芷桐	女
	孙女	陈星彤	女
侯干宏	户主	侯干宏	男
	妻子	彭雪枚	女
	儿子	侯勇	男
	儿媳	蒋珍妮	女
	孙子	侯彦琛	男
侯迎	户主	侯迎	女
	女儿	彭知语	女
	女儿	彭知言	女

户主姓名	与户主关系	姓名	性别
侯正春	户主	侯正春	男
	妻子	刘伏香	女
	儿子	侯雄伟	男
	孙子	侯博睿	男
陈映明	户主	陈映明	男
	妻子	曹和平	女
	儿子	陈章	男
	女儿	陈倩	女
侯干军	户主	侯干军	男
	妻子	刘福全	女
	儿子	侯军科	男
	儿媳	皮立元	女
	女儿	侯红晖	女
	孙女	侯轩	女
	孙女	侯乐	女
侯正凡	户主	侯正凡	男
	妻子	刘进华	女
	女儿	侯晓艳	女
	孙子	侯柄旭	男
陈国良	户主	陈国良	男
	妻子	李和平	女
	女儿	陈凡	女
	女儿	陈敏	女
	外孙子	何屹洲	男

凌冲村毛山坡组

户主姓名	与户主关系	姓名	性别
陈小龙	户主	陈小龙	男
	妻子	龙双武	女
	父亲	陈少均	男
	母亲	候福秀	女
	儿子	陈睿涵	男
陈立	户主	陈立	男
	妻子	陈姣	女
	母亲	付小米	女
陈瑞林	户主	陈瑞林	男
	妻子	刘群英	女
	女儿	陈思予	女
	女儿	陈芊予	女
陈茂林	户主	陈茂林	男
	妻子	李玲	女
	女儿	陈俐予	女
	儿子	陈俊玮	男
谭建国	户主	谭建国	男
	妻子	向少平	女
	儿子	谭庆	男
谭小平	户主	谭小平	男
	妻子	宇耀青	女
	儿子	谭锡文	男
	儿媳	杨立梅	女
	孙女	谭梓萱	女
	孙女	谭梓歆	女
谭新民	户主	谭新民	男
	妻子	陈军晖	女
	儿子	谭泽波	男
谭光全	户主	谭光全	男

户主姓名	与户主关系	姓名	性别
	妻子	谭利平	女
	儿子	谭伟	男
	儿媳	杨丰辉	女
	女儿	谭翠华	女
	孙女	谭锦欣	女
	孙女	谭佳欣	女
	女儿	谭翠英	女
	外孙女	张懿涵	女
邓明珍	户主	邓明珍	女
谭再明	户主	谭再明	男
	妻子	何利群	女
	儿子	谭杰	男
	儿媳	萝玉姣	女
	孙女	谭言昭	女
陈志强	户主	陈志强	男
	妻子	曾巧葱	女
	儿子	陈睿翔	男
	儿子	陈睿样	男
	父亲	陈子军	男
陈志敏	户主	陈志敏	男
	妻子	李元	女
	母亲	徐淑珍	女
	儿子	陈则霖	男
	女儿	陈可欣	女
陈子新	户主	陈子新	男
	妻子	虢瑞君	女
	儿子	陈斌	男
	女儿	陈芳	女

户主姓名	与户主关系	姓名	性别
陈海军	户主	陈海军	男
	妻子	黄干平	女
	父亲	陈义云	男
	母亲	方金华	女
	女儿	陈雅婕	女
	女儿	陈雅静	女
陈长庚	户主	陈长庚	男
	妻子	李小术	女
	女儿	陈慧	女
	女儿	陈璐	女
	父亲	陈泽应	男
杨寿明	户主	杨寿明	女
程建军	户主	程建军	男
	妻子	袁亚翠	女
	女儿	程盼	女
	女儿	程旺	女
陈小兵	户主	陈小兵	男
	妻子	陈卷华	女
	儿子	陈寿良	男
	儿媳	黄放	女
	孙子	陈亦鹏	男
	孙女	陈妤桐	女
	女儿	陈妹芝	女
	女儿	陈艳	女
	外孙女	汤慕颜	女
陈正均	户主	陈正均	男
	父亲	陈少桂	男
	母亲	范淑枚	女

户主姓名	与户主关系	姓名	性别
	儿子	陈韬	男
陈少新	户主	陈少新	男
	妻子	高良珍	女
	儿子	陈万春	男
陈大和	户主	陈大和	男
	妻子	黄军其	女
	父亲	陈宇阶	男
	母亲	高瑞英	女
	儿子	陈明宇	男
	女儿	陈明萱	女
陈晓琳	户主	陈晓琳	男
	妻子	范雪枚	女
	儿子	陈文理	男
	儿媳	阎芳	女
	女儿	陈丹丹	女
	孙女	陈芊雅	女
陈金山	户主	陈金山	男
	妻子	李灿	女
	儿子	陈宇曦	男

凌冲村桃花坡组

户主姓名	与户主关系	姓名	性别
刘建新	户主	刘建新	男
	母亲	刘兰香	女
	儿子	刘俊	男
姚爱连	户主	姚爱连	女
刘万初	户主	刘万初	男
谭中明	户主	谭中明	男

户主姓名	与户主关系	姓名	性别
刘术田	户主	刘术田	男
	妻子	曹球英	女
	儿子	刘铁明	男
	儿媳	谢妹	女
	孙女	刘晓轩	女
	孙子	刘忠涵	男
刘伟	户主	刘伟	男
	妻子	李岳华	女
	儿子	刘健聪	男
	妹妹	刘海燕	女
	外侄	吴睿涵	女
	父亲	刘伯奎	男
刘伯文	户主	刘伯文	男
	妻子	王春妮	女
	女儿	刘芬	女
	女儿	刘慧	女
程伏祥	户主	程伏祥	男
刘桂全	户主	刘桂全	男
	妻子	廖和平	女
	儿子	刘柱	男
	孙子	刘烯阳	男
刘灿	户主	刘灿	男
	儿子	刘家名	男
	儿子	刘家城	男
刘大为	户主	刘大为	男
	妻子	郭艳芳	女
	儿子	刘晨溪	男
刘建	户主	刘建	男
	母亲	刘冬眠	女

户主姓名	与户主关系	姓名	性别
何小辉	户主	何小辉	女
	女儿	张艺	女
刘伯祥	户主	刘伯祥	男
	妻子	刘福香	女
	孙子	刘锦程	男
	孙女	刘嘉怡	女
刘佑全	户主	刘佑全	男
	妻子	熊爱根	女
	儿子	刘志勇	男
	孙子	刘顺熙	男
刘德全	户主	刘德全	男
	妻子	任月平	女
	儿子	刘宇	男
	儿媳	侯翠英	女
	孙女	刘思敏	女
	孙子	刘卓鑫	男
刘新明	户主	刘新明	男
	儿子	刘佳	男
	父亲	刘术云	男
	母亲	范田中	女
范利晖	户主	范利晖	女
	女儿	刘赛男	女
	女儿	刘艳芳	女
	外孙	张宸睿	男
程建文	户主	程建文	男
	妻子	陈利红	女
	女儿	程思琪	女
	女儿	程思雨	女
	母亲	廖连珍	女

户主姓名	与户主关系	姓名	性别
程建晖	户主	程建晖	男
	妻子	陈海燕	女
	女儿	程琳	女
	女儿	陈洁	女
刘杰	户主	刘杰	男
	妻子	严亮	女
	女儿	刘慧茹	女
	儿子	刘梓毅	男
刘明艳	户主	刘明艳	女
	儿子	熊洋	女

凌冲村令旗塘组

户主姓名	与户主关系	姓名	性别
程建明	户主	程建明	男
	妻子	邓志香	女
	儿子	程鹏飞	男
	儿媳	李向清	女
	孙女	程乐妍	女
	孙子	程润言	男
程晓娇	户主	程晓娇	女
	女儿	李语涵	女
	儿子	李政扬	男
陈建新	户主	陈建新	男
	妻子	管良	女
	女儿	陈敏	女
	女儿	陈一诺	女
	外孙女	周熙雯	女

户主姓名	与户主关系	姓名	性别
	外孙女	周陈	女
陈海林	户主	陈海林	男
	妻子	范玉香	女
樊干军	户主	樊干军	男
	妻子	陈润香	女
	儿子	樊志伟	男
	儿媳	谢丽花	女
	孙子	樊一鸣	男
	孙子	樊一博	男
樊干文	户主	樊干文	男
	妻子	何艳红	女
	女儿	樊杰	女
	女儿	樊旭	女
	女儿	樊亚	女
	外孙	黄肖希	子
彭丹	户主	彭丹	男
	父亲	彭和平	男
	妹妹	彭奕雄	女
朱曼芝	户主	朱曼芝	女
李国齐	户主	李国齐	男
	妻子	刘冬秀	女
	儿子	李雷	男
姚培春	户主	姚培春	男
	妻子	邹艳	女
	父亲	姚其保	男
	母亲	彭冬枚	女
	女儿	姚嘉泠	女

户主姓名	与户主关系	姓名	性别
	女儿	姚嘉欣	女
彭西平	户主	彭西平	男
	妻子	何正香	女
	儿子	彭辉	男
孔云和	户主	孔云和	男
熊浩	户主	熊浩	男
	妻子	许翠兰	女
	母亲	高银秀	女
熊军	户主	熊军	男
周德礼	户主	周德礼	男
	妻子	曹春香	女
	儿子	周天乐	男
	儿媳	候程	女
	孙女	周芷萱	女
	孙女	周意涵	女
	女儿	周英	女
周志伟	户主	周志伟	男
	妻子	杨艳	女
	父亲	周德云	男
	母亲	彭卫华	女
	女儿	周思杨	女
	儿子	周奕龙	男
苏红英	户主	苏红英	女
陈建国	户主	陈建国	男
陈海文	户主	陈海文	男
	妻子	贺桂香	女
	儿子	陈作	男

户主姓名	与户主关系	姓名	性别
陈明大	户主	陈明大	男
	妻子	马新华	女
	女儿	陈书婷	女
	儿子	陈家睿	男
陈明会	户主	陈明会	男
	妻子	刘灵芝	女
	母亲	任爱枚	女
	女儿	陈淼	女
	女儿	陈紫涵	女
	女儿	陈诗涵	女
刘秀枚	户主	刘秀枚	女
	丈夫	范冬泉	男
李四清	户主	李四清	男
	妻子	王小群	女
	儿子	李波	男
	儿媳	王露	女
	孙子	李晨曦	男
	孙女	李婧妍	女
刘阳春	户主	刘阳春	男
	妻子	赖银东	女
	儿子	刘巍	男
	女儿	刘浪	女
	孙女	刘予英	女
	外孙女	李怡渲	女
周治明	户主	周治明	男
	兄长	周志军	男
	儿子	李宇琪	男

凌冲村马坡组

户主姓名	与户主关系	姓名	性别
陈欢	户主	陈欢	男
陈国见	户主	陈国见	男
	妻子	肖小平	女
	儿子	陈迎	男
刘小阳	户主	刘小阳	女
	姐姐	刘科元	女
	姐姐	刘妹杰	女
刘正华	户主	刘正华	男
	妻子	周利霞	女
	父亲	刘福全	男
	女儿	刘红艳	女
	儿子	刘建伟	男
	儿媳	陈望	女
	孙女	刘语汐	女
	孙子	刘宇宸	男
刘开国	户主	刘开国	男
	妻子	陈艳红	女
	儿子	刘正	男
	儿媳	郭敏	女
	孙子	刘佳晨	男
刘美	户主	刘美	男
	妻子	陈芳	女
	女儿	刘进乐	女
	女儿	刘含意	女
曹志	户主	曹志	男
	妻子	陈玲泉	女

户主姓名	与户主关系	姓名	性别
	儿子	曹宇翼	男
	儿子	曹宇阳	男
	母亲	廖淑春	女
	父亲	曹修良	男
周耀辉	户主	周耀辉	女
	儿子	程超	男
程新国	户主	程新国	男
	儿子	程杰	男
李海军	户主	李海军	男
	妻子	谢利平	女
	儿子	李威敏	男
李建军	户主	李建军	男
	妻子	王爱群	女
	儿子	李蕾	男
	儿媳	吴淑君	女
	孙女	李梓心	女
	孙子	李梓毅	男
刘正良	户主	刘正良	男
	妻子	陈利君	女
	女儿	刘英	女
刘建平	户主	刘建平	男
	妻子	汤灵芝	女
	母亲	周运球	女
	儿子	刘钼铮	女
	女儿	刘楚怡	女
刘正兵	户主	刘正兵	男
	妻子	陈灵芝	女
	儿子	刘敢	男

户主姓名	与户主关系	姓名	性别
	儿子	刘勇	男
	孙女	刘梓涵	女
	孙子	刘柯轩	男
	女儿	刘浪波	女
陈子寿	户主	陈子寿	男
	妻子	朱彬元	女
	儿子	陈峰	男
	孙女	陈佳涵	女
	孙子	陈嘉屹	男
刘桂香	户主	刘桂香	女
陈双全	户主	陈双全	男
	妻子	李朝连	女
	女儿	陈欢	女
	女儿	陈李想	女
刘殿文	户主	刘殿文	男
	妻子	宁跃云	女
	女儿	刘丹	女
	儿子	刘毅	男
刘光检	户主	刘光检	男
	妻子	朱迎春	女
	儿子	刘捷	男
张旭	户主	张旭	男
	儿子	张博宇	男

凌冲村大塘组

户主姓名	与户主关系	姓名	性别
程建红	户主	程建红	男
	儿子	程琪	男

户主姓名	与户主关系	姓名	性别
	儿媳	邹玲利	女
	母亲	刘池中	女
	孙女	程雨婷	女
周运兵	户主	周运兵	男
	妻子	程清平	女
	儿子	周功明	男
	女儿	周成	女
	女儿	周大	女
	女儿	周小	女
陈立明	户主	陈立明	男
	妻子	徐小玲	女
	女儿	陈御娜	女
	女儿	徐娜	女
	女婿	杨升	男
	外孙女	杨清妍	女
徐建军	户主	徐建军	男
	妻子	刘春辉	女
	儿子	徐为	男
	儿媳	陈雨婷	女
	孙女	徐嘉妍	女
	孙女	徐睿雅	女
	女儿	徐莹	女
	父亲	徐桂云	男
徐建良	户主	徐建良	男
	妻子	刘利华	女
程月红	户主	程月红	男
	妻子	李胜培	女

户主姓名	与户主关系	姓名	性别
李利明	户主	李利明	男
	妻子	谭玉珍	女
	儿子	李旭	男
杨跃辉	户主	杨跃辉	男
	妻子	徐翠香	女
	儿子	杨旭尧	男
	女儿	杨丹	女
范新明	户主	范新明	男
	妻子	程正兰	女
	母亲	陈玉银	女
刘建斌	户主	刘建斌	男
	妻子	任友云	女
	儿子	刘 源	男
	儿媳	彭 蕾	女
	孙子	刘瀚阳	男
	孙子	刘亦阳	男
周建波	户主	周建波	男
	妻子	董桂芝	女
	儿子	周星星	男
陈继明	户主	陈继明	男
	儿子	陈江丹	男
	父亲	陈迎春	男
周运良	户主	周运良	男
	妻子	刘碧群	女
高国红	户主	高国红	男
	妻子	刘中元	女
	儿子	高 武	男

户主姓名	与户主关系	姓名	性别
高 文	户主	高 文	男
杨光辉	户主	杨光辉	男
陈强午	户主	陈强午	男
	妻子	肖建华	女
	儿子	陈又知	男
	孙子	陈一鸣	男
	孙女	陈一涵	女
熊建国	户主	熊建国	男
	妻子	刘桔兰	女
	儿子	熊 波	男
	儿媳	刘星星	女
	女儿	熊小妹	女
	孙女	熊艺若	女
	外孙子	龚阳越	男
	母亲	刘福香	女
范科明	户主	范科明	男
	儿子	范 杰	男
	儿子	范晴天	男
	孙子	范胤鑫	男
	孙子	范胤然	男
廖再明	户主	廖再明	男
	妻子	陈艳红	女
	儿子	廖君	男
	妹妹	廖翠英	女
熊干国	户主	熊干国	男
	妻子	陈云华	女
	儿子	熊旦	男

户主姓名	与户主关系	姓名	性别
	儿媳	肖杏	女
	孙子	熊振宇	男
	孙女	熊宛琳	女
周和平	户主	周和平	男
	妻子	刘小平	女
	女儿	周丹	女
	女儿	周克	女
	外孙子	白梓豪	男
	外孙女	白紫嫣	女
廖正明	户主	廖正明	男
	妻子	杨胜群	女
	女儿	廖景	女
	女儿	廖芬	女
	孙女	廖婧雅	女
李和平	户主	李和平	男
	妻子	虢运红	女
	女儿	李迈希	女
	女儿	李诗雅	女
周运泉	户主	周运泉	男
	父亲	周望宜	男
	儿子	周建红	男
	儿媳	黎媚	女
	孙女	周慕滢	女
	孙女	周慕琳	女
周建国	户主	周建国	男
	妻子	刘利平	女
	儿子	周宇帆	男

户主姓名	与户主关系	姓名	性别
熊建军	户主	熊建军	男
	妻子	严玉连	女
	儿子	熊滔	男
	孙子	熊烽翔	男
熊浩	户主	熊浩	男
	妻子	孙云华	女
	儿子	熊志诚	男
	女儿	熊静瑶	女
李文建	户主	李文建	男
	妻子	陈艳辉	女
	儿子	李佳鹏	男
	母亲	姚淑梅	女
	姐姐	李翠英	女
邓正球	户主	邓正球	男
	儿子	程星亮	男
	儿媳	刘梅	女
	孙子	程文博	男
	孙子	程亿铭	男
陈伟	户主	陈伟	男
	母亲	郭友莲	女
	女儿	陈乐乐	女
周兰平	户主	周兰平	男
	妻子	彭红辉	女
	儿子	周好	男
	女儿	周放	女
程国红	户主	程国红	男
	妻子	黄正权	女

户主姓名	与户主关系	姓名	性别
	女儿	程彬	女
	女儿	程双	女
	外孙女	董语程	女
	外孙女	董艺程	女
陈超	户主	陈超	男
	女儿	陈安妮	女

凌冲村竹塘组

户主姓名	与户主关系	姓名	性别
李银波	户主	李银波	男
	妻子	邓爱莲	女
	母亲	段淑君	女
李海玉	户主	李海玉	女
刘荣华	户主	刘荣华	男
	儿子	刘睿林	男
李旭峰	户主	李旭峰	男
	妻子	廖佩	女
	祖母	康金莲	女
	姐姐	李维维	女
	儿子	李乾元	男
	儿子	李 乾和	男
陈新益	户主	陈新益	男
	妻子	李翠娥	女
	儿子	陈成	男
	儿媳	戴欢	女
	女儿	陈柳柳	女
	女儿	陈佩佩	女

户主姓名	与户主关系	姓名	性别
	孙女	陈梦萱	女
	母亲	文慈元	女
高超	户主	高超	男
	妻子	肖娜	女
	母亲	熊东晖	女
	儿子	高文杰	男
	女儿	高文静	女
	姐姐	高旭	女
	外甥女	桂琪	女
高佳凯	户主	高佳凯	男
	妻子	任妹芝	女
	女儿	高颖	女
	儿子	高宇航	男
李爱莲	户主	李爱莲	女
	女儿	高欣颍	女
	女儿	高稳	女
	外孙女	刘艺晞	女
	外孙女	刘艺萱	女
陈光辉	户主	陈光辉	男
	妻子	杜建群	女
	母亲	张春连	女
	女儿	陈好	女
	女儿	陈洁	女
	儿子	陈润龙	男
彭双全	户主	彭双全	男
	妻子	高彩红	女
	父亲	彭海德	男

户主姓名	与户主关系	姓名	性别
	母亲	何雪枚	女
	儿子	彭磊	男
彭小武	户主	彭小武	男
	妻子	廖军燕	女
	女儿	彭婉婷	女
	女儿	彭婷玉	女
周发云	户主	周发云	男
	妻子	任爱群	女
	父亲	周颂冈	男
	母亲	徐国连	女
	女儿	周芳	女
	女儿	周微	女
陈正祥	户主	陈正祥	男
	妻子	胡应清	女
	儿子	陈铁明	男
	儿媳	彭小兰	女
	孙子	陈哲宇	男
	儿子	陈黎明	男
陈正培	户主	陈正培	男
	妻子	宇顺华	女
	女儿	陈伟	女
	外孙子	李思涵	女
彭先得	户主	彭先得	男
	妻子	黄会清	女
	女儿	彭娇娇	女
黄谷良	户主	黄谷良	男
	妻子	程艳霞	女

户主姓名	与户主关系	姓名	性别
	女儿	黄丹	女
杨文清	户主	杨文清	男
	妻子	周秀连	女
	儿子	周望	男
	儿媳	刘鹤	女
	孙子	周翰霖	男
黄金明	户主	黄金明	男
	妻子	刘格群	女
	儿子	黄鹏	男
	儿媳	叶啸	女
周新富	户主	周新富	男
	妻子	胡思丹	女
	儿子	周伟	男
陈新明	户主	陈新明	男
	妻子	袁艳波	男
	儿子	陈冲	男
	女儿	陈静	女
	儿媳	邱赛辉	女
	孙女	陈璟馨	女
谭海浪	户主	谭海浪	男
	妻子	李乐	女
	父亲	谭新华	男
	母亲	陈运华	女
	女儿	谭汐研	女
陈德军	户主	陈德军	男
	妻子	黄英	女
	儿子	胡科伟	男

户主姓名	与户主关系	姓名	性别
	女儿	胡科宇	女
	户主	何腊梅	女
	女儿	黄莉	女
陈正东	户主	陈正东	男
	妻子	陈银中	女
	儿子	陈金彪	男
	儿媳	李艳	女
	孙子	陈宇航	男
	女儿	陈小兰	女
高宇红	户主	高宇红	男
	妻子	肖宇轩	女
	母亲	何购粮	女
	女儿	高锦晨	女
	姐姐	高艳红	女
周雪华	户主	周雪华	男
	妻子	周静辉	女
	儿子	周启	男
李建辉	户主	李建辉	男
	妻子	彭巧云	女
	儿子	李炎	男
李建华	户主	李建华	男
	妻子	万利华	女
	儿子	李琦	男
李建文	户主	李建文	男
	妻子	丁玲	女
	女儿	李睿涵	女
	母亲	刘细香	女

户主姓名	与户主关系	姓名	性别
	姐姐	李红娟	女
李先知	户主	李先知	男
	妻子	龙池香	女

凌冲村鸦鹊塘组

户主姓名	与户主关系	姓名	性别
陈学仕	户主	陈学仕	男
	妻子	孟国辉	女
	女儿	陈良才	女
彭长寿	户主	彭长寿	男
	妻子	周福珍	女
	儿子	彭清明	男
	媳妇	汪小红	女
	孙子	彭强	男
周建平	户主	周建平	男
	妻子	刘再香	女
	儿子	周鹏	男
胡庆宏	户主	胡庆宏	男
	妻子	孙晓辉	女
	儿子	胡伟杰	男
王建红	户主	王建红	男
	妻子	刘华平	女
	母亲	杨雪珍	女
	女儿	王灵	女
	女儿	王姣	女
	外孙女	周梓萱	女
彭富祥	户主	彭富祥	男

户主姓名	与户主关系	姓名	性别
	妻子	杨红艳	女
	儿子	彭欣宇	男
	女儿	彭欣莹	女
胡庆成	户主	胡庆成	男
	妻子	刘兆红	女
	母亲	陈元秀	女
	儿子	胡泽峰	男
	女儿	胡雅芳	女
刘彪	户主	刘彪	男
	妻子	黄映	女
	母亲	胡金莲	女
刘代祥	户主	刘代祥	男
	儿子	刘彬	男
	儿媳	龚娟	女
	孙子	刘宇诺	男
刘军辉	户主	刘军辉	男
	妻子	高银晖	女
	女儿	刘妙	女
	母亲	蔡金莲	女
刘研	户主	刘研	女
邓中秀	户主	邓中秀	女
陈艳平	户主	陈艳平	女
	儿子	周俊杰	男
徐新力	户主	徐新力	男
	妻子	尹灵英	女
	母亲	罗正兰	女
	儿子	徐俊杰	男

户主姓名	与户主关系	姓名	性别
	女儿	徐佳宜	女
周润山	户主	周润山	男
	妻子	刘运华	女
刘中华	户主	刘中华	男
	妻子	李海军	女
	儿子	刘轩宇	男
	儿子	刘子坤	男
	父亲	刘基辉	男
	母亲	宇冬秀	女
彭国祥	户主	彭国祥	男
	妻子	谭瑞兰	女
	儿子	彭响	男
	女儿	彭芳	女
彭正军	户主	彭正军	男
	妻子	苏启玲	女
	儿子	彭伟	男
	妹妹	彭小平	女
	外侄	宋旭	男
杨正凡	户主	杨正凡	男
	母亲	杨桂华	女
	儿子	杨志宇	男
	儿媳	李影	女
周立志	户主	周立志	男
	妻子	陈应培	女
	母亲	陈爱莲	女
	儿子	周康	男
周四兵	户主	周四兵	男

户主姓名	与户主关系	姓名	性别
	妻子	苏梦群	女
	儿子	周志勇	男
	孙女	周夕雯	女
	孙子	周熙晨	男
周运兵	户主	周运兵	男
	妻子	刘玉枚	女
	儿子	周攀	男
	儿媳	张友	女
	孙女	周宇轩	女
	孙女	周子煊	女
	孙子	周宇鹏	男
陈建国	户主	陈建国	男
	妻子	张玲	女
	父亲	陈少山	男
	母亲	周秀华	女
	儿子	陈志威	男
	女儿	陈宇芳	女
陈建辉	户主	陈建辉	男
	妻子	陈翠霞	女
	女儿	陈思怡	女
	儿子	陈思睿	男
彭铁祥	户主	彭铁祥	男
	妻子	刘桂红	女
	女儿	彭滴	女
周建明	户主	周健明	男
	妻子	邓小平	女
	女儿	周敏	女

户主姓名	与户主关系	姓名	性别
	女儿	周杰	女
	外孙子	陈子航	男
	外孙女	陈子怡	女
	外孙女	聂艺诗	女
陈天保	户主	陈天保	男
	妻子	杨满华	女
	儿子	陈红明	男
	孙女	陈慧林	女
	孙女	陈家林	女

凌冲村华林塘组

户主姓名	与户主关系	姓名	性别
杨国强	户主	杨国强	男
	妻子	郭清泉	女
	儿子	郭鹏宇	男
	儿媳	余婉彤	女
	孙子	郭子沐	男
	孙女	郭欣仰	女
朱桂香	户主	朱桂香	女
范建明	户主	范建明	男
	妻子	尹桂香	女
	儿子	范奇	男
	儿媳	王颖	女
	孙女	范蕊蕊	女
刘洪平	户主	刘洪平	男
	妻子	龙桂芝	女
	儿子	刘斌	男

户主姓名	与户主关系	姓名	性别
	儿媳	谢莉娟	女
	孙子	刘梓浩	男
	母亲	陈爱梅	女
刘璟宸	户主	刘璟宸	男
陈新明	户主	陈新明	男
	妻子	王亮元	女
	儿子	陈鹏	男
	儿媳	邱月琴	女
	孙子	陈以恒	男
	孙子	陈立勋	男
陈德明	户主	陈德明	男
	妻子	曹翠华	女
刘配辉	户主	刘配辉	男
	妻子	杨在兰	女
	儿子	刘文智	男
	儿媳	肖丽珍	女
	孙女	刘米乐	女
	孙子	刘书宏	男
郭新祥	户主	郭新祥	男
	妻子	钟香辉	女
	儿子	郭伟	男
	儿媳	程胆凡	女
	孙女	郭宇萱	女
	孙女	郭宇橙	女
	孙子	程睿勤	男
李志明	户主	李志明	女
	丈夫	范迪如	男
范胜利	户主	范胜利	男

户主姓名	与户主关系	姓名	性别
	妻子	高瑞香	女
	女儿	范盼盼	女
范国祥	户主	范国祥	男
	妻子	周爱英	女
	儿子	范建伟	男
	儿媳	黄银珍	女
	孙子	范毅轩	男
陈光明	户主	陈光明	女
	妻子	陈小利	女
	儿子	陈澳	男
	女儿	陈璐	女
陈国明	户主	陈国明	男
	妻子	陈小春	女
	儿子	陈波	男
	女儿	陈艳	女
陈慧	户主	陈慧	女
	儿子	何俊喆	男
郭建国	户主	郭建国	男
	妻子	赵建文	女
	儿子	郭铁	男
	儿媳	叶佳	女
	孙女	郭欣怡	女
	孙女	郭佳怡	女
郭利民	户主	郭利民	男
	妻子	李红霞	女
	父亲	郭再军	男
	母亲	陈福英	女
	儿子	郭庆	男
郭干民	户主	郭干民	男
	妻子	刘云华	女
	儿子	郭轩	男
邓海龙	户主	邓海龙	男
	妻子	任良凤	女
	儿子	邓义云	男
	儿媳	李利红	女
	孙子	邓政洋	男
任新辉	户主	任新辉	男
	妻子	钟祥云	女
	儿子	任伟	男
	儿媳	罗香	女
	孙女	任嘉琳	女
任清尧	户主	任清尧	男
邓爱兰	户主	邓爱兰	女
郭成龙	户主	郭成龙	男
	妻子	高思岳	女
	儿子	郭昊轩	男
范林益	户主	范林益	男
	儿子	范佳	男
	儿媳	刘菲菲	女
	女儿	范婷	女
	外孙女	欧阳伊诺	女
	孙子	范斯哲	男
范建军	户主	范建军	男
	妻子	汤岸军	女
	儿子	范涛	男
	母亲	贺兵连	女

户主姓名	与户主关系	姓名	性别
范文明	户主	范文明	男
	妻子	刘春莲	女
	儿子	范红星	男
	女儿	范玲玲	女
	外孙子	王艺涵	女
范红亮	户主	范红亮	男
郭新广	户主	郭新广	男
	妻子	高菊兰	女
	儿子	郭靖	男
彭正兵	户主	彭正兵	男
	妻子	钟菊绒	女
	儿子	彭彪	男
	女儿	彭玉洁	女
刘亮辉	户主	刘亮辉	男
	妻子	周建红	女
	女儿	刘姝	女
	女儿	刘娜	女
彭光辉	户主	彭光辉	男
	妻子	谷满英	女
	儿子	彭博	男
	女儿	彭思	女
	女儿	彭苗	女
周英	户主	周英	女
	丈夫	陈伯平	男
	儿子	陈柯翰	男
	父亲	周罗海	男
	母亲	龙翠连	女
杨秋良	户主	杨秋良	男

户主姓名	与户主关系	姓名	性别
	妻子	刘顺军	女
	女儿	周芳	女
	女儿	周红	女
	外孙女	黎语嫣	女
周超	户主	周超	男
	妻子	李敏	女
	女儿	周宇希	女
	女儿	周宇欣	女
范迪全	户主	范迪全	男
范波	户主	范波	男
	妻子	韩佳	女
	父亲	范迪明	男
	母亲	凡利君	女
	儿子	范泽语	男
	女儿	范沁纾	女
陈庚明	户主	陈庚明	男
	妻子	周美香	女
	儿子	陈宏宇	男
	孙女	陈依宸	女
陈龙坤	户主	陈龙坤	男
	妻子	周娟	女
	父亲	陈新益	男
	母亲	刘明德	女
	儿子	陈晨睿	男
	儿子	陈瑾睿	男
陈建	户主	陈建	男
	妻子	程晋	女
	女儿	陈嘉悦	女

户主姓名	与户主关系	姓名	性别
邓海田	户主	邓海田	男
	妻子	刘元贞	女
	女婿	秦宁	男
	女儿	邓宇林	女
	女儿	邓宇香	女
	外孙子	秦昱恒	男
范迪华	户主	范迪华	男
	妻子	何美玲	女

凌冲村马肚子组

户主姓名	与户主关系	姓名	性别
李胜军	户主	李胜军	男
	妻子	尹要华	女
	女儿	李婷	女
黄建明	户主	黄建明	男
	妻子	张爱华	女
	儿子	黄宇	男
	儿媳	黄雯	女
	孙子	黄昊昱	男
黄笑	户主	黄笑	男
	黄笑	赵小红	女
	黄笑	黄子研	男
	黄笑	黄子昊	男
黄军	户主	黄军	男
	母亲	谭利华	女
赵建军	户主	赵建军	男
	妻子	彭菊良	女
	儿子	赵鹏	男

户主姓名	与户主关系	姓名	性别
	女儿	赵莎	女
	孙女	赵依萱	女
胡德军	户主	胡德军	男
	女儿	胡诗瑶	女
程建民	户主	程建民	男
	妻子	谭爱华	女
谭再强	户主	谭再强	男
	妻子	何巧云	女
任中雄	户主	任中雄	男
	妻子	陈淑银	女
	儿子	任望	男
程建国	户主	程建国	男
	妻子	李小红	女
	儿子	程浪	男
	儿媳	沈雷娜	女
	孙女	程雨馨	女
	孙女	程可馨	女
程波	户主	程波	男
	妻子	范娟	女
	女儿	程思思	女
谭旺	户主	谭旺	男
	妻子	刘浪	女
	儿子	谭瑞	男
谭休	户主	谭修	男
	妻子	舒京西	女
	父亲	谭国祥	男
	母亲	黄建平	女
	儿子	谭品艺	男
邓建光	户主	邓建光	男

户主姓名	与户主关系	姓名	性别
	妻子	孙友明	女
	儿子	邓邦	男
	儿媳	罗宇霞	女
	孙女	邓嘉乐	女
	孙子	邓嘉睿	男
陈干军	户主	陈干军	男
	儿子	陈锦达	男
	母亲	尹春香	女
李胜利	户主	李胜利	男
	妻子	邓姣娥	女
	儿子	李星宇	男
胡胜军	户主	胡胜军	男
	儿子	胡智帅	男
	母亲	陈爱珍	女
	父亲	胡炳坤	男
黄建武	户主	黄建武	男
	妻子	刘爱华	女
	儿子	黄钢	男
	儿媳	熊美玲	女
	孙女	黄雅熙	女
胡杰	户主	胡杰	男
	妻子	严玉平	女
	父亲	胡伯希	男
	女儿	胡智慧	女
黄芳	户主	黄芳	男
	妻子	黄金连	女
	儿子	黄俊羲	男
	女儿	黄雅欣	女
邓恺	户主	邓恺	男

户主姓名	与户主关系	姓名	性别
	妻子	陈丽达	女
	女儿	邓闻旋	女
	儿子	邓闻景	男
	母亲	陈觉明	女
邓勇	户主	邓勇	男
	妻子	鲍红娟	女
	父亲	邓建明	男
	儿子	邓宜卓	男
	儿子	鲍宜乐	男
陈正培	户主	陈正培	男
	妻子	刘玉连	女
	儿子	陈跃辉	男
	儿媳	张平	女
	孙子	陈宇灏	男

凌冲村茅链塘组

户主姓名	与户主关系	姓名	性别
贺建波	户主	贺建波	男
	妻子	熊翠英	女
	女儿	贺娜	女
	外孙女	吕加贝	女
陈慧	户主	陈慧	女
	女儿	胡梓萌	女
胡露	户主	胡露	男
	妻子	曾茂芳	女
	儿子	胡佳乐	男
	女儿	胡馨燚	女
	女儿	胡馨阳	女

户主姓名	与户主关系	姓名	性别
	父亲	胡庆国	男
邓明	户主	邓明	女
范志红	户主	范志红	男
	妻子	周建红	男
	儿媳	李娇	女
	女儿	范帅	女
	孙子	范子奕	男
范新明	户主	范新明	男
	妻子	郭运兰	女
尹富良	户主	尹富良	男
	妻子	陈爱华	女
	儿子	尹兴旺	男
	女儿	尹添旺	女
尹寿福	户主	尹寿福	男
	妻子	何玲晖	男
	女儿	尹亚军	女
	女儿	尹浪波	女
熊贵祥	户主	熊贵祥	男
	妻子	周谷良	女
	儿子	熊柱	男
熊富祥	户主	熊富祥	男
	妻子	胡小满	女
	女儿	熊俊	女
	女儿	熊意	女
	外孙女	李亦萱	女
胡志军	户主	胡志军	男
	妻子	黄红	女
	女儿	胡梦娇	女
	外孙子	龙彦辰	男

户主姓名	与户主关系	姓名	性别
胡翼彪	户主	胡翼彪	男
	妻子	李秋红	女
	女儿	胡梓涵	女
	儿子	胡思浩	男
汤军明	户主	汤军明	男
	妻子	孙建珍	男
	女儿	汤莎	女
	儿子	汤兴	男
陈云华	户主	陈云华	男
	妻子	刘青连	女
	儿子	陈佳志	男
赵志勇	户主	赵志勇	男
	妻子	张玲芝	女
	儿子	赵虎	男
陈仁辉	户主	陈仁辉	男
	女儿	陈锦曦	女
	母亲	谭德美	女
	儿子	陈竑谷	男
陈云贵	户主	陈云贵	女
	妻子	陈兰芝	女
	女儿	陈思仪	女
	儿子	陈思远	男
杨玉连	户主	杨玉连	女
胡桂堂	户主	胡桂堂	男
	妻子	何银华	女
	儿子	胡宇	男
	儿媳	张艳	女
	孙女	胡紫轩	女
	孙女	胡紫淇	女

户主姓名	与户主关系	姓名	性别
	孙女	胡紫婵	女
范庚良	户主	范庚良	女
	女婿	王文红	男
	女儿	刘敏	女
	女儿	刘果	女
	孙子	王志斌	男
	孙女	王杉杉	女
汤新贵	户主	汤新贵	男
	妻子	何水平	女
	儿子	汤进明	男
	儿媳	姚亚平	女
	孙女	汤语晨	女
汤先明	户主	汤先明	男
	儿子	汤勇	男
	儿媳	陈凤姣	女
	孙子	汤梓瑞	男
	孙女	汤梓璇	女
汤亮	户主	汤亮	男
	妻子	吴芳	女
	祖母	刘秀兰	女
	儿子	汤梓豪	男
	女儿	汤梓卿	女
	母亲	丁成香	女
胡罗文	户主	胡罗文	男
	女儿	胡雅轩	女
	女儿	胡馨水	女
胡利明	户主	胡利明	男
	妻子	陈建晖	女
胡志斌	户主	胡志斌	男

户主姓名	与户主关系	姓名	性别
	妻子	刘阳	女
	儿子	胡卓	男
周建	户主	周建	女

凌冲村良子塘组

户主姓名	与户主关系	姓名	性别
邓建高	户主	邓建高	男
	妻子	胡桂田	女
	母亲	陈玉连	女
邓红波	户主	邓红波	男
	妻子	熊春阳	女
	儿子	邓铭哲	男
	女儿	邓思睿	女
陈建明	户主	陈建明	男
	妻子	李军芝	女
	女儿	陈芳怡	女
	女儿	陈澳怡	男
刘慧芳	户主	刘慧芳	女
	儿子	李浚	男
陈泽明	户主	陈泽明	女
	妻子	何雪辉	男
	儿子	陈坤	男
	儿媳	陈露	女
	孙子	陈佑丞	男
邓志军	户主	邓志军	男
	妻子	李建红	女
	儿子	邓胜	男
	儿媳	颜敏	女

户主姓名	与户主关系	姓名	性别
	孙子	邓慕颜	女
邓建光	户主	邓建光	女
	妻子	陈小兰	女
	儿子	邓文波	男
	儿媳	明连花	女
	孙子	邓子煜	男
贺浩	户主	贺浩	男
	妻子	陈湘娥	女
	儿子	贺元麒	男
贺建辉	户主	贺建辉	男
	妻子	黎利辉	女
邓铁军	户主	邓铁军	男
	妻子	杨红辉	女
	儿子	邓硕	男
陈正明	户主	陈正明	男
	妻子	任祥顺	女
	女儿	陈进	女
	女儿	陈平	女
陈建明	户主	陈建明	男
	妻子	董学军	女
	女儿	陈思琪	女
	女儿	陈思维	女
	外孙子	谢哲成	男
陈成	户主	陈成	男
	妻子	汤月辉	女
	儿子	陈智博	男
陈艺博	户主	陈艺博	男
刘鹏程	户主	刘鹏程	男
	妻子	黄海燕	女

户主姓名	与户主关系	姓名	性别
	母亲	刘佩芝	女
	儿子	刘锐翔	男
	姐姐	刘杨	女
	外侄	李艺琳	女
李志国	户主	李志国	男
	妻子	徐辉	女
	儿子	李政历	男
李利群	户主	李利群	女
	父亲	李杰保	男
邓建中	户主	邓建中	男
	妻子	何小毛	女
	儿子	邓鑫	男
陈长征	户主	陈长征	男
	妻子	曹平	女
	儿子	陈金汉	男
	女儿	陈金权	女
陈长明	户主	陈长明	男
	妻子	杨灵芝	女
	女儿	陈威	女
	女儿	陈娟	女
	儿子	陈志坚	男
	外孙子	肖宇航	男
陈长庚	户主	陈长庚	男
	妻子	刘秋莲	女
	女儿	陈红霞	女
	外孙子	周宸岚轲	男
陈红宇	户主	陈红宇	男
	妻子	塘智来	女
	儿子	陈帅	男

户主姓名	与户主关系	姓名	性别
邓建红	户主	邓建红	男
	妻子	周灿红	女
	儿子	邓佳波	男
邓建国	户主	邓建国	男
	妻子	彭金莲	女
	儿子	邓罗浩	男
	儿媳	陈晓	女
	孙女	邓诗甜	女
	孙女	邓诗菡	女
刘华明	户主	刘华明	男
	妻子	李细云	女
	女儿	刘慧佳	女
李征军	户主	李征军	男
	妻子	刘征军	男
	儿子	李斌	男
	儿媳	向芬	女
	孙女	李雨桐	女
刘新明	户主	刘新明	男
	妻子	张敏	女
	儿子	刘霄汉	男
	儿媳	易向棠	女
	孙子	刘霁嗪	男
邓宇鹏	户主	邓宇鹏	男

凌冲村山塘组

户主姓名	与户主关系	姓名	性别
刘红	户主	刘红	男
	妻子	张惠	女

户主姓名	与户主关系	姓名	性别
	祖母	曹细中	女
虢铁军	户主	虢铁军	男
	妻子	周湘兰	女
	儿子	虢前城	男
	女儿	虢玲	女
陈晖	户主	陈晖	女
	儿子	陈成	男
	儿子	方哲浩	男
	丈夫	方万清	男
黄后取	户主	黄后取	男
	妻子	刘爱莲	女
	儿子	黄建	男
	儿媳	黄莉	女
	孙女	黄诗瑶	女
陈静	户主	陈静	男
	妻子	何花	女
	儿子	陈毅钦	男
	女儿	陈若曦	女
	妹妹	陈巧妹	女
	母亲	刘佩云	女
陈卫	户主	陈卫	男
	妻子	彭红霞	女
	女儿	陈琪琪格	女
	女儿	陈琪沐格	女
	父亲	陈少全	男
陈武明	户主	陈武明	男
	妻子	何金华	女
	母亲	汤福连	女
	儿子	陈列	男

户主姓名	与户主关系	姓名	性别
	女儿	陈瑶	女
	外孙子	杨沐晴	女
虢铁钢	户主	虢铁钢	男
	妻子	杨芳进	女
	儿子	虢梓博	男
	女儿	虢锦蓉	女
	女儿	虢佳融	女
彭在军	户主	彭在军	男
	妻子	虢艳芬	女
	女儿	彭丹	女
	女儿	彭双	女
	外孙子	胡语炯	女
彭在明	户主	彭在明	男
	妻子	孙征兵	女
	女儿	彭柳	女
	母亲	梁建芝	女
周建国	户主	周建国	女
	妻子	徐翠兰	男
	儿子	周灏明	女
	女儿	周思祺	男
陈少先	户主	陈少先	女
	妻子	邹元满	女
周建军	户主	周建军	女
	妻子	段元满	男
	儿子	周哲浩	女
虢福生	户主	虢福生	男
	妻子	朱光华	女
	孙子	虢家奇	男
程利魁	户主	程利魁	男

户主姓名	与户主关系	姓名	性别
	妻子	刘翠平	女
	儿子	程超	男
程坤	户主	程坤	男
	妻子	蓟丹	女
	儿子	程思翰	男
陈泽蛟	户主	陈泽蛟	男
	妻子	刘伟	女
	儿子	陈智宇	男
	女儿	陈心怡	女
	母亲	虢月华	男
陈旭峰	户主	陈旭峰	男
	妻子	张春花	女
	儿子	陈翰轩	男
	母亲	刘建良	女
陈志勇	户主	陈志勇	男
	妻子	颜婷	女
	儿子	陈柏涵	男
陈小艳	户主	陈小艳	女
	女儿	吴予卉	男
彭志兵	户主	彭志兵	男
	妻子	周建良	女
	儿子	彭臣	男
	女儿	彭宇	男
	外孙女	王湘滢	女
彭志为	户主	彭志为	男
	妻子	刘美军	女
	儿子	彭佳星	男
陈海新	户主	陈海新	男
	妻子	何小妹	女

户主姓名	与户主关系	姓名	性别
	儿子	陈子煊	男
	父亲	陈义元	男
陈海波	户主	陈海波	男
	妻子	施容	女
	儿子	陈子杰	男
	母亲	刘文香	女
程利祥	户主	程利祥	男
	妻子	陈桂香	女
程捷辉	户主	程捷辉	男
	儿子	程瑞	女
陈锡元	户主	陈锡元	男

凌冲村马鞍塘组

户主姓名	与户主关系	姓名	性别
刘兵华	户主	刘兵华	男
	妻子	程三元	女
	儿子	刘伟	男
	孙女	刘子扬	女
	女儿	刘辉	女
	女儿	刘艳	女
陈彪	户主	陈彪	男
	妻子	钟唯	女
	母亲	彭晖	女
	儿子	陈皓轩	男
	女儿	陈紫钰	女
姚银河	户主	姚银河	男
	妻子	刘觉芝	女
	儿子	姚威	男

户主姓名	与户主关系	姓名	性别
	儿媳	杨静	女
	女儿	姚洋	女
	孙女	姚芊伊	女
陈新华	户主	陈新华	男
	妻子	黄社玉	女
	儿子	陈超	男
	孙子	陈著茗	男
周桂生	户主	周桂生	男
	妻子	徐海华	女
	儿子	周智光	男
	儿媳	陈香平	女
	孙子	周斌	男
周志国	户主	周志国	男
	妻子	周燕	女
	女儿	周筱茜	女
陈桂华	户主	陈桂华	男
	妻子	吴淑元	女
	女儿	陈丹	女
	儿子	陈伟	男
	母亲	姚瑞英	女
姚杰	户主	姚杰	男
	妻子	喻飞	女
	女儿	姚馨贻	女
	儿子	姚俊成	男
	女儿	姚沁妤	女
姚汝婷	户主	姚汝婷	女
	丈夫	陈刚	男
	女儿	姚依辰	女
姚云和	户主	姚云和	男

户主姓名	与户主关系	姓名	性别
	妻子	肖翠香	女
陈电波	户主	陈电波	男
	妻子	高四元	女
	儿子	陈杰	男
	儿媳	蒋顺	女
	孙子	陈思雨	男
冯某某	户主	冯某某	女
陈铁祥	户主	陈铁祥	男
	妻子	蔡三元	女
	女儿	陈锦瑶	女
	女儿	陈锦甜	女
陈治台	户主	陈治台	男
	儿子	陈鹏宇	男
	儿子	陈泽宇	男
陈雄武	户主	陈雄武	男
周冬生	户主	周冬生	男
	妻子	樊玉枚	女
	儿子	周敏	男
周攀	户主	周攀	男
	儿子	周子龙	男
	儿子	周仁杰	男
陈勇军	户主	陈勇军	男
	妻子	陈小波	女
	儿子	陈俊熙	男
	女儿	陈雅琳	女
陈泽龙	户主	陈泽龙	男
	妻子	高利辉	女
	母亲	周解群	女
	女儿	陈静	女

户主姓名	与户主关系	姓名	性别
	儿子	陈博阳	男
陈富荣	户主	陈富荣	男
	妻子	丁珍晖	女
	儿子	陈佳	男
	儿媳	邓娜	女
	孙女	陈梦婷	女
	孙女	陈梦涵	女
	孙子	陈君豪	男
黄良高	户主	黄良高	男
	妻子	姚淑芝	女
	儿子	黄维	男
	儿媳	彭俊敏	女
	女儿	黄瑶	女
	母亲	王德君	女
	孙子	黄泓瑞	男
	孙子	黄熙凯	男
陈国义	户主	陈国义	男
	妻子	刘爱华	女
	儿子	陈再波	男
	儿媳	陈英	女
	孙子	陈俊志	男
姚金和	户主	姚金和	男
	妻子	何爱华	女
	儿子	姚坤	男
	儿媳	梁凤	女
	女儿	姚卫	女
	孙女	姚紫彤	女
	孙女	姚鑫茹	女
郭小峰	户主	郭小峰	男

户主姓名	与户主关系	姓名	性别
	岳父	姚国志	男

凌冲村安子塘组

户主姓名	与户主关系	姓名	性别
程建民	户主	程建民	男
	母亲	周淑梅	女
	儿子	程睿	男
程建军	户主	程建军	男
	妻子	苏小利	女
	女儿	程思缕	女
	女儿	程思柔	女
	父亲	程光迪	男
陈正华	户主	陈正华	男
	妻子	谭雪华	女
	儿子	陈庆煌	男
	儿媳	王佳	女
	孙子	陈一诺	男
	女儿	陈礼	女
曾正明	户主	曾正明	男
	儿子	曾林	男
曾光明	户主	曾光明	男
	妻子	陈利春	女
	儿子	曾立	男
	女儿	曾琴	女
曾志明	户主	曾志明	男
	妻子	何进华	女
宋学军	户主	宋学军	男
	母亲	崔金莲	女
	妻子	梁妮罗	女
	儿子	宋昊泽	男
陈智	户主	陈智	男
	母亲	刘代华	女
	侄女	陈明媚	女
	弟媳	刘红东	女
	儿子	陈星峰	男
陈平世	户主	陈平世	男
	妻子	王桂娥	女
	女儿	陈琼	女
	儿子	陈马悦	男
程友明	户主	程友明	男
	妻子	严要兰	女
	儿子	程龙	男
程又明	户主	程又明	男
	妻子	李任春	女
	儿子	程坤	男
	母亲	刘玉莲	女
程迪明	户主	程迪明	男
	妻子	陈青枚	女
	儿子	程泽	男
	儿媳	毛辉	女
	女儿	程惠	女
	孙女	程佳颖	女
	孙女	程煜婷	女
陈晓芳	户主	陈晓芳	女
	丈夫	虢万冬	男
	女儿	虢晨阳	女
李美华	户主	李美华	女

户主姓名	与户主关系	姓名	性别
	丈夫	陈子喜	男
陈正明	户主	陈正明	男
	妻子	谭爱珍	女
	儿子	陈文	男
	儿媳	徐湘婷	女
	孙子	陈冬升	男
陈建光	户主	陈建光	男
	妻子	周惠	女
	女儿	陈小倩	女
	女儿	陈小云	女
程望明	户主	程望明	男
	妻子	陈艳霞	女
	儿子	程涛	男
	儿子	程麟	男
	姐姐	程利霞	女
	父亲	程少绪	男
黄建安	户主	黄建安	女
	儿子	陈子任	男

凌冲村上横塘组

户主姓名	与户主关系	姓名	性别
陈寒军	户主	陈寒军	男
	妻子	刘艳	女
	儿子	陈诺	男
陈冬	户主	陈冬	男
	妻子	刘友珍	女
刘太平	户主	刘太平	男
	妻子	夏美珍	女

户主姓名	与户主关系	姓名	性别
	儿子	刘强	男
	儿媳	何玉华	女
	孙子	刘启辰	男
刘和平	户主	刘和平	男
	儿子	刘青	男
	儿媳	陈霞	女
	女儿	刘艳	女
	孙子	刘子豪	男
陈又红	户主	陈又红	男
	妻子	曹木兰	女
	儿子	陈凯明	男
	孙子	陈睿	男
万姿江	户主	万姿江	女
刘建辉	户主	刘建辉	男
	妻子	周建娇	女
	女儿	刘欣怡	女
刘辉	户主	刘辉	女
	丈夫	龙建国	男
	儿子	龙旭佳	男
刘双春	户主	刘双春	男
	妻子	谭瑞华	女
	女儿	刘玲	女
刘在华	户主	刘在华	男
	儿子	刘波	男
	儿媳	龚佑敏	女
	母亲	谭萃兵	女
	孙子	刘祥和	男
	孙子	刘鸿蔚	男
罗顺芝	户主	罗顺芝	女

户主姓名	与户主关系	姓名	性别
	儿子	刘阳	男
刘果	户主	刘伏平	男
	妻子	李爱芝	女
	儿子	刘果	男
	儿媳	何娜	女
	孙子	刘子俊	男
曾正云	户主	曾正云	男
	妻子	陈凤华	女
程望辉	户主	程望辉	男
	妻子	钟灵雀	女
	儿子	程宇聪	男
	女儿	程宇涵	女
	母亲	邓团元	女
程菊祥	户主	程菊祥	男
	妻子	程运桃	女
	儿子	程志	男
陈保田	户主	陈保田	男
	妻子	曾福华	女
	儿子	陈智友	男
	儿媳	周敏	女
	孙女	陈雨涵	女
赖建良	户主	赖建良	男
	妻子	彭树兰	女
	母亲	丁俐辉	女
	儿子	赖新	男
	儿媳	高思林	女
程国祥	户主	程国祥	男
	妻子	熊爱香	女
	女儿	程旭	女

户主姓名	与户主关系	姓名	性别
	女儿	程瑶	女
陈望武	户主	陈望武	男
	妻子	杨爱华	女
	儿子	陈敢	男
	女儿	陈静	女
	外孙	赵俊瑜	男
陈望远	户主	陈望远	男
	妻子	李桂香	女
	儿子	陈浩	男
	儿媳	刘望	女
	孙女	陈雅慈	女
	孙子	陈芮言	男
陈飞宇	户主	陈飞宇	男
	妻子	虢罗秀	女
	女儿	陈芳	女
	外孙女	向嫣	女
李述义	户主	李述义	男
	妻子	陈慧	女
	女儿	李晖颖	女
	女儿	李浠颜	2
陈六林	户主	陈六林	男
	妻子	赖觉军	女
	儿子	陈阔	男
	儿媳	李莎	女
	孙子	陈未然	男
梅兵	户主	梅兵	男
	妻子	刘芳	女
	父亲	梅介香	男
	母亲	邓细毛	女

户主姓名	与户主关系	姓名	性别
	儿子	梅睿	男
	女儿	梅婷	女
唐明德	户主	唐明德	男
	妻子	陈春华	女
	儿子	唐焕	男
	孙子	唐博文	男
陈凤祥	户主	陈凤祥	男
曾旭	户主	曾旭	男
	妻子	高辉	女
	母亲	周学红	女
	儿子	曾威睿	男
	女儿	曾诗睿	女
陈铁祥	户主	陈铁祥	男
	妻子	陈兵	女
	女儿	陈娟	女
	儿子	陈逸民	男
廖玉芝	户主	廖玉芝	女
	儿子	陈锦	男
赖伏辉	户主	赖伏辉	男
高铁军	户主	高铁军	男
	妻子	袁妹芝	女
	外孙女	胡欣妍	女
	女儿	高佳平	女
	女儿	高佳卫	女
	外孙女	周紫萱	女
	外孙女	周紫涵	女
陈战武	户主	陈战武	男
	妻子	姚佑军	女
	孙子	陈沐鑫	男

户主姓名	与户主关系	姓名	性别
	前妻	凌惠	女
高利军	户主	高利军	男
	妻子	陈建红	女
	儿子	高兴	男
	儿媳	罗紫沁	女
赖建国	户主	赖建国	男
	妻子	刘辉银	女
	女儿	赖湘玲	女
	儿子	赖苗林	男
赖建伟	户主	赖建伟	男
	妻子	任小宏	女
	女儿	赖佳妮	女
	儿子	赖羽航	男
	母亲	陈运华	女
	父亲	赖义仁	男
李石柱	户主	李石柱	男
	妻子	方银秀	女
	儿子	李辉	男
李明	户主	李明	男
	妻子	姚濛	女
	儿子	李景颢	男
唐明辉	户主	唐明辉	男
	妻子	程爱兰	女
	儿子	唐旺	男
	儿媳	尹洁	女
	女儿	唐莎	女
谭云桂	户主	谭云桂	男
	妻子	熊上元	女
	儿子	熊友良	男

户主姓名	与户主关系	姓名	性别
	儿媳	何慧玲	女
	孙子	熊稳添	男
陈仕民	户主	陈仕民	男
	妻子	刘小伟	女
	女儿	陈君	女
	女儿	陈渝	女
	外孙女	周洳伊	女
刘正军	户主	刘正军	男
	妻子	陈利平	女
	儿子	刘旭	男
	儿媳	江霞	女
	孙子	刘锦荣	男
陈海霞	户主	陈海霞	女
	儿子	王学沫	男
	女儿	王婉优	女
陈保国	户主	陈保国	男
	妻子	徐桂珍	女
	儿子	陈智鹏	男
	儿媳	王曼妮	女
	孙子	陈子凡	男
徐金龙	户主	徐金龙	男
	妻子	谢文华	女
	女儿	徐智慧	女
	女儿	徐滨清	女
	女儿	徐玉洁	女
	外孙女	伍筱蒨	女
	外孙女	伍筱晴	女
陈保林	户主	陈保林	男
	妻子	钟华	女

户主姓名	与户主关系	姓名	性别
	女儿	陈海羽	女
陈智慧	户主	陈智慧	男
	妻子	危姗姗	女
	儿子	陈锦坤	男
	儿子	陈锦荣	男
陈佑明	户主	陈佑明	男
	妻子	陈雪娥	女
	女儿	陈佳	女
	女婿	刘俊	男
	外孙女	刘珂璿	女
	外孙	刘瑞	男
陈海军	户主	陈海军	男
	妻子	邓曼林	女
	父亲	陈福先	男
	儿子	陈金铭	男
唐胜华	户主	唐胜华	男
	妻子	张灿阳	女
	父亲	唐德春	男
	母亲	刘佩兰	女
	女儿	唐鑫宇	女
	儿子	唐睿泽	男
陈先德	户主	陈先德	男
	妻子	虢菊香	女
	儿子	陈学文	男
	儿媳	邓利丹	女
	孙子	陈子涵	男
唐明亮	户主	唐明亮	男
	妻子	熊利辉	女
	儿子	唐鹏	男

户主姓名	与户主关系	姓名	性别
杨晓兰	户主	杨晓兰	女
	母亲	刘再兰	女
赖义兵	户主	赖义兵	男
彭光中	户主	彭光中	男
陈智颖	户主	陈智颖	男
	母亲	陈晓红	女

凌冲村老屋组

户主姓名	与户主关系	姓名	性别
肖四德	户主	肖四德	男
	妻子	曹艳	女
	儿子	肖稳	男
谭蛟麟	户主	谭蛟麟	男
	妻子	李瑜	女
	母亲	范四元	女
	儿子	谭弈良	男
	女儿	谭若晨	女
谭建祥	户主	谭建祥	男
黄新华	户主	黄新华	男
	妻子	刘玉香	女
	女儿	黄芷菡	女
	女儿	黄倩	女
谭智林	户主	谭智林	男
	妻子	尹彩英	女
谭建军	户主	谭建军	男
	妻子	曹平春	女
	儿子	谭逸嘉	男
刘汉文	户主	刘汉文	男

户主姓名	与户主关系	姓名	性别
	妻子	朱娜丽	女
	儿子	刘卓荦	男
	儿子	刘皓宇	男
苏定南	户主	苏定南	男
肖树光	户主	肖树光	男
	妻子	娄利娜	女
	女儿	肖薇	女
肖树旗	户主	肖树旗	男
	儿子	肖帅	男
	女儿	肖姣	女
	妻子	谭菊红	女
谭建新	户主	谭建新	男
	妻子	陈雪群	女
	孙子	谭裕茗	男
	儿媳	刘幸	女
	儿子	谭志强	男
谭建武	户主	谭建武	男
	妻子	杨芹	女
	儿子	谭浩	男
	女儿	谭妙	女
	外孙	胡亦博	男
刘辉	户主	刘辉	男
	妻子	邓杏芳	女
	儿子	刘唯思	男
	儿子	刘维安	男
刘凤奇	户主	刘凤奇	男
	儿子	刘诚	男
	妻子	陈林芝	女
	儿媳	高姣	女

户主姓名	与户主关系	姓名	性别
谭志伟	户主	谭志伟	男
	妻子	周兰	女
	女儿	谭乐菱	女
	女儿	谭佳滢	女
谭广	户主	谭广	男
	妻子	冯亚围	女
	儿子	谭竣铭	男
陈代兰	户主	陈代兰	女
	丈夫	谭桂生	男
	儿子	谭国强	男
	孙子	谭祖意	男
	孙女	谭心怡	女
谭进生	户主	谭进生	男
	儿子	谭国文	男
	儿媳	欧阳旭	女
	孙子	谭政康	男
肖树兵	户主	肖树兵	男
	女儿	肖雅倩	女
	女儿	肖芳	女
	女儿	肖雅娟	女
	妻子	陈阳	女
	前妻	吕利平	女
刘汉祥	户主	刘汉祥	男
	妻子	赵小芝	女
	儿子	刘云	男
	女儿	刘应培	母亲
谭建文	户主	谭建文	男
	妻子	李月芝	女
	儿子	谭杰	男

户主姓名	与户主关系	姓名	性别
	儿媳	范超	女
	孙子	谭彦熙	男
	孙子	谭闳泽	男
谭耀	户主	谭耀	男
	妻子	吴秀娟	女
	女儿	谭思格	女
	儿子	谭睿骐	男
谭建国	户主	谭建国	男
	妻子	胡小平	女
	儿子	谭维	男
谭正先	户主	谭正先	男
	妻子	黄平	女
	儿子	谭智光	男
	儿媳	周晒群	女
	孙子	谭子轩	男
	孙女	倘若希	女
谭建平	户主	谭建平	男
	妻子	邓小年	女
谭建民	户主	谭建民	男
	妻子	彭伟	女
	儿子	谭苗	男
	儿媳	曹文慧	女
	孙子	谭家瑞	男
黄正林	户主	黄正林	男

凌冲村团上组

户主姓名	与户主关系	姓名	性别
熊德华	户主	熊德华	男

户主姓名	与户主关系	姓名	性别
	妻子	虢淑连	女
	儿子	熊建军	男
	儿媳	汤志英	女
黄军辉	户主	黄军辉	男
	妻子	陈飞跃	女
	儿子	黄亚	男
	儿媳	李姣	女
	母亲	管玉兰	女
	孙女	黄槿妍	女
熊德祥	户主	熊德祥	男
	妻子	何春香	女
	儿子	熊国	男
	儿媳	罗秋香	女
	女儿	熊露	女
	孙女	熊紫涵	女
	孙女	熊紫伊	女
黄克祥	户主	黄克祥	男
	妻子	陈爱中	女
	儿子	黄阔	男
陈东强	户主	陈东强	男
	妻子	高美娥	女
	儿子	陈健	男
陈义云	户主	陈义云	男
	妻子	唐菊英	女
陈富强	户主	陈富强	男
	妻子	刘雪峰	女
	儿子	陈康	男
陈武	户主	陈武	男
	妻子	丁利军	女

户主姓名	与户主关系	姓名	性别
	儿子	陈勇佳	男
曹艳军	户主	曹艳军	女
	女儿	陈小烨	女
	儿子	陈硕	男
陈义辉	户主	陈义辉	男
	妻子	候淑辉	女
	儿子	陈冲	男
	女儿	陈灿	女
	外孙	李晨阳	男
盛平辉	户主	盛平辉	男
	妻子	张敏	女
	姐姐	盛朝辉	女
	母亲	王元中	女
	女儿	盛子仪	女
	儿子	盛琦麟	男
程刚强	户主	程刚强	男
	妻子	陈灿英	女
	儿子	程涛	男
	女儿	陈浪	女
黄飞跃	户主	黄飞跃	男
	妻子	何建纯	女
	母亲	李林秀	女
	儿子	黄杰	男
	儿媳	刘如意	女
	女儿	黄利莎	女
	外孙女	熊芷祎	女
	外孙女	熊可祎	女
	孙女	黄雅玫	女
陈义中	户主	陈义中	男

户主姓名	与户主关系	姓名	性别
肖建辉	户主	肖建辉	女
	丈夫	陈义军	男
盛建辉	户主	盛建辉	男
	妻子	钟少梅	女
	女儿	盛宇婷	女
	女儿	盛语湘	女
盛云华	户主	盛云华	男
	妻子	袁娥英	女
	儿子	盛跃辉	男
	儿媳	李群芝	女
	孙子	盛力	男
盛安辉	户主	盛安辉	男
	妻子	陈小林	女
	儿子	盛宇强	男
	女儿	盛雨洁	女
熊德明	户主	熊德明	男
	妻子	李爱红	女
	儿子	熊龙坤	男
	儿媳	王惠	女
	女儿	熊巧	女
	孙女	熊芷萱	女
	孙女	熊悦淇	女
邓运华	户主	邓运华	女
	儿子	陈超	男
唐日颐	户主	唐日颐	男

凌冲村麻园组

户主姓名	与户主关系	姓名	性别
邓西林	户主	邓西林	女

户主姓名	与户主关系	姓名	性别
	女儿	陈思	女
	女儿	陈尧	女
陈杰	户主	陈杰	男
	妻子	杨晓	女
	儿子	陈杨瀚	男
陈望南	户主	陈望南	男
	妻子	何建珍	女
	儿子	陈果	男
陈建辉	户主	陈建辉	男
	妻子	陈秋香	女
	儿子	陈军其	男
	儿媳	戴海花	女
	孙女	陈旖旎	女
	孙子	陈锦轩	男
陈义武	户主	陈义武	男
	妻子	刘利芳	女
	儿子	陈建波	男
	儿媳	吴丹	女
	女儿	陈佳新	女
	外孙女	易楚轩	男
胡淑连	户主	胡淑连	女
	儿子	陈波	男
	儿媳	黄妮	女
	孙子	陈语琦	男
刘建祥	户主	刘建祥	男
	妻子	龙腊梅	女
	儿子	刘琪	男
	儿媳	彭菲	女
	女儿	刘灿	女
	孙女	刘嘉卉	女

户主姓名	与户主关系	姓名	性别
	孙女	刘郁青	女
陈勇	户主	陈勇	男
	妻子	王英	女
	母亲	虢小林	女
	儿子	陈言	男
	女儿	陈诺	女
	姐姐	陈柳	女
黄国华	户主	黄国华	男
陈新其	户主	陈新其	男
	妻子	袁艳芝	女
	儿子	陈弈权	男
黄国其	户主	黄国其	男
	妻子	邹香桂	女
	女儿	黄宏	女
	女儿	黄宇婷	女
	外孙女	高欣玥	女
刘建国	户主	刘建国	男
	妻子	谭建林	女
	儿子	刘朋	男
	儿子	刘佳	男
	儿媳	郑宇勋	女
	儿媳	程彬婷	女
	孙女	刘梓潼	女
	孙女	刘锦妍	女
	孙女	刘锦彩	女
	孙女	刘依妙	女
黄伟	户主	黄伟	男
	女儿	黄依妍	女
	母亲	钟美华	女
陈建杰	户主	陈建杰	男
	儿子	陈双其	男
	儿媳	黄永露	女
	女儿	陈木哲亚	女
	孙女	陈染以沫	女
	孙子	陈锦豪	男
陈正武	户主	陈正武	男
	妻子	曹瑞芝	女
	儿子	陈勇	男
陈焦	户主	陈焦	男
	妻子	盛珍	女
	女儿	陈瑾萱	女
	女儿	陈瑾伊	女
陈万民	户主	陈万民	男
	儿子	陈彪	男
	儿媳	杨启	女
	孙子	陈文博	男
	孙子	陈润家	男
李小玲	户主	李小玲	女
	女儿	陈瑶	女
陈渝	户主	陈渝	女
	儿子	李宓宸	男
	儿子	李融宸	男
陈姣	户主	陈姣	女
	儿子	徐苡宸	男
	丈夫	徐文滔	男
谭辉	户主	谭辉	男
	妻子	樊阳春	女
	儿子	谭双	男
	儿媳	刘莎	女
	孙子	刘晞言	男
	孙子	刘晞晨	男
谭全	户主	谭全	男

户主姓名	与户主关系	姓名	性别
	妻子	刘果	女
	儿子	谭承希	男
	女儿	谭沁欣	女
谭超慧	户主	谭超慧	女
谭国良	户主	谭国良	男
	妻子	陈建平	女
	儿子	谭扩军	男
	儿媳	张红英	女
	女儿	谭利军	女
	孙女	谭玉宸	女
	孙女	谭蓉	女
陈汉民	户主	陈汉民	男
	妻子	向初英	女
	女儿	陈曼思	女
	儿子	陈雨	男
谭建辉	户主	谭建辉	男
	妻子	陈小平	女
	儿子	谭进	男
	儿媳	陈文芝	女
	孙子	谭博金	男
	孙子	谭子卿	男
刘田军	户主	刘田军	女
	女儿	谭语飞	女
谭勇	户主	谭勇	男
	儿子	谭宇寰	男
	女儿	谭汝婷	女
陈利国	户主	陈利国	女
	女儿	陈扬	女
	女儿	陈洁	女
	外孙	陈喻凡	男
陈利华	户主	陈利华	女

户主姓名	与户主关系	姓名	性别
	母亲	杨奇玉	女
	儿子	童康	男
	儿子	陈威	男
聂胜	户主	聂胜	男
	妻子	刘玉	女
	母亲	虢代军	女
	儿子	聂恺霖	男
	姐姐	聂霞	女
陈志榜	户主	陈志榜	男
	妻子	刘容秀	女

凌冲村大园组

户主姓名	与户主关系	姓名	性别
沈湘明	户主	沈湘明	男
	妻子	任中华	女
	儿子	沈涛	男
	儿媳	刘佳	女
	女儿	沈柳	女
	女儿	沈敏	女
	孙子	沈莫闲	男
沈祥民	户主	沈祥民	男
	妻子	陈利群	女
	女儿	沈璐	女
	女儿	沈洁	女
	女儿	沈婷	女
沈波	户主	沈波	男
	妻子	曹露	女
	女儿	沈瑶萱	女
刘建兰	户主	刘建兰	女

户主姓名	与户主关系	姓名	性别
	儿子	沈超	男
	儿媳	傅超	女
	孙女	沈沁	女
	孙子	沈扬男	男
	外孙子	汤毅然	男
	外孙女	汤依然	女
	女儿	沈维	女
沈正国	户主	沈正国	男
	妻子	陈翠英	女
	儿子	沈坤	男
	儿媳		女
	女儿	沈小春	女
	孙子	沈柏宇	男
黄勇	户主	黄勇	男
	妻子	高慧	女
	儿子	黄诗乐	男
	女儿	黄诗蕾	女
	母亲	陈碧英	女
向桂武	户主	向桂武	男
	妻子	郑英	女
	儿子	向佳宇	男
	儿媳	程辉	女
	孙女	向芷娴	女
李立新	户主	李立新	男
	妻子	李光辉	女
	女儿	李纳	女
	女儿	李倩	女
向东	户主	向东	男
	妻子	陈海立	女

户主姓名	与户主关系	姓名	性别
	儿子	向鸿滨	男
王迎春	户主	王迎春	男
	妻子	龙春华	女
	女儿	王树	女
熊德利	户主	熊德利	男
	妻子	李艳	女
	儿子	熊希为	男
	儿子	熊希睿	男
	父亲	熊正武	男
	母亲	杨和平	女
熊正和	户主	熊正和	男
	妻子	钟爱兰	女
	儿子	熊德辉	男
	儿媳	陈林飞	女
	孙子	熊金超	男
熊德才	户主	熊德才	男
	妻子	刘四元	女
	儿子	熊伟	男
	儿媳	邓璇	女
	孙子	熊子毅	男
	孙	熊子乐	男
周建华	户主	周建华	男
	妻子	袁秋连	女
	女儿	周艳	女
	女婿	符毅芳	男
	外孙女	符佳妙	女
	外孙女	符云雅	女
黄真	户主	黄真	男
	姐姐	黄婷	女

户主姓名	与户主关系	姓名	性别
	母亲	董小阳	女
	女儿	黄馨宁	女
	女儿	黄琬晴	女
	外侄	曾俊	男
沈建宏	户主	沈建宏	男
	妻子	黄艳辉	女
	儿子	沈倚阳	男
	女儿	沈佳怡	女
沈光	户主	沈光	男
	妻子	叶小林	女
	儿子	沈鑫莀	男
沈正福	户主	沈正福	男
	妻子	汤球英	女
	儿子	沈伟	男
	儿媳	谈智	女
	孙子	沈钰博	男
刘波	户主	刘波	男
	妻子	舒森林	女
	女儿	刘灿	女
	女儿	刘舒	女
	父亲	刘金华	男
刘祥	户主	刘祥	男
	妻子	周红云	女
	儿子	刘海威	男
	儿子	刘海鑫	男
向丹	户主	向丹	男
	女儿	向亚辉	女
	女儿	向旺辉	女
陈德华	户主	陈德华	男

户主姓名	与户主关系	姓名	性别
	妻子	何双艳	女
	母亲	钟再香	女
	儿子	陈博	男
张玉珍	户主	张玉珍	女
	女儿	陈思宇	女
李立武	户主	李立武	男
	妻子	虢利	女
	母亲	刘中元	女
	儿子	李文彬	男
	女儿	李宁珊	女
代明全	户主	代明全	男
	妻子	郑玲	女
	儿子	郑佳利	男
	儿子	郑佳仁	男
	儿媳	罗玉婷	女
	孙女	郑恩曦	女
熊德贵	户主	熊德贵	男
	妻子	张应祥	女
	女儿	熊玉瑶	女
	女儿	熊玉嘉	女
刘魁	户主	刘魁	男
	妻子	冯元春	女
	儿子	刘奥	男
李立文	户主	李立文	男
	妻子	张福英	女
	儿子	李进	男
刘国亮	户主	刘国亮	男
	妻子	许燕	女
	儿子	刘嘉铖	男

户主姓名	与户主关系	姓名	性别
	母亲	熊利华	女
	妹妹	刘国平	女
熊德文	户主	熊德文	男
	妻子	黄香莲	女
	女儿	熊彩霞	女
	孙子	熊锦弈	男

凌冲村农科组

户主姓名	与户主关系	姓名	性别
邓学武	户主	邓学武	男
	妻子	黄萍	女
	父亲	邓青山	男
	母亲	刘秋连	女
	儿子	邓桢宇	男
邓洪波	户主	邓洪波	男
	妻子	金慧	女
	儿子	邓鑫浩	男
邓宏建	户主	邓红建	男
邓洪伟	户主	邓洪伟	男
	儿子	邓佳俊	女
	外侄女	杨澳玲	女
	姐姐	邓君华	女
陈杰	户主	陈杰	男
	妻子	曹妹	女
	母亲	陈顺华	女
	儿子	陈超钒	男
	儿子	陈伊钒	男
	孙子	陈昕屿	男

户主姓名	与户主关系	姓名	性别
陈刚	户主	陈刚	男
	妻子	李朝晖	女
	女儿	陈颖昕	女
陈雄	户主	陈雄	男
	妻子	苏希	女
	妹妹	陈妙	女
	女儿	陈品旭	男
陈志伏	户主	陈志伏	男
	儿子	陈望	男
	儿媳	龙艳	女
	孙子	陈虎成	男
邓威	户主	邓威	男
	父亲	邓再伏	男
	母亲	陈腊枚	女
邓望成	户主	邓望成	男
	儿子	邓子龙	男
	女儿	邓雅婷	女
邓建文	户主	邓建文	男
	妻子	熊辉艳	女
	母亲	邓碧群	女
	女儿	邓昕怡	女
	女儿	邓瑞怡	女
陈志桂	户主	陈志桂	男
	妻子	徐敬华	女
邓开颜	户主	邓开颜	男
	妻子	程辉	女
	父亲	邓水清	男
	儿子	邓星宇	男
	女儿	邓语晨	女

户主姓名	与户主关系	姓名	性别
陈乐	户主	陈乐	男
	妻子	夏爱华	男
	儿子	陈思远	男
	父亲	陈志田	男
陈军	户主	陈军	男
	妻子	彭利纯	女
	母亲	陈瑞南	女
	姐姐	陈艳	女
	女儿	陈思睿	女
	女儿	陈思涵	女
	侄女	刘芸熙	女
	侄女	周晨熙	女
周建安	户主	周建安	女
	妻子	黄利群	女
	女儿	周紫欣	女
	儿子	周紫凡	男
邓灿波	户主	邓灿波	男
	妻子	熊晶	女
	儿子	邓彦兮	男
	儿子	邓允谦	男
陈正武	户主	陈正武	男
陈秋良	户主	陈秋良	男
	妻子	覃春红	女
	女儿	陈霞	女
	女儿	陈思思	女
	外孙女	陈子涵	女
邓江宏	户主	邓江宏	男
	妻子	杨海燕	女
	女儿	邓鑫媛	女
	女儿	邓丽媛	女
邓江华	户主	邓江华	男
	妻子	刘芳	女
	儿子	邓少宇	男
	母亲	陈元秀	女
陈志林	户主	陈志林	男
	妻子	徐细满	女
	儿子	陈文政	男
刘爱国	户主	刘爱国	男
	妻子	程爱连	女
	儿子	刘浩	男
	儿媳	王如	女
	孙子	刘思豪	男
	孙子	刘聪	男
陈东海	户主	陈东海	男
	妻子	张学平	女
	女儿	徐信	女
陈争	户主	陈争	男
	妻子	丁佩	女
	儿子	陈哲帆	男
	户主	陈卓	女
	女儿	陈睿妍	女
	女儿	陈睿婕	女

凌冲村树山组

户主姓名	与户主关系	姓名	性别
虢争光	户主	虢争光	男
	妻子	陈南英	女

户主姓名	与户主关系	姓名	性别
	母亲	邓秀英	女
	儿子	虢凯	男
	儿子	虢亮	男
邓正乔	户主	邓正乔	男
	妻子	何桂兰	女
邓小平	户主	邓小平	男
	妻子	范菊华	女
	儿子	邓雁	男
	儿媳	欧玲	女
	孙子	邓皓兮	男
	孙子	邓竣兮	男
邓亮	户主	邓亮	男
	妻子	谭石艳	女
	女儿	邓雅姿	女
	女儿	邓雅馨	女
	户主	邓维	男
	母亲	刘爱良	女
虢明胜	户主	虢明胜	男
	妻子	徐玉莲	女
	儿子	虢平	男
	儿子	虢新	男
	孙子	虢逸晨	男
李建民	户主	李建民	男
	妻子	邓利红	女
	儿子	邓成	男
	儿媳	杨丹	女
李建民	孙子	邓亦书	男
邓赛	户主	邓赛	男
	妻子	张益琼	女

户主姓名	与户主关系	姓名	性别
	母亲	程爱华	女
	儿子	邓熙晨	男
	姐姐	邓艳	女
	姐姐	邓妹	女
	外侄	黄彬卓	男
胡在华	户主	胡在华	男
	妻子	陈伏芝	女
	儿子	胡卫宏	男
	儿媳	刘佩红	女
	孙女	胡文杰	女
	孙女	胡英杰	女
虢三伏	户主	虢三伏	男
	兄长	虢正全	男
虢正伏	户主	虢正伏	男
	妻子	陈美英	女
	儿子	虢旭星	男
	儿媳	邓莉群	女
	孙子	虢楠阳	男
周光辉	户主	周光辉	男
	妻子	罗术芝	女
	母亲	王爱民	女
	儿子	周澳	男
陈锡文	户主	陈锡文	男
邓春华	户主	邓春华	男
	妻子	何雪辉	女
	儿子	邓彪	男
	孙女	邓曼萱	女
周海	户主	周海	男
	妻子	杨敏	女

户主姓名	与户主关系	姓名	性别
	母亲	何菊兰	女
	儿子	周思宇	男
	前妻	徐美英	女
周波	户主	周波	男
	儿子	周雄	男
	前妻	李水平	女
邓洋	户主	邓洋	男
邓德伏	户主	邓德伏	男
	妻子	龙全春	女
	儿子	邓波	男
	女儿	邓娜	女
虢明礼	户主	虢明礼	男
	妻子	代华仙	女
	女儿	虢文远	女
	女儿	虢芳远	女
虢明华	户主	虢明华	男
	妻子	任菊香	女
	儿子	虢新宇	男
周建宏	户主	周建宏	男
	儿子	周青	男
	妻子	尹伏香	女
	儿媳	彭梦宏	女
	女儿	周小玲	女
	孙	周智轩	男
周德宏	户主	周德宏	男
	妻子	李必华	女
彭德保	户主	彭德保	男
	儿子	彭侠	男
彭万强	户主	彭万强	男

户主姓名	与户主关系	姓名	性别
	妻子	周红	女
	女儿	彭玺霏	女
	女儿	彭小莉	女
彭海保	户主	彭海保	男
	妻子	虢代莲	女
	孙女	彭宇	女
	孙子	彭子逸	男
	孙子	彭奕霖	男
彭龙	户主	彭龙	男
	妻子	段宇红	女
	母亲	彭顺良	女
	儿子	彭俊泽	男
彭坤	户主	彭坤	男
	妻子	张代玲	女
	父亲	彭望保	男
	儿子	彭震	男
	儿子	彭柯钦	男
周德田	户主	周德田	男
	妻子	虢文芝	女
	儿子	周涵	男
	女儿	周英	女
虢术光	户主	虢术光	男
	妻子	李月霞	女
	女儿	虢储洋	女
	女儿	虢胧菲	女
虢术超	户主	虢术超	男
	妻子	罗媛媛	女
	儿子	虢俊谦	男
	母亲	汤兰英	女

户主姓名	与户主关系	姓名	性别
周德祥	户主	周德祥	男
	妻子	姚青	女
	女儿	周茜	女
	儿子	周俊	男
周国祥	户主	周国祥	男
	妻子	刘四红	女
	儿子	周威	男
邓小宏	户主	邓小宏	男
	妻子	陈爱纯	女
	女儿	邓繁繁	女
	儿子	邓栋	男

凌冲村新建组

户主姓名	与户主关系	姓名	性别
陈志华	户主	陈志华	男
	妻子	邓淑纯	女
	儿子	陈文	男
	儿媳	张雅静	女
	孙女	陈盼竹	女
	孙女	陈姿竹	女
陈光	户主	陈光	男
	妻子	周淑红	女
	女儿	陈澜钰	女
	女儿	陈彦宁	女
陈勇	户主	陈勇	男
	儿子	陈孟竹	男
陈志民	户主	陈志民	男
	妻子	李桂香	女

户主姓名	与户主关系	姓名	性别
陈德光	户主	陈德光	男
	妻子	谷红	女
	儿子	陈澳	男
陈桂华	户主	陈桂华	男
	妻子	陈利君	女
	儿子	陈干祥	男
	儿媳	鲁红波	女
	孙子	陈禹轩	男
	孙子	陈禹涵	男
王跃军	户主	王跃军	男
	妻子	严运兰	女
	儿子	王维	男
陈彬	户主	陈彬	男
	儿子	陈梓灏	男
陈建军	户主	陈建军	男
	妻子	王仲春	女
	儿子	陈乐	男
	儿媳	李欢	女
	孙女	陈妤晞	女
周翰文	户主	周翰文	女
	丈夫	陈银青	男
	儿子	陈果	男
	孙子	陈子默	男
陈锡青	户主	陈锡青	男
	妻子	刘国红	女
	女儿	陈旺	女
	女儿	陈盼	女
陈桂青	户主	陈桂青	男
	妻子	周建纯	女

户主姓名	与户主关系	姓名	性别
	儿子	陈亮	男
	儿媳	沈琴	女
	孙子	陈子骞	男
	孙子	陈旭科	男
陈青	户主	陈青	男
	妻子	姚玉香	女
	儿子	陈立波	男
陈铁光	户主	陈铁光	男
	妻子	易美华	女
	儿子	陈潜	男
	儿媳	吴群	女
	孙女	陈嘉妍	女
陈军	户主	陈军	男
	妻子	邓和平	女
	儿子	陈俊竹	男
陈旺祥	户主	陈旺祥	男
	妻子	吴蓓	女
	儿子	陈玺宇	男
	女儿	陈姝宇	女
周建军	户主	周建军	男
	妻子	兰平	女
	母亲	汤玉珍	女
	儿子	周梦宇	男
周国保	户主	周国保	男
	儿子	周广	男
	孙子	周其乐	男
	孙女	周其上	女
	孙女	周语桐	女
陈德民	户主	陈德民	男

户主姓名	与户主关系	姓名	性别
	妻子	邓定香	女
	女儿	陈球	女
	女婿	蔡晓天	男
	外孙子	蔡春雨	男
	外孙子	蔡秋实	男
陈刚	户主	陈刚	男
	妻子	黄亦贵	女
	父亲	陈福科	男
	母亲	徐菊华	女
	祖母	虢金莲	女
	女儿	陈佑姿	女
陈勇	户主	陈勇	男
	妻子	付小丽	女
	儿子	陈孟卓	男
陈良军	户主	陈良军	男
	妻子	汪波	女
	女儿	陈茜	女
	女儿	陈佳欣	女
陈运华	户主	陈运华	男
	儿子	陈建平	男
	孙	陈一诺	男

凌冲村王凤组

户主姓名	与户主关系	姓名	性别
刘德宏	户主	刘德宏	男
	妻子	管小玲	女
	女儿	刘萍	女
周国清	户主	周国清	男

户主姓名	与户主关系	姓名	性别
	妻子	李利民	女
	儿子	周超	男
	儿媳	刘洋	女
	儿子	周宇	男
	儿媳	寇琪云	女
	孙女	周子悦	女
	孙子	周明磊	男
	孙子	周钰承	男
	孙女	寇艺凌	女
陈再山	户主	陈再山	男
	妻子	刘利香	女
	父亲	陈伏先	男
	女儿	陈苗	女
	女儿	陈娟	女
	女儿	陈逸	女
	外孙女	莫斯然	女
陈光辉	户主	陈光辉	男
	妻子	刘伏良	女
	儿子	陈涛	男
陈光宇	户主	陈光宇	男
	妻子	邓有元	女
	儿子	陈雄	男
	儿媳	张煌	女
	孙子	陈梓炫	男
陈岳云	户主	陈岳云	男
	妻子	陈运兰	女
	儿子	陈启明	男
	儿媳	陈建华	男
	孙女	陈新月	女

户主姓名	与户主关系	姓名	性别
	孙女	陈奥	女
	孙子	陈涵睿	男
陈月生	户主	陈月生	男
	母亲	龙佩林	女
陈长生	户主	陈长生	男
	妻子	王焕姣	女
	儿子	陈龙	男
	女儿	陈灿	女
	外孙子	吴澔晨	男
	孙子	陈子安	男
樊小毛	户主	樊小毛	男
	妻子	鲁帮梅	女
	儿子	樊天意	男
李德祥	户主	李德祥	男
	妻子	邓灿辉	女
	母亲	刘爱莲	女
	儿子	李轩倾	男
李正祥	户主	李正祥	男
	妻子	高良香	女
	女儿	李环	女
陈德桂	户主	陈德桂	男
	儿子	陈正军	男
樊国华	户主	樊国华	男
	妻子	虢叔元	女
	母亲	刘贞秀	女
	女儿	樊双	女
	女儿	樊思	女
陈建民	户主	陈建民	男
	妻子	陈利辉	女

户主姓名	与户主关系	姓名	性别
	母亲	陈兹元	女
	儿子	陈佳新	男
陈建国	户主	陈建国	男
	妻子	何菊香	女
	儿子	陈庆	男
	儿子	陈功	男
	女儿	陈锐	女
樊国祥	户主	樊国祥	男
	妻子	陈桃秀	女
	儿子	樊俊	男
	孙女	范瑾萱	女
陈国伏	户主	陈国伏	男
	妻子	李应兰	女
	儿子	陈业	男
	儿媳	向祖英	女
	孙子	陈子熙	男
	女儿	陈佳	女
严再德	户主	严再德	女
	儿子	陈智军	男
刘德新	户主	刘德新	男
	妻子	邹进娥	女
	儿子	刘茂杰	男
	女儿	刘奥利	女
	外孙女	刘嫣然	女
刘英	户主	刘英	女
	公公	陈正元	男
	女儿	陈希利	女
	外孙女	柳思琦	女
陈春生	户主	陈春生	男

户主姓名	与户主关系	姓名	性别
	妻子	雷发兰	女
陈岳云	户主	陈岳云	男
	妻子	宋梅香	女
	儿子	陈尚	男
	儿媳	方秀娜	女
	女儿	陈愉	女
	孙子	陈皓轩	男
	孙女	陈凌萱	女
陈再宏	户主	陈再宏	男
陈长伏	户主	陈长伏	男

凌冲村蛇形组

户主姓名	与户主关系	姓名	性别
刘正明	户主	刘正明	男
	妻子	肖灵芝	女
	女儿	刘丹	女
	女儿	刘思雨	女
刘建秋	户主	刘建秋	男
	母亲	陈元秀	女
刘巧荣	户主	刘巧荣	男
	妻子	宿娟	女
	儿子	刘宇航	男
	女儿	刘杏怡	女
刘正武	户主	刘正武	男
	妻子	陈代华	女
	儿子	刘军	男
	儿媳	谢景琳	女
	孙女	刘佩婷	女

户主姓名	与户主关系	姓名	性别
	孙子	刘文博	男
刘正国	户主	刘正国	男
	妻子	侯庚香	女
	母亲	梁年秀	女
	女儿	刘婷	女
	儿子	刘波	男
王秋英	户主	王秋英	女
刘胜奇	户主	刘胜奇	男
刘正华	户主	刘正华	男
	妻子	宋腊英	女
	儿子	刘赛	男
	儿媳	陈菊芳	女
	孙女	刘明薇	女
	孙子	刘明凯	男
刘勇	户主	刘勇	男
	妻子	邓娟	女
	儿子	刘卓轩	男
	父亲	刘正德	男
	母亲	王再德	女
刘栋	户主	刘栋	男
	妻子	陈佳	女
	儿子	刘子琪	男
刘新辉	户主	刘新辉	男
	妻子	陈灵芝	女
	母亲	王池秀	女
	儿子	刘子杰	男
刘正山	户主	刘正山	男
	女儿	刘露西	女
	母亲	陈放莲	女

户主姓名	与户主关系	姓名	性别
李建辉	户主	李建辉	男
	妻子	宋美林	女
	女儿	李娜	女
	女婿	钟伏香	男
	外孙子	钟子炫	男
	外孙女	钟子默	女
李建宏	户主	李建宏	男
刘正田	户主	刘正田	男
刘正泉	户主	刘正泉	男
	妻子	张利群	女
	儿子	刘安	男
刘胜华	户主	刘胜华	男
	妻子	宋太英	女
	女儿	刘娟	女
	儿子	刘举	男
陈应龙	户主	陈应龙	男
	妻子	向宏	女
	儿子	陈泽	男
	儿媳	伍晶晶	女
	孙子	陈梓涵	男
陈伟	户主	陈伟	男
	妻子	刘艳	女
	儿子	陈昊宇	男
	儿子	陈昊轩	男
张志兵	户主	张志兵	男
	妻子	彭欢	女
	女儿	张紫妍	女
	女儿	张紫睿	女
	户主	张志明	男

户主姓名	与户主关系	姓名	性别
	妻子	肖敏	女
	女儿	张雨涵	女
	女儿	张宇晴	女
刘正求	户主	刘正求	男
	妻子	何艾国	女
	女儿	刘姣	女
	女儿	刘玉	女
	户主	刘芳	男
	妻子	宋冬英	女
	儿子	刘宇翔	男
	女儿	刘依晨	女
刘胜良	户主	刘胜良	男
	妻子	曹阳	女
	儿子	刘哲浩	男
刘德	户主	刘德	男
	妻子	李妹	女
	儿子	刘文卓	男

凌冲村新塘组

户主姓名	与户主关系	姓名	性别
胡桂芳	户主	胡桂芳	女
	丈夫	杨焕珍	男
	女儿	胡思宇	女
	儿子	胡思豪	男
宋红梅	户主	宋红梅	女
	女儿	曹可馨	女
	儿子	曹梓乐	男
李志强	户主	李志强	女

户主姓名	与户主关系	姓名	性别
	女儿	曹晨曦	女
	儿子	曹宸睿	男
曹正国	户主	曹正国	男
	妻子	王凤英	女
胡长庚	户主	胡长庚	男
	妻子	邓正华	女
	儿子	胡维	男
	儿媳	张亚娟	女
	女儿	胡宏	女
	孙子	胡越凡	男
潘立乔	户主	潘立乔	男
	妻子	刘小艳	女
	女儿	潘妙涵	女
潘元珍	户主	潘元珍	女
	女儿	刘露	女
	女儿	刘宏	女
	外孙女	刘西贝	女
黄建军	户主	黄建军	男
	妻子	陈红	女
	女儿	黄佳宇	女
	女儿	黄格	女
	母亲	徐淑华	女
黄木林	户主	黄木林	男
	妻子	虢正元	女
	儿子	黄宇阳	男
	女儿	黄晨怡	女
	母亲	任菊香	女
任建民	户主	任建民	男
	妻子	沈玉兰	女

户主姓名	与户主关系	姓名	性别
	女儿	任亮	女
潘立新	户主	潘立新	男
	妻子	陈爱莲	女
	女儿	潘亮	女
	外孙女	陈泊宁	女
	外孙子	程子儒	男
潘卓	户主	潘卓	男
	妻子	余新平	女
	女儿	潘萱	女
	女儿	潘畅悦	女
	儿子	潘嘉乐	子
潘梓胜	户主	潘梓胜	男
	妻子	陈中华	女
	儿子	潘泽波	男
	女儿	潘小波	女
	孙女	潘佳颖	女
杨宏	户主	杨宏	女
	女儿	潘利	女
	女儿	潘芸	女
潘子进	户主	潘子进	男
	妻子	汪淑华	女
	儿子	潘军辉	男
	孙子	潘宇鑫	男
曹毅	户主	曹毅	男
	妻子	李鸿艳	女
	女儿	曹欣妍	女
	儿子	曹茗睿	男
曹贵湘	户主	曹贵湘	男
	妻子	谢菊林	女

户主姓名	与户主关系	姓名	性别
	女儿	曹灿辉	女
	外孙子	佘逸峰	男
肖望东	户主	肖望东	男
	妻子	黄雨红	女
	儿子	肖惊涛	男
肖亮	户主	肖亮	男
	父亲	肖德华	男
	母亲	陈菊良	女
	儿子	肖暄乐	男
	姐姐	肖敬	女
任建兵	户主	任建兵	男
	妻子	陈腊香	女
曹志军	户主	曹志军	男
	妻子	周菊香	女
	儿子	曹宇杰	男
	女儿	曹宇辉	女
	母亲	陈秀英	女
胡正文	户主	胡正文	男
	妻子	陈宏伟	女
	女儿	胡双	女
	女儿	胡成	女
黄建国	户主	黄建国	男
	妻子	陈佩芝	女
	父亲	黄正文	女
	儿子	黄浩	男
	女儿	黄芳	女
肖胜	户主	肖胜	男
	妻子	侯芬	女
	儿子	肖子骞	男

户主姓名	与户主关系	姓名	性别
	母亲	徐小平	女
肖志勇	户主	肖志勇	男
曹志武	户主	曹志武	男
	妻子	熊利泉	女
	女儿	曹浪	女
余再泉	户主	余再泉	男
	妻子	刘明阳	女
	父亲	余明璜	男
	儿子	余子豪	男
	儿子	余捷	男
	女儿	余晨曦	女
曹春香	户主	曹春香	女
	儿子	邓彪	男
	女儿	邓慧	女
	女儿	邓迎	女
	外孙子	晏子兴	男
	外孙子	晏子睿	男
邓学武	户主	邓学武	男
	妻子	陈义	女
	儿子	邓硕	男
	母亲	邓冬元	女
曹桂林	户主	曹桂林	男
	妻子	陈银珍	女
	儿子	曹科	男
	儿媳	杨春雪	女
	孙子	曹启瑞	男
潘梓华	户主	潘梓华	男
	妻子	杨小平	女
	儿子	潘政	男

户主姓名	与户主关系	姓名	性别
	孙子	潘俊杰	男
曹泽辉	户主	曹泽辉	男
	妻子	何利华	女
	女儿	曹瑾萱	女
	儿子	曹中麒	男
肖跃宏	户主	肖跃宏	男
	妻子	宋天妹	女
	母亲	刘腊枚	女
	女儿	肖玉	女
	女儿	肖淦	女
肖跃乔	户主	肖跃乔	男
	妻子	任桂香	女
	女儿	肖晴	女
	女儿	肖星雨	女
任大宏	户主	任大宏	男
	妻子	熊小艳	女
	儿子	任杰	男
	儿媳	余亚春	女
	女儿	任杏	女
	孙女	任语彤	女
	外孙女	肖羽璐	女
胡正武	户主	胡正武	男
	妻子	向高群	女
	儿子	胡杨	男
	女儿	胡佳	女
	女儿	胡清	女
胡中庚	户主	胡中庚	男
	妻子	陈雪枚	女
	儿子	胡伟	男

户主姓名	与户主关系	姓名	性别
胡中庚	儿媳	杨惠	女
	孙女	胡雅欣	女
	孙女	胡雅轩	女
曹军	户主	曹军	男
	妻子	邓红娟	女
	儿子	曹意成	男
	母亲	肖要珍	女
刘绍宇	户主	刘绍宇	男
刘罗生	户主	刘罗生	男
	妻子	曹翠华	女
	儿子	刘必武	男
	儿媳	易琛瑶	女
	孙子	刘轩宇	男
	孙女	刘诗冉	女
邓春生	户主	邓春生	男
	妻子	任再华	女
	儿子	邓义文	女
	儿媳	谭惠	女
	孙女	邓钰涵	女
	孙	邓启	女
	女儿	邓佳英	女
黄桂林	户主	黄桂林	女
	妻子	周珊	女
	女儿	黄思宇	女
	女儿	黄思睿	女
曹征东	户主	曹征东	男
	妻子	邓建红	女
黄正武	户主	黄正武	男
邓立生	户主	邓立生	男

户主姓名	与户主关系	姓名	性别
陈四元	户主	陈四元	女

凌冲村长塘组

户主姓名	与户主关系	姓名	性别
刘望泉	户主	刘望泉	男
	妻子	王青	女
	母亲	汤金华	女
	儿子	刘俊涛	男
	女儿	刘曦淼	女
邓正文	户主	邓正文	男
	妻子	杨翠兰	女
	儿子	邓志明	男
	儿媳	陈红	女
	孙女	邓佳睿	女
	孙子	邓睿涵	男
刘泽主	户主	刘泽主	男
	父亲	刘胜保	男
	母亲	程桂香	女
曹治安	户主	曹治安	男
	妻子	刘三清	女
刘胜国	户主	刘胜国	男
	妻子	冷艳先	女
曹志加	户主	曹志加	男
	妻子	任秋良	女
	儿子	曹维	男
	儿媳	徐青	女
	孙子	曹文博	男
	孙子	曹文昊	男

户主姓名	与户主关系	姓名	性别
曹锦峰	户主	曹锦峰	男
	儿子	曹博轩	男
曹治武	户主	曹治武	男
	妻子	宋治凤	女
	儿子	曹林	男
曹术	户主	曹术	男
	妻子	张丹	女
	儿子	曹俊熙	男
	儿子	曹俊豪	男
曹志平	户主	曹志平	男
	妻子	陈中华	女
	儿子	曹宇	男
	儿媳	陈宇	女
刘正军	户主	刘正军	户主
	妻子	闵芝连	女
	儿子	刘得胜	男
	孙子	刘佳融	男
刘光辉	户主	刘光辉	男
	妻子	刘检良	女
	女儿	刘双	女
	女儿	刘新兰	女
	女儿	刘丹	女
	女婿	杨春	男
	外孙子	胡乐洋	男
	外孙子	刘鸿涛	男
	外孙女	杨紫萱	女
邓学明	户主	邓学明	男
	妻子	刘艳红	女
	女儿	邓佳欣	女

户主姓名	与户主关系	姓名	性别
	女儿	邓佳怡	女
刘向阳	户主	刘向阳	男
	妻子	冯朝辉	女
	母亲	曾运田	女
	女儿	刘溪盼	女
	女儿	刘梓研	女
	女儿	刘梓柔	女
刘汉青	户主	刘汉青	男
	妻子	徐福元	女
	儿子	刘强	男
	女儿	刘徐	女
刘建武	户主	刘建武	男
	妻子	杨辉	女
	儿子	刘傲	男
刘长庚	户主	刘长庚	男
	妻子	程利辉	女
	父亲	刘云章	男
	母亲	陈放连	女
	女儿	刘灿	女
	女儿	刘贝	女
曹胜华	户主	曹胜华	男
	妻子	黄鹊芝	女
	父亲	曹正云	男
	母亲	邓桃中	女
	儿子	曹佳伟	男
邓细梅	户主	邓细梅	女
	女儿	刘恺妮	女
	外孙女	张语晨	女
	外孙女	张语薇	女

户主姓名	与户主关系	姓名	性别
周四清	户主	周四清	女
刘友明	户主	刘友明	男
	妻子	范建秋	女
	儿子	刘敢	男
	女儿	刘婷	女
	外孙女	陈梓林	女
刘建兵	户主	刘建兵	男
	儿子	刘旭	男
	户主	刘建民	男
	妻子	邓运良	女
	女儿	刘穗丰	女
	儿子	刘硕	男
	母亲	陈凤平	女
曹要林	户主	曹要林	女
曹正元	户主	曹正元	男
	妻子	陈菊连	女
曹建国	户主	曹建国	男
	妻子	刘政	女
	儿子	曹骏轩	男
曹建良	户主	曹建良	男
	妻子	任群芳	女
	儿子	曹泽	男
	儿媳	谭燕霞	女
	孙子	曹靖宇	男
刘军	户主	刘军	男
	母亲	汤迪英	女
刘正国	户主	刘正国	男
	妻子	李建平	女
	女儿	刘娟	女

户主姓名	与户主关系	姓名	性别
刘国兵	户主	刘国兵	男
	妻子	邓利君	女
	儿子	刘浩	男
	孙女	刘瑾欣	女
	孙子	刘锦航	男
曹喜华	户主	曹喜华	男
	妻子	刘中元	女
	女儿	曹新爱	女
	女儿	曹雨露	女
曹志国	户主	曹志国	男
	妻子	李顺华	女
	儿子	曹卫良	男
	儿媳	刘树	女
	孙女	曹领	女
	孙子	曹靖	男
刘学军	户主	刘学军	男
	妻子	周小宏	女
	母亲	黄爱华	女
	女儿	刘宇琴	女
	女儿	刘宇佳	女
	户主	刘胜兵	男
	妻子	刘兰英	女
曹建文	户主	曹建文	男
	妻子	余阳春	女
	女儿	曹余	女
	女儿	曹启	女
	外孙女	郑清越	女
杨伏中	户主	杨伏中	女
曹建武	户主	曹建武	男

户主姓名	与户主关系	姓名	性别
	妻子	孙淑兰	女
	儿子	曹军	男
曹磊	户主	曹磊	男
	妻子	彭杜鹃	女
	儿子	曹综瑞	男
	儿子	曹综晟	男
刘建文	户主	刘建文	男
	妻子	汪胜军	女
	女儿	刘晓洁	女
	女儿	刘青	女
刘先辉	户主	刘先辉	男
	妻子	陈四元	女
	女儿	刘芳	女
	女儿	刘娇	女
	母亲	刘秀英	女

凌冲村窑塘组

户主姓名	与户主关系	姓名	性别
刘国奇	户主	刘国奇	男
	妻子	杨庆云	女
	儿子	刘德胜	男
	儿媳	周波	女
	女儿	刘群英	女
	女儿	刘建辉	女
	孙女	刘湘宁	女
	孙女	刘湘雯	女
何运生	户主	何运生	男
	妻子	何爱平	女

户主姓名	与户主关系	姓名	性别
	儿子	何术光	男
	儿媳	周旭	女
	孙子	何天佑	男
何建武	户主	何建武	男
	妻子	彭菊香	女
	儿子	何征	男
	女儿	何露	女
曹福山	户主	曹福山	男
	儿子	曹雄波	男
	儿媳	曾革蛟	女
	孙女	曹梓晴	女
	孙女	曹梓辰	女
尹文清	户主	尹文清	男
	妻子	刘利群	女
	儿子	尹兴旺	男
李冬元	户主	李冬元	男
	妻子	田翠莲	女
	儿子	李得阳	男
李云祥	户主	李云祥	男
	妻子	曹娟	女
	儿子	李子意	男
李正祥	户主	李正祥	男
	妻子	李翠平	女
	女儿	李涵宇	女
刘汉章	户主	刘汉章	男
	妻子	陈德喜	女
	儿子	刘学斌	男
	儿媳	李小妹	女
	孙子	刘赐阳	男

户主姓名	与户主关系	姓名	性别
	孙女	刘婧怡	女
尹海波	户主	尹海波	男
	妻子	刘伏香	女
	父亲	尹学斌	男
	母亲	陈淑珍	女
	儿子	尹灏轩	男
	女儿	尹可怡	女
陈罗生	户主	陈罗生	男
	妻子	王桂香	女
	儿子	陈宇	男
何建山	户主	何建山	男
	妻子	刘利群	女
	儿子	何浩	男
何进文	户主	何进文	男
刘明章	户主	刘明章	男
	妻子	向高花	女
	儿子	刘思宇	男
刘立新	户主	刘立新	男
	妻子	肖卫之	女
	母亲	刘运兰	女
	儿子	刘家乐	男
	女儿	刘家慧	女
	妹妹	刘健	女
	外侄	金坤	男
陈继兵	户主	陈继兵	男
	妻子	杨桂元	女
	儿子	陈建波	男
	儿媳	陈芯宇	女
	孙女	陈佳琪	女
	孙女	陈佳凤	女
	孙子	陈嘉俊	男
何铁光	户主	何铁光	男
	妻子	李志平	女
	妹妹	何寿兰	女
	儿子	何俊熙	男
	儿子	何望城	男
	父亲	何正泉	男
刘胜兰	户主	刘胜兰	男
	妻子	段三元	女
	儿子	刘尚	男
	儿媳	钟灵艳	女
	孙子	刘文顺	男
	孙子	刘文锦	男
李铁强	户主	李铁强	男
	父亲	李运国	男
	母亲	彭小芳	女
	儿子	李明星	男
李庆丰	户主	李庆丰	男
	妻子	陈妹	女
	父亲	李运华	女
	儿子	李政	男
	妹妹	李庆国	女
	外侄	任天威	男
李运军	户主	李运军	男
	妻子	周林	女
	儿子	李博	男
李运辉	户主	李运辉	男
	妻子	余要中	女

户主姓名	与户主关系	姓名	性别
	儿子	李军	男
	女儿	李进	女
	孙子	李家新	男
李正秋	户主	李正秋	男
	妻子	张祖菊	女
	儿子	李佳豪	男
何长云	户主	何长云	男
	妻子	刘爱兵	女
	儿子	何伟	男
	儿子	何波	男
	儿媳	陈林	女
	儿媳	陈媛	女
	母亲	汪淑元	女
	孙女	何紫萱	女
	孙女	何洛柠	女
曹国利	户主	曹国利	男
	妻子	唐四元	女
	儿子	曹乾坤	男
	母亲	姜意冬	女
李德胜	户主	李德胜	男
	妻子	彭黎明	女
	儿子	李杰	男
	女儿	李曼	女
李福初	户主	李福初	男
	妻子	刘细满	女
	儿子	李德良	男
刘云香	户主	刘云香	男
	妻子	陈觉纯	女
	儿子	刘应德	男

户主姓名	与户主关系	姓名	性别
	儿媳	刘艳霞	女
	孙子	刘聪毅	男
何华兵	户主	何华兵	男
	妻子	陈求良	女
	儿子	何长红	男
	儿媳	李志娥	女
	女儿	何晓娟	女
	孙子	何文俊	男
	外孙	胡宇涵	女
何坤	户主	何坤	男
	母亲	肖元中	女
	妻子	王娟	女
	儿子	何熙睿	男
何志勇	户主	何志勇	男
	妻子	苏要群	女
	母亲	周汉民	女
	姐姐	何玲	女
	女儿	何楚楚	女
	女儿	何婉诗	女

编纂始末

2020年年初，凌冲村决定编修《凌冲村志》，这件事是凌冲退休回乡的邓宇鹏教授倡议，时任村总支书记邓恺拍板启动的。但志是什么？可以说都没有什么整体概念。首先由一个文化公司承包编写，大约一个月之后，邓教授与省志编纂院的一个朋友交流，感觉框架和内容都不符合志的要求，于是在4月底转向区档案馆寻求支持和帮助，档案馆馆长朱凌云和副馆长龙宇向邓教授推荐了望城史志专家钟铁球，钟当时已被聘为《长沙市志》第三卷主编，但书稿已送出版社审稿，整体编纂工作告一段落，正好有时间。在区档案馆和凌冲村反复沟通协商后，钟铁球接受了凌冲村的邀请，出任《凌冲村志》执行主编。

5月初，正式成立《凌冲村志》编辑部，由钟铁球、吴汉林、程国利、邓鹏宇、谭铁安组成编辑班子，另外由凌冲村根据需要安排协助人员，制订了村志编纂工作方案。5月11日，编辑部召开第一次会议，讨论了村志的框架和基本篇目，编辑人员也进行了初步分工。《凌冲村志》是望城区编写的第一本名村志，为了做好这项工作，区、镇领导高度重视，5月23日，区委党史联络组组长高潮，区人大常委会副主任邓建华，区档案馆朱凌云、龙宇，靖港镇书记陈浪、镇长毛轲齐聚凌冲村，就如何推进《凌冲村志》工作进行座谈，提出要求。随后编辑部人员进入紧张的工作状态，开始查阅资料和走访调查。5月底，编辑部将篇目初稿送长沙市地方志编纂室审核，得到到市领导的高度肯定，并决定将《凌冲村志》纳入长沙市第一批名镇名村志。9月，程国利因身体原因退出编辑班子，由徐振祥接替。年底由于村级班子换届，人员调整，有几个月的时间基本没有运作，一直到2021年9月18日才重新启动。

在编修村志过程中遇到的最大问题就是资料缺乏。为了克服历史遗留档案资料少，时间跨度长，资料断线严重等困难，尽量征集到比较齐全、准确的资料，真正反映全村的历史面貌，我们采取四种办法，面向社会，广征博采。一是在望城区档案馆、长沙县档案馆、靖港镇档案馆查找凌冲村和格塘乡的资料，共调阅纸质档案986卷，电子档案4个全宗，调阅资料29本，复制文件、资料60余万字。二是查找《望城报》《长沙晚报》，从过去的新闻报道中找寻凌冲的历史，哪怕是只言片语也不放过，共找到有价值的信息78条。三是从村干部和村民中征集实物资料，包括日记、奖状、照片、文物、工作笔记、历史凭证等，其中最有价值的一个是在村民的协助下找到了百岁牌坊的碑记，厘清了百岁牌坊的来龙去脉；另一个是肖德华的工作笔记和历年家庭收支流水账记录本，对我们写凌冲经济和村民生活有莫大的帮助。四是采取实地考察，走访知情人、召开小型座谈会等形式挖掘口碑资料，大约也有50多万字。我们前后走访调查了大约400多人次，通过上述工作，共征集资料180余万字，历史照片40多幅，现代彩色照片400多幅。在对这些资料进行考证、辨伪、提炼、概括，去粗取精、去伪存真的基础上，全体编纂人员经过辛勤笔耕，五修篇目，四易其稿，终于在2022年7月完成了送审稿。送审稿共设传奇凌冲（概述）、基本村情、基础建设、村域经济、长寿之村、社会民生、古遗之村、风土民情、人物、大事纪略10个类目、55个分目（不含尚未完稿的5个分目）共约19多万字，加上照片358张，篇幅约34万字。8月5日召开了《凌冲村志》评审会议，省地方志编纂院、市地方志编纂室、市政府政研室、区人大、区地方志编纂室等单位的领导和专家参加评审会议，共收回评审稿42本，收到评审意见12份，涉及4个方面修改意见，具体意见约400条。随后，编辑部详细讨论、消化评审意见，制订了修改方案，增加了一个类目，精简了部分内容，经3轮修改完善，于9月中旬将修改稿报送市、区地方志编纂室和方志出版社。

在《凌冲村志》的编修过程中，得到了两届村委班子的大力支持，以及村民的积极配合，尤其90岁高龄的刘国祥老先生，提供了大量20世纪中期的口碑资料，是凌冲的活档案和资料宝库。程国利曾在凌冲驻村办点，对当地的情况十分熟悉，在走访调查阶段提供了很多有价值的信息，还有李银波、任秀兰、沈祥民及众多村干部，都是积极出谋划策，全力配合，在此一并表示衷心感谢。同时要特别感谢作家纪红建在百忙之中欣然为《凌冲村志》作序，纪红建著作成果丰硕，是鲁迅文学奖获得者，曾参与《军事志》的编纂，是修志行家。

本志力求图文并茂，区档案馆和云游茶业提供了部分历史照片，区档案馆刘湘东多次到实地拍摄风景照，部分照片为编辑人员手机拍摄，虽不够专业，但也是事件的真实记录。

由于受客观条件的限制，加上编者水平有限，本书仍有不少缺点和错漏之处，恳请读者批评指正见谅。

《凌冲村志》编辑部

2022年8月28日